江苏文脉整理与研究工程

江苏文库

研究编

江苏文化史专题

淮扬区域文化与漕盐商贸研究

张强 著

江苏人民出版社

图书在版编目(CIP)数据

淮扬区域文化与漕盐商贸研究 / 张强著. — 南京：
江苏人民出版社，2025.3. — (江苏文库). — ISBN
978-7-214-29614-6

Ⅰ. G127.53

中国国家版本馆 CIP 数据核字第 2024XJ7973 号

书　　　名	淮扬区域文化与漕盐商贸研究	
著　　　者	张　强	
出 版 统 筹	张　凉	
责 任 编 辑	张　凉　陈　欣	
装 帧 设 计	姜　嵩	
责 任 监 制	王　娟	
出 版 发 行	江苏人民出版社	
地　　　址	南京市湖南路 1 号 A 楼,邮编:210009	
照　　　排	江苏凤凰制版有限公司	
印　　　刷	苏州市越洋印刷有限公司	
开　　　本	718 毫米×1 000 毫米　1/16	
印　　　张	22	
字　　　数	317 千字	
版　　　次	2025 年 3 月第 1 版	
印　　　次	2025 年 3 月第 1 次印刷	
标 准 书 号	ISBN 978-7-214-29614-6	
定　　　价	76.00 元	

(江苏人民出版社图书凡印装错误可向承印厂调换)

江苏文脉整理与研究工程

总主编

信长星　　许昆林

第二届学术指导委员会

主　任　莫砺锋

委　员（按姓氏笔画排序）

邬书林　　宋镇豪　　张岂之　　茅家琦

郁贤皓　　袁行霈　　莫砺锋　　赖永海

编纂出版委员会

出版说明

　　江苏文化源远流长、历久弥新,文化经典与历史文献层出不穷,典藏丰富;文化巨匠代有人出、彪炳史册,在中华民族乃至整个人类文明的发展史上有着相当重要的地位。为科学把握江苏文化的内涵与特征,在新时代彰显江苏文化对中华文化的贡献,江苏省委、省政府决定组织实施"江苏文脉整理与研究工程",以梳理江苏文脉资源,总结江苏文化发展的历史规律,再现江苏历史上的文化高地,为当代江苏构筑新的文化高地把准脉动、探明趋势、勾画蓝图。

　　组织编纂大型江苏历史文献总集《江苏文库》,是"江苏文脉整理与研究工程"的重要工作。《文库》以"编纂整理古今文献,梳理再现名人名作,探究追溯文化脉络,打造江苏文化名片"为宗旨,分六编集中呈现:

　　(一)书目编。完整著录历史上江苏籍学人的著述及其历史记录,全面反映江苏图书馆的图书典藏情况。

　　(二)文献编。收录历代江苏籍学人的代表性著作,集中呈现自历史开端至一九一一年的江苏文化文本,呈现江苏文化的整体景观。

　　(三)精华编。选取历代江苏籍学人著述中对中外文化产生重要影响、在文化学术史上具有经典性代表性的作品进行整理,并从中选取十余种,组织海外汉学家翻译成各国文字,作为江苏对外文化交流的标志性文化成果。

　　(四)方志编。从江苏现存各级各类旧志中选择价值较高、保存较好的志书,以充分发挥地方志资治、存史、教化等作用,保存江苏的地方文献与历史文化记忆。

（五）史料编。收录有关江苏地方史料类文献，反映江苏各地历史地理、政治经济、文化教育、宗教艺术、社会生活、风土民情等。

（六）研究编。组织、编纂当代学者研究、撰写的江苏文化研究著作。

文献、史料、方志三编属于基础文献，以影印方式出版，旨在提供原始文献，以满足学术研究需要；书目、精华、研究三编，以排印方式出版，既能满足学术研究的基本需求，又能满足全民阅读的基本需求。

"江苏文脉整理与研究工程"工作委员会

一脉千古成江河

——江苏文库·研究编序言

樊和平

"江苏文脉整理与研究工程"是江苏文化史上继往开来的一个浩大工程。与当下方兴未艾的全国性"文库热"相比,江苏文脉工程有三个基本特点:一是全面系统的整理;二是"整理"与"研究"同步;三是以"文脉"为主题。在"书目编—文献编—精华编—史料编—方志编—研究编"的体系结构中,"研究编"是十分独特的板块,因为它是试图超越"修典"而推进文化传承创新的一种学术努力。

"盛世修典"之说不知起源于何时,不过语词结构已经表明"盛世"与"修典"之间的某种互释甚至共谋,以及由此而衍生的复杂文化心态。历史已经表明,"修典"在建构巨大历史功勋的同时,也包含内在的巨大文化风险,最基本的是"入典"的选择风险。《四库全书》的文化贡献不言自明,但最终其收书的数量竟与禁书、毁书、改书的数量大致相当,还有高出近一倍的书目被宣判为无价值。"入典"可能将一个时代的局限甚至选择者个人的局限放大为历史的文化局限,也可能由此扼杀文化多样性而产生文化专断。另一个更为潜在和深刻的风险,是对待传统的文化态度。文献整理,尤其是地域典籍的整理,在理念和战略上面临的最大考验,是以何种心态对待文化传统。当今之世,无论对个体还是社会,传统已经不仅是文化根源,而且是文化和经济发展的资源甚至资本。然而一旦传统成为资源和资本,邂逅市场逻辑的推波助澜,就面临沦为消费和运作对象的风险,从而以一种消费主义和工具主义的文化态度对待文化传统和文献整理。当传统成为消费和运作的对象,其文化价值不仅可能被误读误用,而且也可能在对传统的消费中使文化坐吃山空,造就出文化上的纨绔子弟,更可能在市场运作中使文化不断被糟蹋。"江苏文脉整理与研究工程"的"整理工程"以全面系统的整理的战略应对可能存在的第一种风险,即入典选择的风险;以"研究工程"应对第二种可能的风险,即消费主义与工具主义的风险。我们不仅是既往传统的继承者,更应当是未来传统的创造者;现代人的使命,不仅是继承优秀传统,更应当创造新的优秀传统,这便是传统的创造性转化与创新性发展的真义。诚然,创造传统任重道远,需要经过坚忍不拔的卓越努力和大浪淘沙般的历史积淀,但对"江苏文脉整理与研究工程"而言,无论如何必须在"整理"的同时开启"研究"的千里之行,在研究中继承和发展传统。这便是"研究编"的价值和使命所在,也是"江苏文脉整理与研究工程"在"文库热"中于顶层设计层面的拔群之处。

一　倾听来自历史深处的文化脉动

20 世纪是文化大发现的世纪,20 世纪以来西方世界最重要的战略,就是文化战略。20 世纪 20 年代,德国社会学家马克斯·韦伯的《新教伦理与资本主义精神》,揭示了西方资本主义文明的文化密码,这就是"新教伦理"及其所造就的"资本主义精神",由此建构"新教伦理＋资本主义"的所谓"理想类型",为西方资本主义进行了文化论证尤其是伦理论证,奠定了 20 世纪以后西方中心论的文化基础。20 世纪 70 年代,哈佛大学教授丹尼尔·贝尔的《资本主义文化矛盾》,揭示了当代资本主义最深刻的矛盾不是经济矛盾,也不是政治矛盾,而是"文化矛盾",其集中表现是宗教释放的伦理冲动与市场释放的经济冲动分离与背离,进而对现代西方文明发出文化预警。20 世纪 70 年代之后,亨廷顿的《文明的冲突与世界秩序的重建》将当今世界的一切冲突归结为文明冲突、文化冲突,将文化上升为西方世界尤其是美国国家战略的高度。以上三部曲构成西方世界尤其是美国文化帝国主义的国家文化战略,正如一些西方学者所发现的那样,时至今日,文化帝国主义被另一个概念代替——"全球化",显而易见,全球化不仅是一种浪潮,更是一种思潮,是西方世界的国家文化战略。文化虽然受经济发展制约甚至被经济发展水平所决定,但回顾从传统到现代的中国文明史,文化问题不仅逻辑地而且历史地成为文明发展的最高最难的问题,正因为如此,文化自信才成为比理论自信、道路自信、制度自信更具基础意义的最重要的自信。

在全球化背景下,文脉整理与研究具有重大的国家文化战略意义,不仅必要,而且急迫。文化遵循与经济社会不同的规律,全球化在造就广泛的全球市场并使全球成为一个"地球村"的同时,内在的最大文明风险和文化风险便是同质性。全球化催生的是一个文化上的独生子女,其可能的镜像是:一种文化风险将是整个世界的风险,一次文化失败将是整个人类的文化失败。文化的本质是什么? 梁漱溟先生说,文化就是人的生活的根本样法,文化就是"人化"。丹尼尔·贝尔指出,文化是为人的生命过程提供解释系统,以对付生存困境的一种努力。据此,文化的同质化,最终导致的将是人的同质化,将是民族文化或西方学者所说地方性知识的消解和消失;同时,由于文化是人类应对生存困境的大智慧,或治疗生活世界痼疾的抗体,它所建构的是与自然世界相对应的精神世界和意义世界,文化的同质性将导致人类在面临重大生存困境时智慧资源的贫乏和生命力的苍白,从而将整个人类文明推向空前的高风险。应对全球化的挑战和西方文化帝国主义的国家战略,"江苏文脉整理与研究工程"是整个中华民族浩大文化工程的一部分和具体落实,其战略意义绝不止于保存文化记忆的自持和自赏,在这个全球化的高风险正日益逼近的时代,完整地保存地方文化物种,认同文化血脉,畅通文化命脉,不仅可以让我们在遭遇全球化的滔滔洪水之时可以于故乡文化的山脉之巅"一览众山小"地建设自己的精神家园和文化根据地,而且可以在患上全球化的文化感冒甚至某种文化瘟疫之后,不致乞求"西方药"来治"中国病",而是根据自己的文化基因和文化命理,寻找强化自身的文化抗体和文化免疫力之道,其深远意义,犹如在今天经过独生子女时代穿越时光隧道,回首当年我们的"兄弟姐妹那么多"

和父辈们儿孙满堂的那种天伦风光,不只是因为寂寞,而且是为了中华民族大家庭的文化安全和对未来文化风险的抗击能力。

"江苏文脉整理与研究工程"是以江苏这一特殊地域文化为对象的一次集体文化自觉和文化自信,与其他同类文化工程相比,其最具标识意义的是"文脉"理念。"文脉"是什么? 它与"文献"和文化传统的关系到底如何? 这是"文脉工程"必须解决的基本问题。

庞朴先生曾对"文化传统"与"传统文化"两个概念进行了审慎而严格的区分,认为"传统文化"可能是历史上曾经存在过的一切文化现象,而"文化传统"则是一以贯之的文化道统。在逻辑和历史两个维度,文化成为传统都必须同时具备三个条件:历史上发生的,一以贯之的,在现实生活中依然发挥作用的。传统当然发生于历史,但历史上发生的一切,从《道德经》《论语》到女人裹小脚,并不都成为传统,即便当今被考古或历史研究所不断发现的现象,也只能说是"文化遗存",文化成为传统必须在历史长河中一以贯之而成为道统或法统,孔子提供的儒家学说,老子提供的道家智慧,之所以成为传统,就是因为它们始终与中国人的生活世界和精神世界相伴随,并成为人的生命和生活的文化指引。然而,文化并不只存在于文献典籍之中,否则它只是精英们的特权,作为"人的生活的根本样法"和"对付生存困境"的解释系统,它必定存在于芸芸众生的生命和生活之中,由此才可能,也才真正成为传统。《论语》与《道德经》之所以成为传统,不只是因为它们作为经典至今还为人们所学习和研究,而且因为在中国人精神的深层结构中,即便在未读过它们的田夫村妇身上,也存在同样的文化基因。中国人在得意时是儒家,"明知不可为而偏为之";在失意时是道家,"后退一步天地宽";在绝望时是佛家,"四大皆空"。从而建立了与自给自足的自然经济结构相匹合的自给自足的文化精神结构,在任何境遇下都不会丧失安身立命的精神基地,这就是传统。文化传统必须也必定是"活"的,是在现实中依然发挥作用的,是构成现代人的文化基因的生命因子。这种与人的生活和生命同在的文化传统就是"脉",就是"文脉"。

文脉以文献、典籍为载体,但又不止于文献和典籍,而是与负载它的生命及其现实生活息息相关。"文脉"是什么? "文脉"对历史而言是

"血脉",对未来而言是"命脉",对当下而言是"山脉"。"江苏文脉"就是江苏人的文化血脉、文化命脉、文化山脉,是历史、现在、未来江苏人特殊的文化生命、文化标识、文化家园,以及生生不息的文化记忆和文化动力。虽然它们可能以诸种文化典籍和文化传统的方式呈现和延续,但"文脉工程"致力探寻和发现的则是跃动于这些典籍和传统,也跃动于江苏人生命之中的那种文化脉动。"江苏文脉整理与研究工程"的最大特点就在于它是"文脉工程"而不是一般的"文化工程",更不是"文库工程"。"文化工程""文库工程"可能只是一般的文化挖掘与整理,而"文脉工程"则是与地域的文化生命深切相通,贯穿地域的历史、现在与未来的生命工程。

"江苏文脉整理与研究工程"是"整理"与"研究"的璧合,在"研究工程"中能否、如何倾听到来自历史深处的文化脉动,关键是处理好"文献"与"文脉"的关系。"整理工程"是对文脉的客观呈现,而"研究工程"则是对文脉的自觉揭示,若想取得成功,必须学会在"文献"中倾听和发现"文脉"。"文献"如何呈现"文脉"? 文献是人类文明尤其是人类文化记忆的特殊形态,也是人类信息交换和信息传播的特殊方式。回首人类文明史,到目前为止,大致经历了三种信息方式。最基本也是最原初的是口口交流的信息方式,在这种信息方式中,信息发布者和信息传播者同时在场,它是人的生命直接和整体在场并对话的信息传播方式,是从语言到身体、情感的全息参与,是生命与生命之间的直接沟通,但具有很大的时空局限。印刷术的产生大大扩展了人类信息交换的广度和深度,不仅可以以文字的方式与不在场的对象交换信息,而且可以以文献的方式与不同时代、不同时空的人们交换信息,这便是第二种信息方式,即以印刷为媒介的信息方式或印刷信息方式。第三种信息方式便是现代社会以电子网络技术为媒介的信息方式,即电子信息方式。文献与典籍是印刷信息方式的特殊形态,它将人类文化史和文明史上具有特殊价值的信息以印刷媒介的方式保存下来,供后人学习和研究,从而积淀为传统。文字本质上是人的生命的表达符号,所谓"诗言志"便是指向生命本身。然而由于它以文字为中介,一旦成为文献,便离开原有的时空背景,并与创作它的生命个体相分离,于是便需要解读,在解读中便可能发生误读,但无论如何,解读的对象并不只是文字本身,而是文字背后的生命现象。

文献尤其是典籍是不同时代人们对于文化精华的集体记忆,它们不仅经受过不同时代人们的共同选择,而且经受过大浪淘沙的历史洗礼,因而其中不仅有创造它的那个个体或文化英雄如老子、孔子的生命表达,而且有传播和接受它的那个民族的文化脉动,是负载它的那个民族的文化生命,这种文化生命一言以蔽之便是文化传统。正因为如此,作为集体记忆的精华,文献和典籍是个体和集体的文化脉动的客观形态,关键在于,必须学会倾听和揭示来自远方的生命旋律。由于它们巨大的时空跨度,往往不能直接把脉,而需要具有一种"悬丝诊脉"的卓越倾听能力。同时,为了把握真实的文化脉动,不仅需要对文献和典籍即"文本"进行研究,而且需要对创造它们的主体包括创作的个体和传播接受的集体的生命即"人物"进行研究。正如席勒所说,每个人都是时代的产儿,那些卓越的哲学家和有抱负的文学家却可能成为一切时代的同代人。文字一旦成为文献或典籍,便意味着创作它的个体成为一切时代的同代人,但无论如何,文献和它们的创造者首先是某个时代的产儿,因而要在浩如烟海的文献和典籍中倾听到来自传统深处的文化脉动,还需要将它们还原到民族的文化生命之中,形成文化发展的"精神的历史"。由此,文本研究、人物研究、学派流派研究、历史研究,便成为"文脉研究工程"的学术构造和逻辑结构。

二 中国文化传统中的江苏文脉

江苏文脉是中国文化传统的一部分,二者之间的关系并不只是部分与整体的关系,借助宋明理学的话语,是"理一"与"分殊"的关系。文脉与文化传统是民族生命的文化表达和自觉体现,如果只将它们理解为部分与整体的关系,那么江苏文脉只是中国文化传统或整个中华文化脉统中的一个构造,只是中华文化生命体中的一个器官。朱熹曾以佛家的"月映万川"诠释"理一分殊"。朗月高照,江河湖泊中水月熠熠,此番景象的哲学本真便是"一月普现一切水,一切水月一月摄"。天空中的"一月"与江河中的"一切水月"之间的关系是"分享"关系,不是分享了"一月"的某一部分,而是全部。江苏文脉与中国文化传统之间的关系便是"理一分殊",中国文化传统是"理一",江苏文脉是"分殊",正因为如此,关于江苏文脉的研究必须在与整个中国文化传统的关系中整体性地把握和展开。其中,文化与地域的关系、江苏文化在中华文化发展中的贡献和地位,是两个基本课题。

到目前为止的一切人类文明的大格局基本上都是由以山河为标志的地理环境造就的,从轴心文明时代的四大文明古国,到"五大洲四大洋"的地理区隔,再到中国山东—山西、广东—广西、河南—河北,江苏的苏南—苏北的文化与经济差异,山河在其中具有基础性意义。在这个意义上,可以将在此以前的一切文明称为"山河文明"。如今,科技经济发展迎来一个"高"时代:高铁、高速公路、电子高速公路……正在并将继续推倒由山河造就的一切文明界碑,即将造就甚至正在造就一个"后山河时代"。"后山河时代"的最后一道屏障,"山河时代"遗赠给"后山河时代"的最宝贵的文明资源,便是地域文化。在这个意义上,江苏文脉的整理与研究,不仅可以为经过全球化席卷之后的同质化世界留下弥足珍贵的"文化大熊猫",而且可以在未来的芸芸众生饱尝"独上高楼,望尽天涯路"的孤独之后,缔造一个"蓦然回首"的文化故乡,从中可以鸟瞰文化与世界关系的真谛。江苏独特的地域环境与江苏文化、江苏文脉之间的关系,已经不是所谓"一方水土一方人"所能表达,可以说,地脉、水脉、山脉与江苏文脉之间的关系,已经是一脉相承。

我们通过考察和反思发现,水系,地势,山势,大海,是对江苏文脉尤其是文化性格产生重大影响的地理因素。露水不显山,大江大河入大海,低平而辽阔,黄河改道,这一切的一切与其说是自然画卷和自然事件,不如说是江苏文脉的大地摇篮和文化宿命的历史必然,它们孕生和哺育了江苏文明,延绵了江苏文脉。历史学家发现,江苏是中国唯一同时拥有大海、大江、大湖、大平原的省份,有全国第一大河长江,第二大河黄河(故道),第三大河淮河,世界第一大人工河大运河,全国第三大淡水湖太湖,全国第四大淡水湖洪泽湖。江苏也是全国地势最低平的一个省区,绝大部分地区在海拔 50 米以下,少量低山丘陵大多分布于省际边缘,最高峰即连云港云台山的玉女峰也只有 625 米。丰沛而开放的水系和低平而辽阔的地势馈赠给江苏的不只是得天独厚的宜居,更沉潜、更深刻的是独特的文化性格和文脉传统,它们是对江苏地域文化产生重大影响的两个基本自然元素。

不少学者指证江苏文化具有水文化特性,而在众多水系中又具长江文化的特性。"水"的文化特性是什么?"老聃贵柔",老子尚水,以水演绎世界真谛和人生大智慧。"天下莫柔弱于水,而攻坚强者莫之能胜。"柔弱胜刚强,是水的品质和力量。西方文明史上第一个哲学家和科学家泰勒斯向全世界宣告的第一个大智慧便是:水是万物的始基。辽阔的平原在中国也许还有很多,却没有像江苏这样"处下"。老子也曾以大海揭示"处下"的智慧:"江海所以能为百谷王者,以其善下之,故能为百谷王。"历史上江苏的文化作品、江苏人的文化性格,相当程度上演绎了这种"水性"与"处下"的气质与智慧。历史上相当时期黄河曾经从江苏入海,然而黄河改道、黄河夺淮,几番自然力量或人力所为,最终黄河在江苏留下的只是一个"故道"的背影。黄河在江苏的改道当然是一个自然事件或历史事件,但我们也可能甚至毋宁将它当作一个文化事件,数次改道,偶然之中有必然,从中可以发现和佐证江苏文脉的"长江"守望和江南气质。不仅江苏的地脉"露水不显山",而且江苏的文化作品,江苏人的文化性格,一句话,江苏文脉,也是"露水不显山",虽不是"壁立千仞",却是"有容乃大"。一般说来,充沛的水系,广阔的平原,往往造就自给自足的自我封闭,然而,江苏东临大海,无论长江、淮河,还是历史上的黄河,都从这里入大海,归大海,不只昭示江苏的开放,而且演绎江苏文化、江苏文脉、江苏人海纳百川的博大和静水深流的仁厚。

黄河与长江好似中华文脉的动脉与静脉,也好似人的身体中的任督二脉,以长江文化为基色的江苏文化在中华文脉的缔造和绵延中作出了杰出贡献。有学者指出,在中国文明史上,长江文化每每在黄河文化衰弱之后承担起"救亡图存"的重任。人们常说南京古都不少为小朝廷,其实这正是"救亡图存"的反证,"天下兴亡,匹夫有责"的口号首先由江苏人顾炎武喊出,偶然之中有必然。学界关于江苏文化有三次高峰或三次大贡献,与两次大贡献之说。第一次高峰是开启于秦汉之际的汉文化,第二次高峰是六朝文化,第三次高峰是明清文化。人们已对六朝文化与明清文化两大高峰对中国文化的贡献基本达成共识,但江苏的汉文化高峰及其贡献也应当得到承认,而且三次文化高峰都发生于中国社会的大转折时期,对中国文化的承续作出了重大贡献。在秦汉之际的大变革和大一统国家的建构中,不仅在江苏大地上曾经演绎了波澜壮阔的对后来中国文明产生深远影响的历史史诗,而且演绎这些历史史诗的主角刘邦、项羽、韩信等都是江苏人,他们虽然自身不是文化人,但无疑对中国文化产生了深远影响。董仲舒提出"罢黜百家,独尊儒术"的主张,奠定了大一统的思想和文化基础,他本人虽不是江苏人,却在江苏留下印迹十多年。江苏的汉文化高峰对中国文化的最大贡献,一言概之即"大一统",包括政治上的大一统和思想文化上的大一统。六朝被公认为中国文化发展的高峰,不少学者将它与古罗马文明相提并论,而六朝文化的中心在江苏、在南京。以南京为核心的六朝文化发生于三国之后的大动乱,它接纳大量流入南方的北方士族,使南北方文化合流,为保存和发展中国文化作出了杰出贡献。明朝是中国历史上第一次在南京,也是第一次在江苏建立统一的帝国都城,江苏的经济文化在全国处于举足轻重的地位,扬州学派、泰州学派、常州学派,形成明清时期中国文化的江苏气象,形成江苏文化对中国文化的第三次重大贡献。三大高峰是江苏的文化贡献,在重大历史转折关头或者民族国家危难之际挺身而出,海纳百川,则是江苏文化的精神和品质,这就是江苏文脉。也正因为如此,江苏文化和江苏文脉在"匹夫有责"的担当精神中总是透逸出某种深沉的忧患意识。

江苏文脉对中国文化的独特贡献及其特殊精神气质在文化经典中得到充分体现。中国四大文学名著,其中三大名著的作者都来自江苏,这就是《西游记》《红楼梦》《水浒》,其实《三国演义》也与江苏深切相关,虽然罗贯中不是江苏人,但以江苏为作品重要的时空背景之一。四大名著中不仅有明显的江苏文化的元素,甚至有深刻的江苏地域文化的基因。《西游记》到底是悲剧还是喜剧?仔细反思便会发现,《西游记》

一脉千古成江河

就是文学版的《清明上河图》。《清明上河图》表面呈现一幅盛世生活画卷,实际却是一幅"盛世危情图",空虚的城防,懈怠的守城士兵……被繁华遗忘的是正在悄悄到来的深刻危机。《西游记》以唐僧西天取经渲染大唐的繁盛和开放,然而在经济的极盛之巅,中国人的精神世界却空前贫乏,贫乏得需要派一个和尚不远万里,请来印度的佛教,坐上中国意识形态的宝座,入主中国人的精神世界。口袋富了,脑袋空了,这是不折不扣的悲剧。然而,《西游记》的智慧,江苏文化的智慧,是将悲剧当作喜剧写,在喜剧的形式中潜隐悲剧的主题,就像《清明上河图》将空虚的城防和懈怠的士兵淹没于繁华的海洋一样。《西游记》喜剧与悲剧的二重性,隐喻了江苏文脉的忧患意识,而在对大唐盛世,对唐僧取经的一片颂歌中,深藏悲剧的潜主题,正是江苏文脉"匹夫有责"的担当精神和文化智慧的体现。鲁迅说,悲剧将人生的有价值的东西毁灭给人看。《西游记》是在喜剧形式的背后撕碎了大唐时代人的精神世界的深刻悲剧。把悲剧当作喜剧写,喜剧当作悲剧读,正是江苏文化、江苏文脉的大智慧和特殊气质所在,也是当今江苏文脉转化发展的重要创新点所在。正因为如此,"江苏文脉研究"必须以深刻的哲学洞察力和深厚的文化功力,倾听来自历史深处的江苏文化的脉动,读懂江苏,触摸江苏文脉。

三 通血脉,知命脉,仰望山脉

江苏文化的巨大魅力和强大生命力,在数千年发展中已经形成一种传统、一种脉动,不仅是一种客观呈现的文化,而且是一种深植个体生命和集体记忆的生生不息的文脉。这种文化和文脉不仅成为共同的价值认同,而且已经成为一种地域文化胎记。在精神领域,在文化领域,江苏不仅有灿若星河的文学家,而且有彪炳史册的思想家、学问家,更有数不尽的才子骚客。长江在这片土地上流连,黄河在这片土地上改道,淮河在这片土地上滋润,太湖在这片土地上一展胸怀。一代代中国人,一代代江苏人,在这里缔造了文化长江、文化黄河、文化淮河、文化太湖,演绎了波澜壮阔的历史诗篇,这便是江苏文脉。

为了在全球化时代完整地保存江苏文脉这一独特地域文化的集体记忆,以在"后山河时代"为人类缔造精神家园提供根源与资源,为了继承弘扬并创造性转化、创新性发展中华优秀传统文化,2016 年江苏启动了"江苏文脉整理与研究工程"。根据"文脉"的理念,我们将研究工程或"研究编"的顶层设计以一句话表达:"通血脉,知命脉,仰望山脉。"由此将整个工程分为五个结构:江苏文化通史,江苏历代文化名人传,江苏文化专门史,江苏地方文化史,江苏文化史专题。

"江苏文化通史"的要义是"通血脉",关键词是"通"。"通"的要义,首先是江苏文化与中国文明的息息相通,与人类文明的息息相通,由此才能有民族感或"中国感",也才有世界眼光,因而必须进行关于"中国文化传统中的江苏文脉"的整体性研究;其次是江苏文脉中诸文化结构之间的"通",由此才是"江苏",才有"江苏味";再次是历史上各个重要历史时期文化发展之间的"通",由此才能构成"史",才有历史感;最后是与江苏人的生命与生活的"通",由此"江苏文脉"才能真正成为江苏人的文化血脉、文化命脉和文化山脉。达到以上"四通","江苏文化通史"才是真正的"通"史。

"江苏文化专门史"和"江苏文化史专题"的要义是"知命脉",关键词是"专",即"专门"与"专题"。"江苏文化专门史"在框架上分为物质文化史、精神文化史、制度文化史、特色文化史等,深入研究各类专门史,总体思路是系统研究和特色研究相结合,系统研究整体性地呈现江苏历史上的重要文化史,如哲学史、文学史、艺术史等,为了保证基本的完整性,我们根据国务院学科分类目录进行选择;特色研究着力研究历史上具有江苏特色的历史,如民间工艺史、昆曲史等。"江苏文化史专题"着力研究江苏历史上具有全国性影响的各种学派、流派,如扬州学派、泰州学派、常州学派等。

"江苏地方文化史"的要义是"血脉延伸和勾连",关键词是"地方"。"江苏地方文化史"以现省辖市区域划分为界,13 市各市一卷。每卷上编为地方文化通史,讲述地方整体历史脉络中的文化历史分期演化和内在结构流变,注重把握文化运动规律和发展脉络,定位于地方文化总体性研究；下编为地方文化专题史，按照科学技术、教育科举、文学语言、宗教文化等专题划分，以一定逻辑结构聚焦对地方文化板块加以具体呈现，定位于凸显文化专题特色。每卷都是对一个地方文化的总结和梳理，这是江苏文化血脉的伸展和渗入，是江苏文化多样性、丰富性的生动呈现和重要载体。

"江苏历代文化名人传"的要义是"仰望山脉"，关键词是"文化"。它不是一般性地为江苏历朝历代的"名人"作传，而只是为文化意义上的名人作传。为此，传主或者自身就是文化人并为中国文化的发展、为江苏文脉的积累积淀作出了重要贡献；或者虽然自身主要不是文化人而是政治家、社会活动家等，但对中国文化发展具有重大影响。如何对历史人物进行文化倾听、文化诠释、文化理解，是"文化名人传"的最大难点，也是其最有意义的方面。江苏历史上的文化名人汗牛充栋，"文化名人传"计划为100位江苏文化名人作传，为呈现江苏文化名人的整体画卷，同时编辑出版一部"江苏文化名人辞典"，集中介绍历史上的江苏文化名人1000位左右。

一脉千古成江河，"茫茫九派流中国"。江苏文脉研究的千里之行已经迈出第一步，历史馈赠我们一次千载难逢的宝贵机遇，让我们巡天遥看，一览江苏数千年文化银河的无限风光，对创造江苏文化、缔造江苏文脉的先行者们献上心灵的鞠躬。面对奔涌如黄河、悠远如长江的江苏文脉，我们唯有以跋涉探索之心，怵惕敬畏之情，且行且进，循着爱因斯坦的"引力波"，不断走近并播放来自江苏文脉深处的或澎湃，或激越，或温婉静穆的天籁之音。

我们一直在努力；

我们将一直努力！

目　录

绪　论

　　人们常用"上下五千年、纵横一万里"来形容中国悠久的历史和辽阔的疆域。所谓"上下五千年",是指中华民族有着深厚的历史和文化传统。其实,中华文明的长度远远超过5000年,如甘肃秦安大地湾有约8000年前至5000年前的文化遗存,其中,八柱九间约270平方米的文化遗存被称为宫殿式建筑;又如内蒙古赤峰有约9000年前至4000年前的红山文化遗存,出土的五孔骨笛有约8500年左右的历史,并初步具备了现代乐器的演奏功能;再如浙江余杭发现了5000多年前的良渚古城遗存,经勘探古城面积达290多万平方米,城建规模宏大且井井有条,令人叹为观止。这些分布在不同区域的文化遗存,把中华文明的起源大大地向前推进了一步。其实,这只是冰山一角,伴随着考古发掘工作的进行,很可能会在其他区域发现更为久远的文化遗存。所谓"纵横一万里",是指中华民族有着广袤的活动空间,这一历史活动的范围远远超出现有的疆域。进而言之,中华民族深厚的文化传统,实际上是在更长的时间和更大的空间中形成的。要想深入地认识中国传统文化的内涵和外延,需要以变化的眼光关注历史的时间和空间。

第一节　区域文化研究及动态

一般来说,历史研究重点关注的对象是时间,其实,动态空间也是不可或缺的方面。在人类文明活动的进程中,封闭性的自然地理在经济地理的作用下,往往会形成相对独立的不同的生活共同体。在自然力的作用下,不同的自然地理区域有不同的地形、地貌、气候和水文条件等,由于不同的生活共同体有不同的活动区域,不同的生存环境、生产方式、生活对象等势必会形成"靠山吃山、靠水吃水"的区域文化及特点。进而言之,自然地理、气候环境、水文条件等之间的不同,必然会给不同区域的生产方式、经济生活、居住条件等带来差异和变化,进而形成鲜明的具有个别性的生活习惯、民风民习等。在这一过程中,当某一社会群体长期在某一相对隔绝的封闭的自然环境中生活,必然会形成富有个性的区域文化。当这一区域文化在社会群体的活动中不断地得到强调,个别化的生活方式和生产特点经过长期的积淀,必然会在生活共同体中得到普遍的认同。反过来说,在自然因素的作用下,由于生活环境和生存状态的特殊性,势必会造成不同区域间的差异,进而形成甲区别于乙的文化特质。

区域文化是在文明进程中由不同的区域生活共同体在实践活动中共同创造的,同时又是在民族和国家形成的过程中得到光大的。从民族学的角度看,民族称谓一向是先有他称,后有己称。刘邦建立大一统的汉王朝以后,周边的政权开始把在汉王朝统治区域生活的人们统称为"汉民"或"汉族"。其实,"汉民"是指在汉王朝统治区域生活的所有民族,即人们心目中的"汉族"是由不同的民族构成的。当汉朝把不同族源的民族集合到"汉族"之下时,并将其转化为己称,从这一意义上讲,"汉族"表达的文化诉求必然会呈现出多元化的文化特点。不同族源有不同的生活共同体,生活在这些共同体中形成独特的个体化的文化特质是必然的。进而言之,当不同族源的民族成为更大区域的生活共同体及汉王朝的有机组成部分时,形成不同的文化诉求和表达是必然的。然而,多元化的文化在中央集权的制约下又表现出一体化的特征,在多元化与一体化互动的前提下遂出现了不同文化的互渗,一方面多元化展示了不同民族的文化诉求和个体化的特点,另一方面一体化又将不同的民族文化有机地统一起来,形成相互吸收和混融的态势。

撇开不同族源有不同的文化诉求不论,即使是狭义概念上的汉民族,因其自然地理的缘故也有着不同的文化特点。如北方多山,在这一区域生活的先民创造隐士文化时大都关注山林之隐,并以"樵夫"为隐士文化的象征符号。又如南方多水,在这一区域生活的先民创造隐士文化时大都谈水泽之隐,并以"渔父"为隐士文化的象征。

当然,北方多山并不是说没有水,南方多水也并不是说没有山,作出这样的表达,实际上是以个别代表一般。当南北文化得到进一步交流时,南北文化之间的互渗遂将以个别代表一般的隐士文化整合为"渔樵之隐"。这一互证的过程充分说明了文化是动态的,是历史和变化的,一方面区域文化在形成的过程中有个别化的特点,另一方面个别化通过吸纳和消化其他区域的文化,在文化创造中通过互证和互补丰富了自身。如《诗经》中的十五"国风"是指十五个区域的民歌或音乐,但《诗经》有三首《扬之水》,三首《扬之水》分属王风、郑风、唐风,是三个区域的民歌或音乐。从歌词的内容看,三首《扬之水》的起兴方式相同、句式相同,从中不难发现里面隐含着从某一区域向另一区域传播文化及另一区域接受的过程。又如《诗经·唐风》有《蟋蟀》,近年来清华大学公布的出土文献中有《耆夜》,《耆夜》中有周公旦写作的《蟋蟀》[①]。从内容上看,周公旦的《蟋蟀》对《诗经·唐风·蟋蟀》有着直接影响[②],这一情况进一步证明了区域文化有接受和认同其他区域文化的传统。

周王朝是中国历史上第一个用行政力量把周文化(本质是地域文化或区域文化)传播到其他区域的王朝。周兴 800 年,建立了中国历史上第一个强盛的王朝。通过分封,周天子把子孙及亲信派往不同的区域建国,在客观上推动了周文化向其他区域的传播。后人在论述中国文化时往往会自豪地谈论汉、唐,认为汉、唐造就了中国古代社会的强

---

① 清华大学出土文献研究与保护中心编,李学勤主编:《清华大学藏战国竹简(壹)》上册,上海文艺出版(集团)有限公司中西书局 2010 年版,第 63 页。
② 李学勤:《论清华简〈耆夜〉的〈蟋蟀〉诗》,《中国文化》2011 年第 1 期。

势。其实，汉、唐造就的强势文化在传播方面远不及周王朝。道理很简单，汉、唐帝国各自存在的时间远不如周王朝长久，甚至两者相加也只有约700年的历史。更重要的是，在文化创造方面，汉、唐因袭的成分多，创造的成分少。进而言之，周王朝在结合地域文化、吸纳殷商文化的过程中创造了礼乐文化，礼乐文化伴随着分封的历程传播到不同的诸侯国及边远的区域。孟子说："陈良，楚产也，悦周公、仲尼之道，北学于中国。北方之学者，未能或之先也。"（《孟子·滕文公上》）楚国学者陈良自觉地学习周王朝的礼乐文化等，其水平超出了中原学者。这一行为在一定程度上改造了楚文化，从中亦可见周代的礼乐文化对其他区域即诸侯国的影响。

分封的过程既是周王朝礼乐文化传播到诸侯国的过程，同时也是诸侯国以礼乐文化为本根与土著文化混融的过程。如吴太伯"奔荆蛮，文身断发"①，表明吴太伯为赢得土著人的信任，自觉地接受了荆蛮文化。又如吕尚接受分封到齐国后，自觉地采取了融入土著文化的措施，如有"太公至国，修政，因其俗，简其礼，通商工之业，便鱼盐之利，而人民多归齐，齐为大国"②之说。再如楚国为自身发展，在与土著文化融合的过程中逐步形成了富有个性特征的文化，表现出如东汉王逸《楚辞章句》所说"其俗信鬼而好祠"③的特点，进而创造了富有地域文化特征的楚辞。史称："当周夷王之时，王室微，诸侯或不朝，相伐。熊渠甚得江汉间民和，乃兴兵伐庸、杨粤，至于鄂。熊渠曰：'我蛮夷也，不与中国之号谥。'乃立其长子康为句亶王，中子红为鄂王，少子执疵为越章王，皆在江上楚蛮之地。"④楚国在融入当地土著文化的过程中，表现出与周文化的分离和差异。

区域文化既有独立发展的一面，同时又有不同文化混融的一面。因实行分封，周王朝各诸侯国在与当地文化融合的过程中逐步形成了新的区域文化。这些区域性的文化有不同的历史，经过长期的积淀形

---

① 司马迁：《史记·吴太伯世家》，中华书局1982年版，第1445页。
② 司马迁：《史记·齐太伯世家》，中华书局1982年版，第1480页。
③ 王逸：《楚辞章句·九歌》，洪兴祖著，白化及等点校《楚辞补注》，中华书局1983年版，第55页。
④ 司马迁：《史记·楚世家》，中华书局1982年版，第1692页。

成有鲜明个性特征的文化。进而言之,齐文化、鲁文化、晋文化、秦文化、吴文化、越文化、楚文化、燕文化、韩文化、赵文化、魏文化等,既是按诸侯国的疆域划分的,同时也留有各自独立发展的烙印。

进入春秋战国时期,因兼并战争,文化构成出现了合并和分化的双向互动的情况。如齐国兼并鲁国后形成了范围更广的区域文化齐鲁文化;吴国和越国在相互的兼并中形成了相互认同的吴越文化;韩、赵、魏三家分晋,晋文化一分为三,经过各自的发展逐步形成了韩文化、赵文化和魏文化。可以说,强势与弱势文化的彼消此长,是以国力强盛及分合态势为前提的。当然,这只是从国家兴衰的角度进行的考察。其实,文化构成的基本单位是生活共同体,是以自然地理、经济地理为划分依据的,同一国家的内部存在着大量的不同质的区域文化。进而言之,自然形成的区域地理势必会形成共同的文化特征,不管这一区域因行政区划发生什么样的变化,如政区调整后,某一生活共同体可能分属不同的政区,但因有共同自然地理和经济地理,在不同的政区中生活的社会群体势必会因有共同的生活方式、民风民俗等,相互认同。进而言之,生活在这些区域的社会群体因有文化上的认同感和文化上的归属,乃至于后人研究区域文化时往往自觉地把它们视为同一的区域文化。

第二节　政区与区域文化

区域文化对于关注传统文化有着特殊的意义,传统文化有形成期、发展期和成熟期,关注其基本构成和历史形态,需要从区域文化研究入手。区域文化既是历时的,同时也是共时的。研究区域文化可以为传统文化的整体研究确立必要的坐标,纠正认识上的偏差。从发现区域文化的个别性入手,通过个别性的解构,有利于揭示一般性的规律和准确地把握传统文化的特质。在这中间,从个别到一般,从局部到整体,传统文化研究的整体性和全面性是从区域文化的个别性开始的。

不同的区域有不同的文化,不同的区域文化有着不同的生成历史。一方面自然地理区域是政区划分的依据,另一方面不同的自然地理区域形成不同的生活共同体后,势必要影响到政区的建立。在历史的表达中,政区划分有三个方面的要素:一是政区是融自然地理和经济地理的复合体;二是政区要传达生活共同体的文化诉求;三是政区是表达政治诉求的区域权力机构,具有文化方面的向心力。进而言之,不同层级的政区划分需要考虑自然地理、经济地理、生活方式和人口分布等情况,政区建立不仅仅涉及行政管理,还涉及经济和文化等诸多问题。如谭其骧先生在研究浙江地区的政区沿革之后,从经济发展的视角对县级政区的设置作出了规律性阐释,他指出:"一地方至于创建县治,大致即可以表示该地开发已臻成熟;而其设县以前所隶属之县,又大致即为开发此县动力所自来。故研求各县之设治时代及其析置所自,骤视之似为一琐碎乏味的工作,但就全国或某一区域内各县作一综合的观察,则不啻为一部简要的地方开发史。"①谭其骧先生的这一论断具有重要的理论意义,为研究区域文化开辟了一条新的途径。

政区是国家建设的必要举措,承担着执行君主及中央政令的责任。在历史的表达中,政区以自然地理和经济地理为依据宣示了以什么样的组织形式进行统治的政治诉求。在自然地理向经济地理发展的进程中,政区建设势必要打上区域文化的烙印,一方面建立政区须遵循从粗到细、从大到小的划分原则,另一方面文化是协调自然地理、经济地理和政区关系的重要因素。反过来说,区域文化在历史的形成中虽然以自然地理、经济地理为依据,但行政干预也在改变着区域文化的面貌。在历史的表达中,由生活共同体锻铸的文化因行政区域不断地细化和细分,势必要经历从宽泛到浓缩的历程。可以说,政区与同一经济地理区域之间的分合及细分,以变化为前提丰富了历时的、共时的区域文化研究。

区域文化传达的诉求同样是划分政区时不可忽略的内容,具体地讲,政区一方面有凝聚区域文化的力量,另一方面又有消解原有的区域文化的力量。政区建设的中心城市形成后,往往会以特有的文化向心力向下一层级的政区辐射,进而为下一层级的政区打上政区核心区域

---

① 谭其骧:《长水集》上册,人民出版社 1987 年版,第 404 页。

的文化烙印，或以潜移默化的形式渗入更小的文化区域，令下一层级的政区或区域在保存传统的过程中吸纳新的文化元素并取得调和。周振鹤等论述三级政区建制与文化及语言的关系时指出："自秦代开始建立统一的中央集权制国家之后，我国地方行政区划经历了纷纭繁复的变化，归纳起来大致可以分为四个阶段。第一阶段是秦汉时期，地方行政区划分成郡、县两级，汉武帝以后在郡之上设州，作为监察区。第二阶段是魏晋南北朝时期，这时汉代的州变成一级政区，形成州—郡—县三级行政区划。第三阶段是隋唐五代宋辽金时期，三级政区变成道（路）—州—县的形式（其中隋代和唐前期是州（郡）—县两级，与秦汉相似）。第四阶段是元明清时期，政区形式又一变而为省—府—县的体制。这种行政区划制度对全国各地的政治、经济、文化都产生深远的影响。这种影响使得一府（或与府相当的州、郡）或一省（或与省相当的路、州）之内的语言、风俗等文化因素趋向一体化。特别是唐宋的州和明清的府所辖的地域不大不小，对于一体化来说是最适中的。州或府是一群县的有机组合体，州（府）治不但是一州（府）的政治中心，而且一般也是该州（府）的经济、文化、交通的中心。因此州（府）属各县与州（府）治之间在政治、经济、文化、交通之间的密切接触也必然有助于消除各县方言的特殊之处，使各县的方言自觉不自觉地向州（府）治靠拢。"①在政区建设中，州府级建制因辖区范围适中，凭借政治、经济和交通上的优势，在一定程度上消解着辖区县级政区间的文化差异，起到引领政区内部的语言、风俗等向趋同化方向发展的作用。究其原因，是因为州府级治所作为文化传播的中心区有着支配县级政区的话语权。然而，州府建制又是动态的，时常会因调整政区产生变异，进而影响到原有的区域文化的构成。此外，相邻的州府级政区因属同一自然地理、经济地理区域，有着共同的文化，再加上地缘接近，交通便利，经济交流频仍，因此多有一致。特别是在不断开发的背景下，某一行政建制析为数个平级的行政建制，在这中间，这些区域虽然成为不同的政区，但有相同或共同的风土人情，因此依旧可以将它们视为同一文化区域。

---

① 周振鹤、游汝杰：《方言与中国文化》，上海人民出版社 1986 年版，第 55 页。

历史上的中华文明是多元的,自然经济地理等是不同区域经济发展和文化变迁的基本前提,不同政权统治区域的伸缩等人为因素从量的角度改变着区域经济及文化构成。如春秋以降在诸侯征伐的前提下,中国的东部自北向南,分别形成燕赵文化圈、齐鲁文化圈、吴越文化圈等。这些文化圈一方面是以武力消解和融合区域文化,另一方面社会运动力又在不同的方向成就着更高层次的融合。汉大一统帝国建立以后,运河交通的兴起加强了不同区域之间的联系,从而形成一条亮丽的运河文化带。如刘师培从诸子学、经学、地理学、文学等方面探讨南北文化的不同特点时指出:"大抵北方之地,土厚水深,民生其间,多尚实际。南方之地,水势汪洋,民生其际,多尚虚无。民尚实际,故所作之文,不外记事、析理二端,民尚虚无,故所作之文,或为言志、抒情之体。"[①]因自然经济地理在不同区域形成了不同的生产条件、生产方式、生活方式等,北方和南方出现了巨大的文化差别。然而,大一统帝国需要在政治、经济、文化思想领域实现更高层次的融合,这样一来,如何利用现有的交通条件及进行新的交通建设遂成为后世专制王朝必须关心的大问题。

第三节 农业文明与区域文化

从世界范围看,历史上曾多次出现因为异族入侵导致民族文化灭绝的悲剧,不过,这一情况没有在古代中国发生过。如北方游牧民族曾多次入主中原,占领的结果是,他们在给中华传统文化增添新元素的同时,又在不自觉的状态中接受汉文化,进而在游牧和农耕文明的融合中改变自我。在这一双向互动中,文化改造与变异需要有不同的接触面,同时也需要以交通干线向不同的方向传播。又如南北朝分裂300年以后,北方游牧民族在接受农耕文化的过程中改变原有的生产方式,与此同时,汉民族在接受草原文明的过程中部分地改变了生活方式,甚至是

---

① 刘师培:《南北文化不同论》,《刘师培全集》第一册,中共中央党校出版社1997年版,第557页。

宗教信仰等。当然,其中的原因是多方面构成的,但不可忽略的是,运河作为古代交通的重要形式,在支持政治中心建设、稳定社会秩序、繁荣商品经济等方面扮演了重要的角色。进而言之,运河在漕运的过程中及消化异质文化等方面起到了重要的作用,通过运河不同民族及不同区域的文化交流空前频繁起来,进而在碰撞中形成新的特点。

中华文明属河流文明,先民活动的场所主要集中在黄河、长江、淮河和济水等流域。《尔雅·释水》云:"江、河、淮、济为四渎。四渎者,发源注海者也。"先民们在相关的流域繁衍生息并从事生产活动,形成了各具特色的文明形态。然而,周定王五年(前602年)黄河改道南徙,济水河道成为黄河水道的一部分,经此,济水文明淹没在黄河文明之中,故不再受到后世的关注。

黄河文明与长江文明有着显著的区别,是南北两大文化系统的杰出代表。江河之间的淮河虽有自己的文明形态,但同时又有吸纳南北不同文化的特点。如当黄河流域创造的农业文明处于强势时,淮河流域主要是接受黄河文明的成果,并留下深刻的印记;当长江流域的经济规模超越黄河流域时,淮河流域则主要接受长江文明的成果和留下深刻的印记。进而言之,在中华文明的进程中,先民们在淮河流域创造了灿烂辉煌的文化,形成了独立于江河之外的文明形态。秦汉大一统帝国建立以后,物质、文化等方面的交流日趋紧密,淮河流域遂表现出接受南北不同文化的特点,乃至于自身的文明逐步地消解在黄河文明和长江文明之中。

中国古代的文化研究是以河流文明的形态为切入口,在文献和考古印证的过程中提出的。如通过考察区域文化方面的差异,发现了各自存在的价值。具体地讲,黄河流域特别是中下游地区,是先民活动的主要区域之一,率先进入农业社会,国家建立后,政治中心长期建在这一区域,这样一来,从文献记载入手考古发掘的重点势必要集中到这一区域。当黄河流域的考古发掘不断地发现更多的史前文化遗存时,凭证据说话的原理势必要把黄河视为中华民族的母亲河,并且在谈论中华文明时首先要描述黄河文明的成果。后来,考古发掘转移到长江流域,当在长江流域发现更多、更为久远的文化遗存时,为了弥补认识上的缺陷,人们又把长江视为中华文明的母亲河。进而言之,在缺一不可的前提下,论述中华文明的起源时,出现了黄河文明和长江文明同等重要的观点,进而将中华文明起源阐释为二元化的文化结构。其实,淮河文明也是中华文明的重要组成部分,有着自身辉煌的历史,是中华文明的重要发祥地。

西方的人类学家认为,人类起源是树状的,其本根在非洲大陆,人类是从非洲走向世界各地的。针对这一观点,中国学者坚持认为,人类的起源是多元的,其中,中国是人类重要的发祥地。遗憾的是,在中国大陆虽然找到了不同时期的猿人遗存如巫山人、元谋人、蓝田人、北京人等,但唯独找不到新人阶段的遗存。如在中国境内先后发现了距今200万年前的四川巫山人、170万年前的云南元谋人、110万年前的陕西蓝田人、50万年前的北京人、10万—20万年之间的辽宁金牛山人、1万—4万年之间的北京山顶洞人等,这些向世人展示了从猿人到新人的不同链条。遗憾的是,这些链条有缺失的环节,这一缺失的环节就是在中国境内始终没有发现从5万—10万年之间的新人化石。

新人是人类起源的重要阶段,这一时期恰好是非洲智人走向世界,取代各地早期智人的关键时段。因此,西方学者始终采取不承认的态度,认为中国大陆不能称之为人类的发祥地,进而否定中国学者提出的人类起源多元化的论断。为了推翻西方学者的人类学观点,2005—2008年,中国的考古工作者在淮河支流颍水进行了大面积的考古发掘,随后在河南许昌灵井遗址出土了古人类新人阶段的头盖骨化石碎片,这些碎片是距今8万—10万年的新人头骨碎片,经过复原展现出完整的形态。可以说,许昌人的发现极大地支持了中国人类学学者的观点,成为人类起源多元化的重要证据①。为了及时地驳斥西方学者的观点,考古发掘后的当年,国家文物局和河南文物局在北京联合公布了河南许昌灵井遗址的发掘情况。这一重大的发现表明,淮河流域有丰富的文明形态,其重要性绝不亚于黄河和长江文明。从这样的角度看,淮

---

① 河南省文物考古研究所:《河南许昌灵井"许昌人"遗址考古发现与探索》,《华夏考古》2009年第3期。

河文明应在中华文明中占有重要的份额。

中华文明主要由黄河文明、长江文明、淮河文明等构成,河流有不同的长度,有不同的经纬度,有不同的自然地理区域,虽然可以从线性的角度将其串联为一个整体,但实际情况是,由河流造就的文明是由更多的自然地理和经济区域构成的。自然环境制约着先民的生活条件和生活方式,当黄河流域、长江流域、淮河流域等切割成不同的生活共同体时,经过长期相对独立的封闭形态的发展,必然会发生文化方面的差异。在这样的前提下,关注不同区域的差异实际上是关注文化方面的差异,从联系中发现相互间的差别。

从大的方面讲,黄河文明、长江文明、淮河文明是由不同的自然地理和区域经济地理构成的农业文明。在自然地理和经济地理的切割下,同一文明又形成了不同的富有个性的区域文化。客观地讲,黄河文明、长江文明和淮河文明大都具有这样的特征。这里诉说的一个事实是,多元化的中华文明是由不同的区域文化构成的,这些区域在接受黄河、长江、淮河哺育的过程中,形成了各具特质的文化形态。

进入新石器时期,中华民族的先民们在黄河、长江、淮河两岸繁衍生息,创造了光辉灿烂的农业文明。农业文明是河流载来的文明,有着突破崇山峻岭的限制,从水上迁徙和传播文化的特点。沿河迁徙有主动和被动两种基本形式,主动迁徙或因为原居住区域的生态不再适合居住,或发现了更好的居住环境,或因氏族壮大,原有的区域无法为众多的人口提供生活资料;被动迁徙主要是因为部族弱小,无法应对入侵的强敌,被迫离开原居住地。然而,不管是哪种形式,总有相适应的自然环境会留下氏族或部族的迁徙脚步。当氏族或部族居住下来,在相对独立的区域中发展和壮大时,必然会表现出受自然地理、经济地理、气候水文等控制和支配的特征,并形成与其他区域不同的文化特征。

追溯区域文化的源头可以上溯到氏族公社时期,氏族壮大后,因原居住地狭小容纳不了所有的氏族成员的需要,部分氏族成员必然要走上迁徙之路。在这中间,因族源相同,有共同的文化,分化出来的氏族虽可能迁徙到更远的地方,但两者间的文化是相同的。如生活在淮河流域舞阳贾湖的先民创造了自己的文化成果后,出现了向淮河下游地区和汉水流域两个方向迁徙的迹象。从现有的考古发现入手,一些学者认为河南舞阳贾湖遗址与高邮龙虬庄遗址之间存在着某种内在的联系,又认为贾湖遗址与汉水文化遗存有某种内在的联系,"贾湖文化是并列于裴李岗文化的亲缘文化,其后代向淮河中下游和汉水流域作同纬度迁徙,成为大汶口文化和下王岗早期文化的主要来源,代表了淮汉文化带的早期阶段"①。这一系列的情况表明,在关注区域文化的过程中,一是要注意到氏族的迁徙线路;二是要注意到自然环境变化后可能引起的文化变异;三是氏族在分裂为数支的过程中有可能在不同水系的活动,并改变原有的生活习性;四是在氏族壮大发展的过程中,那些隶属不同水系的区域因有相邻的关系,必然会成为氏族活动的区域。这些区域在自然地理的作用下发生经济生活的变化后,会表达出新的文化诉求。从这样的角度看,区域文化既有自身的保守性,有代代相承的一面,同时又会在外力的作用下发生变异,进而呈现出多元化的特点。

进入专制国家时代,氏族迁徙虽不复存在,但民族迁徙的情况依然存在。如在北方游牧民族的打击下晋室被迫南渡。在这中间,北人纷纷迁往江淮及江南,在更大的范围内引起区域文化的变化。具体地讲,北人南迁,一是改变了当地的人口结构;二是给当地带来了异地的生活方式和生产方式;三是外来文化在与当时文化混融的过程中创造了新的文化。这些情况表明,区域文化在发展的过程中既有相对独立的一面,又在不同文化的碰撞中显示出新特点。

中华民族的基本构成主要有东夷与华夏、苗蛮等部族。很有意味的是,在黄河文明和长江文明处于基本隔绝的状态下,在北有黄河文明、南有长江文明的中间地带,出现了北与黄河相通、南与长江相通的淮河。如《尚书·禹贡》划分九州时,称徐州有"浮于淮、泗,达于河"的贡道,又称扬州有"沿于江、海,达于淮、泗"的贡道。淮北隶属徐州,经淮河可入黄河;淮南隶属扬州,沿江入海可入淮河及支流泗水等。与此

---

① 张居中:《淮河上游新石器时代的绚丽画卷——舞阳贾湖遗址发掘的主要收获》,《东南文化》1999年第2期。

同时,从淮南沿淮河可到淮北。在相对封闭的区域环境中,淮河建立了与黄河和长江之间的联系,一方面黄河文明、长江文明和淮河文明以水上交通为连接点出现了互动和交流的局面,另一方面淮河文明在接受黄河文明和长江文明的同时,以开放和兼收并蓄的姿态形成了介于两者之间的文化。淮河流域是东夷部族活动的区域之一,东夷在以淮河文明为本色的发展过程中,对黄河文明和长江文明的成果多有吸纳,因为这样的缘故,东夷部族才有可能成为中华民族的重要来源。

流域是划分自然地理、经济地理的重要因素,在自然地理、经济地理的作用下,共同生活体经过长期的社会实践,逐步形成了富有个性特征的区域文化。区域文化在历史形成的过程中,主要有两个特点,一是以河流为依据,在一级、二级、三级支流的参与下,形成了向周边地区辐射的文化圈;二是某一氏族在向相邻的区域及其他水系长途迁徙的过程中,可能形成新的生活方式和生产方式等,并形成新的文化圈及文化特点。如从事游牧活动的周民经历了从游牧到发明农业的历史,进入农业社会后经历了迁往沮水、漆水一带生活的历史,随后又经历了在古公亶父的带领下迁往岐山(今陕西岐山)的历史。《诗经·大雅·绵》记载这一事件时吟唱道:"绵绵瓜瓞。民之初生,自土沮漆。古公亶父,陶复陶穴,未有家室。古公亶父,来朝走马。率西水浒,至于岐下。爰及姜女,聿来胥宇。"周民从一个区域迁徙到另一个区域,自然地理和经济地理方面的变化势必要给他们带来新的文化追求①。又如伴随迁徙路线的增加,某些部族的生活环境甚至有可能发生颠覆性的变化。具体地讲,商部族从东北沿海地区迁往黄河流域,由此发生的文化变异是巨大的,同时也是显著的。诚如丁山先生所说:"人生不能缺乏水分,人类文化的发展也就不能不依傍河流。游牧者居依水草,迁徙无常。相土作乘马,王亥服牛,这类故事,不过反映成汤以前的殷商民族的生活尚停滞在游牧时代。那时,殷商民族的踪迹,似乎自今日的北京溯着滴水(即浊漳水)南进,再沿滴水(即清漳水)东进,他们完全游移在黄河入渤海的三角洲。成汤居亳,似乎是殷商民族城居的开始,也就是踏入农业

---

① 钱穆:《古史地理论丛·周初地理考》,生活·读书·新知三联书店 2004 年版,第 3—76 页。

时代的开始。从此,他们由滴水流域侵入汶水,再由汶水辗转于沂蒙山区以至洙泗下游直到睢淮的沿岸。也许因为睢淮过度的卑湿,不适宜殷商民族的生活,所以祖乙溯泗水回向鲁西巨野泽发展;这正是他们全民的要求。"①商部族进入农业社会后擅长商贸活动,形成了经商的文化传统,今天所说的"商业""商人"等词汇都是他们进行商贸活动后留下的文化成果。

区域文化是在历史中形成的,是以自然地理和经济地理为基础,在政区划分和建设的过程中实现的。区域文化是由生活共同体共同创造的,区域文化的疆界往往超出政区。如以淮阴和扬州为核心的淮扬区域是上古时期东夷部族活动的重要区域,因这一区域有独特的自然地理和经济地理环境,在东夷部族壮大的过程中派生出了淮夷等分支。淮夷在淮扬区域的文化活动实际上是淮河文明的延续,在淮夷的开拓下,淮扬区域保存了下草湾文化、青莲岗文化、龙虬庄文化等丰富的文化遗存,这些文化遗存是研究中华文明的重要组成部分。从这样的角度看,加大区域文化的研究力度,可以通过个案研究推动文明史的研究,进一步厘清传统文化的构成,纠正长期以来的偏差,加深对中华文明及传统文化的认识。

第四节 《禹贡》与"淮扬"概念

在政区沿革的过程中,"淮、海惟扬州"(《尚书·禹贡》)自然是最早出现的"淮扬"概念,但九州不是真实存在过的政区。伴随着大一统帝国的诞生及政区细化,"淮扬"的内涵和外延都发生了变化。然而不管怎么变,由邗沟即江淮运河串联起来的淮阴和扬州始终是"淮扬"的核心区域。

进入有史时期,先民根据区域地理提出了"九州"(《尚书·禹贡》),淮河流域为徐州和扬州等两大区域。此后,在自然经济地理、水文、气

---

① 丁山:《商周史料考证》,中华书局1988年版,第35页。

候、政区调整、人口结构等作用下，又多次发生变异，在此基础上淮扬区域成为相对独立的文化形态。淮阴和扬州两地同处淮河下游，有着大体相同的自然经济地理和交通区位，生活在这片土地上的先民形成了较为一致的民风民俗。"淮扬"作为自然地理概念，是区域经济地理形成的基础。在历史变迁中，经济地理一方面在经济的支配下成为相对独立的文化单元；另一方面伴随着经济发展往往会发生政区细化。可以说，经济地理涉及行政区划、经济、人口及基本构成、日常生活、交通、文化、风俗、习惯等。

从本质上讲，"淮、海惟扬州"是"淮扬"话语体系的源头。杜佑注"扬州北据淮，东南距海"云："此自淮之东南距于海，闽中以来地。今广陵、淮阴、钟离、寿春、永阳、历阳、庐江、同安、蕲春、弋阳、宣城、丹阳、晋陵、吴郡、吴兴、余杭、新定、新安、会稽、余姚、临海、缙云、永嘉、东阳、信安、鄱阳、浔阳之东境、章郡、临川、庐陵、宜春、南康、建安、长乐、清源、漳浦、临汀、潮阳等郡地。自晋以后，历代史皆云，五岭之南至于海，并是《禹贡》扬州之地。按：《禹贡》物产贡赋，职方山薮川浸，皆不及五岭之外。又按：荆州南境至衡山之阳，若五岭之南在九州封域，则以邻接宜属荆州，岂有舍荆而属扬，斯不然矣，此则近史之误也。则岭南之地非九州之境。"①这一论述对于认识九州时期的扬州有着重要的意义，如果以今之政区言之，扬州地域广袤，由江苏、安徽（不包括淮北）、浙江、上海、江西、福建等构成。

如果拿相邻的徐州作比，当知其地域连扬州的零头都不到，如《禹贡》有"海、岱及淮惟徐州"之说，指"东据海，北至岱，南及淮"。如杜佑解释"徐州东据海，北至岱，南及淮"时声称："自泰山之南，淮之北，海之西也。今彭城、临淮、鲁郡、东海、琅琊等郡地是。"②徐州的北界至泰山，南界至淮河北岸，东界是大海。如果以今天的政区言之，徐州区域有限，只有泰山以南的山东地区、江苏淮河以北地区、安徽淮北地区、河南东部等区域，可以说，这一区域是无法与扬

---

① 杜佑：《通典·州郡二》，浙江古籍出版社 1988 年版，第 912 页。
② 杜佑：《通典·州郡二》，浙江古籍出版社 1988 年版，第 912 页。

州相比的。

　　如果以淮河划界的话,徐州与扬州的地理区域是明确的。徐州和扬州虽然相邻,且有淮河贡道相通,但有不同的自然地理环境和物产。《尚书·禹贡》云:"海、岱及淮惟徐州。淮、沂其乂,蒙、羽其艺,大野既猪,东原底平。厥土赤埴坟,草木渐包。厥田惟上中,厥赋中中。厥贡惟土五色,羽畎夏翟,峄阳孤桐,泗滨浮磬,淮夷蠙珠暨鱼。厥篚玄纤、缟。浮于淮、泗,达于河。淮、海惟扬州。彭蠡既猪,阳鸟攸居。三江既入,震泽底定。篠簜既敷,厥草惟夭,厥木惟乔,厥土惟涂泥,厥田惟下下,厥赋下上,上错。厥贡惟金三品,瑶、琨、篠、簜,齿、革、羽、毛惟木。鸟夷卉服,厥篚织贝,厥包桔柚锡贡。沿于江、海,达于淮、泗。"①以淮河为分界线,淮河以北的徐州和淮河以南的扬州,有不同的自然气候和自然经济地理。上古时期,九州中的徐州的农业经济发展水平高于扬州,中古以后,九州中的扬州的经济发展水平又高于徐州。出现这一情况是必然的,徐州位于黄河流域和淮河流域之间,率先接受了黄河流域先进的农业技术。

　　问题是,《禹贡》为什么要将淮河以南以及长江下游以南的地区视为同一个区域呢?可能有三个原因:一是《禹贡》作者的地理知识水平有限,建构自然地理区划时多有不合理的因素;二是《禹贡》作者可能是北方人,对淮河以南及长江下游的自然地理缺少必要的了解,因此将这一区域笼统地称之为"扬州",并提出"淮、海惟扬州"的自然地理观念;三是《禹贡》时代,淮河以南及长江下游地区基本上处于尚未开发的阶段,生产方式原始落后,人烟稀少,因此不需要从细区分。用今天的眼光看,将长江下游和淮河下游两个不同自然地理区域纳入扬州的范围,多有不合理之处,然而,这一情况却为后世更为合理地划分行政区域奠定了基础。进而言之,伴随着认知水平的提高,在关注气候环境变化的同一性和差异性的过程中,在经济地理区域自动形成和分化的前提下,伴随着经济中心不断南移的历史,人们逐渐认识到江南和江北的差异,在这样的基础上,势必要对原有的自然地理知识提出否定,对已有的地

---

① 阮元:《十三经注疏·尚书正义》,中华书局1980年版,第148—149页。

理区域及政区作进一步的细化。

作为地理概念的九州出现后,对淮扬区域地理概念的形成有着特殊的意义,同时又是后世建立行政区划的依据。周振鹤先生论述道:"九州制在当时是一种新思维,但又是未曾实行过的制度。以名山大川作为标志来为天下划分地理区域,是农业社会的天然思路,因此各州内部的自然环境有一定的同一性,这种同一性由《禹贡》详载各州的土壤与植被体现出来。以这种同一性为基础划分区域,对农业经济的发展显然有利。《禹贡》没有点明的另两个自然环境的参数是降水与气温,在当时,这两个指标不可能量化,只能通过植被来体现。所以九州是一种自然地理区域。与此同时,九州又是经济地理区划,因为各州的物产与到达王都的交通路线《禹贡》都详细备载。但在自然与经济背后,还有一个重要的因素:政治。……九州制还有一个重要特点未受到重视,那就是九州的分布是南三北六。南方地域虽然辽阔,但只有扬、荆、梁三州。北方却有六州,如兖、豫、青、徐四州地域都很狭小。这一方面表明北方经济开发程度较高,另一方面还因为北方政治单位比南方多得多。南方只有吴、越、楚三个诸侯国,以及巴、蜀等小国。而北方却是列国林立,以是划分政治区域时必然要南方稀、北方密。因此九州制可以看作是以自然地理与经济地理为表征的政治地理格局。"[1]九州划分者在有意建立"以名山大川作为标志来为天下划分地理区域"的构想中,打破了自然地理和经济地理的界限,提出了以人口密集程度为政区划分的标准。经此,出现了凡人口密集的区域虽然属于同一自然地理和经济地理区域,但有可能成为两个政区或更多的政区;凡人口稀少的区域虽然属于不同的自然地理和经济地理区域,但有可能成为同一政区。在九州划分者的眼中,扬州地域辽阔,横跨大江南北,可成为自然的政区单元。不过,用后世的眼光看,这一政区是由不同的自然地理和经济地理区域构成的。在这中间,划分者没有明确地设定扬州的边界,但依旧有迹可循。如扬州以西以北与人口稠密的徐州、豫州等相接,有自然

---

[1] 周振鹤:《中国历史上两种基本政治地理格局的分析》,《历史地理》第 20 辑,上海人民出版社 2004 年版,第 4—5 页。

边界,因此不需要专门地提出。又如扬州以南人烟稀少,故可以不提南面的边界。更重要的是,"九州"划分者叙述扬州时刻意强调了"淮、海惟扬州"这一内容,据此当知,淮河以南和东部沿海是扬州的核心区域。由于在"淮、海惟扬州"的叙述中涉及"淮扬",这样一来,如果一定要追溯"淮扬"这一概念的来源,完全可以上溯到《禹贡》时期。

第一章　史前文明及后世民风民俗

　　上古时期,淮河是与长江、黄河、济水并称的大河。《尔雅·释水》记载道:"江、河、淮、济为四渎。四渎者,发源注海者也。"①班固《白虎通·巡狩》记载道:"渎者,浊也。中国垢浊,发源东注海,其功著大,故称渎也。"②郑樵亦云:"中原之地诸水所流,皆归此四渎。惟此四渎得专达海,故为渎祠焉。"③在黄河南徙侵吞济水以前,四渎均有自己的发祥地,是独立流入大海的河流。围绕四渎,先民创造了各具特质的文化,如黄河、济水是北方河流文明的典型代表;长江是南方河流文明的典型代表;淮河是江河之间河流文明的典型代表。其中,淮河下游的淮扬区域一直是人类活动的重要区域,有新石器时期的文化遗存青莲岗文化和龙虬庄文化等典型的史前文化遗存。

第一节　新石器时期的主要文化遗存

　　淮河下游的考古发掘始于 1951 年。是年,华东文物工作队在北距古淮河 4 公里的青莲岗进行了发掘。该文化遗址位于淮安市淮安区城

---

① 阮元:《十三经注疏·尔雅注疏》,中华书局 1980 年版,第 2619 页。
② 陈立著,吴则虞点校:《白虎通疏证》,中华书局 1994 年版,第 301 页。
③ 郑樵:《尔雅注·释水》,《四库全书》第 221 册,上海古籍出版社 1987 年版,第 262 页。

东北35公里的宋集乡青莲村境内。时至1958年,南京博物院一共进行了四次调查和一次试掘,并于1956年将其命名为"青莲岗文化"。与此同时,研究者将处于淮河下游的连云港二涧村、大村、灌云大伊山等遗址视为同一类的文化遗存①。此后,又在南通境内发现了海安青墩文化等,属于青莲岗文化,这里就不再一一列举。

这里仅以青莲村的发掘为例。该文化遗址出土了大量的陶器、石斧、石凿、石锛等,有供耕种使用的石犁、供收割使用的石镰、供加工稻谷使用的石盘等,有炭化籼稻及集中放置的猪下颌骨、牛牙床、鹿角和骨刺鱼镖、陶网坠等②。这些农业生产工具及器物、炭化籼稻、动物遗骨等出土表明,种植籼稻在青莲岗人的经济生活中已占有十分重要的地位。此外,渔猎依旧是青莲岗人谋取生活资料的重要手段。如有学者指出:青莲岗文化是"距今约6000至7000年淮河下游新石器时代早期文化代表,其社会发展处于母系氏族社会时期。它的发现,使得东南沿海地区的原始文化,同中原黄河流域的诸原始文化在地域上连成一片,形成了我国新石器时代文化的完整体系"③。青莲岗文化在反映了人类在淮河下游活动的同时,留下了新石器早期人类在淮扬区域活动的文化印记。

继青莲岗文化遗址发掘后,1993—1995年淮扬区域再次进行了大规模的考古发掘。在南京博物院考古所的主持下共进行了四次,从而揭开了龙虬庄文化遗址的神秘面纱④。龙虬庄文化遗址位于扬州高邮一沟乡龙虬庄村北,距离高邮市区约9公里,这里地势十分平坦,四周环水,海拔只有2.4米,总面积4.3万平方米。经过发掘,遗址清理出房址4处,灰坑35个,墓葬402座,出土石器、陶器、骨角器、玉器等2000多件,有斧、锛、刀、锄、纺轮、砺石等石质用具,有用动物角及骨骸制成的角锄、骨镞、骨筷、骨针、骨锥、骨坠、骨环等骨质用具,有供日常生活使用的陶器,有装饰功能的管、环、璜、坠等玉器,器具形态各异,且

---

① 向绪成:《对黄河下游青莲岗时期诸类文化遗存的认识》,《华夏考古》1995年第2期。
② 参见吴山菁《试论青莲岗文化》,《文物》1973年第6期。
③ 龚良主编:《重构与解读——江苏六十年考古成就》,南京大学出版社2009年版,第110页。
④ 李则斌:《高邮龙虬庄遗址暨江淮地区古文化研讨会纪要》,《文物》1997年第12期。

制作精良。特别值得一提的是,出土的猪形陶罐系列工艺制作水平远超现代工艺,可谓栩栩如生。

从层位关系、器物形态特征和组合及文化构成等方面看,龙虬庄的文化遗存大致可分为连续发展的三期。具体地讲,距今约 6600—6300 年为第一期,距今 6300—5500 年为第二期,距今 5500—5000 年为第三期。从出土哺乳动物(如家猪、家犬、麋鹿、獐、梅花鹿等)和水生动物(如龟、鳖、鲤鱼、青鱼、丽蚌、裂齿蚌、田螺等)的残骸及炭化稻米和文化堆积层水稻植物蛋白石的分析中可知,龙虬庄人主要生活在芦苇丛生、水草茂盛、河湖密布的湿地,"经济形态主要有采集、渔猎和农业经济。……文化遗存的第一期中,采集和渔猎经济占有一定的比例,原始稻作农业已起步;到第二期,尤其是后段,原始农业呈快速上升的趋势,采集经济则急剧下降"①。特别值得注意的是,遗址中发现了 4000 多粒 6600—5000 年之间的碳化稻米,这表明龙虬庄人完成了水稻从野生型到栽培型的转化,稻种已从原始栽培稻转变为人工种植的栽培稻——粳稻。应该说,这一发现对进一步探索淮扬区域的史前文化,研究淮扬区域的古生态环境、稻作农业的起源和发展均具有重要意义。

龙虬庄遗址的文化遗存十分丰富,这些对于我们进一步梳理江淮东部地区的原始文化具有重大的学术价值。如高鸣先生论述道:"龙虬庄遗址的发掘,确认了在距今 7000—5000 年前江淮东部地区存在着一支文化风格独特、特征稳定、序列完整的原始文化,它既不同于淮北的北辛文化和大汶口文化,也不同于江南的马家浜文化和崧泽文化,从而填补了这一地区新石器时代早期古文化遗址的空白。这一发现不仅解决了 50 年代青莲岗文化提出后在分布地域、内涵特点等问题上的争议,而且对进一步探索江淮地区的史前文化,研究这一地区的古生态环境,海岸线变迁,推动苏、鲁、豫、皖考古研究的发展均具有重要意义。"②此外,海安青墩遗址也是淮扬区域重要的新石器时代文化遗址,其墓葬的葬式、头向、葬俗均和龙虬庄遗址相同,出土的石器、陶器、骨角器及

---

① 龚良主编:《重构与解读——江苏六十年考古成就》,南京大学出版社 2009 年版,第 113 页。
② 高鸣:《江淮地区又一新石器时代的古文化遗址——高邮龙虬庄遗址》,《治淮》1996 年第 7 期。

玉器等也与龙虬庄有共同的特征,从文化总体面貌来看,青墩遗址与龙虬庄遗址具有一致性,二者属于同一种考古学文化。总之,青莲岗和龙虬庄文化遗址是淮扬文化的早期代表,体现出淮扬文化兼容南北的文化内涵和过渡性特征,淮扬区域作为中国沿海文化与内陆文化、长江文化与黄河文化交流的走廊,为史前文化的交融汇聚发挥了重要作用。进而言之,青莲岗和龙虬庄文化遗址可在一定程度上揭示淮扬文化在中华文明演进历程中的价值和地位。

新石器时期的青莲岗和龙虬庄是淮扬区域最有代表性的文化遗址。尽管20世纪50年代没有对青莲岗文化遗址进行深入细致的考古发掘,但出土的文物可证明,这一文化遗址有着独立存在的价值和不可替代性。青莲岗和龙虬庄文化遗址均在淮河下游,两者地域相邻,在地理环境、生活生产、文化内涵诸方面均具有极强的一致性。从自然地理环境看,青莲岗遗址和龙虬庄遗址均处于地势低平、湖沼密布、气候温暖湿润的淮河下游,十分适合人类的生产生活。从经济生活看,采集、渔猎和稻作农业是其共同的经济基础,尤其是稻作农业在龙虬庄文化遗存的二期、三期已经相当发达,完成了由原始野生稻向人工栽培稻的转变[1]。从器物形态特征及组合特点看,二者也极为相似,如陶器制作有夹砂红陶和泥质红陶,器形有釜、鼎、罐、豆、壶、钵、杯、盆、盘等生活用品,陶器纹饰有水波纹、八卦纹、鱼网纹等,同时还有石器、骨角器、陶器等生产工具及装饰品,可见青莲岗遗址和龙虬庄遗址文化面貌基本一致,同时又各具特色,具有完整的文化序列和稳定的文化特征,两者之间有内在的联系。

淮河文明在发展的过程中呈现出线性的特点,水路串联起上游与中下游间的联系。如青莲岗和龙虬庄文化遗址与淮河中游的贾湖文化遗址有着某种内在的联系。贾湖遗址是20世纪60年代在河南省舞阳县北舞渡镇西南贾湖村发掘的新石器早期的文化遗存。经过七次发掘,考古工作者清理出房址53座、陶窑11座、墓葬445座,出土陶、石、骨等及文物标本5000多件,这些发现为研究中华民族滥觞期的文字、

---

① 李民昌、张敏:《高邮龙虬庄遗址史前人类生存环境与经济生活》,《东南文化》1997年第2期。

音乐、种植、酿造等提供了不可多得的证据。如从陶器中的酒石酸中可知,贾湖的先民已能生产酒,表明人类饮酒已有近 9000 年的历史[①],也为了解淮河流域的社会生产、生活方式、文化活动、宗教习俗等提供了帮助。总之,贾湖遗址作为淮河流域新石器早期的文化遗存,与黄河、长江同时期的文化遗存有着不同的文化特点,透过它,完全可以建立淮河文明与黄河、长江文明的关系。

撇开契刻在约 8000 多年前龟甲上的符号有可能是中国最早文字的情况不论,撇开可演奏七音的骨笛不论,淮河颍水之滨的贾湖文化遗址有明显的向淮河下游辐射的痕迹。在自然环境方面,贾湖、青莲岗和龙虬庄等三个文化遗址的纬度大致相当且地域相连,它们均出土了大量的陆生动物、鸟类和水生动物遗骸,如斑鹿、麋、獐、麂、家猪、猪獾、牛、狗、鹤、雁、雉、龟、鳖、扬子鳄、鲤鱼、青鱼、草鱼、丽蚌、矛蚌、珠蚌、楔蚌、篮蚬、中华圆田螺等;在陶制方面,三个文化遗址的器物均以夹砂和泥质红陶为主;在炊具方面,三个文化遗址均以鼎为主要的炊器;在经济生活方面,贾湖和龙虬庄等均发现了稻作物遗存,如从炭化稻米及稻壳中可以发现,早在 8000 年前,生活在淮河流域的先民已脱离了原始农业,进入了稻米种植阶段。这一情况表明,稻米很有可能是生活在淮河流域的先民率先培育的;在墓葬方面,贾湖和龙虬庄墓葬的排列方式非常相似,均以连续而密集的墓葬方式排列。具体地讲,葬式上的一次葬与二次葬的合葬现象、摆放式二次葬现象、多人一次合葬现象等有相似性。此外,贾湖和龙虬庄文化遗址还出土了一些契刻符号,两者有一定的重复率。贾湖文化遗址出土的陶器上刻有太阳纹,似表明已有原始宗教意识。龙虬庄遗址出土的陶片刻符,不仅可与安阳殷墟甲骨文媲美,而且书写流畅,书面排列规律性强。尽管现在还无法解读其中的含义,但这些刻符完整地记录当时的一件事情是完全有可能的。根据这些情况,张居中先生论述道:"在贾湖文化晚期,其居民因某种原因,其中一支沿淮河东下,进行同纬度迁徙,后与当地土著居民融合,创造了侯家寨文化和大汶口文化的大墩子类型,并影响了整个大汶口文化

---

① 参见河南省文物考古研究所编著《舞阳贾湖》,科学出版社 1999 年版。

和淮河中下游地区,故可认为江淮东部的原始文化来源于贾湖文化,其稻作农业亦应源自贾湖文化。"①由此可以推论,淮扬区域的青莲岗文化和龙虬庄文化是在接受贾湖文化辐射的过程中形成的。进而言之,淮河是中华文化的重要策源地,在淮河文明的辐射下,淮扬区域文化的特点逐步显示出来,并形成富有个性特征的区域文化。

第二节　占筮与原始宗教

淮扬"尚鬼好祀"②的宗教信仰和习俗,可以追溯到史前时期。20世纪50年代,考古工作者在青莲岗遗址采集到两件彩陶,彩陶的内胎是灰色的,外表呈现出砖红色,沿口内外各包一道红彩,内壁绘有八卦纹的几何形图案。经过检测,彩陶泥料纯正,打磨细致③。龙虬庄二期遗址出土的彩陶上,也有卦纹纹饰十分精美的图式④。值得关注的是,八卦是巫师举行筮法时使用的表数符号,青莲岗和龙虬庄文化遗址均在彩陶上发现了卦纹图案,这些图纹从侧面透露了史前淮扬区域的宗教信仰及习俗。

占筮是原始宗教的重要组成部分,考古界较为一致的观点是,江苏海安青墩文化隶属于青莲岗文化。20世纪70年代,考古工作者在青墩文化遗址发掘出987件麋鹿角和骨骼,其中8件有奇特的刻纹。在最有代表性的两件中,一件的表面上刻有十一组平行细划纹,每组三、五、六、九划不等;一件刻有五组平行线纹,每组四至五划,每两组平行线之间刻有两组顶端相对的复道人字纹,每组也是四至五划组成⑤。经专家研究及考证,青墩遗址鹿角的刻划纹饰是中国古代早期的八卦,这些由刻纹构成的八卦分别由３５３３６４(艮下、乾上,遁)和６２３５３１(兑下、

---

① 张居中:《略论淮河流域新石器时代文化》,《郑州大学学报》2005年第2期。
② 杜佑:《通典·州郡十二·古扬州下》,浙江古籍出版社1988年版,第969页。
③ 华东文物工作队:《淮安县青莲岗新石器时代遗址调查报告》,《考古学报》1955年第1期。
④ 龚良主编:《重构与解读——江苏六十年考古成就》,南京大学出版社2009年版,第109页。
⑤ 南京博物院:《江苏海安青墩遗址》,《考古学报》1983年第2期。

震上,归妹)等六个数字组合而成①。青墩文化遗址八卦纹的出土表明,一是淮河下游及淮扬区域有着历史久远的宗教信仰即巫鬼信仰;二是巫鬼信仰与术数拧结在一起,对于研究古代易学的历史有着重大的意义。可以说,青墩遗址中的原始八卦是目前为止中国最早的易卦实物资料,代表了易卦发展史上的早期形式,可据此探寻易卦起源等问题。进而言之,淮扬区域是中国易学的重要发源地,淮扬文化是中国传统文化的重要源头之一。

淮扬人"尚鬼好祀"的习俗信仰在相关的文献史籍多有载述。如班固记载道:"江南地广,或火耕水耨。民食鱼稻,以渔猎山伐为业,果蓏蠃蛤,食物常足。故呰窳媮生,而亡积聚,饮食还给,不忧冻饿,亦亡千金之家。信巫鬼,重淫祀。"②班固所说的"江南"是一个十分宽泛的概念,与《史记·货殖列传》所说的"楚越之地"大体等同,主要指"江、淮以南"③,淮扬区域自然包含在内。杜佑论述道:"扬州人性轻扬,而尚鬼好祀。"④这里所说的扬州泛指整个淮南,包括隋唐时期的扬州广陵郡(治所在今江苏扬州)和楚州淮阴郡(治所在江苏淮阴)等政区。

淮扬人信鬼好祀的习俗既有对史前文化的传承,也与对南方巫觋文化的吸收相关。如上古时期,淮扬最早生活着淮夷,淮夷有自己的文化传统和宗教信仰及祭祀对象,时至周代,这一祭祀传统得到进一步的强化。《左传·成公十三年》云:"国之大事,在祀与戎。"祭祀是国家重要的典礼,是礼制的核心内容。在等级森严的社会条件下,天子、诸侯祭祀有严格的规定,不得僭越。《礼记·王制》云:"天子祭天地,诸侯祭社稷,大夫祭五祀。天子祭天下名山大川:五岳视三公,四渎视诸侯。诸侯祭名山大川之在其地者。天子诸侯,祭因国之在其地而无主后者。"⑤国家有国家的祭祀大典及礼制,民间在沿袭原始宗教的过程中也有各种各样的祭祀活动,进而表达自己的信仰和诉求。

---

① 张政烺:《试释周初青铜器铭文中的易卦》,《考古学报》1980 年第 4 期;耿济:《青墩遗址发现的奇字及其对易学研究的影响》,《江苏地方志》2006 年第 1 期。

② 班固:《汉书·地理志下》,中华书局 1962 年版,第 1666 页。

③ 吴宏岐:《释〈史记·货殖列传〉中所谓的"江南"》,《中国历史地理论丛》1997 年第 4 期。

④ 杜佑:《通典·州郡十二·古扬州下》,浙江古籍出版社 1988 年版,第 969 页。

⑤ 阮元:《十三经注疏·礼记正义》,中华书局 1980 年版,第 1336 页。

与中原相比,南方巫风更盛,尤其是楚国。如屈原《九歌》以巫觋酣歌长舞的形式歌颂了楚国的神祇;《招魂》又以巫觋作法的形式表达了悼唁的情绪;等等。王逸指出:"昔楚国南郢之邑,沅、湘之间,其俗信鬼而好祠。其祠,必作歌乐鼓舞以乐诸神。"①伴随着楚国灭越及郢都东移北上,楚文化势力对东方的影响越来越大②。"信鬼重祀乃楚族之大习俗"③,楚人东进北上后,将其宗教信仰传播到不同的区域,强化了淮扬人尚鬼好祀的传统。《隋书·地理志下》云:"扬州于《禹贡》为淮海之地。在天官,自斗十二度至须女七度,为星纪,于辰在丑,吴、越得其分野。江南之俗,火耕水耨,食鱼与稻,以渔猎为业,虽无蓄积之资,然而亦无饥馁。其俗信鬼神,好淫祀,父子或异居,此大抵然也。"④淮扬人"信鬼神,好淫祀"的传统十分悠久,可以上溯到史前,且有着自身的稳定性。

第三节　民风民性

追溯淮扬人的民风民性自然应该上溯到史前时期,重点关注淮夷活动的历史。不过,发生剧变的年代当在有史年代。

错综复杂的政治形势,使各种文化在淮扬区域碰撞成为可能。春秋后期,吴王夫差开邗沟,淮扬属吴。越国灭吴,越王勾践与楚国划分势力范围时"以淮上地与楚"⑤,淮扬归楚,如有"句践已平吴,乃以兵北渡淮,与齐、晋诸侯会于徐州,致贡于周。周元王使人赐句践胙,命为伯。句践已去,渡淮南,以淮上地与楚,归吴所侵宋地于宋,与鲁泗东方百里"⑥之说,赵晔亦云:"勾践已灭吴,乃以兵北渡江淮,与齐、晋诸侯会于徐州,致贡于周。周元王使人赐勾践,已受命号,去还江南。以淮上

---

① 王逸:《楚辞章句·九歌》,洪兴祖著,白化文等点校:《楚辞补注》,中华书局1983年版,第55页。

② 刘和惠:《楚文化的东渐》,湖北教育出版社1995年版,第32—90页。

③ 高至喜:《楚文化的南渐》,湖北教育出版社1996年版,第263页。

④ 魏徵:《隋书·地理志下》,中华书局1973年版,第886页。

⑤ 司马迁:《史记·越王句践世家》,中华书局1982年版,第1746页。

⑥ 司马迁:《史记·越王句践世家》,中华书局1982年版,第1746页。

地与楚,归吴所侵宋地,与鲁泗东方百里。当是之时,越兵横行于江淮之上,诸侯毕贺。"①越王勾践"去还江南"时,将淮河以南到长江北岸的广袤区域即淮扬割让给楚国。《左传·哀公二十二年》云:"越灭吴。"鲁哀公二十二年为公元前473年,淮扬并入楚国当发生在公元前473年。如果以鲁哀公二十二年越王勾践"以淮上地与楚"为上限,以秦王政二十四年(前223年)灭楚为下限,那么,楚国在淮扬实行的有效统治实际上长达250年。如果再考虑到越国又"归吴所侵宋地,与鲁泗东方百里"与楚,周慎靓王二年(前319年)楚怀王有"城广陵"②等举动,那么,《禹贡》九州中的徐州、扬州及淮河流域均已并入楚国。

稍后,楚灭越。张守节《正义》注《史记·货殖列传》云:"越灭吴则有江淮以北,楚灭越兼有吴越之地,故言'越楚'也。"③司马迁论述道:"彭城以东,东海、吴、广陵,此东楚也,其俗类徐、僮。朐、缯以北,俗则齐;浙江南则越。"④张守节《正义》注云:"彭城,徐州治县也。东海郡,今海州也。吴,苏州也。广陵,杨州也。言从徐州彭城历杨州至苏州,并东楚之地。"⑤淮扬并入楚国后,民风发生了很大的变化。

在《史记·货殖列传》中,司马迁依据气候、地理、物产、经济生活等将全国划分为山东、山西、江南和龙门碣石以北四大风俗区,在此基础上,又根据各地民风、经济特点及相互间的内在联系,将四大区域分为关中、巴蜀、三河、勃碣、齐、邹、鲁、梁、宋、三楚、九疑至儋耳等更为细致的经济地理和文化区域。如司马迁叙述三楚时写道:

> 越、楚则有三俗。夫自淮北沛、陈、汝南、南郡,此西楚也,其俗剽轻,易发怒,地薄,寡于积聚。……陈在楚夏之交,通鱼盐之货,其民多贾。徐、僮、取虑,则清刻,矜己诺。
>
> 彭城以东,东海、吴、广陵,此东楚也,其俗类徐、僮。朐、缯以北,俗则齐。浙江南则越。……

① 赵晔著,徐天祜音注:《吴越春秋·勾践伐吴外传》,江苏古籍出版社1990年版,第168—169页。
② 司马迁:《史记·六国年表》,中华书局1982年版,第731页。
③ 司马迁:《史记·货殖列传》,中华书局1982年版,第3267页。
④ 司马迁:《史记·货殖列传》,中华书局1982年版,第3267页。
⑤ 司马迁:《史记·货殖列传》,中华书局1982年版,第3267页。

衡山、九江、江南、豫章、长沙，是南楚也，其俗大类西楚。……与闽中、干越杂俗，故南楚好辞，巧说少信。①

灭越以后，楚国的疆土远及吴、越故地，形成西楚、东楚和南楚等三大区域。其中，西楚的大致范围是，从徐州以西至湖北；东楚的大致范围是，从徐州以东及扬州至苏州，包括后世所说的淮扬；南楚的大致范围是，从安徽淮河以南向东至湖南及江西。由于楚国在这三个区域经营的时间最长，在中心区域文化不断地向周边区域辐射的过程中，三楚形成了大体相同的习俗和民风，如有"吴、粤与楚接比，数相并兼，故民俗略同"②之说，这里面包含了淮扬区域。

特别需要指出的是，淮扬在保持自身文化传统的同时，在自觉和不自觉的状态中接受了与之大体相同的楚文化。如《礼记·曲礼上》有"凡居民材，必因天地寒燠燥湿，广谷大川异制，民生其间者异俗，刚柔轻重，迟速异齐，五味异和，器械异制，衣服异宜"③之说，又如司马迁有"彭城以东，东海、吴、广陵，此东楚也，其俗类徐、僮"之说。徐，是指生活在淮河下游的古代部族徐夷，徐夷是东夷支派淮夷的一支；僮是生活在长江以南的古代部族，是苗蛮的一支。孔颖达注《尚书·禹贡》"济河惟兖州"论述道："淮海间其气宽舒，禀性安徐，故曰徐。徐，舒也。江南其气燥劲，厥性轻扬，故曰扬。扬，轻也。"④淮扬区域的生活主体是淮夷，淮夷是在淮扬区域生活的先民，是这一区域社会群体的先祖。淮扬区域归楚后，势必要出现土著文化与外来文化即楚文化混融的情况。史称："汉既谲谋，禽信于陈；越荆剽轻，乃封弟交为楚王，爰都彭城，以强淮泗，为汉宗藩。"⑤汉高祖刘邦封刘交为楚王，是因为擅长征战，可以武力对付当地尚武的"剽轻"民风。如果再作进一步追溯的话，"剽轻"则是以淮夷、徐夷民性为底色，张扬尚武的传统。

追溯历史，淮扬剽轻民风民性的形成与自然环境息息相关。淮扬

---

① 司马迁：《史记·货殖列传》，中华书局 1982 年版，第 3267—3268 页。

② 班固：《汉书·地理志下》，中华书局 1962 年版，第 1668 页。

③ 阮元：《十三经注疏·礼记正义》，中华书局 1980 年版，第 1338 页。

④ 阮元：《十三经注疏·尚书正义》，中华书局 1980 年版，第 147 页。

⑤ 司马迁：《史记·太史公自序》，中华书局 1982 年版，第 3311 页。

人士秦观在《送孙诚之尉北海》中写道:"吾乡如覆盂,地据扬楚脊。环以万顷湖,粘天四无壁。蜿蜒戏神珠,正昼飞霹雳。草木无异姿,灵气殊郁积。所以生群材,各抱荆山璧。小为百夫防,大为万人敌。夫子少迈伦,暗呜阻金石。秦赋明光宫,玉座瞻咫尺。"①秦观认为,故乡之所以会涌现出一批风采各异的文士武将,与水乡泽国这一地理环境有着密切的关系。

事实上,当淮阴人韩信仗剑远行追求建功立业、淮阴人枚乘写下《七发》关注广陵潮时,奔腾不息的江淮不但提高了淮扬人的思想境界,而且扩大了他们的胸怀,为其民风民性的形成注入了活力。

除了自然环境之外,江淮剽轻民风还与政治时局有密切关系。如汉末魏晋南北朝时期,此地域成为移民区与南北对峙地带,《宋书·州郡一》云:"三国时,江淮为战争之地,其间不居者各数百里,此诸县并在江北淮南,虚其地,无复民户。吴平,民各还本,故复立焉。其后中原乱,胡寇屡南侵,淮南民多南度。成帝初,苏峻、祖约为乱于江淮,胡寇又大至,民南度江者转多,乃于江南侨立淮南郡及诸县,晋末遂割丹杨之于湖县为淮南境。"②又云:"晋成帝咸和四年,司空郗鉴又徙流民之在淮南者于晋陵诸县,其徙过江南及留在江北者,并立侨郡县以司牧之。徐、兖二州或治江北,江北又侨立幽、冀、青、并四州。"③《南齐书·刘怀慰传》亦云:"齐国建,上欲置齐郡于京邑,议者以江右土沃,流民所归,乃治瓜步,以怀慰为辅国将军、齐郡太守。"④长期的政治矛盾与激烈的军事战争,塑造了淮扬区域民众特有的性格,培养了当地人的尚武精神。

淮扬河网密布,湖泊众多,长期生活在水环境中,淮扬人表现出轻灵雅秀、刚柔并济的个性。水是地球上维持生命的基本要素,如果没有水,生机盎然的绿色将会枯萎;如果没有水,鲜活的生命将会停止。《尚书·洪范》有"一曰水,二曰火,三曰木,四曰金,五曰土。水曰润下,火曰炎上,木曰曲直,金曰从革,土爰稼穑。润下作咸,炎上作苦,曲直作

---

① 秦观:《送孙诚之尉北海》,徐培均笺注:《淮海集笺注》下册,上海古籍出版社1994年版,第1371页。
② 沈约:《宋书》,中华书局1974年版,第1033—1034页。
③ 沈约:《宋书》,中华书局1974年版,第1038页。
④ 萧子显:《南齐书》,中华书局1972年版,第917—918页。

酸,从革作辛,稼穑作甘"之说。《尚书·洪范》论五行时,以水为先,从一个侧面透露了以水为生命之源的信息。

因为水是日常生活必不可少的元素,哲人老子和孔子特别注意建立水与文化诉求之间的关系。老子有"上善若水。水善利万物,又不争。处众人之所恶,故几于道"(《道德经·道经》)之说,老子在以道探讨宇宙本原时,以水为喻体阐述了道。孔子有"知者乐水,仁者乐山;知者动,仁者静;知者乐,仁者寿"(《论语·雍也》)的感叹,以水为兴象,在强调异质的同时,建立了水与主体精神之间的同构关系。进而言之,老子和孔子有意地将水与道与人的道德品行联系起来,主要是从文化建设的角度来关注水的品质和审美内涵。由于他们对水的认识具有普遍性的意义,故完全可以用来说明淮扬人对水的深刻认识。

如果说老子、孔子等论述主要是以水为喻体表达人生诉求的话,那么,2000多年前出生于淮河支流颍水之滨的管仲,则从更广阔的范围建立了水与道与天地之间的关系,关注到水与民风及民性等的关系。《管子·水地》云:"地者,万物之本原,诸生之根菀也。美恶贤不肖,愚俊之所生也。水者,地之血气,如筋脉之流通者也。故曰:水具材也。何以知其然也? 曰:夫水淖弱以清,而好洒人之恶,仁也;视之黑而白,精也;量之不可使概,至满而止,正也;唯无不流,至平而止,义也;人皆赴高,己独赴下,卑也;卑也者,道之室,王者之器也。而水以为都居,准也者,五量之宗也;素也者,五色之质也;淡也者,五味之中也,是以水者万物之准也,诸生之淡也,违非得失之质也。……故曰:水者何也? 万物之本原也,诸生之宗室也,美恶贤不肖愚俊之所产也。何以知其然也? 夫齐之水道,躁而复故,其民贪粗而好勇。楚之水,淖弱而清,故其民轻果而贼;越之水,浊重而洎,故其民愚疾而垢;秦之水,泔最而稽,淤滞而杂,故其民贪戾罔而好事;齐晋之水,枯旱而浑,淤滞而杂,故其民谄谀葆诈,巧佞而好利;燕之水,萃下而弱,沈滞而杂,故其民愚憨而好贞,轻疾而易死;宋之水,轻劲而清,故其民闲易而好正。是以圣人之化世也,其解在水。"①管仲强调了四个方面的内容,一是以"气"为逻辑起

---

① 戴望:《管子校正》,《诸子集成》第5册,上海书店1986年影印版,第236—238页。

点,建立道即天道与地与水之间的应变关系;二是强调地与水均为"万物之本原";三是建立水与道的关系,所谓"卑也者道之室",旨在强调大道若水,以谦卑自守;四是强调各诸侯国即不同区域的水与民风民性的关系,认为民性随水性而变化。管子以水性论民风民性虽然笼统,但对于认识淮扬区域的民风民性是有参考价值的。可以说,水的灵动之气及特有的气势等,都从不同的侧面揭示着淮扬人剽轻性格的成因。

除了水给淮扬民风民性以深刻的影响外,先秦以降,淮扬在历史上的不同归属也是影响其性格的重要因素。如管仲在《管子·水地》中写道:"楚之水淖弱而清,故其民轻果而贼。"①管仲以水性及地域特点论楚人的性格虽然未必准确,但却在一定程度上揭示了地域与性格之间存在着某种内在关系。楚国幅员辽阔,境内有长江、黄河、淮河造就的不同的文明形态,自然地理的复杂性造就了不同区域的文化差异。淮扬区域归楚后,形成了如同管仲所说的"民轻果而贼"的民风民性。

所谓"民轻果而贼"包含三个方面:一是"民轻"指淮扬人生长在近水的环境中,社会群体有了急躁轻扬的性格。杜佑论述道:"扬州,以为江南之气躁劲,厥性轻扬。亦曰州界多水,水波扬也。"②二是"果"指淮扬人性格果敢,勇于决断,勇于担当。三是"贼"指淮扬人不愿遵循法度,有很大的破坏性。《诗·大雅·抑》云:"不僭不贼,鲜不为则。"孔颖达疏:"僭,差也。笺云:辟法也。……贼者,少矣。其不为人所法也。"③《左传·文公十八年》释"毁则为贼"时,杜预注:"毁则,坏法也。"④这些说法均可证"贼""僭"同义,淮扬人性格除了有急躁轻扬、果敢、勇于担当的特点外,又潜存着不愿遵循法度、有破坏性的特点。

需要辨析的是,淮扬是一历史概念,曾包括今安徽淮南地区。入汉以后,汉高祖刘邦实行郡国并行制,目的是防止像秦王朝那样发生外患时王室孤立无援。然而,诸侯国强大以后往往会威胁到中央政府的安全,为应对这一局面,汉王朝采取了一系列的措施,并重点防范吴、楚等

① 戴望:《管子校正》,《诸子集成》第5册,上海书店1986年影印版,第237页。
② 杜佑:《通典·州郡十一·古扬州上》,浙江古籍出版社1988年版,第961页。
③ 阮元:《十三经注疏·毛诗正义》,中华书局1980年版,第556页。
④ 阮元:《十三经注疏·春秋左传正义》,中华书局1980年版,第1861页。

諸侯国。吴国疆域跨大江南北,经济发达地区集中在自广陵(今江苏扬州)向北即淮河下游的南岸到长江之间的区域;楚国疆域集中在长江沿岸到淮南(今安徽寿县)之间的区域,经济发达地区主要在淮南周边即淮河下游南岸偏西的区域。

吴、楚两地相接,且有淮河为交通线,更为重要的是,无论是生活习惯还是民风民俗等都有相同或相通的一面,故两地均属于广义上的"淮扬"。之所以这样说,是因为《尚书·禹贡》时代以"淮、海惟扬州"划分政区时,是把淮南视为扬州一部分的,这一观念一直延续到汉代以后。如得到淮南王黥布谋反的消息后,汉高祖十一年(前196年)刘邦决定亲征,当群臣到灞上(今陕西西安灞桥)送行时,张良提醒刘邦说:"臣宜从,病甚。楚人剽疾,愿上无与楚人争锋。"①这里所说的"楚人"是指生活在淮南一带的百姓。所谓"楚人剽疾"是指淮南人具有剽悍急躁的性格。史家又说:"孝文时,吴太子入见,得侍皇太子饮博。吴太子师傅皆楚人,轻悍,又素骄。"②刘濞建都广陵,广陵是吴国的政治中心。汉景帝前元三年(前154年),太尉周亚夫率军东征吴楚七国时上书道:"楚兵剽轻,难与争锋。愿以梁委之,绝其粮道,乃可制。"③"轻悍"与"剽轻"是同义语。从这些记载中当知,吴国和楚国是生活共同体,有大致相同的生活习性和民风民俗。

班固叙述淮南王、衡山王因不能安分守己,最终导致亡国的历史时感慨道:

> 赞曰:《诗》云"戎狄是膺,荆舒是惩",信哉是言也! 淮南、衡山亲为骨肉,疆土千里,列在诸侯,不务遵蕃臣职,以丞辅天子,而专怀邪辟之计,谋为畔逆,仍父子再亡国,各不终其身。此非独王也,亦其俗薄,臣下渐靡使然。夫荆楚剽轻,好作乱,乃自古记之矣。④

这里所说的"剽轻"与"剽疾""轻悍"等是同义词,都是讲淮南人及

① 司马迁:《史记·留侯世家》,中华书局1982年版,第2046页。
② 班固:《汉书·吴王刘濞传》,中华书局1962年版,第1904页。
③ 司马迁:《史记·绛侯周勃世家》,中华书局1982年版,第2076页。
④ 班固:《汉书·淮南衡山济北王传》,中华书局1962年版,第2157页。

淮扬人尚武,很难驾驭。"剽轻""剽疾""轻悍"是淮扬富有特色的民风民性,这种世风作为种族意识积淀在深层意识中,成为挥之不去的本色。如广陵人刘颂上疏晋武帝时强调道:"夫吴、越剽轻,庸蜀险绝,此故变衅之所出,易生风尘之地。且自吴平以来,东南六州将士更守江表,此时之至患也。"①刘颂长期生活在扬州,对淮扬有着深刻的了解,为此,提醒晋武帝要关注淮扬区域的民风民性,以防止不利于统治的事件发生。

刘颂的认识实际上是时人的共同认识,如东晋大将桓温的参军伏滔在《正淮论》中指出:

> 爰自战国至于晋之中兴,六百有余年,保淮南者九姓,称兵者十一人,皆亡不旋踵,祸溢于世,而终莫戒焉。其天时欤,地势欤,人事欤?何丧乱之若是也!……其俗尚气力而多勇悍,其人习战争而贵诈伪,豪右并兼之门,十室而七;藏甲挟剑之家,比屋而发。然而仁义之化不渐,刑法之令不及,所以屡多亡国也。②

伏滔认为淮南叛服兴替无常,与淮扬区域剽勇强悍的民风民性有极大的关系,这里先且不论这一概括是否完全准确,但强调淮扬尚武的信息是可靠的。追溯历史,在淮河文明的哺育下,淮夷活动时期生活在淮扬区域的先民已有尚武精神,"夷"从大从弓,后羿是这一部族的伟大英雄。可以说,从传说时代起淮扬人已有"其俗尚气力而多勇悍"的民风民性。进入战国时期,淮扬成为楚国的地盘,逐步形成了"其人习战争而贵诈伪"的战争理念。这一战争理念一直影响到后世,如有"江都、弋阳、淮南、钟离、蕲春、同安、庐江、历阳,人性并躁劲,风气果决,包藏祸害,视死如归,战而贵诈,此则其旧风也"③。所谓"人性并躁劲,风气果决,包藏祸害,视死如归"的气概,固然是说淮扬人英勇无畏即崇尚武功的性格特征,更重要的是说,淮扬人在接受楚人战争思想的过程中,改变了周王朝以礼约兵的战法,打破了原有的君子之战即正式下战书、布阵排兵的正面对垒的战争模式,认为只要能夺取战争的最后胜利,完

① 房玄龄:《晋书·刘颂传》,中华书局1974年版,第1294页。
② 房玄龄:《晋书·伏滔传》,中华书局1974年版,第2399—2400页。
③ 魏徵:《隋书·地理志下》,中华书局1973年版,第886页。

全可以使用各种谋略。

从历时的角度看,淮扬尚武的民风民性既有对自身文化的认同,同时又是在保卫家园的过程中逐步形成的。如东晋谢灵运在《撰征赋》中写道:"于是抑怀荡虑,扬搉易难。利涉以吉,天险以艰。于敌伊阻,在国斯便。勾践行霸于琅邪,夫差争长于黄川。葛相发叹而思正,曹后愧心于千魂。登高堞以详览,知吴濞之衰盛。戒东南之逆气,成刘后之馘圣。藉盐铁之殷阜,临淮楚之剽轻。盛几杖而弭心,怒抵局而遂争。"①从历史地理及变迁入手,谢灵运叙述了淮河天险的意义,关注淮扬的战略地位。淮扬有丰富物产,"藉盐铁之殷阜",自然会成为天下大乱时掠夺的对象,即成为兵家必争之地。为保一方平安,淮扬人需要以"盛几杖而弭心,怒抵局而遂争"的态度,应对错综复杂的政治和军事形势。从这样的角度看,"剽轻"作为淮扬人的性格或民风民性,实际上是与守卫家园的意识联系在一起的。

区位地理的特殊性以及在经济中心移向江淮的过程中,淮扬的战略地位受到各方人士的重视。杜佑论述道:"每王纲解纽,宇内分崩,江淮滨海,地非形势,得之与失,未必轻重,故不暇先争。然长淮、大江,皆可拒守。"②和平时期,淮扬"地非形势,得之与失,未必轻重",但到了战争年代,淮河和长江作为南下北上的战略要地,势必要在攻防转换中扮演不可替代的角色。如在南北分治时期,淮河与长江一道构筑起防止北兵南下的防线,进而负有特殊的责任。在统一与反统一、割据与反割据等的战争中,淮扬成为各方势力争夺的对象,这一独特的环境进一步塑造了淮扬人崇尚武功和剽悍的民风民性。张耒论述道:"淮南之冲,以重法禁盗贼者三郡,而泗之临淮,宿之虹,地大而多薮泽,与丰、沛接,其民骁悍而懔轻,于三郡之盗居多焉。"③苏辙进一步论述道:"淮南天下之重镇也,俗本剽轻,习吴楚之旧。"④淮扬形成"剽轻""剽疾""轻悍"的

---

① 沈约:《宋书·谢灵运传》,中华书局 1974 年版,第 1748 页。
② 杜佑:《通典·州郡十二·古扬州下》,浙江古籍出版社 1988 年版,第 969 页。
③ 张耒:《临淮县主簿厅题名记》,李逸安点校:《张耒集》,中华书局 1990 年版,第 767 页。
④ 苏辙:《王安礼知扬州告词》,曾枣庄、舒大刚主编:《三苏全书·苏辙集》第 17 册,语文出版社 2001
　年版,第 79 页。

民风民性,除了与自身的文化传统相关外,还与特别的地理区位息息相关。总之,淮扬人"剽轻""剽疾""轻悍"的性格流淌在血液里,在政治、军事斗争中展现出无穷的创造力。

民风民性是一个历时性的概念,在不同区域文化碰撞和融合的过程中后世多有变化。淮扬民风民性的变化,应以晋怀帝永嘉年间(307—313)北方士族南渡为节点,经此,北方士族和百姓为避战乱流徙江淮或江南,淮扬区域的民风民性为之一变。

不过,《隋书》的编纂者魏徵等论述淮扬民风民性转变时,又是以隋文帝平陈这一节点为转折点的。《隋书·地理志下》云:"江南之俗,火耕水耨,食鱼与稻,以渔猎为业……江都、弋阳、淮南、钟离、蕲春、同安、庐江、历阳,人性并躁劲,风气果决,包藏祸害,视死如归,战而贵诈,此则其旧风也。自平陈之后,其俗颇变,尚淳质,好俭约,丧纪婚姻,率渐于礼。其俗之敝者,稍愈于古焉。"[1]从表面上看,这段文字的叙述重点是江南,是叙述江南"火耕水耨,食鱼与稻,以渔猎为业"的生存状态和习俗,其实不然,因叙述重点集中在江都、弋阳、淮南、钟离、蕲春、同安、庐江、历阳等地,故关注的重点是淮扬。进而言之,以隋平陈为节点,此前,淮扬民风民性表现为"其俗信鬼神,好淫祀,父子或异居……人性并躁劲,风气果决,包藏祸害,视死如归,战而贵诈"的文化特征;此后,淮扬民风民性主要表现为"尚淳质,好俭约,丧纪婚姻,率渐于礼"的文化特征。尽管魏徵等人与杜佑的认识多有不同,但有共同点,都充分地认识到独特的地理位置和生活方式及交通环境,在一定程度上改变了淮扬人的民风民性。

淮扬地处江淮之间,区位独特,物产自然特别。史家记叙淮阴与扬州的风俗习惯时记载道:"大都楚饶山陇,厥土坚瘠,其俗多挟节负气,失则决烈而劲悍。扬饶川泽,厥土沙息,其俗多含文履正,失则靡弱而轻扬。《淮南子》云:'坚土人刚,沙土人细,息土人美,耗土人丑。'岂不然哉?然俗与时移,系诸习尚,要未可以定论也。余闻之长老,国初海氓率椎质奉法,营营治销事,习渔稼,广蓄聚,蕃殖其生而无他嗜好。乃

① 魏徵:《隋书·地理志下》,中华书局 1973 年版,第 886—887 页。

后,则稍稍惮本业,攻淫末,或遄荡亡风轨矣。四方弊贾,操其奇赢,往往游荡场肆间,乘坚策肥,履丝曳缟,以涂眩愚氓之耳目。鼓煽撼摇,辄相则效。富者率衣绮縠,畜声乐,广伎妾,文画屋庐,雕镂器用,竞以侈靡相高。至贫者,亦呰窳偷生,而亡积聚,得百钱即酿饮沾醉,仙仙舞衢巷间。然尤好博,呼卢夺雉,多贷以为乐,即一掷倾其产,弗惜焉。"①早年,淮阴人的风俗以挟节负气为主格调,决烈而劲悍为副调;扬州人以含文履正为主格调,以靡弱而轻扬为副调。自盐商到了两地后,两地发生了明显的变化。人们开始讨厌务农,古风荡然无存,甚至追求弊贾,操其奇赢,游荡在市肆之间,乘坚策肥,衣着华美的丝绸等,这些留后面的章节再作一一的论述。

需要补充的是,淮扬民风民性的变化又是与外来人口的涌入联系在一起的。检索文献,主要有三点值得注意:一是汉代以后,淮扬成为移民的重点区域。如刘濞为发展吴国经济采取延揽人口的措施以充实淮扬,汉武帝用强制性手段将东越人移置淮扬,为躲避自然灾害和战乱大量的流民定居淮扬等。可以说,不同地域的人或群体到淮扬定居以后,在改变淮扬人口结构的同时带来自身的文化,这样一来,势必要引起民风民性的变化。二是与汉代以后淮扬的统治者招揽人才相关,如淮南王刘长、刘安等延揽有识之士移居淮扬,提高了淮扬的人口素质。三是与淮扬的社会经济发展及繁荣相关,淮扬从贫瘠之地成为农业经济的重镇,从资源贫乏到输出品质优良的淮盐,因地处水运要冲而盛行经商之风等,这些变化势必会引起民风民性的变化。进而言之,在保持其文化本色和接受外来文化的过程中,淮扬民风民性的变化是在外来文化与本土文化的混融中完成的。

---

① 杨选等修,史起蛰等撰,苟德麟等点校整理:《嘉靖两淮盐法志·地里》,方志出版社 2010 年版,第 136 页。

结　语

本章从史前文明入手，重点考察淮扬区域史前文明与后世民风民俗的关系。先从据今 6000—7000 年的青莲岗文化切入，关注新石器时期人类在淮河下游活动的情况，进而关注原始社会占筮与宗教的关系。在此基础上，研究淮扬区域民风民俗的历史形成，力求准确地揭示其区域文化的地域性及人文特征。

第二章　邗沟与江淮水上交通

　　上古时期,淮扬有一条经淮、泗北上进入黄河,南下进入长江及东接大海的水路。这条航线从长江入淮河须沿江入海,再从海上入淮,入淮后走泗水进入黄河。水道建立了长江与黄河之间的联系,但从长江入淮须走海上绕个大弯,春秋后期,吴王夫差利用江淮之间的河流湖泊开挖了江淮运河——邗沟。邗沟建成后,改变了淮扬之间的交通,提升了淮扬在南北交通中的战略地位,加强了淮河流域与长江流域及黄河流域之间的联系,缩短了三者间的航程,有力地促进了淮扬区域的社会经济发展。为了说明这一问题,本章有必要论述一下项梁、项羽率反秦义军从吴郡(治今江苏苏州)出发渡江,沿邗沟北上入淮北上的情况。因为在元代借用黄河水道开通京杭大运河以前,南北运河一直是经邗沟至淮阴入淮河,随后溯淮而上至盱眙,经盱眙渡淮再入运河。交通是区域经济发展的前提,在农业经济中心由黄河流域向东南转移的过程中,淮扬凭借独特的区位优势获得了率先发展的机会。隋唐时期,伴随着经济中心从黄河流域移往江淮及东南的历史,邗沟及淮河航线成为东南漕运的重要组成部分。这一时期,从黄河流域进入长江流域的基本航线是,一是自黄河流域入鸿沟即汴渠,随后自汴渠至徐城汴口(在今江苏盱眙淮河镇境内)进入淮河航线;二是进入淮河后折向东南至淮阴经末口入邗沟;三是经邗沟至扬州入长江,或渡江入吴越旧地,或溯江而上深入长江流域的腹地。

第一节　邗沟开挖及晋前改造

淮扬区域的水上交通建设，是从春秋后期吴国开邗沟开始的。吴国发展水上交通，主要有三个原因：一是吴国境内河网密布，受这一自然地理环境的制约，形成了"以船为车，以楫为马"①的交通方式；二是为了有效地应对越国、楚国的入侵；三是出于争霸中原等方面的需要。在这一背景下，吴王阖闾、夫差父子在吴国境内或境外开挖了以吴古故水道、邗沟和菏水等具有战略意义的吴运河。

吴运河改善了境内境外的交通条件。如从吴古故水道出发，渡过长江经广陵（治今江苏扬州）可入邗沟，由邗沟北上经末口（在今江苏淮阴码头镇境内）可以入淮，入淮后沿泗水可抵达巨野泽（在今山东菏泽巨野北），经菏水可深入黄河流域。这条自南向北的航线建成后，第一次将长江流域、黄河流域、淮河流域紧密联系起来。

开通邗沟，在古代交通史上以及对改变淮扬的历史地位具有特殊的意义。《左传·哀公九年》云："吴城邗，沟通江、淮。"鲁哀公九年（前486年），吴王夫差建邗城（在今江苏扬州境内）要塞时开挖了自扬州至淮阴的邗沟。《太平御览》引《吴越春秋》佚文时记载道："吴将伐齐，自广陵掘沟通江淮。"②乐史引《元和郡县图志》佚文云："合渎渠，在县东二里。本吴掘邗沟以通江淮之水路也。昔吴王夫差将伐齐，北霸中国。自广陵城东南筑邗城，城下掘深沟，谓之邗江，亦曰邗沟，自江东北通射阳湖。今谓之山阳渎。"③邗沟一头与长江相接，一头经末口与淮河航线相通，并接通济渠可进入黄河流域。

邗沟是沟通长江和淮河的运河，改变了自江入淮必走海路的历史。杜预注《左传·哀公九年》"吴城邗，沟通江淮"语云："于邗江筑城穿沟，

① 袁康：《越绝书·越绝外传·记地传》，《四库全书》第463册，上海古籍出版社1987年版，第104页。
② 李昉：《太平御览·州郡部十五·淮南道》，中华书局1960年版，第821页。
③ 乐史著，王文楚校：《太平寰宇记·淮南道一》，中华书局2007年版，第2447页。

东北通射阳湖,西北至末口入淮,通粮道也。今广陵韩江是也。"①邗沟又称"中渎水",开挖时主要利用了淮河下行时的湖泊及岔流等。班固记载道:"渠水首受江,北至射阳入湖。"②邗沟又称"渠水",射阳是东汉时析淮阴建立的新县。所谓"入湖",是指邗沟至射阳入湖。

邗沟到射阳入湖以后,向东南方向行进。郦道元《水经注·淮水》记载道:"中渎水自广陵北出武广湖东,陆阳湖西。二湖东西相直五里,水出其间,下注樊梁湖。旧道东北出,至博芝、射阳二湖。西北出夹邪,乃至山阳矣。"③修筑邗城和开邗沟,是中国历史上的一件大事。吴国战胜越国及取得楚国的大片领土后,空前强盛。为了实现北上争霸的野心,吴王夫差跨过长江,在江北建造了有屯兵功能的军事要塞邗城。

稍后,为了强化这一军事要塞的功能,吴王夫差开挖了南接长江、北入淮河的水上运输通道邗沟,试图打通北上争霸的漕运通道,至此,扬州成为吴国北上争霸的战略要地。郦道元《水经注·淮水》云"昔吴将伐齐,北霸中国,自广陵城东南筑邗城",④假定郦道元所说的广陵城是指楚怀王建造的广陵城的话,那么,楚广陵城当在邗城的西北。此后,江淮之地先后成为吴国、越国和楚国的领土,并引起民风方面的诸多变化。

邗城与邗沟虽然是吴国在同一时段建设的工程,但其性质决定了此时的邗城不属于运河城市的范围。此后,楚建广陵城因地广人稀,且江南处于火耕水耨阶段,因此扬州也没能迎来发展的机遇,这样一来,扬州的发展只能有待时日。

不同时期的邗沟有不同的名称,如初称"深沟",又称"韩江""邗溟沟",汉代称"渠水",六朝称"中渎水"等。郦道元《水经注·淮水》云:"昔吴将伐齐,北霸中国,自广陵城东南筑邗城,城下掘深沟,谓之韩江,亦曰邗溟沟,自江东北通射阳湖。《地理志》所谓渠水也,西北至末口入

---

① 阮元:《十三经注疏·春秋左传正义》,中华书局 1980 年版,第 2165 页。

② 班固:《汉书·地理志下》,中华书局 1962 年版,第 1638 页。

③ 杨守敬、熊会贞疏,段熙仲点校,陈桥驿复校:《水经注疏》下册,江苏古籍出版社 1989 年版,第 2557—2558 页。

④ 杨守敬、熊会贞疏,段熙仲点校,陈桥驿复校:《水经注疏》下册,江苏古籍出版社 1989 年版,第 2555 页。

淮。自永和中，江都水断，其水上承欧阳埭，引江入埭，六十里至广陵城，楚、汉之间为东阳郡。高祖六年为荆国，十一年为吴城，即吴王濞所筑也。景帝四年，更名江都。武帝元狩三年，更曰广陵。王莽更名郡曰江平，县曰定安。城东水上有梁，谓之洛桥。中渎水自广陵北出武广湖东，陆阳湖西。二湖东西相直五里，水出其间，下注樊梁湖。旧道东北出，至博芝、射阳二湖。西北出夹邪，乃至山阳矣。至永和中，患湖道多风。陈敏因穿樊梁湖北口，下注津湖径渡，渡十二里，方达北口，真至夹邪。兴宁中，复以津湖多风，又自湖之南口，沿东岸二十里，穿渠入北口，自后行者不复由湖。故蒋济《三州论》曰：淮湖纡远，水陆异路，山阳不通，陈登穿沟，更凿马濑，百里渡湖者也。自广陵出山阳白马湖，径山阳城西，即射阳县之故城也。应劭曰：在射水之阳。汉高祖六年，封楚左令尹项缠为侯国也。王莽更之曰监淮亭。世祖建武十五年，封子荆为山阳公，治此，十七年为王国。城本北中郎将庾希所镇。"①晋穆帝永和中（345—356），在"陈登穿沟，更凿马濑"的基础上，陈敏对"自江东北通射阳湖"射阳湖航段进行了改造，建成了"穿樊梁湖北口，下注津湖径渡"的航线。射阳湖、樊梁湖、津湖等淮河下泄时形成的湖泊，如蒋济《三州论》有"淮湖纡远，水陆异路"之说。如果没有射阳湖这一航线，那么，邗沟将无法形成自江入淮，进而自淮河北上进入黄河流域的水上大交通。然而，射阳湖水面宽阔，风高浪急，根据这一情况，后世遂将射阳湖列为邗沟建设的重点改造对象。

东晋时期，淮河水文发生巨大的变化，为恢复江淮水运，陈敏重修了邗沟。重修邗沟有两大工程，一是"引江入埭"，恢复江都及广陵一带的水运能力；一是改造湖道建成新的入淮口。兴修两大工程的目的是，重点解决邗沟入江和入淮时的难题。与永和中兴修"上承欧阳埭，引江入埭，六十里至广陵城"的入江工程相比，入淮工程的难度更大。尽管如此，依旧提上了议事日程。

① 杨守敬、熊会贞疏，段熙仲点校，陈桥驿复校：《水经注疏》下册，江苏古籍出版社 1989 年版，第 2555—2560 页。

第二节　项梁义军沿邗沟淮河北上

邗沟是联系长江、淮河、黄河三大流域的咽喉,自吴王夫差北上争霸后,以邗沟等为代表的吴运河在秦末再次受到重视。秦末爆发反秦起义时,项梁、项羽叔侄从吴郡(治所在今江苏苏州)出发,沿吴古故水道经渔浦(今江苏江阴利港)渡江,抵广陵后沿邗沟抵淮阴,随后自末口入淮抵盱眙,再沿淮河及泗水至下邳(治今江苏睢宁西北),抵下邳后入菏水,自菏水转战齐鲁并进入商地(春秋时宋国的旧地,地处黄河流域),进而逐鹿中原。

在进入中原以前,项梁叔侄出邗沟,主要在淮阴、盱眙和下邳等地招兵买马,进而在淮河流域建立了以盱眙为中心的大本营。从史料上看,项梁渡江至广陵后没有停下休息,而沿着邗沟直奔淮阴,到达淮阴后作出短暂休整的决定。

选择在淮阴休整应与三个原因相关,一是自吴郡长途跋涉以后,将士鞍马劳顿,需要休息和补给粮草;二是邗沟至淮阴入淮河,淮河经此水面宽阔,风高浪急,为减少不必要的损失,需要休整;三是项梁北上时只有八千人马,需要扩充军力。淮阴是江淮重镇,具备招兵买马的条件。"及项梁渡淮,信杖剑从之"①,淮阴人韩信在项梁渡淮前加入其队伍,可证项梁在淮阴有招兵买马的举动。

淮阴是项梁、项羽叔侄队伍壮大的起点,有"项梁乃以八千人渡江而西。闻陈婴已下东阳,使使欲与连和俱西"②之说,又有陈婴"以兵属项梁。项梁渡淮"③之说,淮阴距离东阳(今江苏盱眙马坝东阳村)不到百里,在淮阴休整有联络陈婴的便利条件。史称:"陈婴者,故东阳令史,居县中,素信谨,称为长者。东阳少年杀其令,相聚数千人,欲置长,无适用,乃请陈婴。婴谢不能,遂强立婴为长,县中从者得二万人。少年欲立婴便为王,异军苍头特起。陈婴母谓婴曰:'自我为汝家妇,未尝

---

① 司马迁:《史记·淮阴侯列传》,中华书局1982年版,第2610页。
② 司马迁:《史记·项羽本纪》,中华书局1982年版,第298页。
③ 司马迁:《史记·项羽本纪》,中华书局1982年版,第298页。

闻汝先古之有贵者。今暴得大名,不祥。不如有所属,事成犹得封侯,事败易以亡,非世所指名也。'婴乃不敢为王。谓其军吏曰:'项氏世世将家,有名于楚。今欲举大事,将非其人,不可。我倚名族,亡秦必矣。'于是众从其言,以兵属项梁。"①陈婴有两万人马,以小并大需要艰苦的谈判,由于事件发生在项梁渡淮之前,又由于末口是邗沟入淮的河口,因此,事件只能发生在淮阴。

在淮阴期间,除了有陈婴率部投奔项梁外,下相(治今江苏宿迁)的项氏子弟也有可能于此时投奔项梁。下相是项梁的老家,以淮河为界,下相与淮阴相接。李吉甫叙述下相与山阳县时写道:"淮水,入县境南,与楚州山阳县分中流为界。"②秦代只有淮阴县,没有山阳县,山阳县是汉代以后析分淮阴县建立的新县。所谓"与楚州山阳县分中流为界",是指以淮河为分界线,下相与淮阴相邻。项梁及项羽政治军事集团中有项伯、项庄、项它、项冠、项声、项悍等项姓将领,这些将领中的大部分与项梁同宗。史称:"诸项氏枝属,汉王皆不诛。乃封项伯为射阳侯。桃侯、平皋侯、玄武侯皆项氏,赐姓刘。"③因下相与淮阴有水道相通,这样一来,项梁的下相族人很有可能于此时到淮阴投奔项梁。

所谓项梁叔侄自淮阴渡淮,实际上是指他们从邗沟末口入淮,溯淮而上到达百里之外的盱眙,随后重点经营盱眙。经营盱眙的原因很简单,在北上逐鹿中原的过程中,项梁叔侄需要建立稳固的根据地。与其他区域相比,盱眙地理方位独特。

其一,与淮北平原相比,处于丘陵地带的盱眙自然是山川形势险要,更重要的是,扼守南北交通的要冲。在长江流域开发以前,淮河流域是仅次于黄河流域的粮仓,在这一背景下,扼守江淮要冲的盱眙势必要成为兵家必争之地。具体地讲,自盱眙溯淮而上,是淮河重镇寿春(治今安徽寿县)、钟离(治今安徽凤阳)等,至正阳关(今安徽寿县正阳关镇)可进入沙河("颍水"的别称),自沙河经颍上(治今安徽阜阳颍上)可入中原;自盱眙顺流而下是淮阴,沿邗沟至广陵可进入长江流域,盱

① 司马迁:《史记·项羽本纪》,中华书局 1982 年版,第 296 页。
② 李吉甫著,贺次君点校:《元和郡县图志·河南道五》,中华书局 1983 年版,第 231 页。
③ 司马迁:《史记·项羽本纪》,中华书局 1982 年版,第 338 页。

第二章 邗沟与江淮水上交通

盱眙"实梁、宋、吴、楚之冲,为天下重地"①。以黄河为补给水源的鸿沟开通后,盱眙是进入东南的交通要道,晋孝武帝太元四年(379年),前秦苻坚遣兵南下,彭超攻陷盱眙后顺势攻打距广陵只有百里的三阿,引起东晋"京都大震,临江列戍"②,可见盱眙有屏蔽江淮的作用。因此,盱眙势必成为项梁、项羽叔侄北上时重点经营的区域。

其二,自开邗沟建立北通淮河及入黄河流域的航线后,盱眙在南北交通中的地位日益彰显,已经成为北上或南下的江淮重镇,这样一来,自然是项梁、项羽叔侄北上时建立根据地的首选之地。史称:

> 居鄛人范增,年七十,素居家,好奇计,往说项梁曰:"陈胜败固当。夫秦灭六国,楚最无罪。自怀王入秦不反,楚人怜之至今,故楚南公曰'楚虽三户,亡秦必楚'也。今陈胜首事,不立楚后而自立,其势不长。今君起江东,楚蜂午之将皆争附君者,以君世世楚将,为能复立楚之后也。"于是项梁然其言,乃求楚怀王孙心民间,为人牧羊,立以为楚怀王,从民所望也。陈婴为楚上柱国,封五县,与怀王都盱台。项梁自号为武信君。③

在范增的劝说下,项梁以盱台(眙)为都,立楚怀王心,并号召天下。从司马迁叙述的时间顺序看,"与怀王都盱台"一事,似发生在"项梁乃引兵入薛,诛鸡石。项梁前使项羽别攻襄城,襄城坚守不下。已拔,皆坑之。还报项梁"④以后。不过,如果没有在盱眙建立根据地的话,是不可能以盱眙为楚都的。进而言之,在项梁入薛(今山东枣庄薛城)及项羽攻占中原腹地重镇襄城(今河南许昌襄城)以前,盱眙已成为项梁刻意经营的大后方,进而成为项梁、项羽叔侄逐鹿中原的战略支撑点。司马光叙述这一事件时,将其定在秦二世二年(前209年)六月。司马光记载道:"夏,六月,立以为楚怀王,从民望也。陈婴为上柱国,封五县,与怀王都盱眙。项梁自号为武信君。"⑤这一叙述揭示了盱眙是项梁刻

---

① 陆游:《渭南文集·盱眙军翠屏堂记》,《四库全书》第1163册,上海古籍出版社1987年版,第466页。
② 房玄龄:《晋书·苻坚载记上》,中华书局1974年版,第2900—2901页。
③ 司马迁:《史记·项羽本纪》,中华书局1982年版,第300页。
④ 司马迁:《史记·项羽本纪》,中华书局1982年版,第298页。
⑤ 司马光著,邹国义校点:《资治通鉴·秦纪三》,上海古籍出版社1997年版,第68页。

意经营的江淮重镇。此外,范增"素居家",有可能是在项梁经营盱眙时投奔了项梁,因盱眙距其家乡居鄛不远。

其三,项梁与陈婴合兵以后只有近三万人,实力有限,需要在盱眙继续扩充军力,并观察事变,进而为北上逐鹿中原作进一步的准备。如司马迁有"项梁渡淮,黥布、蒲将军亦以兵属焉"①之说,黥布、蒲将军等至盱眙投奔项梁。不过,司马迁又有"渡淮南,英布、蒲将军亦以兵属项梁"②之说,似表明黥布、蒲将军等投奔项梁发生在淮南。当时,淮南的治所是在寿春,寿春与盱眙相邻,且有淮河相通。从这样的角度看,无论是黥布、蒲将军等是在盱眙投奔项梁,还是在淮南寿春投奔项梁,应与项梁建立盱眙根据地有密切的联系。

建立盱眙根据地以后,项梁、项羽叔侄继续活动在淮河流域,并率部进驻下邳(治江苏睢宁西北)。下邳位于淮河支流泗水及沂水的交汇处,有"又沂水南至下邳入泗"③之说,又有"张良游于下邳沂水之上"④之说。下邳有良好的航运条件,自泗水可入淮河,亦可进入中原及黄河流域。郦道元《水经注·泗水》记载道:"泗水历县,径葛峄山东,即奚仲所迁邳峄者也。泗水又东南径下邳县故城西,东南流,沂水流注焉,故东海属县也。应劭曰:奚仲自薛徙居之,故曰下邳也。汉徙齐王韩信为楚王,都之,后乃县焉,王莽之闰俭矣。东阳郡治。文颖曰:秦嘉,东阳郡人,今下邳是也。晋灼曰:东阳县本属临淮郡,明帝分属下邳,后分属广陵。故张晏曰:东阳郡,今广陵郡也。汉明帝置下邳郡矣。城有三重,其大城中有大司马石苞、镇东将军胡质、司徒王浑、监军石崇四碑。南门谓之白门,魏武擒陈宫于此处矣。中城,吕布所守也。小城,晋中兴,北中郎将荀羡、郗昙所治也。昔泰山吴伯武少孤,与弟文章相失二十余年,遇于县市。文章欲殴伯武,心神悲怆,因相寻问,乃兄弟也。县为沂、泗之会也。又有武原水注之。水出彭城武原县西北,会注陂南,径其城西,王莽之和乐亭也。县东有徐庙山,山因徐徙,即以名之也。

① 司马迁:《史记·项羽本纪》,中华书局 1982 年版,第 298 页。
② 司马迁:《史记·黥布列传》,中华书局 1982 年版,第 2598 页。
③ 班固:《汉书·地理志上》,中华书局 1962 年版,第 1582 页。
④ 沈约:《宋书·符瑞志上》,中华书局 1974 年版,第 767 页。

山上有石室,徐庙也。武原水又南合武水,谓之洳水。南径刚亭城,又南至下邳入泗,谓之武原水口也。又有桐水出西北,东海容丘县东南,至下邳入泗。"①郦道元一是叙述了下邳与泗水的关系,二是交代了下邳政区从汉代至北魏时期的沿革。从先秦到北魏,下邳的水文大体相同,郦道元叙述下邳政区沿革虽然是强调汉代以后的事,但从东汉建下邳郡政区及沿革中当知,下邳是兵家必争之地。由此反观项梁叔侄率兵进驻下邳,应该说,这一举措是有战略眼光的。

下邳与项梁的老家下相(治今江苏宿豫)相邻,有水路相通。胡渭叙述泗水流经的地区时考证道:"《吕氏春秋》:泗上曰徐州。郑渔仲释之曰:泗水出陪尾山,至下邳入淮。源委皆在徐州,非若淮之与扬共、济之与兖共也。故不韦亦得以为说焉。……又东南径下邳县葛峄山东,又东南径其故城西(《元和志》:峄阳山在下邳县西六里,泗水西自彭城县界流入。下邳故城在今邳州东三十里),又东南沂水注之。又东南得睢水口(《睢水注》云:出陈留县西蒗荡渠,东流径下相县故城南,又东南入泗谓之睢口。《元和志》:下相故城在宿迁县西北七十里),又径宿预城西,又径其城南(故下邳之宿留县也。今宿迁县东南有宿预故城),又东径陵栅南(《西征记》曰:旧陵县治也。按《汉志》泗水国有凌县,其故城在今宿迁县东南),又东南径淮阳城北(今桃源县西北有淮阳故城),又东南径魏阳城北(陆机《行思赋》曰:行魏阳之杜渚。故无魏阳,疑即泗阳县故城也。今在桃源县东),又东径角城北,而东南流注于淮(角城县故城在今清河县西南。晋义熙中置)。以今舆地言之,泗水出泗水县,历曲阜、滋阳、济宁、邹县、鱼台、滕县(并属山东兖州府)、沛县、徐州(沛县属徐州隶江南)、邳州、宿迁、桃源,至清河县入淮。"②从下邳到下相有泗水相连,下相在下邳和淮阴的中段,由于下邳和淮阴都是项梁挥师北上时的休整地点,因此,项梁率部驻扎淮阴、下邳时,项氏家族的成员有可能闻风而动,在这两个地方投奔了项梁叔侄,进而成为其政治军事集团中的一支重要的力量。

---

① 杨守敬、熊会贞注,段熙仲点校,陈桥驿复校:《水经注疏》中册,江苏古籍出版社1989年版,第2149—2153页。

② 胡渭著,邹逸麟整理:《禹贡锥指》,上海古籍出版社2006年版,第141页。

进驻下邳是项梁、项羽叔侄北上争霸的重要转折点。这一转折点与建设淮河流域的根据地及经营重镇彭城（治今江苏徐州），进而决战中原有着某种内在的联系。史称："项梁败死定陶，怀王徙都彭城，诸将英布亦皆保聚彭城。当是时，秦急围赵，赵数使人请救。怀王使宋义为上将，范曾为末将，项籍为次将，英布、蒲将军皆为将军，悉属宋义，北救赵。及项籍杀宋义于河上，怀王因立籍为上将军，诸将皆属项籍。"①项梁身亡后，围绕着"军下邳"发生的事变有三：一是楚怀王徙都彭城，是因为项梁兵败定陶（治今山东定陶）后，盱眙根据地受到威胁，"楚兵已破于定陶，怀王恐，从盱台之彭城"②；二是楚怀王迁都彭城，虽靠近前线，但可以获得军事力量的保护，如"诸将英布亦皆保聚彭城"；三是"怀王因立籍为上将军，诸将皆属项籍"，项羽掌兵权后，采取了经营彭城之策，如有"吕臣军彭城东，项羽军彭城西"③之说。由于这些事件均发生在项梁"军下邳"以后，在一定程度上反映了项梁叔侄自淮河流域挺进黄河流域以及与秦军决战中原的战略企图，故可知下邳是项梁叔侄向北经营彭城的第一步，亦可知彭城成为项羽的都城与其在此发迹有着某种内在联系。

综上所述，从《史记·项羽本纪》中的"渡淮""盱眙""下邳"等叙述看，一是沿吴古故水道北上，邗沟、菏水是项梁叔侄北上时运兵运粮的通道；二是淮河是项梁叔侄北上的不可或缺的航线，经此，自淮河入泗水抵下邳，再入菏水转战齐鲁并进入商地（春秋时宋国的旧地，地处黄河流域），有菏水"通于商、鲁之间"④之说；三是淮河及中下游地区是项梁叔侄重点经营的区域，可以说，项梁叔侄队伍的壮大主要是在淮河及中下游地区实现的。从项梁叔侄"渡淮"到"与怀王都盱台"再到"军下邳"，既是项梁叔侄经营淮泗及建立根据地的重要阶段，同时也是其政治军事集团的形成期和扩张期。谋士范增，悍将英布、钟离眜等大都于此时投奔项梁，如范增是居鄛（治今安徽巢湖）人，英布是六县（治今安

① 司马迁：《史记·黥布列传》，中华书局 1982 年版，第 2598 页。
② 司马迁：《史记·项羽本纪》，中华书局 1982 年版，第 304 页。
③ 司马迁：《史记·项羽本纪》，中华书局 1982 年版，第 303 页。
④ 徐元诰集解，王树民、沈长云点校：《国语集解》，中华书局 2006 年版，第 545 页。

徽六安)人,钟离昧是朐县伊芦(今江苏灌云伊芦)人。进而言之,在"军下邳"以前,项梁的队伍主要在淮河流域活动,其中盱眙是自淮河下游北上的重要渡口。当项梁叔侄率军北上时,盱眙遂成了可靠的大后方。可以说,项梁叔侄政治军事集团力量的壮大,与重点经营淮泗息息相关。

从另一个层面看,在与秦军决战巨鹿(今河北邢台巨鹿)以前,项梁及项羽政治军事集团的活动区域主要是沿吴王夫差北上争霸时开辟的水道进行的。如从"渡淮"到经营盱眙再到"军下邳",项梁叔侄北上的路线与吴王夫差黄池会盟所走的路线大体相同。在这里,我们以项梁、项羽叔侄北上的行军路线强调淮河航线的军事价值,旨在说明淮河航线是元代开通京杭大运河以前的重要航线。

淮扬区域的社会经济发展,离不开邗沟航线,水上交通上的优势为淮扬即淮阴和扬州两地迎来了历史发展的机遇。如果说项梁、项羽叔侄自吴运河渡江北上主要彰显了邗沟和淮河航线的军事价值的话,那么,从汉王朝到隋炀帝开通济渠,再到唐宋漕运,邗沟及淮河航线在南北交通中的地位提升,则主要反映在经济发展的层面上。

第三节　邗沟入淮口末口

邗沟入淮河口是末口,末口在淮阴,本无疑义。吴王夫差兴修邗沟时,末口距淮阴县城不远。郦道元记载道:"淮水右岸,即淮阴也。……又东径淮阴县故城北。北临淮水,汉高帝六年,封韩信为侯国。王莽之嘉信也。昔韩信去下乡而钓于此处也。城东有两冢:西者,即漂母冢也,周回数百步,高十余丈。昔漂母食信于淮阴,信王下邳,盖投金增陵以报母矣。东一陵即信母冢也。县有中渎水,首受江于广陵郡之江都县。县城临江,应劭《地理风俗记》曰:县为一都之会,故曰江都也。县有江水祠,俗谓之伍相庙也。子胥但配食耳,岁三祭,与五岳同。旧江水道也。昔吴将伐齐,北霸中国,自广陵城东南筑邗城,城下掘深沟,谓之韩江,亦曰邗溟沟,自江东北通射阳湖。《地理志》

所谓渠水也,西北至末口入淮。"①"淮右"指淮河南岸,邗沟行至淮阴故城的北面流入淮河。淮阴是兴汉三杰之一淮阴侯韩信的故乡,其城北有漂母坟和韩母坟。所谓"西北至末口入淮",是指邗沟行至淮阴城西北后流入淮河。

可是,郦道元又说:"中渎水又东,谓之山阳浦,又东入淮,谓之山阳口者也。"②"中渎水"是邗沟的别称,"山阳口"亦指邗沟入淮河的河口。据此可知,郦道元笔下的邗沟有两个末口,一个是在淮阴,一个是在山阳。

时至南宋,郑樵重申了郦道元的说法,继续承认两个末口的说法,其中一说指"末口在楚州山阳"③。近年来的考古发现亦可证,山阳境内的确有个末口。

初开邗沟时,入淮河口只有淮阴末口。改造后有了郦道元所说的"西北出夹邪,乃至山阳矣"的新湖路。改造湖路前后进行了两次,第一次始于永和中(345—356),建成了"穿樊梁湖北口,下注津湖径渡,渡十二里,方达北口,直至夹邪"的航线。第二次于兴宁中(363—365)进行,建成了"复以津湖多风,又自湖之南口,沿东岸二十里,穿渠入北口,自后行者不复由湖"的航线。④ 因樊梁湖在津湖南,因而其北口与入淮河口没有联系,只与津湖的南口相连。又因津湖北口"又东入淮,谓之山阳口",故津湖北口即山阳口是新的入淮口。

樊梁湖、津湖等是射阳湖即白马湖的一部分,是淮河下泄时形成的湖泊。如果将"自江东北通射阳湖"及"陈敏因穿樊梁湖北口,下注津湖径渡,渡十二里,方达北口"等语联系起来看,沿这条湖道可以"径山阳城西",故郦道元有"中渎水又东,谓之山阳浦,又东入淮,谓之山阳口"之说。然而,秦代只有淮阴县,没有山阳县。山阳县的前身是汉代析淮阴县建立的射阳县,射阳县因射阳湖而得名,始建于东汉。张守节《史

① 郦道元:《水经注·淮水》,杨守敬、熊会贞疏,段熙仲点校,陈桥驿复校:《水经注疏》下册,江苏古籍出版社 1989 年版,第 2553—2555 页。
② 郦道元:《水经注·淮水》,杨守敬、熊会贞疏,段熙仲点校,陈桥驿复校:《水经注疏》下册,江苏古籍出版社 1989 年版,第 2555—2560 页。
③ 郑樵:《通志·地理略》,浙江古籍出版社 1988 年版,第 541 页。
④ 这里所说的"北口"有两个,一指樊梁湖北口,一指津湖北口。

记正义》引《括地志》云："楚州山阳,本汉射阳县。《吴地志》云在射水之阳,故曰射阳。"①末口和山阳口虽同为入淮口,但在两个不同的地方。

时至后世,出现了将淮阴末口和山阳末口混为一谈的情况。南宋时期,淮阴虽然取消建制并入山阳,但淮阴旧地却在山阳的北境,而不是在山阳的西境,因此,郑樵得出"北口即末口"的结论欠妥。进而言之,陈敏改造运道后,邗沟的入淮口起码有两个,一是吴王夫差开邗沟时的入淮口末口,这一入淮口在淮阴故城北即山阳县的北境;一是北口即山阳口,山阳口在山阳的西面,距山阳县城不远。两个入淮口虽在不同的地点,但均可入淮并沿淮河西行抵盱眙。

关于这点,精通地理水文及变化的胡渭有清醒的认识:"《左传·哀九年》,吴城邗(音寒)。沟通江、淮。《杜注》云:于邗江筑城,穿沟,东北通射阳湖,西北至末(一作宋)口入淮,通粮道也。今广陵韩江是。《吴越春秋》:吴将伐齐,自广陵阙江通淮,亦曰渠水。《汉志》:江都县有渠水,首受江,北至射阳入湖是也。又名中渎水,《水经注》:中渎水首受江于江都县,县城临江,昔吴将伐齐,北霸中国,自广陵城东南筑邗城,城下掘深沟,谓之韩江,亦曰邗溟沟。自广陵出山阳白马湖,径山阳城西,又东谓之山阳浦,又东入淮,谓之山阳口是也。山阳本汉射阳县,属临淮郡。晋义熙中,改曰山阳县,射阳湖在县东南八十里,县西有山阳渎,即古邗沟,其县北五里之北神堰,即古末口也。"②胡渭明确地指出山阳口与末口是两个不同入淮口。改造后的邗沟虽自山阳口入淮,但沿用了"末口"这一旧称。进而言之,在改建邗沟运道的过程中,出现了将新的入淮口山阳口称之为"末口"的情况。

为了充分证明末口与山阳口是邗沟的两个入淮口,胡渭进一步论述道:"淮水右岸即淮阴也。县有中渎水,首受江于广陵郡之江都县。县城临江。昔吴将伐齐,北霸中国,自广陵城东南筑邗城,城下掘深沟,谓之韩江,亦曰邗溟沟。自江东北通射阳湖。《地理志》所谓渠水也,西北至末口入淮。自永和中,江都水断,其水上承欧阳引江入埭六十里,

---

① 司马迁:《史记·项羽本纪》,中华书局1982年版,第338页。
② 胡渭著,邹逸麟整理:《禹贡锥指》,上海古籍出版社2006年版,第192—193页。

至广陵城北,出武广湖东、陆阳湖西,二湖东西相直五里,水出其间,下注樊梁湖,旧道东北出博芝、射阳二湖,西北出夹耶乃至山阳矣。至永和中,患湖道多风,陈敏因穿樊梁湖北口,下注津湖,径渡,渡十二里方达北口,至夹耶。兴宁中,复以津湖多风,又自湖之南口沿东岸二十里,穿渠入北口,自后行者不复由湖矣。旧道自广陵出山阳白马湖,径山阳城西,即射阳县故城。应劭曰在射水之阳也。中渎又东谓之山阳浦,又东入淮,谓之山阳口者也。按射阳故城在今山阳县东南,县西有山阳渎,即古邗沟。县北五里有北神堰,即古末口也。"[1]这一论述虽与前面论述的侧重点稍有不同,但基本内容大体一致。如在指出"中渎又东谓之山阳浦,又东入淮,谓之山阳口"之后,又再次强调"射阳故城在今山阳县东南,县西有山阳渎,即古邗沟。县北五里有北神堰,即古末口也"。很显然,这样的表述是有深意的,揣摩其意,以相比合,自然是为了再度强调山阳口与末口虽同为入淮口,但在两个地方,两者不能混为一谈。

东晋以后,淮河下游的水文虽然发生了新的变化,但邗沟在南北交通中的地位不变。在这中间,虽多次改建运道,但不管邗沟航线及入淮口发生什么样的变化,淮河始终是南北交通中不可或缺的航道。甚至可以说,如果离开淮河的话,那么,将无法建立自江淮进入通济渠即汴河及联系黄河流域的航线。当然,元代开通京杭大运河及借黄行运以后,水运形势发生了新的变化,淮河在南北交通的地位明显减弱,从此不再担负重要的漕运使命。

第四节　隋唐改造邗沟

在统一南北建立大一统政权的前后,隋文帝三次改造了邗沟。

第一次改造发生在开皇四年(584年),隋初,南北尚未统一,元寿奉命到淮浦(治江苏涟水)主持监修伐陈船舰事务,有"开皇初,议伐陈,

---

① 胡渭著,邹逸麟整理:《禹贡锥指》,上海古籍出版社2006年版,第616页。

以寿有思理,奉使于淮浦监修船舰,以强济见称。四年,参督漕渠之役"①之说。所谓"参督漕渠之役",是指改造邗沟为伐陈及漕运服务。以"漕渠之役"相称,旨在强调改造工程规模浩大。在改造的过程中,元寿主要采取了两个措施,一是在疏浚旧道的基础上,对曲折迂回的航线裁弯取直。李吉甫引《纪胜楚州》记载道:"渎水,今谓之山阳渎,即邗沟也。旧水道屈曲,隋文帝重加修,水颇通利。"②二是在历代建造堰埭即拦河坝的基础上,采取加固沿途堰埭等措施。

第二次改造发生在开皇七年(587 年),有"于扬州开山阳渎,以通运漕"③之说。此次改造,分别在扬州和山阳(治今江苏淮安市淮安区)进行。经过改造,邗沟入淮口移到了宝应(治今江苏宝应)的北面。王应麟考证道:"《左传》:'吴城邗沟,通江、淮。'注云:'于邗江筑城穿沟,东北通射阳湖,西北至末口入淮,通粮道也,今广陵韩江是。'(隋开邗沟,自山阳至扬子入江,渠广四十步,自楚州宝应县北流入淮)"④王应麟所说的"自楚州宝应县北流入淮"是指隋炀帝重开邗沟以后的情况,当知隋文帝重修运道后,邗沟的入淮河口已经改变。

第三次改造邗沟工程发生在仁寿四年(604 年)。李吉甫引《纪胜扬州》记载道:"茱萸湾,在县东北九里。隋仁寿四年开,以通漕运。其侧有茱萸村,因以为名。"⑤茱萸湾在扬州东北,在此疏浚航道及建漕运码头,目的是进一步提升扬州航段的漕运能力。

从开皇四年到仁寿四年,隋文帝三次改造邗沟,一是提升了邗沟运兵运粮的能力,加快了灭陈的步伐。如从"议伐陈""奉使于淮浦监修船舰,以强济见称"等语中不难发现,重修邗沟传达出隋王朝南下征陈及实现南北统一的信息。李吉甫引《纪胜楚州》记载道:"故仓城,东南接州城。隋开皇初将伐陈,因旧城储畜军粮,有逾百万,迄于大业末,常有

---

① 魏徵:《隋书·元寿传》,中华书局 1973 年版,第 1497 页。
② 李吉甫著,贺次君点校:《元和郡县图志·淮南道》,中华书局 1983 年版,第 1075 页。
③ 魏徵:《隋书·高祖纪上》,中华书局 1973 年版,第 25 页。
④ 王应麟著,栾保群、田松青、吕宗力校点:《困学纪闻·通济渠》,上海古籍出版社 2008 年版,第 1802 页。
⑤ 李吉甫著,贺次君点校:《元和郡县图志·淮南道》,中华书局 1983 年版,第 1073 页。

积谷,隋乱荒废。"①经过建设,楚州淮阴郡成为江淮间的重要仓城,这一仓城在伐陈的过程中发挥了重要作用。二是密切了关中、关东与江淮的联系,传达了隋文帝以关中控制江淮及江淮以远的意志。如有"况长淮分天下之中,北达河、泗,南通大江,西接汝、蔡,东近沧溟,乃江淮之要津,漕渠之喉吻"②之说,邗沟是东南漕运的咽喉,与汴渠相通,航线重开后加强了关东、关中与江淮的联系。三是改造邗沟及提高运力与建水次仓、分级接运、兴修关东河渠等相互为用,在稳定关中及长安政治、经济形势的同时,实现稳定全国政治秩序和发展经济的构想。

此后,隋炀帝在隋文帝兴修河渠的基础上,对邗沟再次进行改造。如司马光记载道:"辛亥,命尚书右丞皇甫议发河南、淮北诸郡民,前后百余万,开通济渠。自西苑引谷、洛水达于河,复自板渚引河历荥泽入汴,又自大梁之东引汴水入泗,达于淮。又发淮南民十余万开邗沟,自山阳至杨子入江。渠广四十步,渠旁皆筑御道,树以柳。"③在隋文帝改造工程的基础上,隋炀帝将三百余里的邗沟航道拓宽为"渠广四十步",消解了漕运中的瓶颈。此后,袁枢在综合前人诸说的过程中记载道:"炀帝大业元年春三月丁未,诏杨素与纳言杨达、将作大匠宇文恺营建东京,每月役丁二百万人,徙洛州郭内居民及诸州富商大贾数万户以实之。废二崤道,开蒉册道。敕宇文恺与内史舍人封德彝等营显仁宫,南接皂涧,北跨洛滨。发大江之南,五岭以北奇材异石,输之洛阳。又求海内嘉木异草,珍禽奇兽,以实园苑。辛亥,命尚书右丞皇甫议发河南、淮北诸郡民,前后百余万,开通济渠。自西苑引谷、洛水达于河。复自板渚引河历荥泽入汴。又自大梁之东引汴水入泗达于淮。又发淮南民十余万开邗沟,自山阳至杨子入江。渠广四十步,渠旁皆筑御道,树以柳,自长安至江都置离宫四十余所。"④从隋文帝到隋炀帝,重点改造邗沟,与淮扬地处淮河下游,地势低洼,境内水泽湖泊密布有密切的关系。

① 李吉甫著,贺次君点校:《元和郡县图志·淮南道》,中华书局1983年版,第1075页。
② 席书编次,朱家相增修,荀德麟等点校:《漕船志·建置》,方志出版社2006年版,第33页。
③ 司马光著,邬国义校点:《资治通鉴·隋纪四》,上海古籍出版社1997年版,第1632页。
④ 袁枢:《通鉴纪事本末·炀帝亡隋》,中华书局1964年版,第3339—3340页。

如吴王夫差开邗沟时,主要是利用淮河自然形成的湖泊和水道,因此,开挖量不大。后世因湖面开阔,且风大浪高等原因,出于征陈及经营江淮及长江以南的目的,需要对其进行改造,以提高运力。尽管如此,邗沟虽经多次改造,但基本航线不变。重修后的邗沟长300余里,航道较以前更为径直。

改造邗沟体现了隋王朝重点建设江淮水上交通的意志,继隋文帝以后,隋炀帝兴修通济渠及重修邗沟改变了淮扬区域的交通面貌。大业元年(605年),隋炀帝"发河南诸郡男女百余万,开通济渠,自西苑引谷、洛水达于河,自板渚引河通于淮"[1]。通济渠又称"御河","河畔筑御道,树以柳"[2],是洛阳水陆交通枢纽建设的一部分。具体地讲,通济渠以洛阳皇家园林苑为起点,利用汉代阳渠入黄河,随后东行,自黄河入汴口,途经开封、雍丘(治今河南杞县)、襄邑(治今河南睢县)、宋城(治今河南商丘)、谷熟(治今河南商丘东南)、永城(治今河南永城)、徐州(治今江苏徐州)、埇桥(在今安徽宿州境内)、虹县(治今安徽泗县),至徐城(治在江苏盱眙淮河镇境内)入淮,随后沿淮河东行入邗沟至扬州。在与邗沟相接的过程中,通济渠建立了淮河与黄河之间的水上交通,将淮扬区域和北方联系起来。进而言之,隋代开凿和疏浚贯穿黄河、长江流域的运河,再度打通南北之间的水上交通,加强了不同区域间的政治、经济和文化等方面的联系。

隋王朝兴修运河由两个时段构成,一是开皇元年(581年),隋文帝兴修富民渠和开皇四年兴修广通渠等,完善了关中地区的水上交通体系;二是大业元年(605年),隋炀帝兴修通济渠、大业四年兴修永济渠、大业六年兴修江南河等,重建了自黄河流域至长江流域的水上大交通秩序。富民渠及广通渠等是隋文帝在汉代漕渠的基础上兴修的关中运河,通济渠是隋炀帝在先秦鸿沟及东汉汴渠等基础上兴修的联系东南的运河,永济渠是隋炀帝在曹操北方运河如白沟等基础上兴修的联系黄河以北区域的运河,江南河是隋炀帝在吴运河及秦运河等的基础上

---

[1] 魏徵:《隋书·炀帝纪上》,中华书局1973年版,第63页。
[2] 魏徵:《隋书·食货志》,中华书局1973年版,第686页。

兴修的联系吴越区域的运河。四条运河向不同的方向延展,建立了以洛阳为枢纽的水陆交通运输体系。在这中间,因通济渠即汴河联系东南及长江以南,又因自东晋以降开发江淮,江淮地区的农业经济赶上或超过黄河中下游地区,故通济渠是最重要的交通要道。

前人论述通济渠的终点时出现了两种说法,一是认为"自板渚引河通于淮"①,指通济渠至徐城汴口入淮;一是认为"又自板渚引河,达于淮海"②,"淮海"原本与九州中的扬州相关,孔安国注《尚书·禹贡》"淮、海惟扬州"语云:"北据淮,南距海。"后来衍化为扬州(治今江苏扬州)的代名词,这里是说通济渠至江都即今扬州瓜洲一带入江。政区变化后,九州中的扬州开始成为隋唐扬州广陵郡的代名词。

两种说法虽然不同,但各有存在的价值。不过,在隋唐人的认识中,更愿意将通济渠入淮以后的航段,即淮河航段和邗沟航段一概纳入通济渠的范围。事实上,在隋唐漕运的过程中,邗沟始终是作为通济渠联系江淮及南北交通的主干线的。在这中间,邗沟作为联系江淮的主干线,加强了黄河流域与江淮及长江以南的政治、经济和文化等方面的联系交流。

通济渠堤岸上筑有"御道",舟船穿行水上,车马行走岸边,在南北经济交往和文化交流中有着不可替代的作用。毛文锡吟咏道:"隋堤柳,汴河旁,夹岸绿阴千里,龙舟凤舸木兰香,锦帆张。因梦江南春景好,一路流苏羽葆,笙歌未尽起横流,锁春愁。"③通济渠沿途种植杨柳,两岸风景秀美,行走其中,可谓是美不胜收。白居易亦吟唱道:"隋堤柳,岁久年深尽衰朽。风飘飘兮雨萧萧,三株两株汴河口。老枝病叶愁杀人,曾经大业年中春。大业年中炀天子,种柳成行夹流水。西自黄河东至淮,绿影一千三百里。大业末年春暮月,柳色如烟絮如雪。南幸江都恣佚游,应将此柳系龙船。"④隋王朝短祚,后人论述隋亡的原因时,有隋炀帝开运河导致速亡之说。胡曾感喟道:"千里长河一旦开,亡隋波

① 魏徵:《隋书·炀帝纪上》,中华书局 1973 年版,第 63 页。
② 魏徵:《隋书·食货志》,中华书局 1973 年版,第 686 页。
③ 毛文锡:《柳含烟》,《全唐诗》第 25 册,中华书局 1960 年版,第 10087 页。
④ 白居易:《隋堤柳》,顾学颉校点:《白居易集》第一册,中华书局 1979 年版,第 86 页。

浪九天来。锦帆未落干戈起,惆怅龙舟更不回。"①很显然,这种说法刻意地强调运河与隋速亡之间的关系,未必妥当。

其实,隋开运河及建立以洛阳中心的水运交通体系不仅功在当代,更重要的是,利在后世。皮日休在《汴河怀古》中吟唱道:"万艘龙舸绿丝间,载到扬州尽不还。应是天叫开汴水,一千余里地无山。尽道隋亡为此河,至今千里赖通波。若无水殿龙舟事,共禹论功不较多。"②在这首诗中,除了"若无水殿龙舟事"包含了批判之意外,其中"至今千里赖通波""共禹论功不较多"等多有赞美之意。皮日休认为隋亡不在于开凿汴河,随后有意地将开凿汴河与大禹治水相提并论,可谓是评价之高。

通济渠开通以后,虽说是为隋炀帝满足个人的私欲下江南提供了方便,但也密切了黄河流域与江淮之间政治、经济等方面的联系,出现了"商旅往还,船乘不绝"③的盛景。盛唐以后,从江淮之地漕运至长安的粮食,岁额高达 400 万石,每年经汴河南来北往的漕船多达六七千艘,在国用需求不得不转向和依靠江淮及吴越区域时,通济渠即汴河已成为唐王朝政治稳定和经济发展的生命线。

在隋代的基础上,唐代对淮扬区域境内的邗沟再度进行整修。安史之乱后,唐王朝国用依赖东南已成定局,在漕运岁额不断增加的前提下,因航道年久失修、泄水严重、航道干浅等直接影响到漕运,为加强东南漕运以解燃眉之急,整修邗沟再次提上议事日程。如唐玄宗开元十八年(730 年),裴耀卿叙述江淮漕运形势时,有"每州所送租及庸调等,本州正二月上道,至扬州入斗门,即逢水浅,已有阻碍,须留一月已上"④之说,邗沟不畅已严重影响到东南漕运。根据这一情况,唐王朝采取了一系列措施试图提高邗沟的漕运能力。如开元二十五年(737 年),润州刺史齐浣于瓜洲开伊娄河 25 里。

伊娄河又称"新河",开伊娄河,是因为唐代扬州一带的航道多有变

---

① 胡曾:《汴水》,《全唐诗》第 19 册,中华书局 1960 年版,第 7425 页。
② 皮日休:《汴河怀古二首》,《全唐诗》第 18 册,中华书局 1960 年版,第 7099 页。
③ 刘昫:《旧唐书·李勣传》,中华书局 1975 年版,第 2483 页。
④ 刘昫:《旧唐书·食货志下》,中华书局 1975 年版,第 2114 页。

化,与六朝以来扬州一带的江岸不断南徙有着密切的关系。六朝时,邗沟的南运口在扬子桥(今江苏扬州扬子桥)一带,长江水文变化后,扬子桥一带的运道淤塞,由京口(今江苏镇江京口)渡江至此需绕行,多走60里的水路。从水文变化入手,齐浣兴修了新运道伊娄河。

中唐以后,杜亚、李吉甫等又多次改造扬州一带的运道,史称:“扬州疏太子港、陈登塘,凡三十四陂,以益漕河,辄复堙塞。淮南节度使杜亚乃浚渠蜀冈,疏句城湖、爱敬陂,起堤贯城,以通大舟。河益庳,水下走淮,夏则舟不得前。节度使李吉甫筑平津堰,以泄有余,防不足,漕流遂通。”[①]这样一来,如果伊娄河出现航道淤塞时,扬子桥可以再次成为东南漕运的渡口。

为改善江淮通运的条件,唐代统治者提出了开凿直河的构想。所谓直河,是指自盱眙利用淮河下泄水道及湖泊,开挖一条至扬州的航线。起初,自邗沟末口至盱眙,主要是以长达100多里的淮河为航线,由于淮河水阔浪大,舟船行驶其中容易遇到翻覆的危险。为改变这一不利的局面,唐睿宗太极元年(712年)将开直河提上议事日程,如有“使魏景清引淮水至黄土冈,以通扬州”[②]之说。开挖直河的关键性工程是开通圣人山(在今盱眙与洪泽县蒋坝之间)和黄土岗(今三河闸)等两处高地,打通这两处高地后,以淮河为补给水源并引入新渠,随后入衡阳河(在江苏宝应西),进而与邗沟相接。由于难度太大,致使工程失败。据郭黎安研究,圣人山南的古河(枯河、禹王河)当是唐代开凿直河的遗迹[③]。此后,宋代又在唐人的基础上再次开凿,终因“地阻山回绕,役大难就。事下都水,调工数百万,卒以不可成,罢之”[④]。从水文形势上看,唐代开挖的直河当为今江苏洪泽境内三河闸以下的淮河入江水道。

唐代对通济渠即汴河的治理可谓不遗余力,其中,与淮扬区域有关

① 欧阳修:《新唐书·食货志三》,中华书局1975年版,第1370页。
② 欧阳修:《新唐书·地理志二》,中华书局1975年版,第991页。
③ 郭黎安:《里运河变迁的历史过程》,《历史地理》第5辑,上海人民出版社1987年版。
④ 脱脱:《宋史·孙长卿传》,中华书局1985年版,第10642页。

运河是广济新渠。如白居易有"淮水东南阔,无风渡亦难"①之说,淮河下游河道十分宽阔,风疾浪大。为了避开长淮之险,唐玄宗开元二十七年(739年)采访使齐浣开挖广济新渠,试图改变漕船容易覆溺的危险。史称:"淮、汴水运路,自虹县至临淮一百五十里,水流迅急,旧用牛曳竹索上下,流急难制。浣乃奏自虹县下开河三十余里,入于清河,百余里出清水,又开河至淮阴县北岸入淮,免淮流湍险之害。久之,新河水复迅急,又多僵石,漕运难涩,行旅弊之。浣因高力士中助,连为两道采访使。遂兴开漕之利。"②所谓"自虹县至临淮一百五十里",是指从虹县(治安徽泗县)到临淮(泗州治所,治在江苏盱眙淮河镇境内)150里的水路。因这一水路"流急难制",齐浣开挖了广济新渠。在开挖的过程中,广济新渠主要利用了自然水道。如自枯河头向东北开河30余里,衔接白洋河,出白洋河口入泗水,经百余里出泗水,又开河18里至淮阴北岸入淮。很遗憾,广新渠开挖后终因水位落差大,难以行运,很快废弃,只得继续走汴河旧道。

从大的方面讲,自唐代经济中心转向江淮后,邗沟一头联系可入长江出海的扬州,一头联系可入淮河出海的淮阴(唐代楚州淮阴郡治所已移治山阳,今江苏淮安市淮安区)。此时,扬州在淮扬区域南部,淮阴在淮扬区域北部,两城遥相呼应,在经济和文化方面出现了互补之势。如华南、福建、长江中上游地区及北方的货物要想参与到海外贸易的行列中,并在更大的范围内流通,需要借道出海。与此同时,海内外的商品要想将利润最大化,也需要在更大的范围内流通。由于淮阴和扬州扼守江淮的两头,处于南北经济、商贸等交流的节点上,又分别以长江、淮河为入海水道,这样一来,以邗沟为航道遂确立了淮阴和扬州商贸集散中心的地位。商贸集散中心地位的确立,一方面提升了淮阴和扬州的经济地位,另一方面经济上的交往和互动,为淮扬区域文化的整合提供了强大的经济基础。

---

① 白居易:《渡淮》,顾学颉校点:《白居易集》第二册,中华书局1979年版,第530页。
② 刘昫:《旧唐书·齐浣传》,中华书局1975年版,第5038页。

第五节 宋代改造邗沟及建设

北宋建都汴梁(今河南开封),虽说与因袭后周旧都相关,但更重要原因有二,一是汴梁"宜乎建都立社,均天下之漕运,便万国之享献"①;二是"宋惩五代之弊,收天下甲兵数十万,悉萃京师"②,由此形成了"甲兵数十万,居人百万家"③的局面。这两个原因虽然指向不同,但表明建都汴梁是以东南漕运为支撑点的。

北宋时期,汴梁漕运主要有蔡河(惠民河)、五丈河(广济河)、御河(卫河)、汴河等四条漕路。与其他三条运河相比,汴河在漕运及经济发展中的作用最大,负有国家安危的重要使命,如有"岁漕江、淮粟六百万石,而缣帛、货贝、齿革百物之委不可胜用"④之说,又有租米赋税等"悉由此路而进"⑤之说,进而提出"故于诸水,莫此为重"⑥之说。为了保证汴河正常的漕运秩序,北宋采取了"每岁自春及冬,常于河口均调水势,止深六尺,以通行重载为准"⑦的措施。

因漕运依赖东南,邗沟遂担负起漕运的重任。为了提高运力,宋代重点改造了与邗沟相关联的运道,先后在楚州境内及淮阴开挖了沙河、洪泽渠、龟山运河等。史称:"楚州北山阳湾尤迅急,多有沉溺之患。雍熙中,转运使刘蟠议开沙河,以避淮水之险,未克而受代。乔维岳继之,开河自楚州至淮阴,凡六十里,舟行便之。"⑧与洪泽渠、龟山运河相比,沙河开挖的时间最早。宋太宗雍熙年间(984—987),乔维岳根据刘蟠之议,开挖了从楚州至淮阴磨盘口之间的沙河。

沙河改造了邗沟航线,在避山阳湾之险及缩短航程的基础上恢复了邗沟至末口(在今江苏淮阴码头镇境内)入淮的旧道。之所以这样

---

① 欧阳忞著,李勇先、王小红校注:《舆地广记·禹贡九州》,四川大学出版社2003年版,第5页。
② 脱脱:《宋史·兵志八》,中华书局1985年版,第4840页。
③ 脱脱:《宋史·河渠志三》,中华书局1985年版,第2317页。
④ 脱脱:《宋史·兵志八》,中华书局1985年版,第4841页。
⑤ 脱脱:《宋史·河渠志三》,中华书局1985年版,第2321页。
⑥ 脱脱:《宋史·河渠志三》,中华书局1985年版,第2317页。
⑦ 脱脱:《宋史·河渠志三》,中华书局1985年版,第2316页。
⑧ 脱脱:《宋史·河渠志六》,中华书局1985年版,第2379页。

说,是因为南北朝时期改造邗沟旧道时,建成了至山阳口入淮的新运道。郦道元《水经注·淮水》叙述其水道变化时有"中渎水又东,谓之山阳浦,又东入淮,谓之山阳口者也"①等语。史称:"淮河西流三十里曰山阳湾,水势湍悍,运舟多罹覆溺。维岳规度,开故沙河,自末口至淮阴磨盘口,凡四十里。"②所谓"自末口至淮阴磨盘口",是说乔维岳开沙河时,在改造旧航线的过程中重点开挖了自末口至淮阴磨盘口的航线。

宋真宗天禧四年(1020年),有"开扬州运河"③之举。"扬州运河"指在邗沟不同的节点上开挖通往盐场的运河,将运盐河纳入邗沟之中,旨在方便淮盐外销。唐代以后,淮盐成为国家财政及税收的主要来源,为此需要开挖通往盐场且与邗沟相通的运盐河。

继乔维岳开沙河以后,宋仁宗庆历年间(1041—1048),许元等自淮阴缘淮向西开挖了洪泽河。史称:"发运使许元自淮阴开新河属之洪泽,避长淮之险,凡四十九里,久而浅涩。熙宁四年,皮公弼请复浚治,起十一月壬寅,尽明年正月丁酉而毕,人便之。"④这条新河又称"洪泽河",如有"壬寅,开洪泽河,达于淮,以便舟楫"⑤之说。"久而浅涩"后,宋神宗熙宁四年(1071年),皮公弼又对其进行了疏浚。此后,马仲甫任发运使时又在洪泽河的基础上开洪泽渠,有"建议凿洪泽渠六十里,漕者便之"⑥之说。马仲甫开洪泽渠一是利用了淮河漫溢时形成的湖泊,将这些湖泊连通起来形成新运道;二是马仲甫又开凿十多里的运道,将淮阴与磨盘口连通起来,从而将洪泽渠与沙河连接起来,形成一条与淮河航线大体平等的新运道。

宋神宗元丰六年(1083年),发运使蒋之奇调发十万民夫开挖龟山运河。龟山运河自龟山蛇浦(在今江苏洪泽老子山镇龟山村境内)开渠,沿途利用淮河漫溢后的水道及河塘,向东接入洪泽河。龟山运河

---

① 杨守敬、熊会贞疏,段熙仲点校,陈桥驿复校:《水经注疏》下册,江苏古籍出版社1989年版,第2560页。
② 脱脱:《宋史·乔维岳传》,中华书局1985年版,第10118页。
③ 脱脱:《宋史·真宗纪三》,中华书局1985年版,第167页。
④ 脱脱:《宋史·河渠志六》,中华书局1985年版,第2381页。
⑤ 李焘:《续资治通鉴长编·神宗熙宁四年》,中华书局2004年版,第5545页。
⑥ 脱脱:《宋史·马仲甫传》,中华书局1985年版,第10647页。

"长五十七里,阔十五丈,深一丈五尺"①,成功地避开了淮河水面宽阔、风高浪急之险。

追溯源头,开挖龟山运河的构想出自发运使罗拯复。为保证漕运,罗拯复提出了开挖龟山运河以避长淮之险的建议。在这一前提下,蒋之奇开始兴修龟山运河。史称:"发运使罗拯复欲自洪泽而上,凿龟山里河以达于淮,帝深然之。会发运使蒋之奇入对,建言:'上有清汴,下有洪泽,而风浪之险止百里淮,迩岁溺公私之载不可计。凡诸道转输,涉湖行江,已数千里,而覆败于此百里间,良为可惜。宜自龟山蛇浦下属洪泽,凿左肋为复河,取淮为源,不置堰闸,可免风涛覆溺之患。'帝遣都水监丞陈祐甫经度。祐甫言:'往年田棐任淮南提刑,尝言开河之利。其后淮阴至洪泽,竟开新河,独洪泽以上,未克兴役。今既不用闸蓄水,惟随淮面高下,开深河底,引淮通流,形势为便。但工费浩大。'帝曰:'费虽大,利亦博矣。'祐甫曰:'异时,淮中岁失百七十艘,若捐数年所损之费,足济此役。'帝曰:'损费尚小,如人命何。'乃调夫十万开治,既成,命之奇撰记,刻石龟山。"②龟山运河开通后,自盱眙至淮安的运河全线贯通,继而成为沿淮而设的复线运河。不过,龟山运河的维持时间不长,时至南宋终因淤浅无法继续使用。造成这一现象的原因是,黄河南侵入淮,淮河下游入海段为黄河所夺,河床不断地垫高,因下流不畅,泥沙不断地向淮河上流倒灌,乃至于龟山运河受到泥沙的侵袭,造成运道干浅并逐步失去漕运的功能。

崇宁二年(1103 年),宋徽宗下令兴修从真州宣化入江口到泗州入淮口的遇明河,"诏淮南开修遇明河,自真州宣化镇江口至泗州淮河口。五年,工毕"③,该工程至崇宁五年完工。遇明河开通了从真州到泗州(治所在今江苏盱眙淮河镇境内)的航线,兴修遇明河直接建立了自真州到泗州的快捷通道。遗憾的是,这条漕运通道很快因为宋王朝失去北方领土而丧失功能。

① 脱脱:《宋史·河渠志六》,中华书局 1985 年版,第 2381 页。
② 脱脱:《宋史·河渠志六》,中华书局 1985 年版,第 2381—2382 页。
③ 卫哲治等修,叶长扬等纂,荀德麟等点校:《乾隆淮安府志·河防》,方志出版社 2008 年版,第 220 页。

第六节　元代改造邗沟及运河建设

元灭南宋以后,政治中心北迁大都(今北京)。在"去江南极远,而百司庶府之繁,卫士编民之众,无不仰给于江南"①的形势下,元王朝亟须建设一条自江南中经淮扬直通京城的运河。

从交通形势上看,在元世祖忽必烈建立元王朝以前,大一统的政治中心主要建在黄河流域,兴修运河及漕运主要为政治中心长安、洛阳、汴梁等服务,因此没有一条现成的自江南经江淮直通大都的运河。在这中间,如果元王朝绕道黄河流域及利用旧运河进行漕运的话,那么,将会提高运输成本。史称:"初,伯颜平江南时,尝命张瑄、朱清等,以宋库藏图籍,自崇明州从海道载入京师。而运粮则自浙西涉江入淮,由黄河逆水至中滦旱站,陆运至淇门,入御河,以达于京。"②在没有一条现成的经济的漕运通道的前提下,元王朝被迫采取漕转即水陆联运之策,即租米赋税自江南或江淮起运,经江淮运河即邗沟至清口,随后沿黄河夺泗后的水道北上,至黄河北岸的中滦(在今封丘南)改为陆运,陆运 180里至淇门(今河南浚县西南)后转入御河,北行抵通州(今北京通州)后,再陆运至大都。

以中滦为中转站的漕转线路开通后,其运输成本依旧高昂,因此,元代统治者决定实施海运。史称:"至元十九年,伯颜追忆海道载宋图籍之事,以为海运可行,于是请于朝廷,命上海总管罗璧、朱清、张瑄等,造平底海船六十艘,运粮四万六千余石,从海道至京师。然创行海洋,沿山求夼,风信失时,明年始至直沽。"③然而,海漕带来的风险远超过内河漕运,具体地讲,一是海运受季风等制约,漕船不能随时起运;二是如果不熟悉洋流及水文的话,很容易发生船毁人亡的事件。除此之外,漕船自直沽(今天津)北上入京,有 200 多里的路程,如果统统采取陆运,

---

① 宋濂:《元史·食货志一》,中华书局 1976 年版,第 2364 页。
② 宋濂:《元史·食货志一》,中华书局 1976 年版,第 2364 页。
③ 宋濂:《元史·食货志一》,中华书局 1976 年版,第 2364 页。

付出的运输成本依旧是高昂的。

元王朝建都大都以后,因旧有的运河无法适应漕运方面的需要,故采取海运之策。当时的海运形势是,东南及江淮各路的赋税及钱粮至末口入淮,经云梯关(淮河入海口,在今江苏响水黄圩云梯村境内)入海北上。

海运虽可降低成本,但风险太大,因此有了兴修运河的构想。兴修运河的想法始于至元十二年(1275 年),如有"先于至元十二年,蒙丞相伯颜访问自江淮达大都河道,之贞乃言,宋、金以来,汶、泗相通河道,郭都水按视,可以通漕"①之说,明确地表达了建立从江淮到大都的航线的意图。为打通自山东北上的航线,伯颜令郭守敬勘察了河北、山东境内的水文及通航情况。经勘察,郭守敬认为,通过建设"可以通漕",并献航运图。史称:"丞相伯颜南征,议立水站,命守敬行视河北、山东可通舟者,为图奏之。"②伯颜"访问自江淮达大都河道"是运河建设中的大事。在马之贞和郭守敬的积极参与下,元代运河建设由此形成京畿和山东两个重点建设区域。如果没有这一前提的话,那么将很难出现郭守敬重修通惠河及马之贞等致力于山东境内运河建设的局面。如果不能重开通惠河及建成山东境内的运河即会通河的话,那么将很难开通京杭大运河。

根据这些情况,元王朝决定兴修适应新形势的运河。这一时期,元代兴修运河主要有三大工程,一是改造旧运道,实现唐宋运河的东移;二是开挖新运道,分段兴修,如重点兴修了直沽到京城的通惠河等,兴修了山东境内的济州漕渠等关键性工程;三是以黄河夺泗后的水道为运道,重点建设自山东连通至淮扬的运道。经过一番努力,元王朝开通了为大都漕运服务的新运河,由于这条运河以京城为起点,以杭州为终点,故以"京杭大运河"名之,或以"大运河"名之。

三大工程建成后,元王朝打通了自京城至杭州的航线。然而,利用黄河夺泗水道行运虽然可以消除兴修之苦,但同样面临巨大的挑战,如

① 宋濂:《元史·河渠志一》,中华书局 1976 年版,第 1614 页。
② 宋濂:《元史·郭守敬传》,中华书局 1976 年版,第 3847 页。

黄河泥沙淤积运道,带来的后果是,上流困于溃决,下流河床日益垫高,航道干浅后直接影响到漕运。此外,自山东至淮扬的运程长达 500 多里,徐州一带有百步洪(徐州洪)、吕梁洪等天险,因水流湍急,漕船行经二洪时稍不留意便会发生覆舟事件。如顾祖禹记载道:"水中若有限石,悬流迅急,乱石激涛,凡数里始静。一名徐州洪。或曰洪有乱石峭立,凡百余步,故曰百步洪。……有上下二洪,相距凡七里,巨石齿列,波流汹涌。《列子》称:'孔子观于吕梁,悬水三十仞,流沫四十里。'《水经注》:'泗水自彭城东南过吕县南,水上有石梁,谓之吕梁。'"①百步洪及吕梁洪一向是漕运瓶颈,这一情况早在北宋以前已经发生。如苏轼曾描述道:"长洪斗落生跳波,轻舟南下如投梭。水师绝叫凫雁起,乱石一线争磋磨。有如兔走鹰隼落,骏马下注千丈坡。断弦离柱箭脱手,飞电过隙珠翻荷。四山眩转风掠耳,但见流沫生千涡。险中得乐虽一快,何异水伯夸秋河。我生乘化日夜逝,坐觉一念逾新罗。纷纷争夺醉梦里,岂信荆棘埋铜驼。觉来俯仰失千劫,回视此水殊委蛇。君看岸边苍石上,古来篙眼如蜂窠。"②作为漕运通道上的拦路虎,百步洪、吕梁洪等增加了漕运难度。进而言之,开通大运河只是建立了通往京城的航线,但漕运能力有限。由此提出的问题是,要想彻底解决漕运中的难题,只能留给后世,如入明以后,为避开二洪之险,在徐州一带采取了开凿迦河之策,形成了"运道之资河者二百六十里"③的航程,在这中间,这一航段的漕运条件虽得到改善,但借黄行运的格局没有发生根本性的变化。

元代的淮扬运河有"扬州运河""盐河"等称,元代的扬州运河除了包括邗沟及江淮运盐河外,还包括从清口到徐州的黄河水道。史称:"扬州运河,亦名盐河,北至三汊口,达于会通河。至元二十七年,江淮行省奏加疏浚。"④元代的扬州运河以扬州为起点,至三汊口(三汊口闸,在江苏徐州境内),与山东境内的会通河相接。这一运河主要由两个部

---

① 顾祖禹著,贺次君、施和金点校:《读史方舆纪要·南直十一》,中华书局 2005 年版,第 1394 页。

② 苏轼:《百步洪二首》,曾枣庄、舒大刚主编:《三苏全书·苏轼诗集》第 7 册,语文出版社 2001 年版,第 482—483 页。

③ 张廷玉:《明史·河渠志三》,中华书局 1974 年版,第 2079 页。

④ 柯劭忞:《新元史·河渠志二》,上海古籍出版社 1989 年版,第 274 页。

分构成,一是宋代的扬州运河,以邗沟为主航道联系各盐场的江淮运河;二是元代利用泗水旧道即黄河侵占的水道兴修的运河,这一水道主要利用了从徐州到淮阴清口(在今江苏淮阴码头镇)的泗水水道。

元代疏浚扬州运河即"浚扬州漕河"①始于元世祖至元二十一年(1284年)二月,是从整治宋代扬州运河开始的,也就是说,是从征榷淮盐开始的。史称:"运河在扬州之北,宋时尝设军疏涤,世祖取宋之后,河渐壅塞。至元末年,江淮行省尝以为言,虽有旨浚治,有司奉行,未见实效。"②至元十三年(1276年),元世祖灭宋,江淮间的扬州运河已出现"河渐壅塞"的情况,后来虽进行多次治理,但没能收到预期效果。如尹继善等在前代文献的基础上重修《江南通志》时记载道:"元至元二十一年二月辛巳,浚扬州漕河。……大德四年春正月癸卯,浚淮东漕渠。十年,浚吴淞江等处漕河,又浚真扬等州漕河,令盐商每引输钞二贯,以为佣工之费。延祐元年,遣官浚扬州、淮安等处漕河。四年,复浚扬州运河。……泰定元年,真州珠金沙河、松江府吴江、州诸河淤塞,诏所在有司佣民丁浚之。"③这一记载大体上道出了元代统治者治理扬州运河的情况,从"延祐元年,遣官浚扬州、淮安等处漕河"等语中不难发现,如何恢复淮扬之间的航线一直是元代统治者关注的重点。

元王朝整治扬州运河,采取了局部整治和全程整治相结合的措施。所谓局部整治,是指根据不同航段的通航情况进行有针对性的疏浚,其中,邗沟为重点整治的航道。如元成宗大德十一年(1307年)"两淮漕河淤涩,官议疏浚"④,这里所说的"两淮漕河"是指邗沟,即从淮阴到扬州之间的运道。

所谓全程整治,是指以三汊口为起点对扬州运河进行全面整治。具体地讲,继至元二十一年(1284年)二月以后,元仁宗延祐年间,拉开了全面整治扬州运河的序幕。如有"延祐元年遣官浚扬州、淮安等处漕

① 宋濂:《元史·世祖纪十》,中华书局1976年版,第264页。
② 宋濂:《元史·河渠志二》,中华书局1976年版,第1632页。
③ 尹继善重修:《江南通志·河渠志》,《四库全书》第508册,上海古籍出版社1987年版,第685页。
④ 宋濂:《元史·武宗纪一》,中华书局1976年版,第487页。

河,四年复浚扬州运河"①之说,又有延祐四年(1317)十一月"复浚扬州运河"②之说,所谓"复浚"是指再次疏浚。在整治扬州运河的过程中,邗沟即从淮安到扬州及到两淮各大盐场的运道,依旧是重点整治对象。

扬州运河全程疏浚工程是以局部疏浚为前提的。史称:"仁宗延祐四年十一月,两淮运司言:'盐课甚重,运河浅涩无源,止仰天雨,请加修治。'明年二月,中书移文河南省,选官洎运司有司官相视,会计工程费用。于是河南行省委都事张奉政及淮东道宣慰司官、运司官,会州县仓场官,遍历巡视集议:河长二千三百五十里,有司差濒河有田之家,顾倩丁夫,开修一千八百六十九里;仓场盐司不妨办课,协济有司,开修四百八十二里。"③如果以延祐元年(1314年)为整治扬州运河起点的话,那么,延祐四年十一月和五年二月解决"运河浅涩无源"等问题,则标志着扬州运河进入全程治理的新阶段。

元代称扬州运河"河长二千三百五十里",疏浚的运道主要分成两个部分,一是"顾倩丁夫,开修一千八百六十九里";二是"仓场盐司不妨办课,协济有司,开修四百八十二里"。后一部分因盐司"协济有司",可知482里的航道实际上是为了方便运盐兴修的运盐河(盐河)。除去盐河,当知"开修一千八百六十九里"实为兴修京杭大运河徐州以南的运道,其中,江淮之间的运道是重点。这一运河南起扬州,"北至三汊口,达于会通河",几乎接近整个京杭大运河一半的航程。如果把482里的运盐河也视为京杭大运河的一部分的话,那么,扬州运河占京杭大运河总航程的一半以上。这一数字表明,疏浚扬州运河对于开通京杭大运河有着特殊的意义。

与元代的扬州运河相比,明代的扬州运河缩短了500多里的航程。潘季驯指出:"至若宝应石堤之当复,与夫下流支河之当疏,扬州运河之当浚,皆今时之切务,所宜次第,并举而不可缓者也,但前项工程自丰沛徐淮以至海口共长千有余里,自清江浦以至仪真共长三百余里。"④在起

---

① 尹继善重修:《江南通志·河渠志》,《四库全书》第508册,上海古籍出版社1987年版,第685页。
② 宋濂:《元史·仁宗纪三》,中华书局1976年版,第581页。
③ 宋濂:《元史·河渠志二》,中华书局1976年版,第1632页。
④ 潘季驯:《河防一览·两河经略疏》,《四库全书》第576册,上海古籍出版社1987年版,第248页。

点和终点不变的情况下,明代的扬州运河缩短500多里的航程,是因为明代重修时采取了裁弯取直的方案。

元代的扬州运河是京杭大运河最长的航段,包括了唐宋时期的汴河部分航段。那么,元代为什么要将跨越淮南、淮北的运河统称为"扬州运河",并且把运盐河也纳入其中呢?究其原因,一是唐宋以后盐业中心移向以扬州、楚州为中心的淮扬,扬州成为集散和征收盐税的重地。二是扬州是江淮运河的起点,是东南漕运的要枢,为此,需要重点经营。如至元二十三年(1286年),在忙兀台的建议下,江浙行省的治所曾一度移往扬州。史称:"又言:'省治在杭州,其两淮、江东财赋军实,既南输至杭,复自杭北输京城,往返劳顿不便,请移省治于扬州。'复言:'淮东近地,宜置屯田,岁入粮以给军,所余饷京师。'帝悉从其言。二十五年,诏江淮管内,并听忙兀台节制。"①移治以后,进一步彰显了扬州在区域政治中的核心地位。三是历史上的扬州区域与徐州相接,以"扬州"命名江淮之间的运河,系因旧地名所致。四是京杭大运河开通后,加快了商品流通的速度,扬州因交通地理上的优势进一步提升了经济地位。鉴于这一系列的原因,元代以"扬州运河"命名这一航段自然在情理之中。

第七节　明清改造邗沟及运河建设

像隋开大运河那样,元代开京杭大运河并没有真正享受到运河带来的漕运之利,反而让明王朝坐享其利。在加强运河建设及加强漕运的过程中,明王朝定都北京后,利用黄河夺泗入淮的水道,采取了借黄济运的方法。此时,邗沟作为京杭大运河的一部分,继续在东南漕运中担负着重要的使命。

永乐十三年(1415年),陈瑄开凿"清江浦"。清江浦开凿后,改善了邗沟通运条件。清江浦自淮安府治山阳城西马家嘴引管家湖水,东

---

① 宋濂:《元史·忙兀台传》,中华书局1976年版,第3189页。

北通至鸭陈口入淮,其重点工程是沿管家湖筑堤十里,将运道与湖道分离,避开湖道供漕船航行。史称:"清江浦。明陈瑄开,宋沙河也。运河西北自桃源入,歧为盐河。又东为中河口,水经谓之中渎水,出山阳白马湖。又东迤南至清口屈而东,径三㴧,与清江浦合,东南入山阳,是为淮南运河。"①清代又进一步改造这一航段,在淮口置移风、清江、福兴、新庄等四闸,改造运道后,运口由原来的末口移到新庄闸②,这自然是后话。

如果以陈瑄开清江浦为起点的话,那么,明代兴修及改造邗沟旧道主要是在山阳至江都之间进行的。如在明太祖洪武(1368—1398)至明宪宗成化(1465—1487)约百年中,明代一是在高邮、宝应等地修筑湖堤,易土堤为石堤;二是在高邮、邵伯、宝应、白马四湖之东筑多重堤坝,以便行舟时避开风浪;三是在容易溃堤的湖段建造月河,分水下泄,防止溃堤,开凿月河是改造邗沟旧道的一大变化。

明初漕船抵达山阳后,必须在山阳新城盘坝过淮,然后入清口,再入"借黄行运"的水道北上。新城以北建有五坝,其中,仁、义二坝在东门外的东北方向,礼、智、信三坝在西门外的西北方向。然而,不断地盘坝入淮不但有挽输之苦,而且船只和货物都容易受到不同程度的损坏。

自邗沟即扬州运河北上的关键是清口。诚如郭起元所说:"淮合诸水汇潴于湖,出清口以会黄。清口迤上为运口,湖又分流入运河以通漕,向来三分济运,七分御黄。而黄河挟万里奔腾之势,其力足以遏淮。淮水少弱,浊流即内灌入运。必淮常处其有余,而后畅出清口,御黄有力,斯无倒灌之虞。"③清口位于黄、淮、运三河的交汇口,畅通与否关系到漕运是否畅达。史称:"夫黄河南行,淮先受病,淮病而运亦病。由是治河、导淮、济运三策,群萃于淮安清口一隅,施工之勤,糜币之巨,人民田庐之频岁受灾,未有甚于此者。"④之所以要重点治理清口并花费大量的钱财,主要与漕运、盐运、治河、治淮等有直接的关系。

---

① 赵尔巽:《清史稿·地理志五》,中华书局1977年版,第1986页。

② 郭黎安:《里运河变迁的历史过程》,《历史地理》第5辑,上海人民出版社1987年版。

③ 郭起元:《介石堂水鉴·洪泽湖论》,《四库存目丛书》第225册,齐鲁书社1997年版,第492页。

④ 赵尔巽:《清史稿·河渠志二》,中华书局1976年版,第3770页。

唐宋以降，淮扬是淮盐生产重地，当盐利成为专制王朝财政收入的重要来源时，确保河漕和湖漕的安全已成当务之急。史称："淮、扬诸水所汇，徐、兖河流所经，疏瀹决排，繫人力是系，故闸、河、湖于转漕尤急。"①如果以漕运方向言之，自南向北，清口既是湖漕的终点，又是河漕的起点，然而，河漕和湖漕是江南租米赋税能否安全入京的重要航段，这样一来，漕运畅达与否势必要与清口联系在一起。清口的水文十分复杂，实施借黄行运之策后，清口既为运口，又是黄河和淮河交汇之处。黄河夺泗入淮后，黄强淮弱，由此带来的后果是，一是黄河善淤，不断地垫高河床，形成向淮河上流输送泥沙及破坏淮河水道之势；二是淮河遭受破坏后，无法向湖漕航段正常地输送补给水源；三是黄河泥沙不断积淀下行水道后，垫高入海口，引起回灌，在破坏徐州至清口运道的同时，严重地破坏了湖漕。在保漕运及盐运的过程中，清口成为明王朝重点治理的对象。

清口，起初是泗水入淮的河口。由于泗水南流时有"清河"之称，故又有"泗口""清口"或"清河口"等称。泗水是淮河的重要支流，是一条沟通南北的天然运道。如《尚书·禹贡》叙述徐州、扬州贡道时，分别有"浮于淮、泗，达于河""沿于江、海，达于淮、泗"之说。鸿沟"通宋、郑、陈、蔡、曹、卫，与济、汝、淮、泗会"②，如以鸿沟兴修为节点，泗水作为运道起码成形在周定王五年（前602年）以前③，从那时起，泗水已成为黄河流域联系淮河流域的重要航线。

那么，怎样才能保清口、保漕运呢？时人有不同的看法。潘季驯的基本观点是，只要能改变"黄强淮弱"，便可在保河漕和湖漕的过程中达到保漕运的目标。以此为逻辑起点，潘季驯提出了修筑高家堰及束淮河之水冲刷下流如清口泥沙的构想。对此，后人有充分的肯定。如傅泽洪论述道："高堰者，淮扬之门户，而黄、淮之关键也。欲导河以入海，势必藉淮以刷沙。淮水南决则浊流停滞，清口亦湮，河必决溢……是淮

① 张廷玉：《明史·河渠志三》，中华书局1974年版，第2078页。
② 司马迁：《史记·河渠书》，中华书局1982年版，第1407页。
③ 张强：《鸿沟·汴水·运河》，《光明日报·国学版》2017年9月2日。

病而黄病,黄病而漕亦病,相因之势也。"①漕运不畅是由"黄病"引起的,黄病是因黄河夺泗入淮下泄不畅引起的。当黄、淮交汇的清口成为漕船必经之地后,在清口一带治黄治淮遂成为保漕运的首要任务。

万历六年(1578年),潘季驯第三次出任河督。在分析漕运形势的过程中,潘季驯充分认识到清口在漕运中的重要性。潘季驯论述道:"清口乃黄、淮交会之所,运道必经之处,稍有浅阻,便非利涉。但欲其通利,须令全淮之水尽由此出,则力能敌黄,不能沙垫。偶遇黄水先发,淮水尚微,河沙逆上,不免浅阻。然黄退淮行,深复如故,不为害也。"②通过实地踏勘,潘季驯总结以往的治河经验,提出了围绕清口治河、治淮的方案。具体地讲,这一方案是在清口以西的淮河上修筑堤坝,通过截流束水以达到冲沙及疏通黄、淮下泄入海水道的目标。

潘季驯论述道:"我国家定鼎北燕,转漕吴楚。其治河也,匪直祛其害,而复资其利,故较之往代为最难。然通漕于河,则治河即以治漕;会河于淮,则治淮即以治河;合河、淮而同入于海,则治河、淮即以治海,故较之往代亦最利。"③在整治运道的过程中,潘季驯兴建了两大工程,一是加固黄河堤坝,压缩河道的宽度,以湍急的水流冲刷运道中的积沙;二是建设"蓄清刷黄"工程,在清口沿淮河东岸向西兴修高家堰,通过高家堰拦截淮河下行时的不同岔流,试图在扩大洪泽湖容量的同时,利用其水冲刷黄淮下行水道中的泥沙,冲刷入海口垫高河床的泥沙,以防止下流不畅及泥沙倒灌(按:因淮清黄浊,故蓄淮有"蓄清"之称)。

经过一番努力,万历七年(1579年),潘季驯初步建成高家堰。这条以石工为主的大堤北起武家墩,南至越城,长60里。次年,又向南延伸20里至周家桥。至此,淮河被蓄积起来担负起"刷黄"的使命,与此同时,洪泽湖水面进一步扩大。如《高家堰碑文》云:

> 黄河为运道民生所关,而治河以导淮刷沙为要。高家堰者,所以束全淮之水,并力北驱以入河。河得清淮,则沙不积,而流益畅。

---

① 傅泽洪:《行水金鉴·两河总说》,《四库全书》第582册,上海古籍出版社1987年版,第499页。
② 潘季驯:《河防一览·河防险要》,《四库全书》第576册,上海古籍出版社1987年版,第189页。
③ 潘季驯:《河防一览·太常卿佘毅中全河说》,《四库全书》第576册,上海古籍出版社1987年版,第225页。

故考河道,于东南以高堰为淮黄之关键。淮自中州挟汝、颍、涡、汴诸水汇注于洪泽一湖,荡激潆洄,浩渺无际,而淮、扬两大郡居其下流,惟恃堰堤以为障御,所系讵不重哉![1]

这一碑文包含了三层含义:一是建高家堰束全淮之水,冲刷其下游淤积的黄河泥沙;二是通过束淮河之水重点清除清口这一运口的泥沙,防止黄淮并流后向四周漫溢;三是以高家堰减水坝调节水位,以保证下游淮扬区域的安全。如洪泽湖接受黄河泥沙后湖底垫高,如果没有高家堰减水坝适时放水及调节洪泽湖水位,一旦堤坝溃决,位于下端的淮扬将成为一片汪洋,进而危及民生和国家的盐税收入。可以说,高家堰的安危直接关系到漕运,关系到国家政治稳定和经济安全。从这样的角度看,高家堰不是一般水利意义上的堤防工程,更重要的是,这一工程关系到明清两代的政治安全和经济发展。

自潘季驯筑高家堰以后,黄高淮低、黄强淮弱一直是长期困扰清口治理的难题。特别是黄河泥沙垫高河床,不仅倒灌洪泽湖以后引起淮水下泄不畅,给淮扬区域带来无尽的灾难,而且黄河泥沙影响到河漕和湖漕的正常行运,如清口"门限沙"形成后,黄河泥沙倒行抵徐州一带,威胁到河漕正常行运;如垫高湖漕运道,也会给相关航段带来风险。在无法根治黄患的过程中,清口发生的黄河倒灌事件已成为无法根除的痼疾。如有"近年运河浅阻,固由叠次漫口,而漫口之故,则由黄水倒灌,倒灌之故,则由河底垫高,清水顶阻,不能不借黄济运,以致积淤溃决,百病丛生"[2]之说,黄水倒灌以后,湖底日日淤高,在这中间,洪泽湖与清口的高程不再扩大而是缩小,故洪泽湖已很难担负起"蓄清刷黄"的重任。

清康熙年间,河臣靳辅沿袭潘季驯"蓄清刷黄"既定的方略,继续修堤筑坝。康熙十六年(1677 年),在靳辅的主持下,挑浚清口,开挖引河,堵塞决口,培修残破堤岸,将高家堰向南延伸 25 里至翟坝。三年后,又在高家堰大堤修建武家墩、高良涧、周家桥、唐埂及古沟东、西等 6

---

① 张廷玉:《皇清文颖·高家堰碑文》,《四库全书》第 1449 册,上海古籍出版社 1987 年版,第 210 页。
② 赵尔巽:《清史稿·河渠志二》,中华书局 1976 年版,第 3785 页。

座减水坝。然而,高家堰只能应对一般的情况,如果黄河水势进一步增强的话,那么将无法抵御其侵犯。如康熙四十年(1681年),黄河水势增强,虽关闭了6座减水坝,但依旧无法阻挡黄水向洪泽湖方向倒灌。在这中间,黄河及漕运畅通与否需要依赖高家堰束水刷黄的能力,而高家堰在"蓄清刷黄"中的作用又是有限的。

从道光十一年(1831年)到咸丰元年(1851年),洪泽湖水位通常维持在2丈以上,高峰时可达2.34丈,因为只有这样才能冲刷黄、淮、运交汇河口清口的淤沙。由此带来的另一个后果是,在黄强淮弱的前提下,黄水倒灌,泥沙进一步垫高了洪泽湖底。洪泽湖垫高后,湖底高程一般在10—11米之间,高出东侧平原4—8米,甚至高出里下河地区13米左右。这一形势表明,仅凭东部宽50米、长67公里的高家堰约束洪泽湖,实际上是乏力的,一旦大堤溃决,淮河下游的淮扬区域将遭受灭顶之灾,其3000万亩农田将成为一片汪洋。

高家堰刚刚建成时,洪泽湖一带只要有八九尺深的水位便具有了下泄冲沙的能力。嘉庆十五年(1810年)五月以后,因泥沙垫高清口,即使洪泽湖蓄水达一丈三四尺,依旧无法通过蓄积水能冲走清口一带淤积的泥沙,如时任南河总督吴璥有"洪泽湖存水七、八、九尺即能外出清口,近年蓄至一丈二、三、四尺,尚为黄水所阻,实属受病已深"①之说。为增强洪泽湖的蓄水能力及实现"蓄清刷黄"的目标,吴璥重点采取了疏浚清口和增筑高家堰的措施,如有"清口,咽喉也。高堰则心腹也。要害之地,宜先著力"②之说。经此,到道光八年(1828年),洪泽湖水位提高到一丈六七尺。遗憾的是,在黄沙不断垫高黄河下游水道及黄河水能增强的过程中,洪泽湖的这一水位只能与黄水相敌,只能保证黄水不再向洪泽湖方向漫溢。这样一来,要想真正达到冲刷清口淤沙的目标,需要进一步抬高洪泽湖的水位,根据这一情况,又采取了引澥潼河、新汴河、濉河、徐洪河、怀洪新河、安河、池河等入洪泽湖的措施。

综上所述,后世为完善其刷沙的功能,围绕高家堰兴修了一系列工

---

① 水利水电科学研究院编:《清代淮河流域洪涝档案史料》,中华书局1988年版,第477页。
② 赵尔巽:《清史稿·河渠志一》,中华书局1976年版,第3734页。

程,但由此带来的后果同样是严重的。起码说,高家堰带来的负面效果有三:一是堵塞了淮河下行时向不同方向泄水的水道,在一定程度上消除了淮河下游的湿地或缩小了原有的湖泊;二是高家堰迫使洪泽湖整体向西向北扩张,改变了淮河下游的水文,消除了淮河下游的三角洲;三是为洪泽湖这一堰塞湖的形成奠定了坚实的基础,洪泽湖水面不断地扩大,在接受黄河泥沙的过程中成为地上"悬湖"。

结　语

本章叙述在邗沟开挖以前,江淮之间没有一条自然天成的直接自长江入黄河的水道,邗沟开挖后,改变了这一情况。邗沟主要是利用淮河水系及沿线形成的河流和湖泊兴修的,一头连接入江口扬州,一头连接入淮口淮阴。项梁、项羽叔侄北上至淮阴入淮,溯淮河而上西行至盱眙壮大力量。邗沟入淮口是淮阴境内的末口。从隋唐始到宋元明清,历代均改造过邗沟。经过改造,后世的邗沟有了不同的运道。

第三章　转般仓与漕运

　　唐代安史之乱后,黄河中下游的农业经济进入全面的衰退期,与此同时,淮扬农业经济迅速崛起,在漕运依靠东南的过程中成为漕运转般仓的重要建设区域。这里所说的漕运转般仓,是指漕运中转仓。在淮扬区域重点建设漕运中转仓的目的是加强漕运,解决政治中心建在黄河流域,经济上依靠东南时遇到的难题。古人重点发展水上交通,是因为水运即漕运成本远比陆运及水陆联运低廉。在政治中心建在黄河流域,周边地区满足不了粮食及物资等需要时,只能从淮扬即江淮以远的区域调粮及物资等。在这一背景下,从江南到黄河流域长达数千里,有的甚至达上万里,为此需要选择在适合的地点重点建设漕运转般仓。从地理区位上看,淮扬区域最适合建中转仓。

第一节　水运与陆运及水陆联运

　　不同时代有不同的交通形式,秦王朝统一六国以前,《尚书·禹贡》记录的九州贡道即进贡所经的道路是联系各地的交通主干线。那时,交通建设以陆路为主,水上交通建设受到轻视。马端临引吕祖谦语论述道:"古者,天子中千里而为都,公侯中百里而为都。天子之都,漕运东西南北,所贡入者,不过五百里;诸侯之都,漕运所贡入者,不过五十里。所以三代之前,漕运之法不备。"①这一论述大体上道出了先秦水上交通建设滞后的实情,当时水运主要利用自然天成的河流,因此不讲什么"漕运之法"。但是汉代以后发生了重大的变化,出于京城粮食安全及国家战略经营方向等方面的考虑,开始从关东等地调粮入京,由此引起漕运形势方面的变化。在这一变化中,经历了从黄河流域向江淮转移,再向长江流域转移的历史。为了充分地说明这一问题,现有必要花一节的篇幅专门探讨一下水运与水陆联运及陆运的关系。

无论是陆运还是水陆联运,其成本均远远高于水运。如秦始皇从齐地调运粮草,主要采用了水陆联运,史有"使蒙恬将兵攻胡⋯⋯又使天下蜚刍挽粟,起于黄、腄、琅邪负海之郡,转输北河,率三十钟而致一石"②之说。黄,秦县名,治所在今山东黄县境内。腄,地名。《集解》引徐广语云"腄,在东莱"。③ 东莱,秦县名,治所在今山东掖县。琅邪,秦郡名,治所在今山东诸城东南。蒙恬奉命守边及征伐匈奴时,秦始皇采用了自黄县等地调集粮草的措施。此次运粮主要采取水陆联运的方案,先是沿海北上进入北河,再沿途接运,送到目的地。

马端临释"蜚刍挽粟"时指出:"运载刍稿令疾至,故曰飞刍。挽粟,谓引车船也。"④马端临考释"转输北河"时又指出:"言沿海诸郡,皆令转输至北河。北河,今朔方之北河也。"⑤释"率三十钟而致一石"指出:"六斛四斗为钟。计其道路所费,凡用百九十二斛乃得一石。"⑥钟是计量单位。裴骃《集解》注引《汉书音义》云:"钟六石四斗。"⑦如果以黄、腄等地为起点,那么,秦始皇打击匈奴时水陆联运补给线应超过 3000 里。"三十钟而致一石",是说起运 192 石粮食,除去各种消耗,运到 3000 里以外的目的地,只剩下 1 石粮食,可谓是运输成本高到惊人的地步。

① 马端临:《文献通考·国用考三·漕运》,浙江古籍出版社 1988 年版,第 247 页。
② 司马迁:《史记·平津侯主父偃列传》,中华书局 1982 年版,第 2954 页。
③ 司马迁:《史记·平津侯主父偃列传》,中华书局 1982 年版,第 2955 页。
④ 马端临:《文献通考·国用考三·漕运》,浙江古籍出版社 1988 年版,第 239 页。
⑤ 马端临:《文献通考·国用考三·漕运》,浙江古籍出版社 1988 年版,第 239 页。
⑥ 马端临:《文献通考·国用考三·漕运》,浙江古籍出版社 1988 年版,第 239 页。
⑦ 司马迁:《史记·平准书》,中华书局 1982 年版,第 1422 页。

与陆运相比,水运成本低廉。如京杭大运河开通后,从江南起运抵达北京可以做到三石或四石致一石的水平,如有"时漕运,军民相半。军船给之官,民则僦舟,加以杂耗,率三石致一石"①之说,又有"南方转漕通州至有三四石致一石者"②之说可证。京杭大运河长 1700 多公里,这一距离应与秦自齐地水陆联运至北部边地的距离大体相当。因水运节约运力,再加上后世国用依靠江南,这样一来,大一统专制政体建立后,改陆运为水运即漕运已是必然趋势。如清人谷应泰论述道:

> 尧都冀方,九州通贡,水陆分道,舟车递兴。然皆方物筐篚,非秸秸粟米,负重致远也。秦人输粟入边,十钟而致一石,盖难之矣。汉兴,海陵之粟,号甲天下,而分封列侯,天子仰食,不过中原三辅。唐郡县天下,关中运道,龙门险峻,舟桴罕入。岁值霖潦,车牛不给,天子至率百官就食东京。奉天告围,蔓菁采食,韩滉粟至,脱巾撤呼。宋都汴京,运道四达,路置兑仓,号为转运。此刘晏遗规,非丰、熙创法也。元建都北平,张万户以盐盗出没,习知海上险易,献书海运,成山、直沽,无异安澜。明初海运,犹致百万。文皇迁鼎,屡勤宵旰。海漕并进,水陆互输。漕制渐增,海运遂罢。安危之势易明,内外之形易判也。
>
> 夫蜀道千年,蚕丛不启;临海咫尺,台、宕犹遗。自燕迄吴,径四千里,踰江涉淮,天限之已。然而平江筑堤,考自张吴;丹徒王气,凿由孙氏。黄池夫差之故迹,邗沟隋帝之遗规。假勾吴之霸烈,为圣主之驱除;藉荒王之游幸,启千年之利涉。至于渡淮而北,昭阳、独山,滕、薛濒湖;洸、沂、汶、泗,鲁郊多水。齐擅清济,燕夸浊漳。直沽至海,潞水逾燕。古今人力,输灌栽通。远近地形,蓄潴本盛。盖东南舟楫,利尽人功;西北高平,险因天设。莫不枝延蔓引,自成万里之形;璧合珠连,已见百川之赴。因而按图求辙,度地施工。所以因山垒石,计日成城,依井求泉,终朝获汲者也。稽其道里之略,京口设闸。而浙舟入江,谓之"浙漕"。高邮筑堤,而

---

① 张廷玉:《明史·周忱传》,中华书局 1974 年版,第 4213 页。
② 张廷玉:《明史·马文升传》,中华书局 1974 年版,第 4842 页。

江舟入淮,谓之"江漕"。入淮以后,谓之"出黄"。初凿吕梁洪,舟河行者五百十余里。继开董家口,避河险者二百七十余里。河行至此,谓之"入口"。南阳夏村,皆引诸湖。既达济宁,而湖漕入济,谓之"湖漕"。而进此皆会通河矣。由天井闸至临清三百八十余里,而济漕入卫,谓之"出口",而会通河尽矣。卫水顺流,直抵天津,谓之"卫河"。卫漕入潞,潞水之流,谓之"白漕",白漕既入,径抵通州矣。

若夫江、淮以南,陈瑄功著;齐、鲁以北,宋礼功多。潘季驯之凿开董口,朱衡之庐居夏村。而天井一闸,南北之脊,地如建瓴。从老人白瑛之请,出七十二泉之水。南流达徐,北流达卫。观其神功,此亦秦皇驱石,鞭迹犹存;大禹凿山,掌形宛在。漕河之底绩,古今之明德也与![1]

秦灭六国建立大一统国家以后,为节约成本,输粟入边时不得不实行水陆联运之策,因此时调粮属临时征调,故不需要建立专门的漕运制度。汉王朝建立后,国用不断地扩大。时至汉武帝元狩四年(前119年),自关东岁运至关中的粮食已增至400万石,如有"岁漕关东谷四百万斛以给京师"[2]之说可证;汉武帝元封元年(前110年),岁运一度高达600万石,如有"山东漕益岁六百万石"[3]之说可证。国用扩大后,需要从不同的区域调集租米赋税入京,因漕运岁额巨大且运程遥远,这样一来,便不得不讲"漕法"即考虑如何建立漕运管理制度了。

隋唐两代建都关中,因关中物产有限,需要关东以远的区域支援,故在兴修运河的基础上将漕运制度化,从而建立了一套日趋严密的漕运管理法则。安史之乱后,经济中心从黄河流域向江淮转移,在沿用隋代水次仓(水运中转仓)的过程中,刘晏改革漕政,通过加强漕运及制度建设,挽救了唐王朝的政治危机。此后,北宋继续兴修运河,以漕运保国用,进一步完善漕运制度,巩固了政权。再后,元代开通京杭大运河,

---

① 谷应泰:《明史纪事本末·河漕转运》,中华书局编辑部:《历代纪事本末》第二册,中华书局1997年版,第2219页。

② 班固:《汉书·食货志上》,中华书局1962年版,第1141页。

③ 司马迁:《史记·平准书》,中华书局1982年版,第1441页。

建立了新的漕运管理制度。明清两代,在充分吸取历代漕运成果的基础上,根据具体情况及时调整管理制度,在维护社会稳定的同时,促进了社会经济的发展。隋唐以后,因经济中心移向东南及江淮,漕运已成为专制政体不可或缺的政治经济制度。在这中间,如果一定要追溯原因的话,则与政治中心与经济中心高度分离相关,与运送租赋到京城的距离拉长相关。因为这两个原因的存在,又因水运成本远低于陆运及水陆联运,这样一来,在加强漕运的过程中,势必要根据发现的新问题进行制度改革,建设一套行之有效的漕运管理制度。

第二节　漕运以淮扬为节点的原因

漕运初指水运,自运河开挖后,又指利用运河及与之相关的自然水道运兵运粮。汉代以后,又专指国家层面的政治经济制度,这一制度涉及政治、经济、军事、文化及国家战略发展以及经营方向等方面。

隋代是大规模兴修运河期,经过两代君主的努力,建成了"犹如一把张开的纸扇,沿扇形的两边,分别开凿了通向东南和东北的运河",运河"穿越黄河下游南北和长江下游富庶经济地区的中心,其柄端又直插关中平原的中央"①。具体地讲,关中广通渠与关东以远的永济渠、通济渠(包括邗沟)和江南运河等互通后,建立了以洛阳为中心的水陆交通枢纽,进而形成了贯穿四方的交通网络。通过兴修运河,隋王朝第一次将关中、关东、江淮及江南等政治、经济重地联系起来,揭开了中国运河史上最为辉煌灿烂的一页。

淮扬成为漕运中转地是在历史变迁中形成的。唐初漕运规模较小,高祖、太宗时"每岁转运,不过二十万石便足"②。唐高祖武德二年(619年)八月,有"扬州都督李靖运江淮之米以实洛阳"③之举。李靖从数千里之外运粮到洛阳,是为了维护以东都洛阳为中心的社会秩序,这

---

① 马正林:《中国运河的变迁》,《陕西师大学报》1978 年第 1 期。
② 刘昫:《旧唐书·食货志下》,中华书局 1975 年版,第 2115 页。
③ 王钦若:《册府元龟·邦计部·漕运》,中华书局 1960 年版,第 5966 页。

是唐王朝从江淮即淮扬调集漕粮的最早记载。不过,此举系临时性的应急措施,真正将江淮纳入漕运范围则发生在唐高宗以后。唐高宗以后,漕事日繁,江淮粮食输出呈现出不断增加的态势。武则天一朝,洛州参军宋之问写道:"东都有河朔之饶,食江淮之利。"①万岁通天元年(696年),江南、江淮一带有数千艘租船运粮至东都洛阳,其中有部分漕粮转运幽州,故有"计有百余万斛,所司便勒往幽州,纳充军粮"②之说。唐中宗景龙三年(709年),关中一带发生饥荒,又有"运山东、江、淮谷输京师"③之说。透过这些表述还可以得到的信息是,早在唐代,淮扬区域已是天下最富庶的地区,只是宋代黄河夺淮给淮扬区域带来了无穷无尽的灾难。

盛唐时期,裴耀卿一度奉命主持漕运。他以隋代旧仓为基础,沿运河及黄河沿岸建造了一批水次仓(转般仓、转搬仓)。安史之乱后,刘晏奉命主持漕政,因国用依赖江淮及东南,邗沟即江淮运河沿线遂成为水次仓重点建设的区域。

东南漕运的咽喉是淮扬,扬州主要负责接运扬州对岸吴、越旧地的漕粮,淮阴主要负责接运长江沿线自仪征上岸的漕粮。

从航段节点方面看,自北向南由汴河(通济渠)、邗沟(江淮运河)、淮河航段、江南运河和长江航线等五大航段构成,因淮河航段较短,一般将其纳入邗沟航段。前人叙述通济渠基本状况及长度时有两说,一是"发河南诸郡男女百余万,开通济渠,自西苑引谷、洛水达于河,自板渚引河通于淮"④,前者称通济渠的渠首在洛阳皇家园林西苑,至徐城汴口(在今江苏盱眙淮河镇)入淮,以徐城汴口为终点;一是"开渠,引谷、洛水,自苑西入,而东注于洛。又自板渚引河,达于淮海,谓之御河"⑤,在渠首不变的情况下,是说通济渠直抵扬州,这里所说的"淮海"指扬

① 宋之问:《为东都僧等请留驾表》,李昉:《文苑英华》卷六〇五,《四库全书》第1338册,上海古籍出版社1987年版,第620页。
② 陈子昂:《陈拾遗集·上军国机要事》,《四库全书》第1065册,上海古籍出版社1987年版,第620—621页。
③ 司马光著,邬国义校点:《资治通鉴·唐纪二十五》,上海古籍出版社1997年版,第1927页。
④ 魏徵:《隋书·炀帝纪上》,中华书局1973年版,第63页。
⑤ 魏徵:《隋书·食货志》,中华书局1973年版,第686页。

州,此语的意思是通济渠以扬州为终点。相比较而言,后一种说法得到的认可更多,笔者亦持这一观点。

安史之乱后,唐王朝出现了不得不依赖东南租米和赋税的局面。陈寅恪先生论述道:"长安政权之得以继续维持,除文化势力外,仅恃东南八道财赋之供给。至黄巢之乱既将此东南区域之经济几全破坏,复断绝汴路、运河之交通……大唐帝国之形式及实质,均于是告终矣。"① 在东南八道财赋源源不断地运往关中的过程中,通济渠即汴河发挥了重要作用。唐代诗人李敬方一针见血地指出:"汴水通淮利最多,生人为害亦相和。东南四十三州地,取尽脂膏是此河!"② 在保国用的过程中,汴河成为维护唐王朝统治的生命线。

除了唐代以淮扬为漕运转般仓建设重地外,宋代也是以淮扬为转般仓建设重地的。因为邗沟即江淮运河位于东南漕运的中段,沿线是建造转般仓的理想航段。扬州对面的江南河"自临安府北郭务至镇江江口闸,六百四十一里"③。长江航线如果从鄂州(治今湖北武昌)起运的话,到江淮运河与长江交汇河口大约 1600 里;如果从潭州(治今湖南长沙)起运的话,到江淮运河约 1800 里。江淮运河的航程最短,"自扬州江都县至楚州淮阴县三百六十里"④,如果再加上淮河航段也不到500 里。汴河的原型是隋王朝建造的通济渠,如果以入淮口计算的话,长约 1000 多里,可以"隋炀帝大业三年,诏尚书左丞相皇甫谊发河南男女百万开汴水,起荥泽入淮千余里,乃为通济渠"⑤为证。从表面上看,四个航段有着不同的航程,然而,如果采取分级接运并以江淮运河的沿岸城市来调整运程的话,那么调整后各航段航程在距离上大体相当。如从两浙路最南端的临安(治今浙江杭州)起运的话,到江淮运河的入汴口泗州约 1000 里;从江南西路治所洪州(治今江西南昌)起运到江淮运河的入江口,全程约 1000 里;从江南东路治所江宁(治今江苏南京)

---

① 陈寅恪:《唐代政治史述论稿》,上海古籍出版社 1996 年版,第 182 页。
② 李敬方:《汴河直进船》,《全唐诗》第 15 册,中华书局 1960 年版,第 5776 页。
③ 脱脱:《宋史·河渠志七》,中华书局 1985 年版,第 2405 页。
④ 脱脱:《宋史·河渠志七》,中华书局 1985 年版,第 2395 页。
⑤ 脱脱:《宋史·河渠志三》,中华书局 1985 年版,第 2319 页。

起运,全程约 200 里,但如果从其腹地算起,并经江淮运河到泗州入仓并中转的话,亦有近千里的航程。更重要的是,从潭州和鄂州到江淮运河入江口的航程虽然远远超过 1000 里,但在长江上顺流而下的速度超过在江南运河、江淮运河上航行的速度,即长江日航程的里程远远超过江南运河和江淮运河日航程的里程,因此,绝对航行时间与在江南运河和江淮运河上航行的时间应大体相当。也就是说,在长江上的运程绝对时间不会比在江南和江淮运河航运的时间长许多。采取分级接运及调整原有航段的运程后,江淮运河成为宋代通过汴河联系东南六路的航程中段,因在江淮运河转运可以最大限度地提高漕运效率,这样一来,其沿线势必成为建造转般仓的理想航段。

从水文的角度看,在四大航段中,以黄河为主要补给水源的汴河通航能力最差。每年冬季黄河进入枯水期,汴河将出现航道干浅,无法通航的情况,为此,需要寻找离汴河最近的转运点建造转般仓,以便在枯水季节结束即汴河重新通航时,及时地发运东南六路的租籴和财赋等入京。徐松根据宋代档案记载道:"东南诸路斛斗自江、湖起纲,至于淮甸,以及真、扬、楚、泗建置转般仓七所,聚蓄粮储,复自楚、泗置汴纲般运上京。"①由于江淮运河越过淮河后与汴河相接,又由于淮扬区域降水量充沛,通航时间不受季节的限制,再加上长江航段和江南运河航段的通航时间也不受季节限制,这样一来,要选择距汴河航段最近的航运节点,那么只能在江淮运河沿线。进而言之,要缩短从东南各路到汴梁的航程,及时地通过通航能力差的汴河航段,在江淮运河沿岸特别是泗州等地建转般仓是必然的选择。丘浚比较唐宋与明代漕运的特点时指出:"昔人谓,宋人以东南六路之粟载于真、泗、楚转般之仓。江船之入,至此为止,无留滞也。汴船之出,至此而发,无复溺也。江船不入汴,汴船不入江,岂非良法欤?臣窃以谓,宋人都汴,漕运比汉唐为便易。前代所运之夫,皆是民丁,惟今朝则以兵运。前代所运之粟,皆是转递,惟今朝则是长运。唐宋之船,江不入汴,汴不入河,河不入渭,今日江河之船,各远自岭北、湖南,直达于京师。唐宋之漕卒,犹有番休,今则岁岁

---

① 徐松:《宋会要辑稿·食货四三·漕运三》第 6 册,中华书局 1957 年版,第 5579 页。

不易矣。"①在江淮运河沿线集中建造供中转使用的转般仓,既可最大限度地缩短航程,提高漕运效率,又可为京师及"兵食"的需求提供必要的保障,进而让长期在外奔波的漕卒和船工得到轮番休息的机会。

邗沟的基本走势是西北高东南低,从入淮河口到长江口有约 30 米的水位落差,泗州(治所在今江苏盱眙淮河镇)在淮河沿岸,绝对水位比扬州、真州等地高出 20 多米;扬州、真州等虽在长江边上,但接受淮河的辐射。邗沟的主要补给水源是淮河,因水位落差大,受到自然因素的制约,再加上航道管理存在诸多问题,因此与长江相接的真州和扬州段时常会出现航道泄水及影响通航等问题。如宋徽宗宣和二年(1120年)九月出现了"真、扬等州运河浅涩"等情况,为此"委陈亨伯措置"②。此后,第二年春天又下诏令发运使赵亿"以车畎水运河",并于三月中旬赶到京城,故有"三年春,诏发运副使赵亿以车畎水运河,限三月中三十纲到京"③之说。此后又采纳李琮之言于真州"去江十丈筑软坝,引江潮入河,然后倍用人工车畎,以助运水"④。邗沟航道浅涩,为从长江取水补给航道,采取了"以车畎水运河""去江十丈筑软坝,引江潮入河,然后倍用人工车畎,以助运水"等多种措施,这里透露的信息是,扬州、真州等地高出长江水面,同时也道出了扬州、真州等属淮河流域的事实。对此,古人有清醒的认识,如唐代淮南节度使治所在扬州,下辖淮南及江北各州。楚州、泗州的绝对水位虽高于扬州、真州,但沿途隶属于淮河水系的河流湖泊密布。作为邗沟的补给水源,它们分散在各地,因其所处的地理位置不同,地势高低不同,从而形成了不同的水流方向和区间性的水位落差。进而言之,船只在向同一方向行驶时,因同时存在顺流和逆流等水流方向,这样一来,势必要增加航行时的难度。

与汴河、长江、江南河等航段相比,邗沟即江淮运河航程较短。耐人寻味的是,北宋时期,航程较短的邗沟沿线却集中了真州、扬州、楚州、泗州等 7 座转般仓。这一情况表明,淮扬区域在东南漕运中负有特

---

① 丘浚著,林冠群、周济夫校点:《大学衍义补·漕挽之宜下》,京华出版社 1999 年版,第 306 页。
② 脱脱:《宋史·河渠志六》,中华书局 1985 年版,第 2388 页。
③ 脱脱:《宋史·河渠志六》,中华书局 1985 年版,第 2388 页。
④ 脱脱:《宋史·河渠志六》,中华书局 1985 年版,第 2388 页。

殊的使命。

宋神宗熙宁十年(1077年)黄河改道分成两支后,一支沿泗水河道南下夺淮,使本来已经复杂的水文变得更加复杂。黄河侵入江淮运河后,不但给运河航道治理带来了困难,还给航运增添了许多变数。时至宋徽宗宣和年间(1119—1125),已出现"自江至淮数百里,河高江、淮数丈"①的情况,这一情况大大地增加了邗沟航行的难度。黄河泥沙淤积邗沟楚州一带的航段后,航道不断地抬高直接影响到通航能力。由于运河同时受到长江、淮河和黄河等三大水系的制约,船只航行时的难度明显增大。如真州、扬州位于邗沟与长江的交汇口上,楚州位于邗沟与淮河及黄河的交汇口上,泗州位于淮河与汴河的交汇口上,船只过河口时需要通过堰埭或船闸,其复杂的水文及地理构造使之成为东南漕运最为复杂的航段。受诸多因素的制约,邗沟即江淮运河沿线的河口地区及沿线相关城市势必要成为重要的航段节点。为保漕运及提高效率,势必要加强疏浚和改造江淮运河航线的力度,同时需要在这一区域及相关的河口地区建造转般仓及中转码头等。经过不断地整治和建设,这些航段节点为从江南河或从长江经汴河再入汴梁的船只停泊、沿途转运、补充给养和休整等提供了必要的设施和方便。

江淮运河水文复杂的另一个原因是,其航线由淮河下游的岔流和湖泊构成,受地形地貌的制约,航道曲折迂回且有不同的流向,如在同一航向的航段中往往有顺流和逆流,其水文远比长江、江南河复杂。为了行运安全,需要有效地控制不同航段的水位落差,需要根据水文及水位落差等在不同的地点建造堰埭。建造堰埭的目的主要有二,一是提高船只航行时的安全系数,解决水位落差及航道泄水等问题;二是船只通过堰埭时因停靠等待、拉纤、卸船和装船等需要耗费大量的时间。为防止船只在某一堰埭长时间地滞留,故需要在堰埭及与堰埭相联系的沿岸区域建造转般仓即中转仓。史称:"往年,南自真州江岸,北至楚州淮堤,以堰潴水,不通重船,般剥劳费。遂于堰旁置转般仓,受逐州所

① 脱脱:《宋史·向子諲传》,中华书局1985年版,第11639页。

输,更用运河船载之入汴,以达京师。"①在堰埭地区及相关城市建转般仓的主要目的,是为了方便转运租籴及财赋和提高漕运效率。

第三节　唐代江淮转般仓及分工

起初,隋唐两代的转般仓即水次仓主要建在黄河沿岸,如有"隋初,漕关东之粟以实京邑,卫州黎阳仓、荥阳洛口仓、洛州河阳仓、陕州常平仓,潼关、渭南亦皆有仓,以转运之,各有监官。皇朝因之"②之说。

安史之乱后,藩镇占据了大部分的黄河中下游地区,为此,唐王朝不得不把租籴和财赋的重点征收地区转向江淮,进而是长江中下游地区。刘晏描述从淮、泗到长安建章宫、长乐宫的漕运通道:"浮于淮、泗,达于汴,入于河,西循底柱、碛石、少华,楚帆越客,直抵建章、长乐。"③结合"江船不入汴,汴船不入河,河船不入渭;江南之运积扬州,汴河之运积河阴,河船之运积渭口,渭船之运入太仓"④等情况看,所谓"浮于淮、泗",虽然没有提到漕运的发运点包括长江流域,但如果结合"楚帆越客,直抵建章、长乐"等情况来看,那么,刘晏所说的漕运实际上已包括长江以南的地区。马端临记载道:"唐时漕运,大率三节:江淮是一节,河南是一节,陕西到长安是一节。"⑤马端临的意思是,在漕运依靠东南的前提下,漕运共分为三节,即一是从长江到江淮的航段,二是从泗州入通济渠再到河南及入黄河的航段,三是从渭水入关中再到长安的航段。严格地讲,马端临的划分多有粗略,但注意到江淮即淮扬为一节是十分有见识的,同时也与唐代以后多在此地建漕运转般仓息息相关。

当漕运补给线延长到江淮及东南时,邗沟即江淮运河沿岸需要在不同的地点建设供转运的水次仓。权德舆在上书中写道:"漕运之事,

① 脱脱:《宋史·食货志上三》,中华书局1985年版,第4258页。
② 李林甫著,陈仲夫点校:《唐六典·司农寺》,中华书局1992年版,第528页。
③ 刘晏:《遗元载书》,董诰:《全唐文》卷三七〇,中华书局1983年版,第3762页。
④ 欧阳修:《新唐书·食货志三》,中华书局1975年版,第1368页。
⑤ 马端临:《文献通考·国用考三·漕运》,浙江古籍出版社1988年版,第248页。

以济关中,有司量入,固以支计。以臣愚所见,且自东都以来,缘路仓所贮米,随水陆节给,倍程般运,应给脚价,皆与实钱,务令速到京师,不计在途省费,续计料江淮米入运,以备恒数。"①从"缘路仓所贮米,随水陆节给"中可知,这里所说的"仓廪"是指江淮运河沿岸的转般仓即水次仓。与此同时,淮扬米即"江淮米"已纳入漕运范围。

隋唐两代,沿江淮运河建造漕运中转仓主要有以下三个特点:其一,利用旧仓建造新的中转仓,这些中转仓有的历史甚至可以上溯到汉代,如海陵仓的原型是汉代吴王刘濞建造的仓廪,枚乘在《上书重谏吴王》中写道:"转粟西乡,陆行不绝,水行满河,不如海陵之仓。"李善注引臣瓒语称:"海陵,县名,有吴太仓。"②入唐后,此仓经过改造,又继续使用。如李白云:"陛下西以峨嵋为壁垒,东以沧海为沟池,守海陵之仓,猎长洲之苑。"③刘长卿《送营田判官郑侍御赴上都》诗云:"幸论开济力,已实海陵仓。"④刘晏亦云:"晏自尹京,入为计相,共五年矣。京师三辅百姓,唯苦税亩伤多。若使江湖米来,每年三二十万,即顿减徭赋,歌舞皇泽,其利一也。东都残毁,百无一存,若米运流通,则饥人皆附,村落邑廛,从此滋多。命之曰引海陵之仓,以食巩、洛,是计之得者,其利二也。"⑤据此可知,海陵仓是唐代重要的转般仓即水次仓。又如楚州有专门储备粮草的仓城。征陈时,隋王朝曾在楚州旧城建造储蓄超过百万石的粮仓。这一中转仓虽因隋末战争荒废不再使用,但因楚州淮阴郡的战略位置独特,且位于河口地带,后来成为唐代漕运依靠东南时建造转般仓的重地。

其二,州仓及常平仓成为兴建江淮转般仓的基础。仁寿三年(603年)九月,隋文帝下令在各州郡建常平仓,如有"置常平官"⑥之说。时至唐代,白居易为扬州仓曹参军王士宽作墓志铭时有"假本州司仓,专掌

---

① 权德舆:《论旱灾表》,董诰:《全唐文》卷四八八,中华书局 1983 年版,第 4980 页。
② 枚乘:《上书重谏吴王》,萧统:《文选》下册,商务印书馆 1936 年版,第 864 页。
③ 李白:《为宋中丞请都金陵表》,董诰:《全唐文》卷三四八,中华书局 1983 年版,第 3529 页。
④ 刘长卿:《送营田判官郑侍御赴上都》,中华书局:《全唐诗》第 5 册,中华书局 1960 年版,第 1496 页。
⑤ 刘晏:《遗元载书》,董诰:《全唐文》卷三七〇,中华书局 1983 年版,第 3762—3763 页。
⑥ 魏徵:《隋书·高祖纪下》,中华书局 1973 年版,第 52 页。

运务"①语,从该语中大体上可以发现两个问题:一是江淮转般仓与漕运有直接的关系;二是转般仓是在常平仓的基础上兴建的。此外,王播的父亲王恕曾"为扬州仓曹参军"②,由此及彼,亦可证楚州淮阴转般仓也是在旧州仓或常平仓的基础上兴修的。

其三,根据新形势方面的需要建造新的转般仓,并且扩大它的仓储范围。如唐宪宗元和九年(814年),李稸在盱眙都梁山上建造了新的漕运转般仓淮南仓,该仓又兼有储存盐铁货帛等功能。盱眙与泗州隔淮河相望,之所以在盱眙建造新的漕运转般仓,是因为整个盱眙是山地,较为干燥,特别是在都梁山上建兼有储存盐铁货帛等功能的漕运转般仓,可以改变对岸泗州"卑湿无堪地",不利于仓储的情况。唐代沈亚之在《淮南都梁山仓记》一文中记载道:

> 元和九年,陇西李稸为盐铁官,掌淮口院。病其涸滞,思欲以为救,而乃与扬子留使议之曰:"今闽越已西,百郡所贡,辇挽皆出于是。而以炎天累月之久,滞于咫尺之地。篙工诸佣,尽其所储不能赈。十年之食,只益奸偷耳。几或有终岁而不得返其家者。今诚得十敖之仓,列于所便,以造出入,计无忧也。正月河冰始泮,尽发所蓄而西。六月之前,虚廪以待东之至者。如此则役者逸,而弊何从生哉!"议定,即以状白,得遂其便。

> 于是稸度泗土卑湿无堪地,遂创庾于淮南都梁山。十二年,诏以诛蔡之师食窘,促令盐铁所挽皆趋郾城下。是时下淮南仓,发春吏计春。其工人曰:"春材必栎若榆。"吏欲令工就山林剪市之,稸曰:"夫火方焚,日将燋,万家当顷刻之间,虽得弊秽之器,奋浊污之波,百夫汲而扬之,立足灭患。如曰不然,我欲利其器,待我柘桂之杓,致滂沲之流,操以救之,彼言而后谋,则然灰尚不可望,而况全者。今县军十万,旦暮不赈,其为急也,间不容厘,今待汝访山求材然后用,何异乎柘杓滂流之语耶?其仓材所剪之余,大可以为白,

---

① 白居易:《唐扬州仓曹参军王府君墓志铭》,董诰:《全唐文》卷六七九,中华书局1983年版,第6940页。

② 欧阳修:《新唐书·王播传》,中华书局1975年版,第5115页。

小可以为杵,长可以为杵之梁,簿可以为鲔枢夹峙。"促命裁之,即日而舂,成百具。其余米与吏分办之,先以家奴就役,次及群吏,各有差。所舂凡二十八万石。不涉旬,俱得浮淮而西矣。十三年夏,泗水大灾,淮溢坏城,邑民人逃水西岗,夜多掠夺,更相惊恐号呼。而盐铁货帛十余万,乃囊之于布,缄用吏名,载与渡,货帛无遗尺,乃纳仓中,不能盈一敖,其余皆荫仕家之急。

时余过泗上,得其事,故与悉论善济之方,而著之以明其绩。①

淮南仓改善了泗州的仓储条件,后来该仓成为唐王朝自淮南发运漕粮的重要水次仓。具体地讲,如果以淮南仓为中转起运点,在黄河及汴河水文相对稳定时,可以最快的速度通过汴河并进入黄河运道。

总之,江淮运河沿线建有扬州仓、楚州仓、海陵仓和淮南仓等一系列转般仓。

安史之乱后,来自江淮的漕米主要是为关中服务的。然而,藩镇与唐王朝在徐州进行对抗,导致江淮漕运无法正常为关中服务,如有"江淮运米,本实关中,只缘徐州用军,发遣全无次第。运脚价妄被占射,本色米空存簿书,遂使仓廪渐虚,支备有阙"②之说。

通济渠即汴河,一头联系黄河流域,一头联系江淮,是唐王朝调集江淮及东南租米及赋税西入长安的交通大动脉。在这中间,江淮租米及赋税先集中到淮扬区域,起程后经淮河航段抵徐城汴口,然后再沿汴河北上经河阴(唐县,治所在今河南荥阳境内)入黄河,或走黄河入关中及长安;或自黄河经洛口抵洛阳,随后从洛阳走山路,将租米转输至陕州(治所在今河南陕县),并沿黄河西入关中。如杜牧在诗中吟咏道:"清淮控隋漕,北走长安道。樯形栉栉斜,浪态迤迤好。"③这一记载深刻地揭示了淮扬及淮河航段在江淮漕运中的重要作用。

① 沈亚之:《淮南都梁山仓记》,董诰:《全唐文》卷七三六,中华书局1983年版,第7605页。
② 李憼:《南郊赦文》,董诰:《全唐文》卷八九,中华书局1983年版,第931页。
③ 杜牧:《赴京初入汴口晓景即事先寄兵部李郎中》,中华书局:《全唐诗》第16册,中华书局1960年版,第5945页。

第四节　宋以后江淮转般仓及分工

北宋建都汴梁(今河南开封)后,继续实行依靠江淮及东南漕运之策,如范祖禹有"国家建都于汴,实就漕挽东南之利"①之说。宋建都平原地区的基本考虑是,汴梁面向江淮及东南,通过漕运可以实京师。史称:"汴河,自隋大业初,疏通济渠,引黄河通淮,至唐,改名广济。宋都大梁,以孟州河阴县南为汴首受黄河之口,属于淮、泗。……岁漕江、淮、湖、浙米数百万,及至东南之产,百物众宝,不可胜计。……汴河岁运江淮米五六百万斛,以济京师。……今天下甲卒数十万众,战马数十万匹,并萃京师,悉集七亡国之士民于辇下,比汉、唐京邑,民庶十倍。甸服时有水旱,不至艰歉者,有惠民、金水、五丈、汴水等四渠,派引脉分,咸会天邑,舳舻相接,赡给公私。所以无匮乏,唯汴水横亘中国,首承大河,漕引江、湖,利尽南海,半天下之财赋,并山泽之百货,悉由此路而进。"②北宋漕运常年为600万石(斛)左右,高峰期超过800万石,汴河漕运在保国用的同时,又是北宋商品流通的大动脉。

宋代江淮之间的漕运路线有别于唐代,如唐代有渡江走海陵(今江苏泰州)的航线,故海陵仓是重要的水次仓。宋代废弃了这条航线,两浙漕船渡江后,或经扬州或经真州(今江苏仪征),因航线改变,海陵仓遂废弃不用。李斗记载道:"三汊河在江都县西南十五里,扬州运河之水至此分为二支。一从仪征入江,一从瓜洲入江,岸上建塔名天中塔,寺名高旻寺,其地亦名宝塔湾,盖以寺中之天中塔而名之者也。圣祖南巡,赐名茱萸湾,行宫建于此,谓之塔湾行宫。"③宋代漕运继续实行分级接运之策,在江淮运河沿线的真州、扬州、楚州、泗州等处建了7座转般仓。"江南、淮南、两浙、荆湖路租籴,于真、扬、楚、泗州置仓受纳,分调舟船溯流入汴,以达京师,置发运使领之。诸州钱帛、杂物、军器上供亦

① 范祖禹:《上哲宗封还臣寮论浙西赈济事》,赵汝愚:《宋朝诸臣奏议》下册,上海古籍出版社1999年版,第1144页。
② 脱脱:《宋史·河渠志三》,中华书局1985年版,第2316—2321页。
③ 李斗著,汪北平、涂雨公点校:《扬州画舫录》,中华书局1960年版,第161页。

如之。"①东南六路租米赋税、钱帛、杂物、军器等均要经江淮7座转般仓北上,其事务主要由发运使负责。

马端临进一步指出:"转般之法,东南六路斛斗,自江、浙起纲至于淮甸,以及真、扬、楚、泗,为仓七以聚蓄军储。复自楚、泗置汴纲般运上京,以发运使董之。"②宋代在江淮运河沿岸建造转般仓时基本上沿用了唐代的旧仓。当然在分工方面又有一些新的调整,如扬州仓、真州仓、楚州仓、淮南仓兼有盐仓的功能。真、扬、楚、泗等四州的转般仓有不同的分工,如有"江、湖有米,可籴于真,两浙有米,可籴于扬;宿、亳有麦,可籴于泗"③之说可证。又如杨允恭主持淮南即淮扬漕运时,作出了"江、浙所运,止于淮、泗,由淮、泗输京师"④的规定。李焘记载道:"先是,三路转运使各领其职,或廪庚多积,而军士舟楫不给,虽以官钱雇丁男挽舟,而土人惮其役,以是岁上供米不过三百万。允恭尽籍三路舟卒与所运物数,令诸州择牙吏,悉集,允恭乃辨数授之。江、浙所运,止于淮、泗,由淮、泗输京师,行之一岁,上供者六百万。"⑤真州转般仓主要负责接纳和转运江南东路、江南西路、荆湖南路和荆湖北路等路的租籴和财赋等;扬州转般仓主要负责接纳和转运两浙路的租籴和财赋等;楚州转般仓负责接纳和转运江南东路、江南西路和两浙路的租籴和财赋等;泗州转般仓负责接纳和转运淮南路宿州、亳州等地的租籴和财赋等。

北宋时期,东南六路每年经扬州广陵郡及楚州淮阴郡输往汴梁的租米超过600万石,各转般仓储藏的租米可供数年搬运,同时兼有战略储备的功能,可根据形势需要适时起运,或可调运军事斗争的前线,或可赈灾救荒以稳定社会秩序,如有"常有六百万石以供京师,而诸仓常有数年之积"⑥之说。

江淮运河除了承担漕运的重任外,又是南北商贸往来的大通道,可将不同区域的物产及商品源源不断地运往汴梁,或经销到其他地区。

---

① 脱脱:《宋史·食货志上三》,中华书局1985年版,第4251页。
② 马端临:《文献通考·国用考三·漕运》,浙江古籍出版社1988年版,第246页。
③ 脱脱:《宋史·食货志上三》,中华书局1985年版,第4259页。
④ 脱脱:《宋史·杨允恭传》,中华书局1985年版,第10161页。
⑤ 李焘:《续资治通鉴长编·太宗淳化四年》,中华书局2004年版,第761页。
⑥ 马端临:《文献通考·国用考三·漕运》,浙江古籍出版社1988年版,第246页。

"岁漕江、淮粟六百万石,而缣帛、货贝、齿革百物之委不可胜用"①,出现这一情况是必然的,当楚州淮阴郡成为东南漕运的节点时,势必要在商贸活动中迎来自身的经济繁荣。

从大的方面讲,汴河即通济渠是北宋漕运的生命线,江淮运河是汴河的一部分,其畅通与否直接关系到北宋的政治安全。史家声称:"宋都大梁,有四河以通漕运:曰汴河,曰黄河,曰惠民河,曰广济河,而汴河所漕为多。……先是,四河所运未有定制,太平兴国六年,汴河岁运江、淮米三百万石,菽一百万石;黄河粟五十万石,菽三十万石;惠民河粟四十万石,菽二十万石;广济河粟十二万石:凡五百五十万石。非水旱蠲放民租,未尝不及其数。至道初,汴河运米五百八十万石。大中祥符初,至七百万石。……景德四年,定汴河岁额六百万石。"②所谓汴河承担着"以输京师之粟,以振河北之急,内外仰给"③的责任,包含了江淮运河及各转般仓从中起到的作用。

淮扬是控引江淮的战略要地,在其运河沿线及堰埭建造转般仓,可以进行战略储备,向不同方向调运粮食和物资及方便赈灾救荒等。如宋真宗大中祥符三年(1010 年),江淮发运使李溥在给朝廷的上疏中写道:"今春运米凡六百七十九万石,诸路各留三年支用。江南留百七十万石,外有上供五十万石;淮南留三百三十万石,外有上供五十七万石,所留以备赈粜。两浙有米百五十万石,上供外,有九十一万石备淮南赈粜。"④江淮运河沿岸是从黄河流域进入长江流域的战略通道,在此建设转般仓,可以同时兼顾南北两大政区。

当然,江淮运河各转般仓在接纳和转运东南六路租籴和财赋时,既有明确的分工,又有交叉。造成这一现象的原因是多方面的:

其一,需要根据各转般仓已有的仓储情况作必要的调整,令漕船临时改变装卸的地点。

其二,江淮运河沿线在真、扬、楚、泗四州,共建有七座超大型的转

① 脱脱:《宋史·兵志八》,中华书局 1985 年版,第 4840—4841 页。
② 脱脱:《宋史·食货志上三》,中华书局 1985 年版,第 4250—4252 页。
③ 脱脱:《宋史·河渠志三》,中华书局 1985 年版,第 2317 页。
④ 李焘:《续资治通鉴长编·真宗大中祥符三年》,中华书局 2004 年版,第 1691 页。

般仓,这些转般仓有不同的接待功能。

其三,东南六路租籴和财赋等分入不同的转般仓,这样做可以提高漕运效率,有利于分级接运。如果江南、两浙、荆湖等五路的租籴和财赋全部在长江与江淮运河的交汇口扬州或真州入仓中转的话,势必会给航道特别是河口地区的航道带来拥堵。

其四,宋王朝将转般仓建在江淮运河沿线的真、扬、楚、泗四州,由四州负责接纳不同区域的租籴及财赋,一是为了通过分流解决船只航行中遇到的拥堵问题;二是以这些航段节点作为水陆交通枢纽向该地区的腹地延伸,可以最大限度地方便征收不同地区的租籴及财赋。

其五,与其他航段相比,江淮运河在漕运中转方面有着不可比拟的优势。进而言之,位于从东南到汴梁的江淮运河负有接纳和转运东南六路租籴和财赋的使命。

其六,在保国用实行漕运之策时,北宋主要采用漕船空回时"载盐以归"的政策,通过实行让利于民的政策来稳定业已建立的漕运秩序,如有"江、湖上供米,旧转运使以本路纲输真、楚、泗州转般仓,载盐以归"①之说,漕船返程放空时可运载淮盐。特别需要补充的是,淮盐行销有不同的纲岸,如有荆湖、江西等纲岸。

淮扬是东南漕运的咽喉,有丰富的海盐资源,在江淮运河沿岸建转般仓,既可为安定漕运秩序提供强有力的支撑,同时也可以为征榷盐税及发展商贸提供必要的支持,"凡盐之入,置仓以受之,通、楚州各一,泰州三,以受三州盐。又置转般仓二,一于真州,以受通、泰、楚五仓盐;一于涟水军,以受海州涟水盐。江南、荆湖岁漕米至淮南,受盐以归。"②北宋先后在通州(今江苏南通)、楚州、泰州等地建造盐仓,又令真州等转般仓接纳淮盐,并为漕船空回时提供"受盐以归"的服务。如马端临记载道:"东南盐利,视天下为最厚。盐之入官,淮南、福建斤为钱四,两浙杭、秀为钱六,温、台、明亦为钱四,广南为钱五。其出,视去盐道里远近而上下其估,利有至十倍者。"③按照漕运管理规定,江南东路、江南西

---

① 脱脱:《宋史·食货志上三》,中华书局1985年版,第4252页。
② 脱脱:《宋史·食货志下四》,中华书局1985年版,第4438页。
③ 马端临:《文献通考·征榷考三·盐铁》,浙江古籍出版社1988年版,第160页。

路、荆湖北路、荆湖南路的漕船到真、扬、楚、泗等地卸粮入仓后,可以载淮盐返回本路。

淮南路是重要的产盐区,与其他区域相比,淮盐有价格及运输上的优势。"淮南、福建、两浙之温台明斤为钱四"①,这一价格明显地低于杭州、秀州等地,然而,福建、浙江温州等地的盐价虽与淮南相当,但运往长江沿岸路途遥远且运输成本高昂,缺少竞争力。丘浚指出:"夫宋人漕法,其便易也如此。而其回船也,又有载盐之利。今之漕卒,比之宋人,其劳百倍。一岁之间,大半在途,无室家之乐,有风波之险。洪闸之停留,舳舻之冲激,阴雨则虑浥漏,浅涩则费推移。沿途为将领之科率,上仓为官攒之阻滞,及其回家之日,席未及暖,而文移又催以兑粮矣。运粮士卒,其艰苦万状,有如此者。食此粮者,可不知其所自哉?臣于盐法条下,既已历陈宋人转船载盐之法于前。伏乞九重注意,推行其法于今日,少宽士卒之一分。宽一分,则受一分赐矣。况其所赐,非止一分哉。"②淮盐品质优良,淮南路即淮扬区域是分级接运的中转地,是转般仓集中建设的区域,凭借兼顾南北交通方面的优势,势必要成为"受盐以归"的重要区域。

需要补充的是,从隋唐到宋代,漕运主要是从徐城汴口(在今江苏盱眙淮河镇境内)入淮,经洪泽湖运道至末口入邗沟抵扬州。自徐城汴口入淮,漕运有两个难度,一是淮河下行水道洪泽湖水面宽阔,风高浪急,漕船容易翻覆③。白居易描述道:"淮水东南阔,无风渡亦难。"④范仲淹亦描述道:"舟楫颠危甚,蛟鼋出没多。……商人岂有罪,同我在风波。一棹危于叶,傍观亦损神。"⑤二是宋代以前,海潮沿淮河水道上溯可抵盱眙、泗州一线,漕船一旦遇上海潮将会陷入险境。如唐代诗人常建在《泊舟盱眙》一诗中描述道:"泊舟淮水次,霜降夕流清。夜久潮侵

---

① 脱脱:《宋史·食货志下四》,中华书局 1985 年版,第 4438 页。

② 丘浚著,林冠群、周济夫校点:《大学衍义补·漕挽之宜下》,京华出版社 1999 年版,第 306—307 页。

③ 参见张强《鸿沟·汴水·运河》,《光明日报·国学版》2017 年 9 月 2 日;又见张强《汴河上的唐诗》,《光明日报·文学遗产版》2018 年 3 月 12 日。

④ 白居易:《渡淮》,顾学颉校点:《白居易集》第二册,中华书局 1979 年版,第 530 页。

⑤ 范仲淹:《范文正集·赴桐庐郡淮上遇风三首》,《四库全书》第 1089 册,上海古籍出版社 1987 年版,第 581 页。

岸,天寒月近城。"①这里的"潮"是指海潮,退一步讲,如果常建所说的"潮"还不算海潮的话,那么,南宋杨万里在淮河遇到的大潮则分明是海潮。如杨万里在诗中明确地写道:"天寒春浅蛰未开,船头一声出地雷。老夫惊倒卷帘看,白浪飞从东海来。东海复东几万里,扶桑顷刻到长淮。琉璃地上玉山起,玉山自走非人推。似闻海若怒川后,雨师风伯同抽差。夜提横水明光甲,大呼一战龟山颓。老夫送客理归棹,适逢奇观亦壮哉。岂不怀归船不进,系缆古柳依云堆。须臾惊定却成喜,分付客愁金缕杯。"②以诗证史,这些诗歌透露的信息是,淮河洪泽湖航段是淮河海潮即"淮潮"发生的集中区域,同时又是东南漕运的瓶颈。

元王朝将政治中心建在大都以后,原有的交通运输及漕运体系已不能适应新形势的需要,为此,建设新的交通运输体系及漕运体系已迫在眉睫。如何建设新的漕运通道,当时的情况是,自淮扬面向东南的运河均可以继续使用,长江水道亦可使用。在兴修京杭大运河之前,元王朝主要采取利用旧运河中转即水陆联运的方案,稍后,为节约成本又探索着海漕的新路径。客观地讲,无论是水陆联运还是海运,两种方案都不如发展内河交通合算,为此,兴修贯穿南北的京杭大运河便成了当务之急。

元代兴修京杭大运河经历了不同阶段,其中,山东境内的会通河与至元三十年(1293年)秋竣工的通惠河相接是关键性工程。两大工程完成对接后,实现了南北运河整体东移的历史性变化,加强了江浙、江淮等经济发达地区与政治中心在经济和文化等方面的联系。元人论开通京杭大运河的意义时指出:"自世祖屈群策,济万民,疏河渠,引清、济、汶、泗,立闸节水,以通燕蓟、江淮,舟楫万里,振古所无。后人笃守成规,苟能举其废坠而已,实万世无穷之利也。"③如果以杭州为起点,以大都为京杭大运河航线的终点,运河跨海河、黄河、淮河、长江和钱塘江五大水系,经此,江南各类物资源源不断地输往大都,形成了"江淮、湖

---

① 常建:《泊舟盱眙》,中华书局:《全唐诗》第4册,中华书局1960年版,第1462页。
② 杨万里:《诚斋集·浃头阻风》,《四库全书》第1160册,上海古籍出版社1987年版,第322页。
③ 宋濂:《元史·河渠志一》,中华书局1976年版,第1613页。

广、四川、海外诸番土贡粮运,商旅贸迁,毕达京师"①的局面。

开通京杭大运河为继续发展漕运及水上交通带来了极大的便利,但由于会通河是整个京杭大运河开通的瓶颈,因此元代的漕运依旧以海漕为主。丘浚论述道:"然当时河道初开,岸狭水浅,不能负重。每岁之运,不过数十万石。非若海运之多也。是故终元之世,海运不罢。"②受诸多因素的制约,"终元之世,海运不罢"固然与会通河通航能力有限相关,但更重要的是,海运有内河漕运无法比拟的优势。尽管如此,开通会通河依旧有特殊的意义。河漕与海漕并举为运粮北上提供了不同的路径,更重要的是,南北运河整体东移建立了新的水上交通秩序,有力地促进了沿岸地区的社会经济发展和商贸往来,通过建设新的交通线,加强了政治中心与经济发达地区之间的联系。

遗憾的是,这一航线终因元王朝命短,为明清两代享用。明代陈邦瞻论述会通河开通的意义时指出:"臣惟运东南粟以实京师,在汉、唐、宋皆然。然汉、唐都关中,宋都汴梁,所漕之河,皆因天地自然之势,中间虽或少假人力,然非若会通一河,前代所未有,而元人始创为之,非有所因也。元人为之而未大成,用之而未得其大利。至国朝益修理而扩大之。前元所运,岁仅数十万,而今日极盛之数,则逾四百万焉,盖十倍之矣。昔宋人论汴水,以为大禹疏凿,隋炀开圳,终为宋人之用,以为上天之意。呜呼!夏至隋,隋至宋,中经朝代非一,谓天意颛在宋,臣不敢知。若夫元之为此河,河成而不尽以通漕,盖天假元人之力以为我朝用,其意岂不彰彰然明矣哉。"③站在历史评判的立场上,陈邦瞻用"前代所未有"等语汇高度评价了元代开会通河之功。所谓"前代所未有",一是指在元代开会通河以前,兴修运河时主要是利用原有的河道,与会通河在缺少河流及水源的区域开挖运河相比,其开挖难度显然要小得多;二是会通河是在水位落差极大的台地开挖的,其开挖难度远远超出了在其他地区兴修运河的难度。因此,陈邦瞻以"元人始创为之,非有所

---

① 苏天爵辑,姚景安点校:《元朝名臣事略·丞相淮安忠武王》,中华书局1996年版,第20页。

② 丘浚著,林冠群、周济夫校点:《大学衍义补·漕挽之宜下》,京华出版社1999年版,第314页。

③ 陈邦瞻:《元史纪事本末·运漕河渠海运》,中华书局编辑部编:《历代纪事本末》,中华书局1997年版,第2075页。

因也"等语,扩张了"前代所未有"的内涵。会通河实为开通京杭大运河的关键性工程,然而元王朝短命,乃至于出现了"盖天假元人之力以为我朝用"的局面,即水上交通建设的成果为明王朝所享用。进而言之,元人兴修运河既为明清两代定都北京建立了新的交通秩序,同时也为大运河沿岸城市的兴起注入了勃勃生机。

明代有严格的运河管理制度,并在运河沿线建立了一系列方便转运的转般仓。章潢指出:"我国家监于前代,其漕运之敖仓,在京、通者则有总督大监户部尚书或侍郎,巡仓则有御史,拨粮则有员外郎,监收则有主事,以至仓使、攒典,各有人焉。所以统储天下之粟,以资国用也。在淮、徐、临、德者监收亦有大监,亦有主事,以至仓使、攒典,亦各有人焉。所以分储天下之粟,以待转运也。及后转运变为兑运,又变为长运至今。其间因时便宜,为军民计者,固周且审,然竟疑于直达也。议者谓转运则民有往复出纳之扰,长运则军有守浅阻冻之困利害,盖相当焉。"①明代转般仓建设主要上承唐宋,其中淮扬即江淮是重点建设区域。

明代迁都北京后,漕运岁额400多万石,如有"至我国朝,岁运定例四百万余石,较之历代实为中制"②之说。当然也有例外,"或遇事变为减留、为借拨、为蠲免,虽无定则,而数则常盈焉"③。明代京杭大运河沿途有五大漕运转般仓——淮安仓、徐州仓、临清仓、德州仓、天津仓。淮安仓主要接纳江西、湖广、浙江等地的民运,有"仍令江西、湖广、浙江民运粮一百五十万石贮淮安仓"④之说可证。各中转仓有不同的功能,如"苏、松、宁国、池、庐州、安庆、广德民运粮二百七十四万石贮徐州仓,应天、镇江、常州、太平、淮安、扬州、凤阳及滁、和二州民运粮二百二十万贮临清仓"⑤,此事虽发生在明宣宗宣德四年(1429年),但实际上是明代漕运转输的常制。淮安仓除了负责接纳江西、湖广、浙江等地的漕粮

---

① 章潢:《图书编·漕运各仓总论》,《四库全书》第971册,上海古籍出版社1987年版,第673—674页。

② 杨宏、谢纯著,荀德麟、何振华点校:《漕运通志·漕数表》,方志出版社2006年版,第104页。

③ 杨宏、谢纯著,荀德麟、何振华点校:《漕运通志·漕数表》,方志出版社2006年版,第104页。

④ 杨宏、谢纯著,荀德麟、何振华点校:《漕运通志·漕例略》,方志出版社2006年版,第111页。

⑤ 杨宏、谢纯著,荀德麟、何振华点校:《漕运通志·漕例略》,方志出版社2006年版,第111页。

外,还担负着向临清仓转输江淮漕粮的责任。

淮安仓即常盈仓,始建于永乐十三年(1415 年),有"在清江浦河南岸,廒八十座,共八百间"①之说,又有陈瑄"作常盈仓四十区于淮上,及徐州、临清、通州皆置仓,便转输"②之说。"区"的初义指处所,"蔼还州,缮修廨署数百区,顷之咸毕"③,后来衍化为仓廒的代名词。常盈仓是一座转般仓即水次仓,所谓"水次"是指码头,"水次仓"是指设在码头的中转仓。

清代水次仓沿袭了明制。史称:"直省则有水次仓七:曰德州,曰临清,曰淮安,曰徐州,曰江宁,各一;惟凤阳设二。为给发运军月粮并驻防过往官兵粮饷之需。"④淮安仓的规模有多大,已不太清楚。如果以徐州仓、临清仓等为参照,保守计算,应在 200 万石到 300 万石之间。如淮安仓在接纳 150 万石粮食的同时,又出粮至临清仓。由于进和出均需要仓储,故淮安仓的仓储能力应超过 150 万石,应与徐州、临清、德州等仓的规模大体相当。

淮安是南粮北运的咽喉要地。史称:"运船之数,永乐至景泰,大小无定,为数至多。天顺以后,定船万一千七百七十,官军十二万人。"⑤江苏、安徽、浙江、江西、湖南、湖北等地的漕船北上必经淮安,同时须经盘验后才能过淮继续北上。此外,在支运、兑运、支兑相参等转输漕粮的过程中,或至淮安入仓,或自淮安出仓继续北运,这些都进一步强化了淮安在漕运中的地位。

入清以后,淮安的政治地位得到进一步的提升。史称:"清初,都运漕粮官吏,参酌明制。总理漕事者为漕运总督。分辖则有粮储道。监兑押运则有同知、通判。趱运则有沿河镇道将领等官。"⑥沿袭明制,清代漕运总督继续驻节淮安,并负责东南七省的漕运事务。期间,漕运成为国家大政以后,漕运总督自淮安调度漕粮北运等事务,行政权力延伸

---

① 杨宏、谢纯著,荀德麟、何振华点校:《漕运通志·漕仓表》,方志出版社 2006 年版,第 103 页。
② 张廷玉:《明史·陈瑄传》,中华书局 1974 年版,第 4208 页。
③ 李延寿:《南史·乐蔼传》,中华书局 1975 年版,第 1397—1398 页。
④ 赵尔巽:《清史稿·食货志二》,中华书局 1977 年版,第 3553 页。
⑤ 张廷玉:《明史·食货志三》,中华书局 1974 年版,第 1921 页。
⑥ 赵尔巽:《清史稿·食货志三》,中华书局 1977 年版,第 3576 页。

到运河沿线不同的政区。

综上所述,在江淮运河重点建设转般仓是由淮南路特定的地理位置和社会经济发展水平及特色经济等决定的,同时也是由漕路建设即降低中转成本,加强征榷淮盐及发展商贸等决定的。江淮运河贯穿于淮扬,东南六路的粮食等运往汴梁必经江淮运河,在这样的背景下,在江淮运河沿线重点建设转般仓是必然的选择。具体地讲,淮扬区域的转般仓建设,一是突出了粮仓所在城市的政治地位,进一步彰显了淮扬区域沿线运河城市的经济地位及战略地位。欧阳修记载道:"真为州,当东南之水会,故为江淮、两浙、荆湖发运使之治所。"① 真州升格为州级建制与漕运及转般仓建设有直接的关系。二是真州、扬州、楚州和泗州成为转般仓建设的重点区域,是因为四州转般仓负责转运江南东路、江南西路、淮南路、两浙路、荆湖北路、荆湖南路等六路征收的租籴和财赋等。三是漕运的过程又是商品流通的过程,采取载盐以归的政策后,转般仓在向周边地区辐射的过程中,促进了淮扬区域的社会经济发展。

在这一过程中,江淮运河沿岸的城市即建有转般仓的城市得到了优先发展的机会。与此同时,集中在江淮运河沿线的城市因占据商品流通上的优势,必然会出现经济繁荣的局面,其商品经济活跃的程度必然会超过那些与漕运关系不大的城市。可以说,伴随着经济重心向江淮及东南转移的进程,为江淮运河在漕运中扮演重要角色提供了依据,同时也为其沿线城市的崛起创造了必要的条件。

结　语

本章从古代不同交通形式即陆运、水陆联运和水运入手,用古人留下的具体数据说明最快捷的交通方式是水运。为了打破自然方面的限制,历朝历代均把开挖运河放在首要位置。本章重点论述转般仓(漕运

---

① 欧阳修:《真州东园记》,李逸安点校:《欧阳修全集》,中华书局 2001 年版,第 581 页。

中转仓)与漕运的关系。建立江淮中转仓的目的,是为了加强漕运。当时的政治中心建在北方,经济则依赖江淮及东南的关口,因此加强漕运尤其显得重要。可以说,这就是漕运以江淮为节点的重要原因。唐宋以后,淮扬建造了诸多转般仓,这些仓廪担负起了漕运中转的重任。

第四章　扬州盛衰及商贸

扬州有悠久的建城历史,是著名的江淮城市,与淮阴一道,扼守长江和淮河两头,两城有着大体相同的经济地理。可以说,共同的经济生活和文化将其连结在一起,在向周边辐射的过程中形成了特有的江淮文化圈,因共同的自然环境、共同的生产生活方式等,有了共同的方言,并以此为核心形成了江淮城市群。具体地讲,扬州在向周边辐射的过程中形成了江都、高邮、海陵(今泰州)、仪征等核心城市群,在长江向东推移的过程中又形成了海门、通州(今南通)等城市群。扬州兴盛有四个基本要素,一是春秋后期吴王夫差开邗沟,建立通江达海及北上经淮河流域进入黄河流域的大通道,确定了扬州在南北交通中的地位;二是入汉以后,吴王刘濞煮海为盐,建立了淮南、淮北盐场,奠定了扬州在商贸中的地位;三是扬州位于江淮之间,这一特殊的地理区位为其兴盛提供了必要的条件。如唐、宋以后,淮盐税收成为国家财政的重要来源,扬州通过集散淮盐取得了南北商贸中的优势;四是扬州是漕运节点上的重要城市,在国家需要漕运稳定政治、经济及社会秩序时,扬州势必成为重点经营的对象。

第一节　扬州建城与水上交通

扬州有着悠久的建城历史。《左传·哀公九年》云:"吴城邗,沟通江、淮。"鲁哀公九年(前486年),吴王夫差建造了扬州最早的城堡。邗城是吴国北上争霸的产物,是一座军事要塞,与政区建设及发展经济没有直接的联系。史念海先生分析邗城没能成为经济繁荣的商业城市时指出:"一个重要的原因乃是长江下游太湖周围农业还未能发展。那时这里地广人稀,火耕水耨,没有许多物资向外运输,也没有必要输入更多的物资,邗城虽处于交通枢纽,也难于形成为经济都会。"①其实,这一论述只说对了一半。春秋战国时期,诸侯关心的大事是争霸称雄,城市只担负抵御侵略、保卫国家的使命,建设重点与发展经济没有直接的关系。这样一来,邗城只能是吴国向外扩张的军事要塞,这一情况甚至到了楚怀王建广陵城时依旧如此。

周慎靓王二年(前319年),楚怀王建造广陵(今江苏扬州),有"城广陵"②之说。时至战国,经济繁荣和发达地区依旧集中在中原一带,江淮及江南依旧属于未开发地区。由于争霸称霸的焦点集中在中原,因此,交通建设主要环绕中原展开,在这样的条件下,邗城及广陵城并不是真正意义上的交通枢纽。不过,邗城地处江淮要冲,是中原联系江淮及江南的必由之路,伴随着江淮及江南经济开发,伴随着南北经济文化交流日益密切,邗城以及广陵城虽然没有立即成为繁华的都会,但它们却为后世的扬州走向繁荣并成为东南重镇奠定了必要的基础。进而言之,尽管邗城只是广陵即扬州的前世,但它却为扬州在后世的崛起铺平了道路。如邗沟开通后,改变了原有交通布局,特别是在江淮以及江南经济超越黄河流域的过程中,广陵的交通枢纽地位及商品流通开始获得了发展优势,因此,吴王夫差建造邗城是有特殊意义的。

广陵通江达海,有得天独厚的地理区位。追溯历史,其兴盛是在刘濞煮海为盐,以邗沟为交通线,联系长江、淮河和黄河流域的过程中实现的。如班固《汉书·枚乘传》描述扬州繁荣的景象时,引枚乘语记载道:"夫汉并二十四郡,十七诸侯,方输错出,运行数千里不绝于道,其珍怪不如东山之府。转粟西乡,陆行不绝,水行满河,不如海陵之仓。"③如

---

① 史念海:《唐代历史地理研究》,中国社会科学出版社1998年版,第237—238页。
② 司马迁:《史记·六国年表》,中华书局1982年版,第731页。
③ 班固:《汉书·枚乘传》,中华书局1962年版,第2363页。

淳注："东山,吴王之府藏也。"师古注："言汉此时有二十四郡,十七诸侯,方轨而输,杂出贡赋,入于天子,犹不如吴之富也。"在汉代盐铁官营以前,各诸侯国有自行铸钱和经营盐业的权力。由于经营铜、盐有巨大的经济收益,扬州迎来了历史上的第一个兴盛期。在这一过程中,刘濞刻意发展冶铜业和制盐业,使广陵成为汉王朝冶铜业和制盐业的中心。与此同时,邗沟的两头担起长江和淮河,在改变南北交通秩序的过程中,构成了以广陵为水陆交通枢纽的网络。在这样的条件下,广陵出现了"车挂轊,人驾肩,廛闬扑地,歌吹沸天,孳货盐田,铲利铜山,才力雄富,士马精研"①的繁华景象。可以说,凭借交通上的优势和丰富的产物资源,扬州迎来了经济繁荣。

进入三国鼎立时期,广陵作为江淮之间的重镇成为不同政治集团反复争夺的对象。当战火燃起的时候,地处江淮要冲的广陵自然不能幸免,乃至于其社会经济呈现出凋零破败的景象。史称:"南兖州镇广陵,汉故王国。有江都浦水,魏文帝伐吴出此,见江涛盛壮,叹云:'天所以限南北也。'晋元帝过江,建兴四年,扬声北讨,遣宣城公裒督徐、兖二州,镇广陵。其后或还江南,然立镇自此始也。时百姓遭难,流移此境,流民多庇大姓以为客。元帝太兴四年,诏以流民失籍,使条名上有司,为给客制度,而江北荒残,不可检实。明帝太宁三年,郗鉴为兖州,镇广陵,后还京口。是后兖州或治盱眙,或治山阳。桓玄以桓弘为青州,镇广陵。"②五凤二年(255年)七月,吴主孙亮"使卫尉冯朝城广陵,拜将军吴穰为广陵太守"③。因南北之争,给扬州带来了无尽的灾难。

在军事斗争成为政治斗争的外化形式时,广陵成为南北之争的主战场。顾祖禹综合前人的观点论述道:"东晋以广陵控接三齐……府根柢淮左,遮蔽金陵,自昔为东南都会。吴王濞称兵于此,汉室几为动摇。孙权不得广陵,虽数争淮南,而终以长江为限。东晋以后,皆建为重镇。"④因为战争的缘故,扬州的社会经济处于全面崩溃的状态,在一改

① 鲍照:《芜城赋》,萧统:《文选》,商务印书馆1936年版,第228页。
② 萧子显:《南齐书·州郡志上》,中华书局1972年版,第255页。
③ 陈寿:《三国志·吴书三》,中华书局1982年版,第1152页。
④ 顾祖禹著,贺次君、施和金点校:《读史方舆纪要·南直五》,中华书局2005年版,第1112—1113页。

"枙以漕渠,轴以昆冈。重江复关之陬,四会五达之庄"繁华风貌的过程中,出现了"泽葵依井,荒葛罥途。坛罗虺蜮,阶斗麏鼯。木魅山鬼,野鼠城狐。风嗥雨啸,昏见晨趋。饥鹰厉吻,寒鸱吓雏。伏虣藏虎,乳血餐肤。崩榛塞路,峥嵘古道。白杨早落,塞草前衰。棱棱霜气,蔌蔌风威。孤蓬自振,惊沙坐飞。灌莽杳而无际,丛薄纷其相依。通池既已夷,峻隅又已颓。直视千里外,唯见起黄埃"①的景象。三国及南北朝时期,破坏大于建设,广陵陷入火海之中,这一情况恰好可以从反面印证广陵在交通中的特殊地位,一旦进入和平期,以广陵为代表的淮扬区域势必会因交通区位上的优势再度兴盛。

在隋文帝建立大一统国家以前,广陵即扬州一方面因交通区位及盛产淮盐几经兴盛,另一方面又因战略位置特殊,成为不同政权重点争夺的区域。史称:"两淮疆域,际海控江,萦带淮泗,潴川鸿泽,流错其间,风气休显。涵伏既远,兼之天代道化隆洽,人文用熙,爰有垂鸿树骏,扬芬流辉,克自表现者,实多其人。"②兴盛与战火相互交替,在一定程度上揭开了扬州兴衰的历史。

隋王朝统一南北后,在重修运河的过程中扬州再度崛起,一度成为隋炀帝南下游览的胜地。如明代拟话本叙述隋炀帝"泛巨舟,自洛入河,自河达海入淮,至广陵"时描写道:"于大梁起首开掘,西自河阴,引孟津水入,东至淮阴,放孟津水出……则路达广陵。……时舳舻相继,连接千里,自大梁至淮口,联绵不绝。锦帆过处,香闻数里。"(冯梦龙《醒世恒言》卷二十四《隋炀帝逸游召谴》)另一篇拟话本也描述道:"那扬州隋时谓之江都,是江淮要冲,南北襟喉之地。往来樯橹如麻,岸上居民稠密。做买卖的,挨挤不开,真好个繁华去处。"(冯梦龙《醒世恒言》卷六《小水湾天狐诒书》)作为南北襟喉,再度崛起的扬州受到小说家的关注,乃至于拟话本《杜十娘怒沉百宝箱》(冯梦龙《警世通言》卷三十二)、《况太守断死孩儿》(冯梦龙《警世通言》卷三十五)等都把叙述或矛盾冲突放到与扬州相关的地点。

---

① 鲍照:《芜城赋》,萧统:《文选》,商务印书馆1936年版,第228—229页。
② 杨选等修,史起蛰等撰,荀德麟等点校整理:《嘉靖两淮盐法志·人物》,方志出版社2010年版,第290页。

邗沟建立了长江水系和淮河水系之间的联系,政治中心与经济中心彻底分离后,扬州除了在漕运中扮演重要的角色外,还担负着把江南货物运往北方,把北方货物运往江南的重任。以运河及长江为通道,扬州在拓展海外贸易中形成了巨大的市场。史称:"维扬右都,东南奥壤。包淮海之形胜,当吴越之要冲。"①又称:"淮海奥区,一方都会,兼水陆漕挽之利,有泽渔山伐之饶。"②扬州以港口为依托,以运河为商品输出和输入的大通道,在商品经济发展中占据了重要的席位。唐代小说《河东记》描述从浙东到扬州水上运输的景象时写道:"洞玄自浙东抵扬州,至廞亭埭,维舟于逆旅主人。于时舳舻万艘,隘于河次。堰开争路,上下众船,相轧者移时,舟人尽力挤之。"③浙东运河是江南运河的延伸,串联起明州、杭州等海外贸易港口,在这中间,扬州确立了在商品流通中的核心地位。

扬州位于邗沟即江淮运河的节点上,向南越过长江与江南河相连,向北越过淮河与通济渠即汴河相连。在历史的进程中,扬州的地理区位虽然不变,但因南北分治及经济中心逐步移往东南及江淮,故成为交通咽喉及重镇。顾祖禹指出:"府根柢淮左,遮蔽金陵,自昔为东南都会(贾谊曰:汉以江、淮为奉地,盖鱼盐谷帛多出东南,广陵又其都会也)。……东晋以后,皆建为重镇。梁末没于高齐,而烽火照于阙下。隋人命贺若弼镇广陵,陈祚不可复保也。李子通窃取江都,亦复南据京口,规有数郡。唐时淮南雄镇莫若扬州,及高骈拥节自雄,外成巢、温之毒,内酿毕、吕之祸。杨行密收其余烬,犹能并孙儒,却朱温,缮兵积粟,保固江、淮。沿及南唐,尚为强国。及周世宗克扬州,江南于是日蹙矣。宋室南迁,以扬州枕江臂淮,倚为襟要。赵范曰:扬州者,国之北门,一以统淮,一以蔽江,一以守运河,皆不可无备。王应麟曰:扬州俯江湄,瞰京口,南蹑巨海之浒,北压长淮之流,必扬州有备,而后淮东可守(西山真氏曰:维扬、合肥、两淮之根本。又鲁氏涣曰:淮东控扼有六,一曰海陵,二曰喻口,三曰盐城,四曰宝应,五曰清口,六曰盱眙,而皆以扬州

① 蒋伸:《授李珏扬州节度使制》,董诰:《全唐文》卷七八八,中华书局1983年版,第8243页。
② 陆贽:《杜亚淮南节度使制》,董诰:《全唐文》卷四六二,中华书局1983年版,第4720页。
③ 李昉:《太平广记·萧洞玄》,中华书局1961年版,第277页。

为根本）。及宋运已移,李庭芝竭蹶于此,强寇且畏其锋。明初既定金陵,即北收扬州,不特唇齿攸寄,亦即以包并淮南也。都燕之后,转输特重,扬州为之咽喉,故防维常切。'迩者北阙天崩,江沱偷息。……昔人尝言:维扬者,淮南之根本。'"①这一论述重点强调了扬州的战略地位及军事价值,如果再进一步考虑到安史之乱后唐王朝全面仰赖东南及江淮的经济形势,那么,扬州作为南北交通要道,则肩负着征榷淮盐保国用及保漕运的历史重任。

瓜洲的兴盛得力于南北漕运和商贸等。自唐以后,长江水文发生变化,瓜洲成为长江与运河的交汇河口,因其是江北运河通过长江连接江南运河的咽喉,特殊的交通区位为其走向繁盛提供了依据。检索史料,瓜洲最早的建城发生在明穆宗隆庆年间(1567—1572),该城南面临江,东、西、北三面城垣各长四里。建城后,至明神宗万历年间(1573—1620),瓜洲已出现"利丛而民伙,五方贾竖蚁聚其地"②的繁荣景象。如康熙年间(1662—1722),瓜洲依旧"商旅鳞集,城郭市廛不减"③。在以大运河为漕运和商路的年月,瓜洲一直保持着商品集散地的地位。这一繁荣景象一直维持到清王朝罢漕运之时。

凭借通江达海的能力,扬州除了可抵广东、福建、东南沿海、长江中上游地区外,还以便捷的水上交通,与长江流域、淮河流域和黄河流域保持广泛的经济联系和文化交流。如隋王朝建立以洛阳为中心的交通运输体系后,在经济中心不断向东南推移的过程中,扬州以通济渠即汴河为漕运及商贸往来的大通道,担负起联系江淮和北方的重任。在这中间,行走在江南河上的杭州、湖州、苏州、常州、镇江等地的漕船或商船在北上的过程中,需要以扬州为中继地或集散地。与此同时,沿通济渠南下进入长江流域,需要以扬州为中继地或集散地。

唐代陈鸿记庐州(治今安徽合肥)的交通形势时写道:"东南自会稽、朱方、宣城、扬州,西达蔡汝,陆行抵京师。江淮牧守,三台郎吏,出入多游郡道。……开元中,江淮间人走崤函,合肥寿春为中路。大历

---

① 顾祖禹著,贺次君、施和金点校:《读史方舆纪要·南直五》,中华书局 2005 年版,第 1113—1114 页。
② 金镇等纂修:《康熙扬州府志》卷六,康熙十四年刻本。
③ 金镇等纂修:《康熙扬州府志》卷六,康熙十四年刻本。

末,蔡人为贼,是道中废。元和中,蔡州平,二京路复出于庐,西江自白沙、瓜步,至于大梁,斗门堰埭,盐铁税缗,诸侯榷利,骈指于河,故衣冠商旅,率皆直蔡会洛。"①庐州是淮南重镇,与扬州有陆路相连。庐州的属县寿春(今安徽寿县)濒临淮河,通过淮河可进入通济渠,沿通济渠北上可进入黄河。沿邗沟南下可抵扬州等地,通过白沙、瓜步可进入长江。王应麟引唐代杜佑语云:"蜀汉之粟,可方舟而下,由白沙趣东关,历颍、蔡,涉汴河抵东都。"②这里所说的白沙、瓜步在什么地方? 与扬州有什么样的关系?

白沙是"白沙洲"的省称。顾祖禹云:"白沙镇,在县城南,滨江。即白沙洲也,旧为戍守要地。齐建武初,魏人入寇,诏于白沙分置一军,长芦分置三军。唐至德二载,永王璘作乱,军丹阳,其将冯季康奔白沙,降于淮南采访使李成式。上元元年,刘展据广陵,军于白沙,济江袭下蜀,遂取润州。后唐同光二年,杨溥如白沙,观楼船,徐温自金陵来朝,因号白沙为迎銮镇。"③白沙镇在仪真(今江苏仪征)南面,仪真是扬州属县,可知从长江进入扬州运河必经白沙。

瓜步是"瓜洲步""瓜步山""瓜埠洲"的省称,是自扬州渡江至润州(今江苏镇江)入江南河的重要渡口,史有"润州北界隔吴江,至瓜步沙尾,纤汇六十里,船绕瓜步"④之说。瓜步究竟在什么地方? 前人提出了不同的说法,一说指扬州南面长江中的瓜洲;一说指六合(今属江苏南京)境内长江中的瓜步山。

唐代的六合是扬州的属县。史称:"瓜洲城,府南四十里江滨。昔为瓜洲村,扬子江之沙碛也。沙渐长,状如瓜字,接连扬子江口,民居其上。自唐开元以后,渐为南北襟喉之处。上元初,刘展据广陵,设疑兵于瓜洲若趣北固者,潜自上流济袭取润州。明年,平卢将田神功等讨展,军于瓜洲,济江击展败之。或谓之瓜埠洲,亦曰瓜洲步。《新唐书》:

① 陈鸿:《庐州同食馆记》,董诰:《全唐文》卷六一二,中华书局 1983 年版,第 6181 页。
② 王应麟:《玉海·食货·漕运》,广陵书社 2007 年版,第 3384 页。
③ 顾祖禹著,贺次君、施和金点校:《读史方舆纪要·南直五》,中华书局 2005 年版,第 1130 页。
④ 刘昫:《旧唐书·齐浣传》,中华书局 1975 年版,第 5038 页。

'开元十二年润州大风,自东北海涛没瓜步',即此。"①因瓜洲是横渡长江时的必经之地,因此成为"南北襟喉之处"即战略要地。

《新唐书·五行志三》又有"润州大风自东北,海涛没瓜步"②等语,"海涛没瓜步"一事发生在唐玄宗开元十四年(726年)。王安石《入瓜步望扬州》亦有"落日平林一水边,芜城掩映只苍然"③语,明确地说明瓜步是长江中的沙洲,位于长江入扬州运河的河口。

鲍照《瓜步山楬文》一文中明确地记载道:"鲍子辞吴客楚,指究归扬,道出关津,升高问途。……古人有数寸之籥,持千钧之关,非有其才施,处势要也。瓜步山者,亦江中眇小山也,徒以因迥为高,据绝作雄,而凌清瞰远,擅奇含秀,是亦居势使之然也。"④钱仲联注:"宋之南兖州,治广陵;宋之扬州,治建业。"⑤从吴地出发,鲍照在船上看到了长江中的瓜步山。顾祖禹论述道:"瓜步山,县西四十七里,与六合县接界处也。又有小帆山,在瓜步东,矗起大江中。一名石帆山。《志》云:蜀冈上自六合县来,至小帆山入境,绵亘数十里,达于江都云。"⑥按照这一说法,瓜步指瓜步山。

然而,不管"瓜步"是指瓜步洲还是指瓜步山,都可以看到扬州在水陆交通中的重要地位。顾祖禹在叙述扬州的地理交通形势时指出:"东至海三百六十里,南渡江至镇江府五十里,西至滁州二百六十里,西北至凤阳府泗州二百十里,北至淮安府三百二十里,自府治至应天府二百二十里,至京师二千三百二十里。"⑦在政治中心与经济中心分离的过程中,扬州在漕运及商贸中担负着重要的使命。

---

① 顾祖禹著,贺次君、施和金点校:《读史方舆纪要·南直五》,中华书局2005年版,第1116页。
② 欧阳修:《新唐书·五行志三》,中华书局1975年版,第931页。
③ 王安石:《入瓜步望扬州》,李璧笺注:《王荆文公诗笺注》,中华书局1958年版,第583页。
④ 鲍照:《瓜步山楬文》,钱仲联增补集说校:《鲍参军集注》,上海古籍出版社1980年版,第131页。
⑤ 钱仲联增补集说校:《鲍参军集注》,上海古籍出版社1980年版,第134页。
⑥ 顾祖禹著,贺次君、施和金点校:《读史方舆纪要·南直五》,中华书局2005年版,第1128页。
⑦ 顾祖禹著,贺次君、施和金点校:《读史方舆纪要·南直五》,中华书局2005年版,第1112页。

第二节 唐代商贸与海外贸易

从汉代起,扬州已是著名的制盐和冶铁中心,盐铁除了供给本地外还运销大江南北。时至隋代,扬州已成为全国首屈一指的大都市。许浑在《送沈卓少府任江都》中吟唱道:"炀帝都城春水边,笙歌夜上木兰船。三千宫女自涂地,十万人家如洞天。艳艳花枝官舍晚,重重云影寺墙连。"[①]诗以送别为兴寄情思的宣泄口,在吊古伤今中将隋唐事迹交织在一起,以"笙歌夜上""三千宫女""十万人家""艳艳花枝"等意象,生动地描绘了当时扬州追求奢华的世风。罗隐在《江都》中吟唱道:"九里楼台牵翡翠,两行鸳鹭踏真珠。歌听丽句秦云咽,诗转新题蜀锦铺。"[②]诗以绮丽的文辞,紧扣"翡翠""真珠""秦云""蜀锦"等物象,暗示了扬州繁盛与南北商贸及海外贸易间的关系。

扬州成为漕运中转及商货流转中心后,出现了舟樯栉比、车毂鳞集、万艘漕船及商船汇集的盛况。"舟航所聚,旁通巴、汉,前指闽、越,七泽十薮,三江五湖,控引河洛,兼包淮海。弘舸巨舰,千轴万艘,交贸往还,昧旦永日"[③],从扬州出发,船只沿江可上溯到巴蜀,与此同时,岭南商船可到扬州中转,或以扬州为商品集散地,这些都提升了扬州水上交通的枢纽地位。唐代诗人沿水路南下或北上,途经扬州或驻足扬州,往往会发出深长的喟叹。李益诗云:"青枫江畔白苹洲,楚客伤离不待秋。君见隋朝更何事,柳杨南渡水悠悠。"[④]这里撇开乡愁不论,"楚客"是以长江为航线经扬州北上的。卢仝亦写道:"不忍六尺躯,遂作东南行。"[⑤]所说的"东南行",是指诗人自黄河流域沿汴河航线至扬州。李白写道:"借问剡中道,东南指越乡。舟从广陵去,水入会稽长。"[⑥]自扬州渡江,可入江南河,抵润州、常州、苏州、杭州等地,循浙东运河可抵越州

---

① 许浑:《送沈卓少府任江都》,《全唐诗》第 16 册,中华书局 1960 年版,第 6109 页。

② 罗隐:《江都》,《全唐诗》第 19 册,中华书局 1960 年版,第 7599—7600 页。

③ 刘昫:《旧唐书·崔融传》,中华书局 1975 年版,第 2998 页。

④ 李益:《柳杨送客》,《全唐诗》第 9 册,中华书局 1960 年版,第 3226 页。

⑤ 卢仝:《扬州送伯龄过江》,《全唐诗》第 12 册,中华书局 1960 年版,第 4381 页。

⑥ 李白:《别储邕之剡中》,《全唐诗》第 5 册,中华书局 1960 年版,第 1783 页。

等地。与此同时,自扬州经瓜洲渡口溯江而上,可深入潇湘即湖南的腹地。如有"晏于扬子置十场造船,每艘给钱千缗"①之说,又有刘晏"乃置十场于扬子县,专知官十人,竞自营办"②之说,苏轼亦有"刘晏为江淮转运使,始于扬州造转运船,每船载一千石"③之说。扬州有造船的传统,刘晏在扬州设立官营造船机构后,提升了扬州造船的水平。此时,扬州不但能制造供内河行驶的小型漕船,而且还能建造到海上行驶的大船,如日本人真人元开说"与扬州仓曹李凑,令造大船"④。因其造船业发达,工艺精良,故出现了洛阳到扬州采购竞渡船的情况,史有"请差使于扬州修造"⑤之说。

唐代扬州除了有领先于全国的冶铁、制盐业之外,又有造船、制糖、制茶等在全国独树一帜的产业。当造船业成为扬州富有制造能力的产业后,扬州的制糖业、制茶业等也走到了全国的前列。史称:"摩揭它,一曰摩伽陀,本中天竺属国。……贞观二十一年,始遣使者自通于天子,献波罗树,树类白杨。太宗遣使取熬糖法,即诏扬州上诸蔗,拃沈如其剂,色味愈西域远甚。"⑥又称:"西蕃胡国出石蜜,中国贵之。太宗遣使至摩伽佗国取其法,令扬州煎蔗之汁,于中厨自造焉,色味逾于西域所出者。"⑦贞观二十一年(647年),唐太宗派遣使者到中天竺(印度)属国摩伽陀学习用甘蔗制糖的方法,扬州率先掌握制糖技术,制糖业得到了迅速的发展,并且成为唐王朝蔗糖的生产基地。茶叶是唐代的重要饮品,在追逐利润的过程中,以扬州为代表的江淮地区成为茶叶重要的生产区域。"自江淮茗橘珍甘,常与本道分贡"⑧,扬州茶叶是唐王朝的重要贡品,以至于唐文宗大和年间(827—835),出现了"江淮人什二三

---

① 司马光著,邬国义校点:《资治通鉴·唐纪四十二》,上海古籍出版社1997年版,第2102页。

② 王谠:《唐语林·政事上》,周勋初校证:《唐语林校证》,中华书局1987年版,第60—61页。

③ 苏轼:《论纲梢欠折利害状》,曾枣庄、舒大刚主编:《三苏全书·苏轼文集》第12册,语文出版社2001年版,第162页。

④ [日]真人元开著,汪向荣校注:《唐大和上东征传》,中华书局1979年版,第39页。

⑤ 张鷟:《五月五日洛水竞渡船十只,请差使于扬州修造,须钱五千贯请速分付》,董诰:《全唐文》卷一七三,中华书局1983年版,第1761页。

⑥ 欧阳修:《新唐书·西域传上》,中华书局1975年版,第6239页。

⑦ 王溥:《唐会要·杂录》,中华书局1955年版,第1796页。

⑧ 欧阳修:《新唐书·刘晏传》,中华书局1975年版,第4796页。

以茶为业"①的局面。江淮即淮扬区域大面积种植经济作物茶叶,带动了扬州制茶业的发展。

在造船、制糖、制茶等产业的带动下,扬州手工业得到了迅速发展,其中,以锦为代表的丝织业,以铜镜、铜器为代表的手工制品等名扬海内外。天宝三年(744 年),韦坚在长安广运潭展示各州郡的贡品时,扬州广陵郡的贡品有锦、镜、铜器等,史有"若广陵郡船,即于枙背上堆积广陵所出锦、镜、铜器、海味"②之说,又有"今江淮已南,铜器成肆"③之说。此外,扬州的珠宝业、漆器业、雕刻业等都有不同程度的发展,"扬州地当冲要,多富商大贾,珠翠珍怪之产"④。传统手工业和新兴产业连结在一起,增强了扬州商品输出的能力,确立了扬州在商品流通中的地位。

自黄河流域至东南必经扬州,反过来说,自长江两岸或吴越北上也必走扬州。郑谷在诗中写道:"扬子江头杨柳春,杨花愁杀渡江人。数声风笛离亭晚,君向潇湘我向秦。"⑤诗从渡口送别入手,倾诉了与友人依依不舍的情感。联系诗题"淮上"和诗中所说的"杨花愁杀渡江人",当知诗人与友人是在扬州瓜洲渡告别的。友人南下潇湘,诗人北上入秦,从此天各一方,所以诗人以"数声风笛离亭晚"传达难舍难分的愁绪。蒋伸叙述扬州在南北交通的地位时指出:"维扬右都,东南奥壤。包淮海之形胜,当吴越之要冲,阛阓星繁,舟车露委。"⑥扬州是南下北上的必经之地,这一独特的交通地理位置,为扬州率先发展成为繁华的商业都市奠定了坚实的基础。

早在唐高宗一朝,唐王朝已在江淮即淮扬一带建立关卡,收取商旅等税。杜佑记载道:"上元中,敕江淮堰塘商旅牵船过处,准斛纳钱,谓之埭程。"⑦这里所说的"上元中",是指上元二年(675 年)。此后,为增

---

① 王钦若:《册府元龟·邦计部·重敛》,中华书局 1960 年版,第 6115 页。

② 刘昫:《旧唐书·韦坚传》,中华书局 1975 年版,第 3222—3223 页。

③ 刘昫:《旧唐书·杨嗣复传》,中华书局 1975 年版,第 4557 页。

④ 刘昫:《旧唐书·苏瓌传》,中华书局 1975 年版,第 2878 页。

⑤ 郑谷:《淮上与友人别》,《全唐诗》第 20 册,中华书局 1960 年版,第 7731 页。

⑥ 蒋伸:《授李珏扬州节度使制》,董诰:《全唐文》卷七八八,中华书局 1983 年版,第 8243 页。

⑦ 杜佑:《通典·食货十一·杂税》,浙江古籍出版社 1988 年版,第 63 页。

加税收,又采取了新的统一量化措施。唐德宗建中三年(782年)九月,户部侍郎赵赞提出在诸道要津都会设关收税的方案,"赞于是条奏诸道津要都会之所,皆置吏,阅商人财货。计钱每贯税二十,天下所出竹、木、茶、漆,皆十一税之,以充常平本。"①这是后话,从中亦可见为增加中央财政,唐王朝采取了多种做法。不过,最重要的做法还是刘晏以盐铁特别是淮盐带动盐政的改革。

安史之乱平息后,唐王朝虽然获得了喘息的机会,但危机并没有解除,特别是吐蕃、突厥等不断入侵,占据黄河中下游地区的藩镇自行征收赋税等,都加剧了唐王朝的危机,为此,唐王朝不得不转而依靠江淮及江南。由此刘晏拉开了改革盐铁制度的序幕,并试图在重点征收淮盐税收的基础上来增加国家的财政收入。史称:"盐铁兼漕运,自晏始也。二年,拜吏部尚书、同平章事,依前充使。晏始以盐利为漕佣,自江淮至渭桥,率十万斛佣七千缗,补纲吏督之。不发丁男,不劳郡县,盖自古未之有也。自此岁运米数千万石,自淮北列置巡院,搜择能吏以主之,广牢盆以来商贾。凡所制置,皆自晏始。"②"二年",指唐代宗宝应二年(763年)。凭借着漕运及商品流通中的优势,扬州获得了社会经济快速发展的机遇。

刘晏认为,如果采取官收、官运、官销的方式经营盐业,将会极大地增加销售成本。为了提高效率、增加中央的财政收入,刘晏主张将盐业制度改革为民产、官收、商运、商销四个环节,重点针对淮盐。史家描述道:"盐铁使刘晏以为因民所急而税之,则国足用。于是上盐法轻重之宜,以盐吏多则州县扰,出盐乡因旧监置吏,亭户粜商人,纵其所之。江、岭去盐远者,有常平盐,每商人不至,则减价以粜民,官收厚利而人不知贵。晏又以盐生霖潦则卤薄,暵旱则土溜坟,乃随时为令,遣吏晓导,倍于劝农。吴、越、扬、楚盐廪至数千,积盐两万余石。有涟水、湖州、越州、杭州四场,嘉兴、海陵、盐城、新亭、临平、兰亭、永嘉、大昌、候官、富都十监,岁得钱百余万缗,以当百余州之赋。自淮北置巡院十三,

① 刘昫:《旧唐书·食货志下》,中华书局1975年版,第2125页。
② 刘昫:《旧唐书·食货志下》,中华书局1975年版,第2117页。

曰扬州、陈许、汴州、庐寿、白沙、淮西、甬桥、浙西、宋州、泗州、岭南、兖郓、郑滑，捕私盐者，奸盗为之衰息。然诸道加榷盐钱，商人舟所过有税。晏奏罢州县率税，禁堰埭邀以利者。晏之始至也，盐利岁才四十万缗，至大历末，六百余万缗。天下之赋，盐利居半，宫闱服御、军饷、百官禄俸皆仰给焉。"[1]仔细阅读这段文字当知，这里涉及的重点是淮盐及与淮盐销售相关的事项。通过调动商人在流通中的作用，采取裁减盐官、节约开支等措施，在让利于民的过程中增加了中央的财政收入。最重要的是，达到了以盐政养财政的目标。或者说，刘晏改革财政和漕政，实行以盐税补漕运费用、盐铁与漕运合一的转输体制等，为唐王朝续上了救生丸。与此同时，因扬州是淮盐的重要产区和输出地，则为其地的社会经济发展注入了活力。

中唐以后，黄河流域或饱尝战火，或部分区域为藩镇所控制，因此，江淮即淮扬成为唐王朝延续的生命线，如时有"赋取所资，漕挽所出，军国大计，仰于江淮"[2]之说，又有"国家岁漕关东之粟帛，以实京师，亦重事也"[3]之说。为保国用，刘晏建立了一套适合新形势需要的转输系统，有力地维护了扬州的政治和经济地位。如刘晏根据商货流通的特点，以扬州为集散地，采取以货易货的方法，极大地增加了财政收入。史称："至湖峤荒险处，所出货皆贱弱，不偿所转，晏悉储淮、楚间，贸铜易薪，岁铸缗钱十余万。"[4]所谓"晏悉储淮、楚间，贸铜易薪"，是指刘晏将边远之地的物资以低廉的价格买入，将其储存到江淮即淮扬及楚地之间，用它们来换铜换柴。可以说，此举提升了扬州在商货流转中的地位。

在商品流通及社会经济发展的带动下，扬州人口呈现出快速增长的势头。隋代，江都郡行政区划跨越长江两岸，甚至北抵淮河边，下辖江阳（治今江苏扬州邗江）、江都（治今江苏扬州）、海陵（治今江苏泰

① 欧阳修：《新唐书·食货志四》，中华书局 1975 年版，第 1378 页。
② 权德舆：《论江淮水灾上疏》，董诰：《全唐文》卷四八六，中华书局 1983 年影印，第 4962 页。
③ 元稹：《授王播刑部尚书诸道盐铁转运等使制》，董诰：《全唐文》卷六四八，中华书局 1983 年影印，第 6572 页。
④ 欧阳修：《新唐书·刘晏传》，中华书局 1975 年版，第 4796 页。

州)、宁海(治今江苏如皋)、高邮(治今江苏高邮)、安宜(治今江苏宝应)、山阳(治今江苏淮安淮安区)、盱眙(治今江苏盱眙)、盐城(治今江苏盐城)、清流(治今安徽滁县)、全椒(治今安徽全椒)、六合(治今江苏南京六合)、永福(治今安徽天长)、句容(治今江苏句容)、延陵(治今江苏镇江)、曲阿(治今江苏丹阳)等16个县,史称:"江都郡统县十六,户十一万五千五百二十四。"①如果按照每户5口计算,江都郡的户籍人口不到58万人。唐代,调整了行政区,调整后的江都郡版图虽然大大地缩小了,但户籍人口却明显地增长了。如唐玄宗天宝(742—756)年间,行政区划调整后的江都郡下辖7县,但有"户七万七千一百五,口四十六万七千八百五十七"②。此时,江都郡虽然划走了9个县,但户籍人口只比隋代少11万人。

更重要的是,除了有固定的户籍人口外,扬州还有大量的暂住人口。具体地讲,海内外的商人云集扬州,改变了其人口构成。如扬州是区域政治中心,先后设有扬州大都督府、淮南节度使、淮南采访使、江淮盐铁转运使等管理机构。大量的政府机构设在扬州,形成了特殊的消费群体。除此之外,每年的二月,江南漕船云集扬州,船民停留期间,需要扬州为他们提供日常生活必需品;从事盐铁活动及其他商业活动的人员暂住扬州,也需要扬州为他们提供生活必需品。

因蕴藏着巨大的商机,扬州成为唐王朝重要的商贸交易中心。李昉引《妖乱志》云:"时四方无事,广陵为歌钟之地,富商大贾,动愈百数。"③行商(从事长途贩运的商人,主要从事批发)、坐商(租房开店的商人,主要从事零售)和胡商(以波斯人、阿拉伯人为主的西域商人)汇集扬州,或从扬州出发,货物流通天下,从而促进了不同区域之间的商贸往来,故有"江淮之间,广陵大镇,富甲天下"④之说,又有"扬州富庶常甲天下,自唐及五季称为'扬一益二'。今鱼盐谷粟布帛丝絮之饶,商贾百

① 魏徵:《隋书·地理志下》,中华书局1973年版,第873页。

② 欧阳修:《新唐书·地理志五》,中华书局1975年版,第1051页。

③ 李昉:《太平广记·妖妄三》,中华书局1961年版,第2304页。

④ 刘昫:《旧唐书·高骈传附秦彦传》,中华书局1975年版,第4716页。

工技艺之众,及陂塘堤堰耕屯种植之宜,于古未有改也"①之说。在集散海内外商品的过程中,扬州成为全国最大的商贸中心,进而成为商贾争相前往的地方。

商业繁荣和手工业发展提高了扬州的经济地位,并引起了诸多变化。具体地讲,这一变化主要集中在四个方面。

其一,工商业发展带动了扬州的城市建设。唐代扬州城由子城、罗城构成,可以从杜牧《扬州》"街垂千步柳,霞映两重城"②诗句中得到证明。"两重城"指扬州城由牙城(小城)和罗城(大城)构成,牙城为大都督府以下官衙所在地,故又称"衙城"。牙城历史悠久,是在蜀岗古城的基础上修筑的。罗城是自然形成的市民居住区和工商区,在兴筑的过程中,采取了因街区修城的方案,考虑了开展商贸活动的经济因素③。近人根据考古发现,得出了罗城是典型的商业消费型城市的结论④。李昉引《唐阙史》记载道:"扬州胜地也。每重城向夕,倡楼之上,常有绛纱灯万数,辉罗耀列空中,九里三十步街中,珠翠填咽,邈若仙境。"⑤因商贸街区而规划城市建设,扬州突破了旧有的市政建设原则。通过建设罗城,扬州的居住区和市场交易区出现了不再分离的情况,这样一来,极大地方便了商贸活动。如王建在《夜看扬州市》中写道:"夜市千灯照碧云,高楼红袖客纷纷。如今不似时平日,犹自笙歌彻晓闻。"⑥扬州因商贸活动成为不夜城以后,不但突破了原有的宵禁制度,而且具有了近代商业城市的气息。

其二,扬州是因水而兴的城市,桥梁建设是不可或缺的方面。具体地讲,一是桥梁是扬州一道亮丽的风景线。如杜牧吟唱道:"青山隐隐水迢迢,秋尽江南草未凋。二十四桥明月夜,玉人何处教吹箫。"⑦韦庄

① 顾祖禹著,贺次君、施和金点校:《读史方舆纪要·南直方舆纪要序》,中华书局 2005 年版,第870 页。
② 杜牧:《扬州》,《全唐诗》第 16 册,中华书局 1960 年版,第 5963 页。
③ 蒋忠义:《近年扬州城址的考古收获与研究》,《东南文化》1992 年第 2 期。
④ 李裕群:《隋唐时代的扬州城》,《考古》2003 年第 3 期。
⑤ 李昉:《太平广记·妇人四》,中华书局 1961 年版,第 2151 页。
⑥ 王建:《夜看扬州市》,《全唐诗》第 9 册,中华书局 1960 年版,第 3430 页。
⑦ 杜牧:《寄扬州韩绰判官》,《全唐诗》第 16 册,中华书局 1960 年版,第 5982 页。

吟唱道:"二十四桥空寂寂,绿杨摧折旧官河。"①张乔亦吟唱道:"月明记得相寻处,城锁东风十五桥。"②二是桥梁与官河(官府在城内开挖的有运输功能的河道)相互作用,构建了扬州城内外的交通运输体系。沈括《梦溪笔谈·补笔谈》论述道:"扬州在唐时最为富盛,旧城南北十五里一百一十步,东西七里十三步,可纪者有二十四桥。最西浊河茶园桥,次东大明桥,入西水门有九曲桥,次东正当帅牙南门,有下马桥,又东作坊桥,桥东河转向南,有洗马桥,次南桥,又南阿师桥、周家桥、小市桥、广济桥、新桥、开明桥、顾家桥、通泗桥、太平桥、利园桥,出南水门有万岁桥、青园桥,自驿桥北河流东出,有参佐桥,次东水门,东出有山光桥。又自衙门下马桥直南有北三桥、中三桥、南三桥,号'九桥',不通船,不在二十四桥之数。"③二十四桥和十五桥虽然不是确数,但这些桥梁改善了扬州城内的交通条件,进而展示了扬州的水城风貌。

其三,浓郁的商业氛围,在一定程度上改变了世风,如前人有"江都俗好商贾,不事农桑"④之说。扬州盛行经商之风虽说有不同的因素,但与官府谋取商业利益有着割不断的联系。史称:"自天宝末年,盗贼奔突,克复之后,府库一空。又所在屯师,用度不足,于是遣御史康云间出江淮,陶锐往蜀汉,豪商富户,皆籍其家资,所有财货畜产,或五分纳一,谓之'率贷',所收巨万计。"⑤唐王朝从江淮(主要是扬州)、蜀汉(主要是成都)征收"巨万计"的财富来弥补国用亏缺,从一个侧面反映了扬州和成都商贸发达、富甲天下的情况。在这中间,更多的人到扬州从事商贸活动,在形成"侨寄衣冠及工商等多侵衢造宅,行旅拥弊"⑥的过程中,也最大限度地破坏了扬州已有的农业经济秩序。与此同时,王公官绅甚至是藩镇以各种各样的名目到扬州经商,把扬州视为谋取利益的场所,则在上行下效的过程中带动了扬州士民经商风气的形成。史称:"十四

---

① 韦庄:《过扬州》,《全唐诗》第 20 册,中华书局 1960 年版,第 8021 页。
② 张乔:《寄维扬故人》,《全唐诗》第 19 册,中华书局 1960 年版,第 7329 页。
③ 沈括:《梦溪笔谈·补笔谈》,胡道静校证:《梦溪笔谈校证》,上海古籍出版社 1987 年版,第 1019—1020 页。
④ 刘昫:《旧唐书·李袭誉传》,中华书局 1975 年版,第 2332 页。
⑤ 杜佑:《通典·食货十一》,浙江古籍出版社 1988 年版,第 63 页。
⑥ 刘昫:《旧唐书·杜亚传》,中华书局 1975 年版,第 3963 页。

年七月,令王公百官及天下长吏,无得与人争利,先于扬州置邸肆贸易者,罢之。先是,诸道节度观察使,以广陵当南北大冲,百货所集,多以军储货贩,列置邸肆,名托军用,实私其利息,至是乃绝。"①大历十四年(779 年),唐代宗之所以下达"王公卿士不得与民争利,诸节度观察使于扬州置回易邸,并罢之"②的诏令,是因为扬州已成为王公百官及藩镇的重要经商场所。史称:"辨天下之四人,使各专其业。凡习学文武者为士,肆力耕桑者为农,巧作器用者为工,屠沽兴贩者为商。工商之家,不得预于士。食禄之人,不得夺下人之利。"③唐代将社会群体分为四个阶层,四类人各守其业,成为维护社会稳定的基本要素。然而,王公百官及藩镇纷纷到扬州从事商业活动,对改变扬州世风形成了催化作用。进而言之,世风的改变固然与扬州蕴藏着大量的商机相关,同时也与政风变化有着密切的联系,可以说,在利益的诱惑下,世风日下即不再以农为本已是历史的必然趋势。

其四,扬州成为富甲天下的城市后,为扬州成为最有文化气息的城市创造了条件。张祜在《纵游淮南》中写道:"十里长街市井连,月明桥上看神仙。人生只合扬州死,禅智山光好墓田。"④在诗人的描绘下,扬州已成为人间的天堂。在寄托情思的过程中,诗人从不同的层面展示了扬州的繁华景象。韦应物在《广陵遇孟九云卿》中吟唱道:"雄藩本帝都,游士多俊贤。夹河树郁郁,华馆千里连。"⑤诗以"遇"抒发情感,强调了"游士""俊贤"与扬州的关系。又如权德舆在《广陵诗》中充满了激情写道:"广陵实佳丽,隋季此为京。八方称辐辏,五达如砥平。大旆映空色,笳箫发连营。层台出重霄,金碧摩颢清。交驰流水毂,回接浮云霓。青楼旭日映,绿野春风晴。"⑥诗人精心雕刻了扬州独特的商业繁荣的历史风貌。又如徐凝在《忆扬州》中吟唱道:"天下三分明月夜,二分无赖

① 王溥:《唐会要·市》,中华书局 1955 年版,第 1582 页。
② 刘昫:《旧唐书·德宗纪上》,中华书局 1975 年版,第 322 页。
③ 刘昫:《旧唐书·职官志二》,中华书局 1975 年版,第 1825 页。
④ 张祜:《纵游淮南》,《全唐诗》第 15 册,中华书局 1960 年版,第 5846 页。
⑤ 韦应物:《广陵遇孟九云卿》,《全唐诗》第 6 册,中华书局 1960 年版,第 1955 页。
⑥ 权德舆:《广陵诗》,《全唐诗》第 10 册,中华书局 1960 年版,第 3670 页。

是扬州。"①从表面上看,这首诗只关心空中的明月,但实际上表达了对扬州盛景的依恋之情。杜牧在《赠别》中写道:"春风十里扬州郭,卷上珠帘总不如。"②在诗人的笔下,扬州自然之美远胜过铅华之美的珠帘。可以说,这些诗歌从不同的侧面描绘了扬州街市相连、灯火辉煌和喧闹一时的盛况,为后人认识唐代扬州提供了生动的资料。

唐代海外贸易主要有东北亚、东南亚等航线,东北亚航线联系朝鲜半岛、日本等。东南亚航线联系中亚、西亚、南亚、东南亚等地,如过马六甲海峡可抵天竺(印度)、师子(斯里兰卡)、波斯(伊朗)、大食(阿拉伯)等国,最远处可抵达非洲,通商港口主要有交州、广州、明州、扬州等。

扬州主要与日本、新罗(韩国)、占婆(越南)、师子、天竺、波斯、大食等进行贸易。"天宝十载,广陵郡大风架海潮,沦江口大小船数千艘。"③扬州港能停泊多少船只,无法说清楚,但结合"舟航所聚,旁通巴、汉,前指闽、越,七泽十数,三江五湖,控引河洛,兼包淮海。弘舸巨舰,千轴万艘,交贸往还,昧旦永日"④等记载看,停泊上万艘当不成问题。天宝十年(751年)发生海潮时,数千艘船只沉没只是停靠扬州江口的一部分。

从扬州到日本共有四条航线,第一条航线是从扬州出发,出江沿海岸线北上,经胶东半岛的登州(今山东蓬莱)渡渤海,沿辽东半岛经朝鲜半岛西海岸到日本。反过来,自登州沿海岸线南下入淮河,随后经楚州淮阴郡沿邗沟抵扬州。此外,从日本等地至登州靠岸,可从陆路中经青州(今山东青州)、齐州(今山东济南)等地至汴州(今河南开封),随后沿通济渠即汴河经黄河西行可达洛阳、长安等地。

第二条航线是从扬州出发,经长江口渡东海,经朝鲜半岛至日本。反过来,可从日本西渡东海入长江口,可直达扬州,沿邗沟北上抵楚州淮阴郡,至徐城汴口入通汴渠,随后入黄河。

第三条航线是从明州(今浙江宁波)登陆,经浙东运河过越州(今浙江绍兴)抵杭州,随后沿江南河经湖州、苏州、常州、镇江等渡江北上抵

① 徐凝:《忆扬州》,《全唐诗》第9册,中华书局1960年版,第5377页。

② 杜牧:《赠别》,《全唐诗》第16册,中华书局1960年版,第5988页。

③ 刘昫:《旧唐书·五行志》,中华书局1975年版,第1358页。

④ 刘昫:《旧唐书·崔融传》,中华书局1975年版,第2998页。

扬州。从扬州靠岸后,沿邗沟北上,经楚州淮阴郡过淮河,进入通济渠后可入黄河,抵汴州、洛阳、长安等地。

第四条航线是从楚州淮阴郡沿淮河入黄海北上,经胶东半岛渡渤海,再经朝鲜半岛沿岸可抵日本。反过来,从日本到胶东半岛后,经黄海沿岸可进入淮河,经淮河向西可进入楚州淮阴郡,随后或北上入通济渠即汴河进入黄河流域,或沿邗沟南下至扬州。这条航线至明后期即明穆宗隆庆四年(1570年)依旧畅通。可见,这条海上通道的存在,从一个侧面印证了唐代扬州商贸除了以长江为海上通道外,还以楚州淮阴郡为海上通道。具体地讲,从楚州淮阴郡沿邗沟南下可到扬州,从楚州沿邗沟北上经徐城汴口(今江苏盱眙淮河镇)入通济渠,随后入黄河,远及洛阳、长安等地。

扬州到新罗的航线主要有三条,一条从朝鲜半岛渡黄海至胶东半岛斥山(今山东文登斥山镇),登陆后经青州、齐州等地,自汴州沿通济渠西行入黄河,远达洛阳、长安等地;一条自胶东半岛入海,沿海岸线南下入淮河,至楚州入邗沟,南下至扬州,北上经淮河入通济渠;一条是渡东海沿长江西行至扬州,其线路与从扬州到日本的航线大体相同。

扬州至阿拉伯、印度、东南亚等的航线主要有三条,一条是自扬州入江出海南下至广州,沿越南海岸经马来半岛,过马六甲海峡,经苏门答腊、印度尼西亚爪哇、斯里兰卡、印度等,远及西亚;一条是东南亚、南亚以远的商船至广州靠岸,换小船溯北江而上至南雄(今广东南雄),自南雄进入江西后出鄱阳湖入长江,顺江而下至扬州,随后沿邗河等运河继续北上进入黄河流域;一条是东南亚、南亚、西亚商船至广州靠岸后,自陆路走仙霞岭(今浙江境内,钱塘江与瓯江水系的分水岭),到衢州(今浙江衢州)后入钱塘江至杭州,经杭州进入江南河以后渡江至扬州,随后可沿邗沟北上。

四条海上商路或以扬州为起点,或以扬州为中转集散地,从中可见扬州在南北交通中的特殊地位。外商云集扬州,造就了扬州的繁荣景象。杜甫吟唱道:"商胡离别下扬州,忆上西陵故驿楼。为问淮南米贵贱,老夫乘兴欲东游。"[1]"商胡"指波斯、大食等国的商人,这首诗从一个

---

① 杜甫:《解闷十二首》,《全唐诗》第7册,中华书局1960年版,第2517页。

侧面反映了扬州已成为外商活动的重要场所。李昉引《原化记》有"至扬州胡店卖之"①语,引《集异记》记录了唐玄宗开元年间(714—741)李勉"既抵维扬,寓目旗亭,忽与群胡左右依随"②事,引《宣室志》叙述韦弇得仙人异物时记载道:"弇异之,亦竟不知何所也。遂挈其宝还长安。明年下第,东游至广陵,因以其宝集于广陵市。有胡人见而拜曰:'此天下之奇宝也。虽千万年,人无得者。君何得而有?'弇以告之,因问曰:'此何宝乎?'曰:'乃玉清真三宝也。'遂以数千万为值而易之。弇由是建甲第,居广陵中为豪士。"③这些记载提供的信息是,一是凭借区位优势,扬州吸引了海外商人,并成为波斯、大食等胡商聚集和经商的城市;二是在经商的过程中,胡商除了从事海运贸易外,又在扬州开店并长期居住;三是以长江、邗沟等为运道,扬州成为联系海内外的商贸城市。

入唐以后,到扬州经商的外商究竟有多少? 前人有不同的看法。为了充分说明这一问题,有必要看一看唐肃宗上元元年(760 年)扬州平乱的情况。扬州发生刘展之乱后,淮南节度使邓景山邀平卢兵马副使田神功前来镇压,没想到的是,田神功到扬州后大肆纵兵掠夺百姓及外商财产,"神功至扬州,大掠居人资产,鞭笞发掘略尽,商胡大食、波斯等商旅死者数千人"④,死于非命的以大食、波斯商人为代表的胡商及商旅者高达数千人。然而,大食、波斯商人只是全部外商的一部分,还不包括来自日本、新罗等地的商人,推算的话,当知这一时期在扬州经商的外商应以万计。这一事件透露的信息是,扬州作为海内外的商货集散地,吸引了大量的外商,外商云集于此,造就了扬州的繁荣。

扬州既是对外贸易的港口,同时也是中外文化交流的窗口。天宝元年(742 年)日本留学僧人荣睿、普昭恳请扬州高僧鉴真东渡日本,经历 5 次失败后,天宝十二年,鉴真在遣唐使藤原清河等人的陪同下终于渡海成功。到达日本后,鉴真率弟子在弘扬中土佛法的同时传播唐文化,给日本带去了先进的思想理念和生产方式。新罗人崔致远于唐懿

① 李昉:《太平广记·守船者》,中华书局 1961 年版,第 3242 页。
② 李昉:《太平广记·李勉》,中华书局 1961 年版,第 3240 页。
③ 李昉:《太平广记·玉清三宝》,中华书局 1961 年版,第 3250 页。
④ 刘昫:《旧唐书·邓景山传》,中华书局 1975 年版,第 3313 页。

宗咸通九年（868 年）入唐，在唐十六年中有 4 年居住在扬州，其著作《桂苑笔耕集》中的部分篇章与扬州有着直接的关系，从而拓宽了唐文化向新罗传播的路径。

在对外商贸往来和文化交流中，扬州作为通商大港，作为茶叶、丝绸、药材、陶瓷、珠宝及手工制品的集散地，吸引了大食、波斯、日本、新罗等国的商人，在此基础上出现了"蕃国岁来互市，奇珠玳瑁，异香文犀，皆浮海舶以来"①的盛况。近年来在扬州的考古活动中发现了数量可观的陶片，经检测，陶片的胎色、质地及化学成分等与唐代的绿釉陶有明显的不同，其产地应为波斯。这些陶片多出土于扬州东南近郊的唐人墓葬中，表明早在唐代，波斯的陶器已传入中国②。扬州还出土了唐代的阿拉伯青釉背水雇工瓷壶③，透过这些器皿，可以看到胡商在扬州留下的商业印记。

除了具有交通上的优势和商品输出的能力外，扬州成为国际商贸城市还与统治者鼓励商贸、颁布减轻税收的政策息息相关。如大和八年（834 年），唐文宗谕云："南海蕃舶，本以慕化而来。固在接以恩仁，使其感悦。如闻比年长吏，多务征求，嗟怨之声，达于殊俗。况朕方宝勤俭，岂爱遐琛？深虑远人未安，率税犹重，思有矜恤，以示绥怀。其岭南、福建及扬州蕃客，宜委节度观察使常加存问，除舶脚收市进奉外，任其来往通流，自为交易，不得重加率税。天下诸州府，如有冤滞未伸，宜委御史台及出使郎官察访闻奏。"④为鼓励海外贸易，唐代统治者还从法规的层面调整了政策。如唐王朝明文规定："诸化外人，同类自相犯者，各依本俗法；异类相犯者，以法律论。"⑤随后解释道："议曰：'化外人'，谓蕃夷之国，别立君长者，各有风俗，制法不同。其有同类自相犯者，须问本国之制，依其俗法断之。异类相犯者，若高丽之与百济相犯之类，皆以国家法律，论定刑名。"⑥这些政策颁布及实行后，起到了鼓励外国

---

① 李翱：《徐申行状》，董诰：《全唐文》卷六三九，中华书局 1983 年影印，第 6459 页。
② 李廷先：《唐代扬州史考》，江苏古籍出版社 1992 年版，第 384—385 页。
③ 朱江：《扬州出土的唐代阿拉伯青釉背水瓷壶》，《考古》1985 年第 2 期。
④ 李昂：《太和八年疾愈德音》，董诰：《全唐文》卷七五，中华书局 1983 年版，第 785 页。
⑤ 长孙无忌著，刘俊文点校：《唐律疏议·名例·化外人相犯》，中华书局 1983 年版，第 133 页。
⑥ 长孙无忌著，刘俊文点校：《唐律疏议·名例·化外人相犯》，中华书局 1983 年版，第 133 页。

人来唐王朝经商的作用。

为了鼓励商贸,唐代统治者颁布了一系列法令。扬州是长江流域通往黄河流域及长安的必经之路,在促进长江中上游地区商贸繁荣的同时,也造就了自身的繁荣。以长江和邗沟等为内河航线,扬州形成了巨大的水上交通能力和向周边区域辐射的能力。安作璋先生论述道:"隋唐大运河这条碧绿的彩练上,镶嵌着颗颗耀眼的明珠,然而在这些明珠中,最硕大、最美、最光彩的一颗应属扬州。因为扬州在这些城市中崛起最早,也最富庶、最为重要、最为著名。"①扬州成为唐王朝首屈一指的商贸城市,与其依托长江和运河,形成四通八达的交通息息相关。如以长江为航线,扬州以江州(治所在今江西九江)、洪州(治所在今江西南昌)、鄂州(治所在今湖北鄂州)为节点,将商贸转输线延长到长江流域的腹地。

江州、洪州和鄂州是扬州伸向长江中上游地区的触角。从江州入鄱阳湖后南下,可抵达洪州,从洪州沿水路再走陆路,翻越梅岭(又称梅关、大庾岭,在今广东南雄境内),可与广州等港口相连;从江州溯江而上经鄂州西行则可进入四川。这条水陆大通道开通后,密切了扬州与广东、福建及长江流域之间的联系。扬州通江达海,是长江下游的国际贸易港口。在海外贸易蓬勃发展的背景下,广东、福建及长江中下游地区的商品及货物要想进入北方地区,在更大的范围内流通,需要以扬州为中继站或集散地。此外,从通商港口杭州、明州等地上岸的商品沿江南运河北上,亦需要经扬州中转。因此,扬州在国际商贸中的地理位置及交通条件明显地优越于其他城市。李肇记载道:"舟船之盛,尽于江西。……洪、鄂之水居颇多,与邑殆相半。"②洪州、鄂州之所以出现"舟船之盛"的繁忙景象,是因为两地是联系广州和扬州的交通枢纽。

在历史的进程中,扬州成为海外贸易的首选之地,虽说有不同的原因,但交通区位优势是不可忽略的重要因素。具体地讲,其一,外国商船抵扬州后,可以沿邗沟以及通济渠等进入黄河流域,将不同的商品及

---

① 安作璋主编:《中国运河文化史》,山东教育出版社 2001 年版,第 429 页。
② 李肇:《唐国史补》卷下,上海古籍出版社 1979 年版,第 62 页。

珠宝、香料、象牙等销往洛阳、长安等地。其二,外国商船从广州等港口靠岸,经陆路、水路,可以扬州为第二集散地,将货物销售到不同的区域。其三,外商从明州等港口上岸后,经江南河,以扬州为中继站把海外货物行销到内地。其四,扬州工商业发达,有向外拓展商贸的空间,以扬州为集散地可以最大限度地带动长江流域及纵深地区的社会经济发展。谢海平先生论述道:"唐代的外国侨民,在全国十道都有分布。三分之一的州郡,无不有外国侨民的踪迹。"[①]这些州郡留下外商的影子,其中大部分是在扬州中转的,也就是说,他们从扬州上岸或中转,奔向各地。

时至唐代,扬州依然是天下首屈一指的大都市。李白在《送孟浩然之广陵》写下了"故人西辞黄鹤楼,烟花三月下扬州"的名句,表达了对扬州的赞美。特别是在国家财赋全面依靠江淮及东南时,扬州的重要性更是显得非常突出。

第三节　宋代扬州商贸新特点

赵匡胤建宋以后,东南漕运成为维护宋王朝的生命线。淮扬转般仓是东南漕运不可或缺的环节,如果离开这一环节,那么漕运接转将是一句空话。从"复自楚、泗置汴纲,般运上京,以江淮发运使董之"[②]等语中可知,江淮发运使全权负责从江淮到入汴河及进京的漕运事务,肩负着国家政治稳定的大事。

发运使始设于宋太宗淳化四年(993年)。张邦基明确地指出:"发运使,淳化四年,始建官焉。六路转输于京师者,至六百二十万石。通、泰、楚、海四州,煮海之盐,以供六路者,三百二十余万石。复运六路之钱,以供中都者,常不下五六十万贯。"[③]淳化四年设置的发运使,是指江淮发运使。设置江淮发运使的目的有三,一是淮扬地处江淮,是东南六

① 谢海平:《唐代留华外国人生活考述》,台湾商务印书馆1978年版,第1页。
② 毕沅:《续资治通鉴·宋纪八十九·崇宁三年》,中华书局1957年版,第2276页。
③ 张邦基:《墨庄漫录》卷四,《笔记小说大观》第7册,江苏广陵古籍印社1984年版,第88—89页。

路的漕运咽喉,在加强漕运时需要重点管理这一航段,并在这一区域建造漕运中转仓。二是淮扬盛产品质优良的淮盐,需要加强淮盐税收。具体地讲,从唐代起,淮盐已是国家财赋的主要支撑,如刘晏掌漕运时明确了以淮盐税收增加国用及保证漕运的思想。三是保证水路畅通,达到运输东南六路钱财入京的目的。宋王朝建立后,因北方有不同的政权并存,又因经济上依靠东南六路,这样一来,势必要继承唐代刘晏的理财思想进一步加强淮盐税收。"通、泰、楚、海四州,煮海之盐,以供六路者",江淮发运使在掌管东南六路漕运时,又掌运盐、运钱等事务。东南漕运及盐运是宋王朝关心的大事,在这一过程中,江淮重镇扬州扮演着重要的角色。

扬州成为漕运中转重镇及经济再度繁华,是在经济中心移往东南六路及淮盐成为重点征榷对象的过程中完成的。扬州在转运东南租米赋税及淮盐的同时,又成为南北商货的集散中心。如岭南、蜀汉等地的财物大都到扬州中转或集散,进而经邗沟以及汴河继续北运。沈括记载道:"扬州常节制淮南十一郡之地,自淮南之西,大江之东,南至五岭、蜀汉,十一路百州之迁徙贸易之人,往还皆出其下。舟车南北,日夜灌输京师者,居天下十之七。"①宋代扬州再度走向繁华,是在继承唐朝成果的基础上取得的。凭借水上交通,扬州与岭南、巴蜀等区域建立了广泛的联系。史称:"淮南东、西路,本淮南路,盖《禹贡》荆、徐、扬、豫四州之域,而扬州为多。当南斗、须女之分。东至于海,西抵濉、涣,南滨大江,北界清、淮。土壤膏沃,有茶、盐、丝、帛之利。人性轻扬,善商贾,廛里饶富,多高赀之家。扬、寿皆为巨镇,而真州当运路之要,符离、谯、亳、临淮、朐山皆便水运,而隶淮服。"②淮南路农业经济发达,同时又有淮盐、茶叶等物产,由于盐、茶等是国家税收的重要来源,凭借区位交通优势,扬州很快成为淮南路重点经营的城市,甚至成为天下首屈一指的大城市。

扬州作为联系长江与淮河水系及北方汴河的枢纽,在南北经济和

① 沈括:《长兴集·扬州重修平山堂记》,《四库全书》第 1117 册,上海古籍出版社 1987 年版,第 298 页。
② 脱脱:《宋史·地理志四》,中华书局 1985 年版,第 2185 页。

文化交流中有着突出的地位，对此前人多有论述。欧阳修在《朝中措·平山堂》中写道："平山栏槛倚晴空，山色有无中。手种堂前垂柳，别来几度春风。文章太守，挥毫万字，一饮千钟。行乐直须年少，樽前看取衰翁。"①词是欧阳修离任扬州7年后，为好友出任扬州知府时写下的相送词。词人用"手种堂前垂柳，别来几度春风"等句，深情地追忆了在大明寺建造平山堂并手植垂柳的往事，字里行间洋溢着对扬州美好往事的追忆。李斗记载道："平山堂在蜀冈上，《寰宇记》曰：'邗沟城在蜀冈上。'宋庆历八年二月，庐陵欧阳文忠公继韩魏公之后守扬州，构厅事于寺之坤隅。江南诸山，拱揖槛前，若可攀跻，名曰平山堂。"②后来，苏轼游大明寺，凭吊欧阳修旧迹留下了《西江月·平山堂》一词。其词云："三过平山堂下，半生弹指声中。十年不见老仙翁，壁上龙蛇飞动。欲吊文章太守，仍歌杨柳春风。休言万事转头空，未转头时皆梦。"③元丰七年（1084年）十月，苏轼三过平山堂，在凭吊欧阳修旧迹时发出了深长的人生喟叹，同时表达了向往扬州的情思。

苏轼在《金山梦中作》一诗中写道："江东贾客木棉裘，会散金山月满楼。夜半潮来风又熟，卧吹箫管到扬州。"④诗从镇江金山的自然景物入笔，同时又多有写实。"木棉裘"来自海外，在镇江金山等候渡江的商人，很可能满载着从杭州或明州运来的货品，到扬州销售或中转。"月满楼"十分生动传神，既写了商人等候时的享受，又点出等待"夜半潮来"时渡江的实况。"风又熟"韵味十足，与"卧吹箫管到扬州"相呼应，不经意间点出了扬州在南北商贸中的地位。

这一时期，扬州商贸活动的范围十分广泛，涉及不同方面。宋代制瓷业十分发达，主要有汝窑（窑址在今河南汝州）、官窑（窑址在今河南开封）、定窑（窑址在今河北曲阳涧磁一带）、均窑（窑址在今河南禹县古均台一带）、哥窑（窑址在今浙江绍兴一带）等五大名窑，它们是海外贸

① 欧阳修著，李逸安点校：《欧阳修全集》第5册，中华书局2001年版，第1995页。
② 李斗著，汪北平、涂雨公点校：《扬州画舫录》，中华书局1960年版，第377页。
③ 苏轼：《西江月·平山堂》，邹同庆、王宗堂：《苏轼词编年校注》中册，中华书局2002年版，第533页。
④ 苏轼：《金山梦中作》，曾枣庄、舒大刚主编：《三苏全书·苏轼诗集》第8册，语文出版社2001年版，第240页。

易的重要商品。有趣的是,五大名窑瓷器的碎片在扬州都有发现。彼时,明州和广州是瓷器输出的主要港口,因为瓷器容易破碎,为了降低陆运中转过程中的损耗,大部分瓷器运输是走水路绕道而行的,其基本线路是自黄河流域经汴河、邗沟等中转。因扬州"当江、淮之冲要"①,故成为宋瓷输出的中继站。可以说,没有扬州这一中继站或集散地,大宗的瓷器要想安全地到达海外是不可能的。当时,与宋王朝建立商贸关系的国家有50多个,扬州是重要的瓷器外销港口。

从大的方面讲,宋代扬州继续保持着商贸繁荣的景象,与实行有利于商品流通的政策有着直接的关系。实行有利于商品流通的政策,使宋代商品经济获得了高速发展。马端临记载道:"宋太祖皇帝建隆元年,诏所在不得苛留行旅赍装,非有货币当算者,无得发箧搜索。又诏榜商税则例于务门,无得擅改更增损及创收。"②宋太祖赵匡胤黄袍加身后,于当年即建隆元年(960年)立即下诏,表达了制定商税政策的思想。经此,揭开了宋代将商税列为国家固定赋税收入的序幕。宋太祖颁布了有利于商品流通的政策并得到了贯彻执行。

马端临引陈傅良(止斋)语时论述道:"此薄税敛初指挥也。恭惟我艺祖开基之岁,首定商税则例,自后累朝守为家法,凡州县小可商税,不敢专擅创取,动辄奏禀三司取旨行下。谨按景德四年,三司盐铁商税按奏:'据滨州监税李忠恕状,准条,银每两税钱四十文,其专栏等却称银元来不纳税钱事。省司检会景德元年二月二十二日敕令。将银出京城门往诸路州军者,并须于在京税务纳钱,每两四十文,不降指挥,只是条贯。自京出门,其滨州税务元不收税,合依久例,不得创收。'天禧四年,福建转运司奏:'尚书屯田员外郎方仲荀奏,乞收福建枋木税每估一贯税一百文。本司勘会《祥符编敕》,每木十条抽一条讫,任贩货卖,不收商税。'天圣七年,福建运司奏:'福州商税有当增收钱者八,当减钱者五,当不收钱者十,当创收钱者十二。'有旨,创收、增收并不行,余依奏。以此见当时州郡小可商税不敢专擅创收,动须奏禀,而漕臣、省司亦不

---

① 苏轼:《扬州到任谢执政启》,曾枣庄、舒大刚主编:《三苏全书·苏轼文集》第12册,语文出版社2001年版,第267页。

② 马端临:《文献通考·征榷考一·征商关市》,浙江古籍出版社1988年版,第144页。

敢辄从所请,横改条法。"①据此可知,宋代颁发的商税制度较为宽松。淳化二年(991 年),宋太宗诏曰:"关市之租,其来旧矣。用度所出,未遑削除,征算之条,当从宽简。宜令诸路转运使以部内州军市征所算之名品,共参酌裁减,以利细民。"②时隔不久,又下诏:"除商旅货币外,其贩夫、贩妇细碎交易,并不得收其算。常税各物,令有司件析揭榜,颁行天下。"③从两则诏书中亦可见,宋代商税征收较低。减少商税征收后,明显地加快了商品流通的速度,进而提高了地处南北要冲扬州在商品集散中的地位。

宋代商税主要有住税和过税等两种。其中,住税为坐商住卖税,与唐代市税相当,税率占货物总量的百分之三;过税为行商通过税,税率占货物总量的百分之二,与唐代征收的关税相当。史家叙述宋代商税征收情况时指出:"凡州县皆置务,关镇亦或有之,大则专置官监临,小则令、佐兼领,诸州仍令都监、监押同掌。行者赍货,谓之'过税',每千钱算二十;居者市鬻,谓之'住税',每千钱算三十,大约如此。然无定制,其名物各随地宜而不一焉。行旅赍装,非有货币当算者,无得发箧搜索。凡贩夫贩妇细碎交易,岭南商贾赍生药及民间所织缣帛,非鬻于市者皆勿算。常税名物,令有司件析颁行天下,揭于版,置官署屋壁,俾其遵守。应算物货而辄藏匿,为官司所捕获,没其三分之一,以半界捕者。贩鬻而不由官路者罪之。有官须者十取其一,谓之'抽税'。"④这一商税明显低于唐代后期。国用需求扩大后,唐代宗采取了"商贾税三十之一"⑤,即"行商者,在郡县税三十之一"⑥的做法,这里所说的商税相当于宋代的住税,其数额明显高于宋代。

宋代恢复部分疆土后,皇帝往往会下诏宣布一些有利于经商的政策,对此前人多有赞许。如马端临论述道:"关市之税,凡布帛、什器、香药、宝货、羊彘,民间典卖庄田、店宅、马牛、驴骡、橐驼,及商人贩茶盐,

① 马端临:《文献通考·征榷考一·征商关市》,浙江古籍出版社 1988 年版,第 144—145 页。
② 马端临:《文献通考·征榷考一·征商关市》,浙江古籍出版社 1988 年版,第 145 页。
③ 马端临:《文献通考·征榷考一·征商关市》,浙江古籍出版社 1988 年版,第 145 页。
④ 脱脱:《宋史·食货志下八》,中华书局 1985 年版,第 4541 页。
⑤ 欧阳修:《新唐书·食货志二》,中华书局 1975 年版,第 1351 页。
⑥ 刘昫:《旧唐书·食货志上》,中华书局 1975 年版,第 2093 页。

皆算,有敢藏匿物货,为官司所捕获,没其三分之一,以其半界捕者。贩鬻而不由官路者罪之。有官须者十取其一,谓之抽税。自唐室藩镇多便宜从事,擅其征利,其后诸国割据,掊聚财货以自赡,故征算尤繁。宋朝每克复疆土,必下诏蠲省。"①从表面上看,宋代颁布新的商税政策似乎减少了商税,其实不然,减少商税后,成功地提高了商人经商的积极性,反而在商品流通中增加了国家的财政收入,并在榷盐等的过程中获取了超过唐王朝的财政收入。如果以马端临《文献通考·征榷考一·征商关市》"熙宁十年以前天下诸州商税岁额"为依据,在"万贯以上"的基础上取下限,在"万贯以下"以及"五千贯以下"的基础上取上限,那么,熙宁十年(1077年)征收的商税应不低于二千七百九十一万贯。当然,这一数字不包括盐税、酒税、茶税等,同时也不包括买扑(招商承包)、市舶(征收外国商船税)等税收。实行降低商税政策后,为扬州商贸的发展创造了良好的外部环境。

宋代扬州商税中的茶税是大宗。宋代茶叶由国家垄断经营和销售,自唐代扬州成为茶叶生产重地后,淮南路六州共建立了十三座官营茶场,史称:"宋榷茶之制,择要会之地,曰江陵府,曰真州,曰海州,曰汉阳军,曰无为军,曰蕲州之蕲口,为榷货务六。初,京城、建安、襄、复州皆置务,后建安、襄、复州务废,京城务虽存,但会给交钞往还,而不积茶货。在淮南则蕲、黄、庐、舒、光、寿六州,官自为场,置吏总之,谓之山场者十三;六州采茶之民皆隶焉,谓之园户。岁课作茶输租,余则官悉市之。其售于官者,皆先受钱而后入茶,谓之本钱;又民岁输税愿折茶者,谓之折税茶。总为岁课八百六十五万余斤,其出鬻皆就本场。在江南则宣、歙、江、池、饶、信、洪、抚、筠、袁十州,广德、兴国、临江、建昌、南康五军;两浙则杭、苏、明、越、婺、处、温、台、湖、常、衢、睦十二州;荆湖则江陵府、潭、澧、鼎、鄂、岳、归、峡七州、荆门军;福建则建、剑二州,岁如山场输租折税。总为岁课江南千二十七万余斤,两浙百二十七万九千余斤,荆湖二百四十七万余斤,福建三十九万三千余斤,悉送六榷务鬻

---

① 马端临:《文献通考·征榷考一·征商关市》,浙江古籍出版社1988年版,第145页。

之。"①淮南路六州"总为岁课八百六十五万余斤",尽管这一数字低于"总为岁课江南千二十七万余斤",但如果把江南课茶区域分解来看的话,那么,淮南路六州课茶总额则远远高于"两浙百二十七万九千余斤,荆湖二百四十七万斤"等,故扬州是宋代征收茶税的重要区域。

与唐代相比,茶税是宋代财政收入的新增长点。宋代茶叶分成片茶和散茶两类,其中,淮南路的扬州是茶叶的重要产区,主要生产优良的片茶。史称:"茶有二类,曰片茶,曰散茶。片茶蒸造,实棬模中串之,唯建、剑则既蒸而研,编竹为格,置焙室中,最为精洁,他处不能造。有龙、凤、石乳、白乳之类十二等,以充岁贡及邦国之用。其出虔、袁、饶、池、光、歙、潭、岳、辰、澧州、江陵府、兴国临江军,有仙芝、玉津、先春、绿芽之类二十六等,两浙及宣、江、鼎州又以上、中、下或第一至第五为号。散茶出淮南、归州、江南、荆湖,有龙溪、雨前、雨后之类十一等,江、浙、又有以上中下或第一至第五为号者。买腊茶斤自二十钱至一百九十钱有十六等,片茶大片自六十五钱至二百五钱有五十五等,散茶斤自十六钱至三十八钱五分有五十九等;鬻腊茶斤自四十七钱至四百二十钱有十二等,片茶自十七钱至九百一十七钱有六十五等,散茶自十五钱至一百二十一钱有一百九十等。"②与散茶相比,片茶的制作工艺更为复杂,如"蒸造"以后须"实棬模中串之"。更为讲究的,还要"既蒸而研",这样一来,片茶的价格远远高于散茶。特别需要指出的是,不同时节采摘的茶叶有不同的品质,无论是片茶还是散茶,均以"腊茶"即腊月生产的茶叶为上品。淮南路及扬州生产的散茶分为十一等,其价格虽然低于片茶,但如果以产出的总量计算,当知淮南路及扬州是宋代征收茶税的重要区域。

唐代以后,饮茶之风盛行,扩大了茶叶的需求量。与此同时,茶叶成为专制国家与游牧民族进行边境贸易的重要商品。针对这一情况,宋代制定了一整套严格的茶叶管理和销售制度。"民之欲茶者售于官,给其日用者,谓之食茶,出境则给券。商贾贸易,入钱若金帛京师榷货

① 脱脱:《宋史·食货志下五》,中华书局1985年版,第4477页。
② 脱脱:《宋史·食货志下五》,中华书局1985年版,第4477—4478页。

务,以射六务、十三场茶,给券随所射与之,愿就东南入钱若金帛者听,计直于茶如京师。至道末,鬻钱二百八十五万二千九百余贯,天禧末,增四十五万余贯。天下茶皆禁,唯川峡、广南听民自买卖,禁其出境。凡民茶折税外,匿不送官及私贩鬻者没入之,计其直论罪。园户辄毁败茶树者,计所出茶论如法。旧茶园荒薄,采造不充其数者,蠲之。当以茶代税而无茶者,许输他物。主吏私以官茶贸易,及一贯五百者死。自后定法,务从轻减。太平兴国二年,主吏盗官茶贩鬻钱三贯以上,黥面送阙下;淳化三年,论直十贯以上,黥面配本州牢城,巡防卒私贩茶,依本条加一等论。凡结徒持杖贩易私茶、遇官司擒捕抵拒者,皆死。太平兴国四年,诏鬻伪茶一斤杖一百,二十斤以上弃市。雍熙二年,民造温桑伪茶,比犯真茶计直十分论二分之罪。淳化五年,有司以侵损官课言加犯私盐一等,非禁法州县者,如太平兴国诏条论决。茶之为利甚博,商贾转致于西北,利尝至数倍。雍熙后用兵,切于馈饷,多令商人入刍粮塞下,酌地之远近而为其直,取市价而厚增之,授以要券,谓之交引,至京师给以缗钱,又移文江、淮、荆湖给以茶及颗、末盐。端拱二年,置折中仓,听商人输粟京师,优其直,给茶盐于江、淮。"①宋代制定"榷茶法"有三个目的,一是扩大税收范围,通过征收茶税充实国库;二是在实行茶、盐专卖之策的过程中,掌控边境贸易,为巩固边防服务;三是以茶、盐为特殊商品,以出让经营权的方式鼓励商人参与漕运及输送钱粮入京入边。在这中间,由于淮扬区域的气温、土壤等十分适合茶叶的生长,故采取"给茶盐于江、淮"之策后,以其腹地生产的茶、盐为依托,扬州在成为漕粮转运中心的同时,成为重要的茶、盐集散地。

扬州商贸再度繁华以后,宋代采取了加强税收之策,在扬州设置了七个负责征收不同税种的机构。这些税务机构称"务",务是宋代建立的税收管理机构,设在不同区域的务有不同的征收对象,既与各地有不同的物产相关,也与各地历史上形成的专门市场相关。如沈括《梦溪笔谈·官政一》记载道:"陕西颗盐,旧法官自般运,置务拘卖。"②在改变官

① 脱脱:《宋史·食货志下五》,中华书局 1985 年版,第 4478—4479 页。
② 沈括:《梦溪笔谈·官政一》,胡道静校证:《梦溪笔谈校证》,上海古籍出版社 1987 年版,第 430 页。

营实行商营之策时,北宋在陕西颗盐的产地设务抽取税收。又如马、茶、布帛是重要的物资,宋代在西北边境设置经营相关的税收机构,试图通过建立税收机构来加强边境贸易管理,进而增加国家的财政收入。如毕沅记载道:"置估马司,估蕃部及进贡马价。凡市马之处,河东府州、岢岚军,陕西秦、渭、泾、原诸州,川峡益、黎等州,皆置务,岁得五千余匹,以布帛茶他物准其直。"①从国家的层面设置务这一税收机构,主要是可以针对不同区域的不同物产及交易特点,进行分门别类的税收。故马端临论述道:"宋朝每克复疆土,必下诏蠲省。凡州县皆置务,关镇或有焉,大则专置官监临,小则令、佐兼领,诸州仍令都监、监押同掌之。行者赍货,谓之过税,每千钱算二十;居者市鬻,谓之住税,每千钱算三十。大约如此,然无定制,其名物各从地宜而不一焉。"②通过建立专门税收机构,分类进行税收及扩大财源,从而有效地增加了宋王朝的财政收入。

扬州之所以列多种商税税种,起码有三个方面值得关注:一是扬州物产丰富,有盐、茶等资源,又有发达的造船业、制糖业、制茶业等,以及以珠宝业、漆器业、雕刻业等为代表的手工业,这些都为建立不同的税收机构创造了必要的条件;二是扬州位于南北交通的要冲,是重要的商品集散地,同时又是重要的国际贸易港口,不同国家及各地的商品汇聚到扬州,为征收各种商税提供了可能;三是扬州七务是在历史中根据不同的需要逐步建立的。史称:"又置折博务于扬州,使输钱及粟帛,计直予盐。盐一石约售钱二千,则一千五百万石可得缗钱三千万以资国用,一利也;江、湖远近皆食白盐,二利也;岁罢漕运糜费,风水覆溺,舟人不陷刑辟,三利也;昔时漕盐舟可移以漕米,四利也;商人入钱,可取以偿亭户,五利也。"③在同一个城市设立七个商税征收机构,从一个侧面透露了宋代的扬州已是一座十分繁荣的商业城市。

此外,宋代扬州的迎送之风极盛。如苏轼记载道:"窃以扬于东南,实为都会,八路舟车,无不由此,使客杂遝,馈送相望,三年之间,八易守

---

① 毕沅:《续资治通鉴·宋真宗咸平元年》,中华书局1957年版,第473页。
② 马端临:《文献通考·征榷考一》,浙江古籍出版社1988年版,第145页。
③ 脱脱:《宋史·食货志下四》,中华书局1985年版,第4439页。

臣,将迎之费,相继不绝,方之他州,天下所无。"①扬州盛行"馈送相望"之风,之所以出现"将迎之费,相继不绝,方之他州,天下所无"的情况,与漕运依靠东南及新的商税政策、榷盐和榷茶之策实行后扬州富甲天下有着直接的关系。

在商品经济的主导下,扬州形成了富有特色的消费市场,甚至有了花卉市场。曾慥记载道:"扬州芍药为天下冠。蔡京为守,始作万花会。"②蔡京任扬州太守时,开始举办扬州芍药万花会,此后成为定制。扬州女人不分贫富贵贱都喜欢戴朵鲜花。如王观记载道:"扬之人与西洛不异,无贵贱皆喜戴花,故开明桥之间,方春之月,拂旦有花市焉。"③如果说蔡京举办万花会只是为了观赏芍药的话,那么建立花卉市场则表明扬州已有了花卉方面的消费需求,并开始注重日常生活情趣。芍药除了可观赏外,又是不可或缺的药材。李时珍记载道:"昔人言洛阳牡丹、扬州芍药甲天下。今药中所用,亦多取扬州者。"④花市从一个侧面反映了扬州消费市场的需求,甚至可以说是扬州商品经济繁荣的生动写照。

芍药装点着扬州,是扬州城的一大景观,这一切给曾在扬州为官的苏轼留下了十分深刻的印象。他在《赵昌四季》中写道:"倚竹佳人翠袖长,天寒犹著薄罗裳。扬州近日红千叶,自是风流时世妆。"⑤从自注"芍药"中当知,诗是苏轼看了赵昌的芍药图写下的题画诗。该诗作于元符三年(1100年),此时,苏轼离开扬州已达7年。当他看到画家赵昌笔下的芍药时,依旧情不自禁地想起扬州的芍药之美。在这里,诗人以赵昌笔下的芍药为情感的触发点,有意将笔墨落在观赏芍药的翠衣少女身上,宣称她们在"天寒"之时身着"薄罗裳",进而以此为铺垫,极言扬州的芍药之美之盛。"千叶"指芍药繁多的种类,如千叶红花、千叶黄花、

---

① 苏轼:《申明扬州公使钱状》,曾枣庄、舒大刚主编:《三苏全书·苏轼文集》第12册,语文出版社2001年版,第171—172页。

② 曾慥:《类说·万花会》,福建人民出版社1996年版,第278页。

③ 王观:《扬州芍药谱》,《四库全书》第845册,上海古籍出版社1987年版,第9—10页。

④ 李时珍:《本草纲目·草部·芍药》,人民卫生出版社1982年版,第849页。

⑤ 苏轼:《跋王晋叔所藏画·赵昌四季》,曾枣庄、舒大刚主编:《三苏全书·苏轼诗集》第9册,语文出版社2001年版,第400页。

千叶紫花、千叶白花等。扬州的芍药姹紫嫣红，如同身着时装的仙姬时尚风流，画中的芍药勾起了苏轼对扬州的美好回忆。

客观地讲，扬州种植不同品种的"千叶"芍药，应与扬州从事多种经营及诞生花鸟市场等有着密切的关系。入清以后，扬州依旧有芍药巷，顾阿夷有"初居小秦淮客寓，后迁芍药巷"①之说。这一情况表明，花卉是扬州日常消费的一部分，历久弥新，一直不变，并且有扩大的趋势。李斗记载道："傍花村居人多种菊，薜萝周匝，完若墙壁，南邻北垞，园种户植，连架接荫，生意各殊。花时填街绕陌，品水征茶。"②像种养芍药那样，种养菊花的目的同样是为了谋取商业方面的利益。从这些记载中不难发现，富庶后的扬州人不再单纯地关心传统农业，而是有了浓厚的商品经济意识。进而言之，透过观赏芍药等当知浴火重生的扬州，在漕运及淮盐的带动下经济再度复苏，经济复苏后，扬州的世风及消费观念等都在悄然地发生变化。

需要补充的是，宋代的扬州盛行种植芍药，本来是百姓为了提高经济收入采取的经营方式。然而，官府介入其中及举办万花会，则在巧立名目的过程中为贪腐打开了方便之门。苏轼论述道："扬州芍药为天下冠，蔡繁卿为守，始作万花会。用花十余花枝，既残诸园，又吏因缘为奸，民大病之。余始至问民疾苦，以此为首，遂罢之。万花本洛阳故事，亦必为民害也。"③所谓"既残诸园"，是指官府介入其中后破坏了芍药生产的秩序。所谓"吏因缘为奸"，是指官吏趁机从中渔利，损害了百姓的利益。蔡繁卿当指蔡元长即蔡京。张邦基记载道："西京牡丹闻于天下，花盛时，太守作万花会。宴集之所，以花为屏帐。至于梁栋柱栱，以竹筒贮水，簪花钉挂，举目皆花也。扬州产芍药，其妙者不减于姚黄魏紫。蔡元长知淮扬日，亦效洛阳，亦作万花会。其后岁岁，循习而为，人颇病之。元祐七年，东坡来知扬州，正遇花时，吏白旧例，公判罢之，人皆鼓舞欣悦。作书报王定国曰：'花会，检旧案，用花千万朵，吏缘为奸，乃扬州大害。已罢之矣，虽杀风景，免造业也。公为政之惠利于民，率

① 李斗著，汪北平、涂雨公点校：《扬州画舫录》，中华书局 1960 年版，第 203 页。
② 李斗著，汪北平、涂雨公点校：《扬州画舫录》，中华书局 1960 年版，第 23—24 页。
③ 苏轼：《东坡志林》卷五，《笔记小说大观》第 7 册，江苏广陵古籍印社 1984 年版，第 11 页。

皆类此。民到于今称之。'"①蔡京仿洛阳花会在扬州举办万花会,极尽铺张,苏轼知扬州以后,立即禁止举办万花会,革除了蔡繁卿留下的旧弊。李斗记载道:"天福居在牌楼口,有花市。花市始于禅智寺,载在郡志。王观《芍药谱》云:'扬人无贵贱皆戴花。'开明桥每旦有花市,盖城外禅智寺,城中开明桥,皆古之花市也。近年梅花岭、傍花村、堡城、小茅山、雷塘皆有花院,每旦入城聚卖于市。"②扬州自古繁华,一向有戴花的习俗,乃至于有历史悠久的花市。

第四节　元明清扬州与商品经济

宋、元对峙时,扬州陷入战火。元世祖至元十二年(1275 年)四月十九日,元将阿术渡江进占瓜洲后,派使者招降扬州守将淮东制置使李庭芝。遭到拒绝以后,阿术攻城。至元十三年七月,李庭芝部将朱焕开扬州城门降元。在这场历时一年多的战役中,扬州遭受了极大的破坏。

不过,时隔不久,扬州又再次恢复繁华。马可·波罗记载道:"从泰州发足,向东南骑行一日,终抵扬州(Iangui)。城甚广大,所属二十七城,皆良城也。此扬州城颇强盛,大汗十二男爵之一人驻此城中,盖此城曾被选为十二行省治所之一也。应为君等言者,本书所言之马可·波罗阁下,曾奉大汗命,在此城治理亘三整年。居民是偶像教徒,使用纸币,恃工商为活。制造骑尉战士之武装甚多,盖在此城及其附近属地之中,驻有君主之戍兵甚众也。"③在南北商贸往来中,扬州又再度成为东南最大的工商城市。

元初实行海运,有"岁漕东南粟,由海道以给京师"④之说。这一举措改变了此前的漕运之法,不过,江淮漕运并没有中止,相反还在一定程度上得到了加强。具体地讲,东南漕运至扬州入邗沟即江淮运河后,

---

① 张邦基:《墨庄漫录》卷九,《笔记小说大观》第 7 册,江苏广陵古籍印社 1984 年版,第 107 页。
② 李斗著,汪北平、涂雨公点校:《扬州画舫录》,中华书局 1960 年版,第 80 页。
③ [意]马可·波罗著,冯承钧译:《马可波罗行纪》,上海书店 1999 年版,第 333 页。
④ 宋濂:《元史·食货志五》,中华书局 1976 年版,第 2481 页。

经楚州末口入淮,随后经淮河入海口云梯关入海北上。至元十九年(1282年),成立京畿、江淮都漕运司,故有"是年十二月立京畿、江淮都漕运司二,仍各置分司,以督纲运。每岁令江淮漕运司运粮至中滦,京畿漕运司自中滦运至大都"①之说。此后,因海运风险太大,兴修了通惠河、会通河等,进而在利用运河旧道的基础上开通了京杭大运河,"元有天下,内立都水监,外设各处河渠司,以兴举水利、修理河堤为务。决双塔、白浮诸水为通惠河,以济漕运,而京师无转饷之劳。……开会通河于临清,以通南北之货。"②京杭大运河开通后,在财赋依靠东南的过程中,进一步提升了扬州在东南漕运中的中转地位。

扬州是元王朝刻意经营的江淮重镇,"至元十三年,初置江淮行省,治扬州。二十一年,以地理民事非便,迁于杭州。二十二年,割江北诸郡隶河南,改曰江浙行省,统有三十路、一府。"③设江淮行省后,扬州下辖两淮、两浙。至元二十一年,江淮行省的治所虽迁往杭州,但扬州的经济地位并没有下降。

至元十四年(1277年),元世祖在扬州设两淮都转运盐使司(简称"两淮盐司")。"两淮都转运盐使司,秩正三品。国初,两淮内附,以提举马里范章专掌盐课之事。至元十四年,始置司于扬州。"④两淮盐司接管了宋代两淮盐场的事务,其盐业支撑起元王朝财政的半壁江山。两淮盐司设在扬州,在加强淮盐输出的过程中,进一步确认了扬州在商品流通及集散中中转的地位。

明成祖朱棣迁都北京以后,扬州因此成为"留都股肱夹辅要冲之郡。两京、诸省官舟之所经,东南朝觐贡道之所入,盐舟之南迈,漕米之北运"⑤之地。

此时的扬州成为东南商贸要道的重要节点,虽然与交通区位息息相关,但更重要的是与它肩负着转运漕、盐的使命联系在一起。明世宗

① 宋濂:《元史·食货志一》,中华书局1976年版,第2364页。
② 宋濂:《元史·河渠志一》,中华书局1976年版,第1588页。
③ 宋濂:《元史·百官志七》,中华书局1976年版,第2306页。
④ 宋濂:《元史·百官志七》,中华书局1976年版,第2312页。
⑤ 朱怀干修、盛仪纂:《嘉靖惟扬志·诗文十一》,《四库全书存目丛书·史部》第184册,齐鲁书社1996年版,第750页。

嘉靖三十四年(1555 年),扬州建新城。李斗记载道:"今之新城,即宋大城之东南隅,明嘉靖三十四年乙卯,知府吴桂芳始议兴筑,后守石茂华踵成之。自旧城东南角起,折而南,循运河而东。折而北,复折而西,极于旧城之东北角止。东与南北三面,约八里有奇,计一千五百四十二丈。门七:曰挹江,今曰钞关;曰便门,今曰徐宁;曰拱宸,今曰天宁;曰广储;曰便门,今曰便益;曰通济,今曰缺口;曰利津,今曰东关。沿旧城城濠南北水关二,东与南二面,即以运河为城濠,北面作濠,与旧城连,注于运河,此旧城、新城之大略也。"①新城沿宋代旧城城濠即护城河兴筑,最初的目的是防御倭寇袭扰扬州。然而,新城以运河为城濠,多有交通上的便利,很快成为新的商货交易和经营市场,由此扩大了商贸经营的范围。新城建设扩大了扬州城原有的范围,为其进一步发展奠定了基础。

清初,因战乱使扬州再度陷入萧条,如出现了"旧商亡窜,失业者过半,盐策凋耗"②等情况。不过,伴随着康乾盛世的来临,又再次走向繁荣。这一时期,扬州商贸除了保持原有的特征外,又形成了以下六个特点。

其一,漕运是清王朝政治稳定和经济发展的生命线,通过漕运强化了扬州在商品集散中的地位,"舟樯栉比,车毂鳞集,东南数百万漕艘船,浮江而上,此为撍吭"③,"以地利言之,则襟带淮、泗,镇钥吴越,自荆襄而东下,屹为巨镇,漕艘贡篚岁至京师者,必于此焉。"④在漕运的带动下,扬州再度成为南北商贸的交易中心。"东南三大政,曰漕,曰盐,曰河。广陵本盐策要区,北距河、淮,乃转输之咽吭,实兼三者之难。"⑤从表面上看,"东南三大政"只与漕运、盐策、治河相关,实际情况是,还涉

---

① 李斗著,汪北平、涂雨公点校:《扬州画舫录》,中华书局 1960 年版,第 186 页。
② 阿克当阿修,姚文田、江藩等纂:《嘉庆重修扬州府志·宦迹三》,《中国地方志集成》第 41 册,江苏古籍出版社 1991 年版,第 791 页。
③ 崔华、张万寿纂修:《康熙扬州府志·疆域》,《四库全书存目丛书·史部》第 214 册,齐鲁书社 1997 年版,第 652 页。
④ 阿克当阿修,姚文田、江藩等纂:《嘉庆重修扬州府志·序》,《中国地方志集成》第 41 册,江苏古籍出版社 1991 年版,第 1 页。
⑤ 阿克当阿修,姚文田、江藩等纂:《嘉庆重修扬州府志·序》,《中国地方志集成》第 41 册,江苏古籍出版社 1991 年版,第 2 页。

及商品流通及在什么地方集散等问题。由于扬州担负着漕运中转的重任,且有通江达海的交通优势,这样一来,势必要成为南北商货流转的集散地。重商之风与财富积累结合在一起,形成了"其民多嗜利,好晏游,征歌逐妓,袨衣偷食以相夸耀"①的局面。

其二,扬州一向是淮盐的流转中心,对此前人多有论述。如黄均宰有"扬州繁华以盐盛"②之说,又如徽州籍盐商汪廷璋认为"自其先世大千迁扬州以盐策起家,甲第为淮南之冠……富至千万"③。在盐商的带动下,扬州迅速成为江淮一等一的商业大都市,乃至出现了"四方商贾陈肆其间……妇人无事,居恒修冶容,斗巧妆,镂金玉为首饰,杂以明珠翠羽。被服绮绣,袒衣皆纯,采其侈丽极矣"④的光景。盐商到扬州以后,为扬州的繁荣注入活力,"维扬天下一大都会也,舟车之辐辏,高贾之萃居,而盐策之利,南暨荆襄,北通陈汝之境,资其生者,用以富饶"⑤,巨商大贾麇集扬州,扬州经商之风再度兴起。

其三,在经商之风的带动下,扬州形成了从事商品交易的买卖街,以及具有不同经营特色的专业市场。李斗记载道:"天宁门至北门,沿河北岸建河房,仿京师长连、短连、廊下房及前门荷花棚、帽子棚做法,谓之'买卖街',令各方商贾辇运珍异,随营为市,题其景曰'丰市层楼'。"⑥从天宁门到北门沿河建房,连成一片,又有廊棚廊等建筑隐于整个街中。李斗又记载道:"多子街即缎子街,两畔皆缎铺。扬郡着衣,尚为新样。十数年前,缎用八团,后变为大洋莲、拱璧兰颜色。在前尚三蓝、朱、墨、库灰、泥金黄。近用膏粱红、樱桃红,谓之福色,以福大将军征台匪时过扬着此色也。每货至,先归绸庄缎行,然后发铺,谓之抄号。每年以四月二十日为例,谓之镇江会。……翠花街,一名新盛街,在南

---

① 魏禧:《重建平山堂记》,胡守仁、姚品文、王能宪校点:《魏叔子文集》,中华书局 2003 年版,第755 页。
② 黄钧宰:《金壶七墨·金壶浪墨·盐商》,《笔记小说大观》第 27 册,江苏广陵古籍印社 1984 年版,第134 页
③ 李斗著,汪北平、涂雨公点校:《扬州画舫录》,中华书局 1960 年版,第350 页。
④ 阿克当阿修,姚文田等纂:《嘉庆重修扬州府志·风俗》,《中国地方志集成》第 42 册,江苏古籍出版社 1991 年版,第367—368 页。
⑤ 王定安等纂修:《重修两淮盐法志》,《续修四库全书》第 845 册,上海古籍出版社 2002 年版,第724 页。
⑥ 李斗著,汪北平、涂雨公点校:《扬州画舫录》,中华书局 1960 年版,第104 页。

柳巷口大儒坊东巷内。肆市韶秀,货分隧别,皆珠翠首饰铺也。扬州鬏勒,异于他地,有蝴蝶、望月、花蓝、折项、罗汉鬏、懒梳头、双飞燕,到枕松、八面观音诸义髻,及貂覆额、渔婆勒子诸式。女鞋以香樟木为高底,在外为外高底,有杏叶、莲子、荷花诸式;在里者为里高底,谓之'道士冠',平底谓之'底儿香'。女衫以二尺八寸为长,袖广尺二,外护袖以锦绣镶之,冬则用貂狐之类。裙式以缎裁剪作条,每条绣花两畔,镶以金线,碎逗成裙,谓之'凤尾',近则以整缎折以细道,谓之'百折',其二十四折者为玉裙,恒服也。硝皮袄者,谓之'毛毛匠',亦聚居是街。"①多子街以经营绸缎为主,翠花街以经营首饰为主,又有专营街区如采衣街、花卉、香料、鱼类等,这些街区分布在城市的不同区域,为不同的社会群体提供了不同的需要。此外,商贾汇聚扬州,为联络乡谊建立了湖南、湖北、江西、安徽、绍兴、嘉兴、山西、岭南等会馆,也起到了促进扬州商贸市场繁荣的作用。如浙江绍兴等会馆主要经营绸布,湖南会馆主要经营湘绣,湖北会馆主要经营木业,江西会馆主要经营瓷器,岭南会馆主要经营糖业,安徽会馆主要经营盐业,山西会馆主要经营钱庄、票号②。在漕运的带动下,扬州成为粮食交易中心。李文治、江太新两位先生统计道:"扬州又发展成为东南沿海各地的重要粮食集散市场。以税收而言,从乾隆七年至十年,每年粮食税的收入占扬州关每年税关收入的 32.7%,粮食贸易在扬州商业贸易中占居十分重要地位。"③各类商货到扬州集散,极大地提高了扬州商贸的竞争力。

其四,清代扬州的雕版印刷业得到了长足的发展。扬州雕版印刷主要有官刻和私刻两种形式,其中,官刻可以扬州诗局为代表,私刻可以寓居扬州的徽商马秋玉为代表。康熙年间,江宁织造兼任两淮盐务监察御史曹寅主持扬州诗局,奉旨刊刻《全唐诗》,以精美的雕刻印刷博得了时人的称赞。在曹寅主持下,900 卷的《全唐诗》收录了 2200 多家 4.8 万多首诗歌,为研究唐诗提供了重要的范本。盐商马秋玉以雄厚

---

① 李斗著,汪北平、涂雨公点校:《扬州画舫录》,中华书局 1960 年版,第 194—195 页。
② 朱福烓:《扬州史述》,苏州大学出版社 2001 年版,第 185—186 页。
③ 李文治、江太新:《清代漕运》,社会科学文献出版社 2008 年版,第 386 页。

的财力热衷于刻印经典著作,进一步提升了扬州的学术地位。李斗记载道:"马主政曰琯字秋玉,号嶰谷,祁门诸生,居扬州新城东关街。好学博古,考校文艺,评骘史传,旁逮金石文字。南巡时,两赐御书克食。尝入祝圣母万寿于慈宁宫,荷丰貂绂之赐,归里以诗自娱。所与游皆当世名家。四方之士过之,适馆授餐,终身无倦色,著有《沙河逸老诗集》。尝为朱竹垞刻《经义考》,费千金为蒋衡装潢所写《十三经》,又刻《许氏说文》《玉篇》《广韵》《字鉴》等书,谓之'马板'。"①官刻与私刻结合在一起,创造了扬州雕版印刷业的辉煌,推动了文化传播。与此同时,扬州的藏书家将收藏的珍本公布于世,供刊刻时参考和使用,进而从整体上提升了扬州雕版印刷的水平。如李斗记载道:"乾隆三十八年奉旨采访遗书,经盐政李质颖谕借。其时主政已故,子振伯恭进藏书,可备采择者七百七十六种。"②盐商马秋玉雅好典籍,乾隆年间《四库全书》开馆向天下征集图书时,江苏进献了4804种典籍,其中,由马家后人进献的典籍占总量的近六分之一。因盐商有雄厚的资金,刻书时不惜工本,且有收藏的善本、珍本、孤本等作为雕版印刷的范本,这样一来,扬州很快成为清代重要的雕版印刷中心。

其五,各种专业市场形成后,进一步促进了扬州手工业的发展。唐宋以后,扬州形成了铜器、铜镜、丝织、造船、漆器、玉器等富有特色的手工业,在继承传统的过程中,各类手工业得到了长足的发展。明代扬州漆器制作主要有彩绘漆、雕漆、平磨螺钿、骨石镶嵌、宝石镶嵌工艺,产品有瓶、盒、盘、屏风、桌椅、橱柜等;清代在保持原有工艺水平的基础上进行革新,将雕漆与镶嵌工艺相结合,形成了多色刻漆(即剔红、剔绿、剔黄)的工艺,制作出闻名于世的"漆沙砚",于乾隆年间涌现出卢映之、王国琛、卢葵生、夏漆工等一批制作漆器的名家③。与此同时,扬州出现了多条以生产漆器命名的街巷。

其六,在商品经济大潮的冲击下及巨额利润的诱惑下,浓厚的商业气息与财富增值及追求享受等结合在一起,给扬州的世风及民风带来

① 李斗著,汪北平、涂雨公点校:《扬州画舫录》,中华书局1960年版,第87—88页。
② 李斗著,汪北平、涂雨公点校:《扬州画舫录》,中华书局1960年版,第88页。
③ 潘群、周志斌主编:《江苏通史·明清卷》,凤凰出版社2011年版,第416页。

了深刻的变化。刘勇强先生论述道:"徽商是扬州地区较突出的'外来人口',他们以雄厚的经济实力,将徽州文化引入了扬州,在一定的程度上改变了扬州的社会风尚。"①这里所说的"风俗",包括生活方式及生活习惯,扬州生活方式及风俗习惯的改变除了与财富积累相关外,还与盐商将原有的生活方式及风俗习惯带入扬州联系在一起。在盐商及富贵人家的带动下,在追求声色享受的过程中改变了扬州传统生活方式,"城内富贵家好昼眠,每自旦寝,至暮始兴,然燃烛治家事,饮食燕乐,达旦而罢,复寝以终日,由是一家之人昼睡夕兴。"②普通的市民家庭亦形成铺张之风,时有"扬俗无论大小人家,凡遇喜庆事及设席宴客,必择著名评词、弦词者,叫来伺候一日"③之说,又有"男子亲迎前一夕入浴,动费数十金。除夕浴谓之'洗邋遢',端午谓之'百草水'"④之说。财富积累后提升了扬州的消费能力,也为服务业、旅游业及娱乐业等兴起带来了巨大的商机。李斗记载道:"浴池之风,开于邵伯镇之郭堂。后徐宁门外之张堂效之,城内张氏复于兴教寺效其制以相竞尚,由是四城内外皆然。如开明桥之小蓬莱,太平桥之白玉池,缺口门之螺丝结顶,徐宁门之陶堂,广储门之白沙泉,埂子上之小山园,北河下之清缨泉,东关之广陵涛,各极其盛。而城外则坛巷之顾堂,北门街之新丰泉最著。并以白石为池,方丈余,间为大小数格。其大者近镬水热,为大池,次者为中池,小而水不甚热者为娃娃池。贮衣之匮,环而列于厅事者为座箱,在两旁者为站箱。内通小室,谓之'暖房'。茶香酒碧之余,侍者折枝按摩,备极豪侈。"⑤又记载道:"下买卖街即长春巷,路南河房,多以租灯为业,凡湖上灯船,皆取资于此。"⑥扬州服务业及娱乐业的各种设施,可谓应有尽有,富庶后的扬州生活方式及消费方式均在不经意间发生着变化。

① 刘勇强:《略论古代地域文学的动态特征》,《云南大学学报(社会科学版)》2015年第1期。
② 李斗著,汪北平、涂雨公点校:《扬州画舫录》,中华书局1960年版,第252页。
③ 林苏门:《邗江三百吟》,广陵书社2005年版,第109页。
④ 李斗著,汪北平、涂雨公点校:《扬州画舫录》,中华书局1960年版,第26页。
⑤ 李斗著,汪北平、涂雨公点校:《扬州画舫录》,中华书局1960年版,第26页。
⑥ 李斗著,汪北平、涂雨公点校:《扬州画舫录》,中华书局1960年版,第138页。

结　语

　　本章从扬州是江淮城市入手,论述了其悠久的历史和水上交通优势。本章有选择地进行了重点论述,如用两节的篇幅专门论述扬州唐宋商贸与海外贸易的基本状况;又着重论述了明清扬州商品经济的发展等,如明清商品买卖街及特色专业市场等的形成和发展,这些都说明了扬州商品经济发展的基本状况。

第五章　淮阴商贸及城市崛起

　　淮阴建县始于先秦,隋开通济渠以后,漕运给淮阴发展带来了新的变化。通济渠自徐城汴口(在今江苏盱眙淮河镇境内)入淮。时至唐代,为加强徐城汴口管理,先是析徐城县建临淮县,又将泗州州治移到临淮,由此带动了临淮、盱眙等沿淮政区的发展。在经济中心向东南迁移的过程中,淮扬农业及经济作物生产一度走在全国前列,为淮扬政区及城市建设提供了生生不息的活力。淮阴盛产品质优良的淮盐,淮盐成为国家税收的重要来源后,南北商人为谋求更大的利益经营淮盐,为其成为全国重要的商品集散地创造了条件;与此同时,商贸繁华亦加快了城市建设的步伐。楚州淮阴郡和扬州广陵郡扼淮河和长江两头,且通大海,作为重要的外贸港口,带动了沿岸城市和集镇的发展。如江淮运河两岸的手工业兴起后,不断向腹地延伸,增强了沿线政区的经济实力。凭借漕运及交通上的优势,淮扬政区及城建超过了其他区域,当运河沿线政区的社会经济水平超出非运河区域时,势必要出现政区细化,将一县析为两县或将两县析分三县的情况。可以说,与其他区域相比,楚州淮阴郡与扬州广陵郡之间的联系更为紧密,在分分合合的过程中相互包容,成为淮扬区域的核心城市。

第一节　淮阴兴衰及变迁

淮阴走向繁荣是在漕运中实现的,同时又是在淮盐成为国家财政重要收入中实现的。邗沟开通后,淮阴在南北交通中的地位得到了全面的提升,面向东南行至扬州可以入江随后入海,东行可入淮入海,西北行入鸿沟可入黄河流域。顾祖禹论述道:"淮阴去丹阳四百里而近,北对清、泗,则转输易通,南出江津,则风帆易达,由淮入江,此其必争之道矣。"[1]特殊的地理形势,为淮阴控御南北,成为江淮重镇奠定了坚实的基础。

淮阴战略地位的提升,是在南北分治建立淮扬攻防线的过程中得到全面确认的。三国时期,淮阴受到魏文帝曹丕的重视,"春秋时夫差欲通中国,道出江、淮,即从事于此。及曹丕谋吴,舟师亦由此而南也。其后南北有事,辄倚为重镇。"[2]曹丕率舟师南下进军扬州,以淮阴为中继站。

晋穆帝永和年间(345—356),北中郎将荀羡北讨鲜卑,纵论天下形势时指出:"淮阴旧镇,地形都要,水陆交通,易以观衅。沃野有开殖之利,方舟运漕,无他屯阻。"[3]荀羡认为,淮河南岸的淮阴居南北交通要道,重点经营可以及时地了解北方劲敌南下的动向,同时可以等待北伐时机的来临。此外,淮阴沃野千里,地广人稀,有"开殖之利",易于屯兵和方便漕运。

南北朝时期,淮阴有两条重要的水上通道,第一条是沿泗水入淮至淮阴的航线,第二条是沿东汉汴渠经淮河至淮阴的航线。与第二条航线相比,第一条航线更为重要。郦道元《水经注·淮水》记载道:"淮、泗之会,即角城也;左右两川,翼夹二水决入之所,所谓泗口也。"[4]淮阴与

---

① 顾祖禹著,贺次君、施和金点校:《读史方舆纪要·南直四》,中华书局 2005 年版,第 1072 页。
② 顾祖禹著,贺次君、施和金点校:《读史方舆纪要·南直四》,中华书局 2005 年版,第 1071—1072 页。
③ 萧子显:《南齐书·州郡志上》,中华书局 1972 年版,第 257 页。
④ 杨守敬、熊会贞疏,段熙仲点校,陈桥驿复校:《水经注疏》下册,江苏古籍出版社 1989 年版,第 2552 页。

泗口夹淮相对,晋安帝义熙(405—418)年间,因泗口扼守交通要道设角城,有"安帝义熙中置,亦在宿迁县界"①之说。稍后,齐、梁建军事要塞角城戍。时至梁武帝萧衍天监三年(504年)即北魏宣武帝正始元年,"萧衍角城戍主柴庆宗以城来降"②,至此,角城成为北魏的辖区。在这一过程中,角城地位彰显是因为角城东临泗水,南近淮水,是淮阴的天然屏障,故成为南北对峙时期的攻防对象。

隋代以后,隋炀帝在东汉汴渠的基础上开通济渠,至此,第二条航线即沿东汉汴渠经淮河至淮阴的航线成为自黄河流域南下的主航线。在这中间,交通形势虽然发生变化,但无论是沿泗水入淮还是沿东汉汴渠入淮均需要重点经营淮阴。通济渠开通后,淮阴与扬州一道成为东南漕运的节点,成为重要的商贸集散地。具体地讲,由楚州淮阴郡出淮河口,沿胶东半岛东渡黄海,北上经朝鲜半岛可抵日本。与此同时,自胶东半岛沿黄海海岸线南下可入淮河,经淮河向西可进入楚州,随后或北上入通济渠即汴河进入黄河流域,或沿邗沟南下至扬州。这条江淮之间的航线,甚至到了明后期潘季驯筑高家堰以前依旧畅通。史称:

> 隆庆四年擢右佥都御史,巡抚山东。是秋,河决宿迁,覆漕粮八百艘。朝议通海运,以属梦龙。梦龙言:"海道南自淮安至胶州,北自天津至海仓,各有商艇往来其间。自胶州至海仓,岛人及商贾亦时出入。臣等因遣人自淮安转粟二千石,自胶州转麦千五百石,入海达天津,以试海道,无不利者。由淮安至天津,大要两旬可达。岁五月以前,风势柔顺,扬帆尤便。况舟由近洋,洋中岛屿联络,遇风可依。苟船非朽敝,按占候以行,自可无虞。较元人殷明略故道,安便尤甚。丘浚所称'傍海通运',即此是也。请以河为正运,海为备运。万一河未易通,则海运可济,而河亦得悉心疏浚,以图经久。又海防綦重,沿海卫所玩愒岁久,不加缮饬,识者有未然之忧。今行海运兼治河防,非徒足裨国计,兼于军事有补。"章下户部,部议海运久废,猝难尽复,请令漕司量拨粮十二万石,自淮入海

---

① 杜佑:《通典·州郡一·序目上》,浙江古籍出版社1988年版,第908页。
② 魏收:《魏书·世宗纪》,中华书局1974年版,第197页。

以达天津。①

明穆宗隆庆四年(1570 年),自淮安即淮阴旧地入淮出海的航线依然存在,这一情况表明,唐代商贸除了有以扬州为节点的入江入海航线外,还有以淮阴为节点的入淮入海航线。唐代李邕记载道:"淮阴县者,江海通津,淮楚巨防,弥越走蜀,会闽驿吴,《七发》枚乘之丘,三杰楚王之窟,胜引飞辔,商旅接舻。每至同云冒山,终风振壑,宦子惕息,槁工疢怀,鱼贯迤其万艘,雾集岔于层渚:莫不膜拜围绕,焚香护持,复悔多尤,回祈景福,于是风水相借,物色同和,挂帆启行,方舳骏迈,浮山掘起而疏巘,庆云乱飞而比峰。虽电影施鞭,夸父杖策,罔可喻其神速,曷云状其豁快者哉!"②在南北经贸文化交流中,淮阴成为江淮之间繁华一时的商贸城市。如黄河流域、长江流域的商货要想在更大的范围内流通,需要借道出海,海外商货入境后要想将利润最大化,也需要在更大的范围内流通。由于扬州和楚州在邗沟的串联下扼守江淮两头,以长江和淮河为海外贸易航线,确立了两城在商货集散中的中心地位。

隋唐两代,淮阴的政治及经济地位得到提升,主要有三大前提。其一,在经济中心由黄河中下游地区移往江淮及东南的过程中,淮阴的农业经济得到迅速发展,成为重要的农业经济区。

其二,淮阴濒临大海,制盐业十分发达。唐王朝建立榷盐(征收盐税)制度后,淮阴成为淮盐的集散中心。

其三,淮阴以淮河和邗沟等为运道,通江达海,可以在更大的范围内实现商品流通。如唐代李肇记载道:"江湖语云:'水不载万。'言大船不过八九千石。然则大历、贞元间,有俞大娘航船最大,居者养生送死嫁娶悉在其间;开巷为圃,操驾之工数百,南至江西,北至淮南,岁一往来,其利甚博,此则不啻载万也。"③这里所说的"淮南",主要包括淮阴、扬州、寿州等淮南重镇。从江西到淮南,俞大娘以邗沟为运输线,淮阴成为南北商贸往来的集散地。

① 张廷玉:《明史·梁梦龙传》,中华书局 1974 年版,第 5915 页。
② 李邕:《楚州淮阴县婆罗树碑》,董诰:《全唐文》卷二六三,中华书局 1983 年版,第 2668 页。
③ 李肇:《唐国史补》卷下,上海古籍出版社 1979 年版,第 62 页。

如果长江经扬州转输的货物继续北上的话,必经楚州淮阴郡;从淮河到楚州靠岸的货物如果继续南下的话,必经扬州。这一特殊的交通地理条件,为淮阴成为商贸中心奠定了坚实的基础。如李白在诗中写道:"朝过博浪沙,暮入淮阴市。"①博浪沙在秦县阳武(治所在今河南原阳东南)境内,是张良募义士击杀秦始皇的地方。通济渠开通后极大地方便了商旅,早晨从博浪沙出发,晚上可到达淮阴。李白以"市"形容淮阴,当知淮阴已成为江淮之间的商贸中心及集散地。白居易盛赞淮阴时写道:"淮水东南第一州,山围雉堞月当楼。黄金印绶悬腰底,白雪歌诗落笔头。笑看儿童骑竹马,醉携宾客上仙舟。当家美事堆身上,何啻林宗与细侯。"②白居易将淮阴称之为"淮水东南第一州",是因为他自黄河沿汴河入淮以后,率先看到第一个大都市是淮阴。唐代扬州的繁华程度虽然超过淮阴,但沿水路自北向南时因先走淮阴,这样一来,白居易写下盛赞淮阴的诗句自然在情理之中。

中唐以后,因漕运及榷盐,淮阴迎来了社会发展的黄金期。刘禹锡写道:"簇簇淮阴市,竹楼缘岸上。好日起樯竿,乌飞惊五两。"③诗在恬静的叙述中,生动细腻地描绘了淮阴的水上风光。其实,淮阴的夜市也十分迷人。如陈羽写道:"秋灯点点淮阴市,楚客联樯宿淮水。夜深风起鱼鳖腥,韩信祠堂明月里。"④项斯吟唱道:"夜入楚家烟,烟中人未眠。望来淮岸尽,坐到酒楼前。灯影半临水,筝声多在船。乘流向东去,别此易经年。"⑤闾丘晓吟唱道:"夜火连淮市,春风满客帆。"⑥透过"联樯"即林立的桅杆,夜市中的酒楼、灯影、筝声等无不跃然于纸上。这些诗在忠实地描绘淮阴风物的同时,深入细致地描绘了淮阴商贸繁华的景象。又如温庭筠吟唱道:"江海相逢客恨多,秋风叶下洞庭波。酒酣夜别淮阴市,月照高楼一曲歌。"⑦又写道:"隋堤杨柳烟,孤棹正悠然。萧

---

① 李白:《猛虎行》,《全唐诗》第 5 册,中华书局 1960 年版,第 1713 页。
② 白居易:《赠楚州郭使君》,《全唐诗》第 13 册,中华书局 1960 年版,第 5038 页。
③ 刘禹锡:《淮阴行》,《全唐诗》第 11 册,中华书局 1960 年版,第 4104 页。
④ 陈羽:《宿淮阴作》,《全唐诗》第 11 册,中华书局 1960 年版,第 3896 页。
⑤ 项斯:《夜泊淮阴》,《全唐诗》第 17 册,中华书局 1960 年版,第 6412 页。
⑥ 闾丘晓:《夜渡淮》,《全唐诗》第 5 册,中华书局 1960 年版,第 1613 页。
⑦ 温庭筠:《赠少年》,《全唐诗》第 17 册,中华书局 1960 年版,第 6728 页。

寺通淮戍，芜城枕楚墙。鱼盐桥上市，灯火雨中船。故老青葭岸，先知
处子贤。"①温庭筠是晚唐人，又由唐入蜀。进入五代时期，淮阴依旧是
一派繁荣的景象。

　　中唐以后，在强化东南漕运及榷盐的过程中，通济渠作为南北商道
为楚州淮阴郡社会发展带来了新的发展机遇。史称："天宝元年，改为
淮阴郡。乾元元年，复为楚州。旧领县四，户三千三百五十七。口一万
六千二百六十二。天宝领县五，户二万六千六十二，口十五万三千。"②
安史之乱后，楚州淮阴郡人口进入了增长期，其人口增长除了与黄河流
域的士民移居相关外，还与楚州淮阴郡成为江淮之间的重要商贸集散
地相关。这一时期，楚州商铺林立，外来人口增加，如新罗、日本等国的
商人或长住楚州淮阴郡，或途经淮阴郡，随后沿通济渠北上西入长安。
来自日本的遣唐使者或自淮河进入淮阴郡，或自扬州沿邗沟途经淮阴
郡继续北上。

　　在政区沿革的过程中，地处淮河下游的淮阴因地势低洼容易遭受
水灾，后移治山阳。顾祖禹论山阳成为楚州淮阴郡治所及历史沿革时
叙述道："汉临淮郡射阳县地，后汉属广陵郡，晋因之。义熙中置县，为
山阳郡治，以境内有山阳津而名。宋、齐及梁因之，后魏亦为山阳郡治。
隋废郡，寻为楚州治，大业初属江都郡。唐亦为楚州治。宋因之。绍定
初升山阳县为淮安军，端平初又改为淮安州，寻曰淮安县。德祐元年，
元人于马罗寨立山阳新城以逼淮安。明年淮安陷，仍曰淮安县。二年
以淮安并入山阳。明因之。"③隋王朝建立后，隋文帝废郡改州，将淮阴
郡改称"楚州"，隋炀帝即位后又改州为郡，恢复"淮阴郡"旧称。唐因
之，史有"楚州淮阴郡"④之说。在这中间，淮阴旧治因屡遭水患遂移治
山阳。

　　绍定（1228—1233）初年，宋理宗为防范金兵南下，重点加强淮河防
御，在山阳县建淮安军，端平元年（1234 年）又改淮安军为淮安州，至

① 温庭筠：《送淮阴孙令之官》，《全唐诗》第 17 册，中华书局 1960 年版，第 6745 页。
② 刘昫：《旧唐书·地理志三》，中华书局 1975 年版，第 1573 页。
③ 顾祖禹著，贺次君、施和金点校：《读史方舆纪要·南直四》，中华书局 2005 年版，第 1073 页。
④ 欧阳修：《新唐书·地理志五》，中华书局 1975 年版，第 1052 页。

此,淮阴作为州郡级建制已消失在"淮安"之中。

宋神宗一朝,黄河分数道入淮形成多条航线。宋人陈敏论述道:"楚州为南北襟喉,彼此必争之地。长淮二千余里,河道通北方者五:清、汴、涡、颖、蔡是也;通南方以入江者,惟楚州运河耳。北人舟舰自五河而下,将谋渡江,非得楚州运河,无缘自达。"①黄河水文变化引起淮河水文变化,不过,其变化区域主要集中在淮河以北,故楚州淮阴郡在江淮漕运中的地位依旧不变。

日本学者池田静夫据徐松《宋会要辑稿》统计道,宋神宗赵顼熙宁十年(1077年),全国商税超过十万贯的城市有三个,杭州名列第一,年征商税十七万三千余贯;北宋首都开封第二,年征商税十五万三千余贯;楚州第三,年征商税十一万三千余贯。商业税收的多少是衡量一个城市繁荣与否的重要标志,楚州淮阴郡成为北宋重要的商贸城市及走向繁荣,主要是在漕运、盐运、农业经济地位提升和参与到商品流通的过程中实现的。

北宋末年,楚州深受战火之祸。韩世忠出京东任淮东路宣抚处置使时,驻守楚州。为恢复其经济,采取了"抚集流散,通商惠工"②之策,经此,楚州淮阴郡的社会经济得到一定程度的恢复。时到南宋,因其成为南北政权攻守之地,故再度走向衰败。

第二节　漕督河督驻淮

唐宋以后,楚州淮阴郡(后称"淮安")凭借漕运及榷盐的区位优势再度崛起。元灭南宋以后,损益旧制,建立淮安路。史称:"唐楚州,又改临淮郡,又仍为楚州。宋为淮安州。元至元十三年,行淮东安抚司。十四年,改立总管府,领山阳、盐城、淮安、淮阴、新城、清河、桃园七县,设录事司。二十年,升为淮安府路,并淮安、新城、淮阴三县入山阳,兼

---

① 脱脱:《宋史·陈敏传》,中华书局1985年版,第12183页。
② 脱脱:《宋史·韩世忠传》,中华书局1985年版,第11365页。

领临淮府、海宁、泗、安东四郡,其盱眙、天长、临淮、虹、五河、赣榆、朐山、沭阳各归所隶。二十七年,革临淮府,以盱眙、天长隶泗州。户九万一千二十二,口五十四万七千三百七十七。领司一、县四、州三。州领八县。"①在政区沿革的过程中,淮安再度走向繁盛,主要与社会稳定、农业经济发展、以运河为漕运通道、商贸大道、以淮盐为输出商品等有着密切的关系。

淮安成为漕运要区,与元代建都大都后重视淮盐、兴修京杭大运河以及明成祖朱棣迁都北京及恢复漕运有直接的关系。起初,朱元璋建明王朝时定都应天府(今江苏南京),因元大都不再是漕运目的地,乃至于洪武二十四年(1391年)山东段运河会通河淤塞。明成祖定都北京后,只得实行海运或内河转运之策。永乐四年(1406年)"成祖命平江伯陈瑄督转运,一仍由海,而一则浮淮入河,至阳武,陆挽百七十里抵卫辉,浮于卫,所谓陆海兼运者也"②。然而,海运风险太大,此时的漕运成本太高,须绕道阳武(今河南原阳东南)经陆运即旱站转运后,才能再入运河北上。

永乐九年(1411年),明成祖下令疏浚会通河,试图重开京杭大运河,如有"工部尚书宋礼开会通河"③之说。永乐十三年,陈瑄在山阳境内开清江浦五十里航线,改善了江淮之间的通航条件。史称:"十三年,始罢海运。是年,平江伯陈瑄又开清江浦五十里,导湖水以达清口。自是东南之舟浮于邗沟,济于淮,溯于河、于汴、于沁、于泗、于沂、于汶,沿于会通,入于卫,溯于白,达于大通,至都城六十里。"④又称:"已而平江伯陈瑄治江、淮间诸河功,亦相继告竣。于是河运大便利,漕粟益多。十三年遂罢海运。"⑤在疏浚会通河的基础上开凿清江浦以后,明王朝开始停止海运,京杭大运河由此正式成为漕运通道,与此同时,淮安成为东南漕运的重要节点。

① 宋濂:《元史·地理志二》,中华书局1976年版,第1415—1416页。
② 张廷玉:《明史·河渠志三》,中华书局1974年版,第2080页。
③ 张廷玉:《明史·成祖纪二》,中华书局1974年版,第89页。
④ 杨宏、谢纯著,荀德麟、何振华点校:《漕运通志·漕职表》,方志出版社2006年版,第20页。
⑤ 张廷玉:《明史·宋礼传》,中华书局1974年版,第4205页。

明成祖罢海运以后,漕运呈现出逐步加强的势态。此时,无论是实行海运还是实行内河漕运时期都需要经淮安。淮安位于淮河南岸,海漕时期长江沿线的荆湖、江西等地的漕粮主要是经仪真(今江苏仪征)至淮安入淮河,再沿海北上。海漕由武官负责押运,如永乐元年三月,"平江伯陈瑄、都督金事宣信充总兵官,督海运,饷辽东、北京,岁以为常"①。从强化海漕的行为中可知,加强北方边防、抵御退到漠北的元王朝残余势力是当务之急。

罢海漕以后,漕运总兵官始专司内河漕运。明英宗天顺元年(1457年),黄河溃决影响到漕运,因此漕运总兵官又兼管河务,"总督漕运总兵官一人。永乐二年,设总兵、副总兵,统领官军海运。后海运罢,专督漕运。天顺元年又令兼理河道。"②

明代宗景泰二年(1451年)是明代漕运职官制度发生重大变化的一年。是年,副都御史王竑接手漕运事务,漕运总兵官始有"总督"之称,从此揭开了文官治漕的历史。王竑又兼巡抚淮安、扬州、庐州、凤阳等四府和徐州、和州、滁州等三州,从而扩大了漕运总督的管辖范围。"至景泰二年,因漕运不断,始命副都御史王竑总督,因兼巡抚淮、扬、庐、凤四府,徐、和、滁三州,治淮安。成化八年,分设巡抚、总漕各一员。九年复分设。十六年又复旧。嘉靖三十六年,以倭警,添设提督军务巡抚凤阳都御史。四十年归并,改总督漕运兼提督军务。万历七年加兼管河道。"③

王竑以后,明宪宗成化八年(1472年),漕运总督的权力一度缩小,"分设巡抚、总漕"。成化十六年(1480年),漕运总督的权力又恢复到景泰二年的水平;明世宗嘉靖三十六年(1557年),倭寇犯淮,添设提督军务巡抚凤阳都御史;嘉靖四十年(1561年),漕运总督又兼提督军务,权力进一步扩大;明神宗万历七年(1579年),漕运总督又兼理河道,其权重可谓达到了顶峰。当时,漕运总督兼理河道事务,黄河经颍水、涡水等六条水道侵淮,并拧成一股夺泗侵淮。

---

① 张廷玉:《明史·成祖纪二》,中华书局1974年版,第79—80页。

② 张廷玉:《明史·职官志五》,中华书局1974年版,第1871页。

③ 张廷玉:《明史·职官志二》,中华书局1974年版,第1774—1775页。

王竑以副都御史的身份治漕，虽有"总督"之称，但"漕运总兵官"旧称依旧存在。"明年四月，决口方毕工，而减水坝及南分水墩先败，已，复尽冲墩岸桥梁，决北马头，掣漕水入盐河，运舟悉阻。教谕彭埙请立闸以制水势，开河以分上流。御史练纲上其策。诏下尚书石璞。璞乃凿河三里，以避决口，上下与运河通。是岁，漕舟不前者，命漕运总兵官徐恭姑输东昌、济宁仓。及明年，运河胶浅如故。恭与都御史王竑言：'漕舟蚁聚临清上下，请亟敕都御史徐有贞筑塞沙湾决河。'有贞不可，而献上三策，请置水闸，开分水河，挑运河。"①"明年四月"，指景泰四年（1453年）四月。是时，王竑升任都御史，不再负责漕运，然此时负责漕运的徐恭依旧称"漕运总兵官"，故可知王竑驻节淮安是以"漕运总兵官"的身份开府的。此外亦可知，黄河决口直接牵涉运河和盐河即运盐河的安全，治河与治理运河及盐河是捆绑在一起的。

王竑驻节淮安，与部属同理漕运，如有"景泰二年始设漕运总督于淮安，与总兵、参将同理漕事"②之说。漕运总兵官即漕运总督领十二总即辖十二万漕军，漕军的规模与京操十二营军相当。宣德年间（1426—1435）规定，漕运总兵官及巡抚、侍郎每年八月赴京会议来年的漕运事宜；从万历十八年（1590年）起，漕运总督不再于每年的八月赴京面议，"漕司领十二总，十二万军，与京操十二营军相准。初，宣宗令运粮总兵官、巡抚、侍郎岁八月赴京，会议明年漕运事宜，及设漕运总督，则并令总督赴京。至万历十八年后始免。"③

继王竑之后，王廷瞻治漕兼巡抚凤阳诸府，"以右都御史出督漕运兼巡抚凤阳诸府"④。上任以后，王廷瞻发现陈瑄当年修筑的氾光湖堤工程年久失修，遂采纳李世达等人的建议，重修运道，恢复了淮河下游的盐场。史称："宝应氾光湖堤蓄水济运，平江伯陈瑄所筑也。下流无所泄，决为八浅，汇成巨潭，诸盐场皆没。淮流复奔入，势益汹涌前巡抚李世达等议开越河避其险，廷瞻承之。凿渠千七百七十六丈，为石闸

① 张廷玉：《明史·河渠志三》，中华书局 1974 年版，第 2082—2083 页。
② 张廷玉：《明史·食货志三》，中华书局 1974 年版，第 1922 页。
③ 张廷玉：《明史·食货志三》，中华书局 1974 年版，第 1922 页。
④ 张廷玉：《明史·王廷瞻传》，中华书局 1974 年版，第 5813 页。

三,减水闸二,石堤三千三十六丈,子堤五千三百九十丈,费公帑二十余万,八月竣事。诏旨褒嘉,赐河名弘济。进廷瞻户部尚书,巡抚如故。寻改南京刑部尚书。"①王廷瞻开渠后,大大地改善了淮盐生产及淮河下游的农业生产条件。

清代漕运继续驻节淮安,其原因与明代相同,淮安成为东南漕粮北上的中转总站,主要是因为有地理区位上的优势。

其一,像明王朝那样,清代漕运总督继续"掌佥选运弁、修造漕船、派拨全单、兑运开帮、过淮盘掣、催趱重运、查验回空、覈勘漂流、督催漕欠诸务"②等事务。"佥选运弁",是指签派领运漕粮的兵丁即屯丁。"修造漕船",指修理和制造漕船,船只修造地点主要有建在淮安的清江督造船厂等;"派拨全单",是指派发漕船起运的单据。"兑运开帮",指百姓提早将漕粮交付官军时须付相应的路费和耗米,随后再由官军集结粮船开行。"过淮盘掣",是说江西、湖南、湖北、江苏、安徽、浙江等地的漕粮须在淮安盘验,随后才能继续北上。盘验既是核准漕粮数额的过程,同时又是核定过淮日期的过程。明清两代,漕运江淮中转有淮安和扬州两大站,漕船及漕粮通过淮安及扬州的漕粮有严格的日期规定。"催趱重运",指趱重催空即沿岸地方官员有督促催运之责。"查验回空",是指检查回空漕船的情况。"覈勘漂流",是指查勘中途漕粮损失。"督催漕欠",是指催促各地上缴亏欠的漕粮。以上这些事务虽有专人掌管,但均受漕运总督的节制。

其二,从康熙二十一年(1682年)起,清代恢复了漕督每年入京述职的制度,故有"定粮艘过淮,总漕随运述职"③之说。因事职方面的缘故,漕运总督甚至可以干预涉及漕运事务的职官任用,"其直隶、山东、河南、江西、江南、浙江、湖广七省文武官吏经理漕务者皆属焉"④。咸丰五年(1855年),黄河自河南兰阳铜瓦厢决口北徙,转由利津(今山东东营利津)入海,至此漕运完全瘫痪。咸丰十年(1860年),漕督"节制江

---

① 张廷玉:《明史·王廷瞻传》,中华书局1974年版,第5813页。
② 赵尔巽:《清史稿·食货志三》,中华书局1977年版,第3576页。
③ 赵尔巽:《清史稿·职官志三》,中华书局1977年版,第3341页。
④ 赵尔巽:《清史稿·食货志三》,中华书局1977年版,第3576页。

北镇、道各官"①,主要与捻军犯淮相关,与漕运没有联系。

其三,漕运总督政治地位与掌行政权的总督、巡抚大体相同,且有举荐官员的权力。史称:"任官之事,文归吏部,武归兵部,而吏部职掌尤重。……在外官,惟督、抚廷推,九卿共之,吏部主之。布、按员缺,三品以上官会举。监、司则序迁。其防边兵备等,率由选择保举,付以敕书,边府及佐贰亦付敕。"②明代,外官升迁主要由督、抚推举,这里所说的"督"包括漕督。清代亦然,"初制,督、抚升迁离任时,荐举人才一次。……先是漕、河荐举例停。十二年,漕督帅颜保请复旧例,每年得举劾属吏示劝惩。部议行。因疏荐粮道范周、迟日巽、知县吴兴祚。诏擢兴祚福建按察使。"③

其四,清代漕运有一套严格的管理制度,凡工作不力者将受到惩处。"淮北、淮南沿河镇道将领,遇漕船入境,各按汛地驱行,如催趱不力,听所在督抚纠弹。江南京口、瓜洲渡江相对处,令镇江道督率文武官吏催促,并令总兵官巡视河干,协催过江。总兵裁,改由副将管理。"④在沿袭明制的前提下,清代漕运管理有了自身的特点。

其五,明清两代,漕运总督与河道总督均下辖水师营。"其漕、河水师营制,始于明代隆庆间。清代略更其制。以卫卒专司挽运漕粮,以营兵专任护漕,别设城守营守护城池。分漕院与巡抚为二,漕运总督标下,统辖左、右、中三营及城守四营,驻山阳境及漕运要地,分别置兵。淮郡旧为黄、淮二河交注之区,特建两大闸,设河兵及堡夫守之。河营遂与漕营并重,各有副将、参将、游击、守备等官。河营升迁之例,与军功等,专司填筑堤防之事,而缉捕之责不与焉。"⑤自明穆宗隆庆年间(1567—1572)创立漕、河水师营以后,清代略更其制,由卫卒承担运送漕粮任务,由营兵沿途护送,又设城守营守护仓城。此外,清代有意将漕院、巡抚一分为二,漕运总督统辖左、右、中三营及城守四营,驻山阳

① 赵尔巽:《清史稿·职官志三》,中华书局1977年版,第3341页。
② 张廷玉:《明史·选举志三》,中华书局1974年版,第1715页。
③ 赵尔巽:《清史稿·选举志四》,中华书局1977年版,第3183—3184页。
④ 赵尔巽:《清史稿·食货志三》,中华书局1977年版,第3577页。
⑤ 赵尔巽:《清史稿·兵志六》,中华书局1977年版,第3999页。

境及漕运要地。

其六,像明代那样,清代亦建立了巡漕御史制度。巡漕御史的职责主要是监察漕运中的问题,并提出建议或解决方案。史称:"雍正三年,巡漕御史张坦麟条上北漕事宜:一,自通抵津,沿河旧汛窎远,请照旱汛五里之例,漕船到汛,催漕官弁坐视阻抵不行申报者,依催趱不力例参处;一,沿途疏浅约十三四处,坐粮厅难以兼顾,请交各汛弁率役疏通,应销钱粮,仍令坐粮厅管理。从之。巡漕御史伊喇齐疏劾河南粮道提催之弊,巡抚尹继善亦疏请革除各州县呈送监兑押运官役陋规。凡漕船回空到省,未开兑之前,责成本省巡抚及粮道,既开兑出境,则责成漕督及沿途文武官吏,抵津后,责成仓场侍郎、坐粮厅及天津总兵、通州副将,严行稽查。有违犯者,捕获惩治。"①在监督漕运、纠正流弊等方面,巡漕御史作出了重要的贡献。

其七,清代漕运职官制度与明代大体相同,主要由粮储道、监兑、押运、趱运等文武官员构成,"总理漕事者为漕运总督,分辖则有粮储道。监兑押运则有同知、通判。趱运则有沿河镇道将领等官。"②

粮储道是征收和调运漕粮的派出机构,长官是道员,是漕运总督催督漕粮的助手。粮储道"山东、江安、苏松、江西、浙江、湖北、湖南各一。河南以开归盐驿道兼理"③,江安粮储道指设在江宁府的粮储道,主要负责征收江宁府、安徽等地的漕粮;苏松粮储道指设在常熟的粮储道,主要负责征收苏州、松江等府的漕粮。除了江南省设两个粮储道即江安、苏松粮储道外,其他五省均只有一个粮储道,甚至河南的粮储道由盐驿道兼理。粮储道执掌一省的粮储事务,"粮道掌通省粮储,统辖有司军卫,遴委领运随帮各官,责令各府清军官会同运弁、佥选运军。兑竣,亲督到淮,不得委丞倅代押。如有军需紧要事件,须详明督抚、漕臣,方许委员代行其职务。"④除此之外,"粮道押运三次,亦准督抚咨仓场侍郎送

---

① 赵尔巽:《清史稿·食货志三》,中华书局 1977 年版,第 3577—3578 页。
② 赵尔巽:《清史稿·食货志三》,中华书局 1977 年版,第 3576 页。
③ 赵尔巽:《清史稿·食货志三》,中华书局 1977 年版,第 3576 页。
④ 赵尔巽:《清史稿·食货志三》,中华书局 1977 年版,第 3576 页。

部引见。其员弁绅董随同押运到通，并准择尤保奖，以昭激劝"[1]，为此，出现了"其后各省大吏往往藉漕运保举私人，朝廷亦无由究诘也"[2]的局面。

监兑官主要由同知或通判一级的官员担任。监兑官负责"开兑"即漕船到水次仓提运漕粮等事务，"凡开兑，监兑官须坐守水次，将正耗行月搭运等米，逐船兑足，验明米色纯洁，面交押运官。"[3]"正耗"指漕粮有正米和耗米之分。正米指按田地科征的漕粮，各地累加起来共四百万石；耗米指为防止正米损耗而多交的部分，主要由随正米入仓和供运军沿途耗费等两个部分构成。从表面上看，入京的漕粮只有四百万石，但加上耗米，实际征收额远远超过四百万石。

苏松、浙江、江安、江西、湖北、湖南的漕船入江淮运河虽可走瓜洲或仪真，但均要到淮安接受盘验。一般来说，漕船在州县兑粮的时间为，或当年的冬季，或第二年的春季，与此同时，不同省份有不同的起运时间。具体地讲，各省的起运时间主要是根据航程远近、运河挑筑时间等决定的。淮安是漕运总督所在地，自然是盘验总站，为此，监兑官需要亲自督运到淮，并接受漕运总督的盘验，"粮船开行，仍亲督到淮，听总漕盘验。粮数不足、米色不纯者，罪之。道、府、厅不揭报，照失察例议处。意存袒护，照徇庇例议处。"[4]"开兑"以后，凡失察者或道、府、厅故意隐瞒不报者，将会受到处罚。起初，监兑官是由推官担任的，职官制度发生变化及裁去推官后，改为由同知或通判担任。不过，各地有不同的情况，在遵循这一总原则下又有具体的变化，"监兑，旧以推官任之。推官裁，改委同知、通判。山东以武定同知，东昌清军同知，济南、兖州、泰安、曹州四通判，济宁、临清两直隶州同；河南以归德、卫辉、怀庆三通判；江南以江宁、苏州督粮同知，松江董漕同知，凤阳同知，苏州、扬州、庐州、太平、池州、宁国、安庆、常州八管粮通判，太仓州临时添委丞倅一；浙江以湖州同知，杭州局粮通判，嘉兴通判；江西以南昌、吉安、

① 赵尔巽：《清史稿·食货志三》，中华书局 1977 年版，第 3577 页。
② 赵尔巽：《清史稿·食货志三》，中华书局 1977 年版，第 3577 页。
③ 赵尔巽：《清史稿·食货志三》，中华书局 1977 年版，第 3577 页。
④ 赵尔巽：《清史稿·食货志三》，中华书局 1977 年版，第 3577 页。

临江三通判;淮北、湘南每年于通省同知、通判内详委三员,监兑。"①

押运官负责本粮道的押运事务。起初,苏松、浙江、江安、江西、湖北、湖南各粮道督押漕粮至淮安接受盘验后再回任所。后来,由管粮的通判专司督押,并约束运军,防止中途发生侵盗、掺和杂物等,"押运本粮道之职,但粮道在南董理运务,无暇兼顾。江、浙各粮道,止令督押到淮盘验,即回任所。总漕会同巡抚遴委管粮通判一,专司督押,约束运军,防范侵盗挽和等弊。"②且根据规模确定押运官名额。再后来,嫌通判官卑职微,故恢复了粮道押运制度。时隔不久,再度恢复通判押运之制,"山东、河南通判各一,江南七,浙江三,江西二,湖北、湖南各一。后因通判官卑职微,复令粮道押运。其漕船回空,仍令通判管押。过淮必依定限,如有迟误,照重运违限例议处。江南、浙江、江西寻复通判押运之制。"③押运同知或通判运粮抵通州后,须出具粮米无亏印结。如果粮道押运三次至通州,须由仓场侍郎送户部引见,"押运同知、通判抵通后,出具粮米无亏印结,由仓场侍郎送部引见。粮道押运三次,亦准督抚咨仓场侍郎送部引见。其员弁绅董随同押运到通,并准择尤保奖,以昭激劝。"④没想到的是,因此出现了"其后各省大吏往往藉运保举私人,朝廷亦无由究诘也"⑤的局面。趱运主要由沿河镇道将领等负责,因与明代一致,这里不再赘述。

明代,河道总督的全称是总理河漕兼提督军务,专司治理黄河事务。然而,河督亦参与漕路治理,主要是因为自江淮北上的徐州至清口航段须走黄河,故河督与漕督的事职多有交叉。

明代治河是与重开会通河联系在一起的。永乐九年(1411年),工部尚书宋礼奉命重开会通河时,侍郎金纯承担了疏浚贾鲁河及会通河航道的主要工作。"永乐九年遣尚书治河,自后间遣侍郎、都御史"⑥,是指宋礼主持重修会通河的全面工作,金纯负责疏浚贾鲁河及会通河航

---

① 赵尔巽:《清史稿·食货志三》,中华书局1977年版,第3576—3577页。
② 赵尔巽:《清史稿·食货志三》,中华书局1977年版,第3577页。
③ 赵尔巽:《清史稿·食货志三》,中华书局1977年版,第3577页。
④ 赵尔巽:《清史稿·食货志三》,中华书局1977年版,第3577页。
⑤ 赵尔巽:《清史稿·食货志三》,中华书局1977年版,第3577页。
⑥ 张廷玉:《明史·职官志二》,中华书局1974年版,第1775页。

道。疏浚贾鲁河的原因是,黄河形成黄陵冈、荆隆口(金龙口)、孙家渡、张秋(今山东阳谷张秋)等溃溢区后,淤塞了会通河三分之二的航道。在宋礼重点兴建南旺引水和分水工程时,金纯疏浚了黄河和贾鲁河及恢复了会通河航道。自元代开会通河以后,黄河、贾鲁河、清河等与会通河形成了错综复杂的关系。入明以后,黄河溃溢后泥沙在上流淤塞贾鲁河,在下流淤塞会通河已常态化,这样一来,重开会通河的必要条件是疏浚黄河及贾鲁河。

成化(1465—1487)以后,治河第一大员始有"总督河道"之称,"成化后,始称总督河道。正德四年定设都御史。嘉靖二十年以都御史加工部职衔,提督河南、山东、直隶河道。隆庆四年加提督军务。万历五年改总理河漕兼提督军务"[1];从明武宗正德四年(1509年)起,河督领都御史衔;明世宗嘉靖二十年(1541年),河督又以都御史加工部尚书衔提督河南、山东、直隶三地的河道;明穆宗隆庆四年(1570年),河督又提督军务;明神宗万历五年(1577年),因借黄行运,河督改称总理河漕兼提督军务。在事职变化中,河督的权力处于不断加大的状态,甚至达到了与漕督权力相当的水平。

清代河道总督品秩与明代相同,为从一品,"河道、漕运总督视总督"[2]。乾隆十八年(1753年)以后发生变化,"以漕运、河道总督无地方责,授衔视巡抚"[3],巡抚品秩为从二品,品秩在总督之下。

与明代相比,清代河道总督驻所多有变化,如顺治元年(1644年),河道总督驻节济宁(今山东济宁);康熙十六年(1677年),移治清江浦(今江苏淮安清江浦区)。不过,治河的关键区域与明代基本相同,以河南、山东、直隶为要区。清代特别重视黄河的治理,早在开国之初即顺治元年,已"置总河"即河道总督。

治河保运是大事,清代治河主要分为三段,一是江南河道即徐州以南的河道设置南河总督;二是山东、河南设置北河总督;三是直隶河道则由直隶总督兼管。由于治河与保漕运联系在一起,所以河道总督又

① 张廷玉:《明史·职官志二》,中华书局 1974 年版,第 1775 页。
② 赵尔巽:《清史稿·舆服志四》,中华书局 1977 年版,第 3096 页。
③ 赵尔巽:《清史稿·职官志三》,中华书局 1977 年版,第 3337 页。

掌治河渠、疏浚堤防等事务。史称:"河道总督,江南一人,山东河南一人。直隶河道以总督兼理。掌治河渠,以时疏浚堤防,综其政令。营制视漕督。顺治元年,置总河,驻济宁。康熙十六年,移驻清江浦。二十七年,还驻济宁,令协理侍郎开音布等驻其地。三十一年,总河并驻之。三十九年,省协理。四十四年,兼理山东河道。雍正二年,置副总河,驻武陟,专理北河。七年,改总河为总督江南河道,驻清江浦,副总河为总督河南山东河道,驻济宁,分管南北两河。八年,增置直隶正、副总河,为河道水利总督,驻天津。自是北河、南河、东河为三督。九年,置北河副总河,驻固安,并置东河副总河,移南河副总河驻徐州。十二年,移东河总督驻兖州。乾隆二年,省副总河。厥后省置无恒。十四年,省直隶河道总督。咸丰八年,省南河河道总督。光绪二十四年,省东河河道总督,寻复置。二十八年又省,河务无专官矣。"①总河治所迁至清江浦,是因为黄淮交汇处的清口(在今江苏淮阴码头镇)成为治河保运的要区。此后,总河治所虽然一度"还驻济宁",但很快又迁至清江浦。清世宗雍正二年(1724年),设副总河,驻节武陟(今河南焦作武陟),专理北河。治理北河的主要原因是从中上游治理黄河,防止黄河侵入漕路。

雍正七年,河道总督改称总督江南河道,名称发生变化,是为了更好地协调治河与漕运的关系;与此同时,河督继续节制山东、河南等地的河道事务。雍正八年,又增置直隶正、副总河,驻节天津。经此,形成北河、南河、东河三督。从乾隆二年(1737年)撤副总河建制开始,河道总督权力开始缩小。具体地讲,乾隆十四年(1749年)撤直隶河道总督;咸丰八年(1858年),省南河河道总督;光绪二十四年(1898年),又省东河河道总督。此后,东河总督虽一度复置,但很快再次省去,乃至于后来出现"河务无专官矣"的局面。

康熙十六年,将河道总督衙门从济宁迁至清江浦后,此时,漕运总督衙门与河道总督衙门相距仅20余里。清代,全国行政区域划有18个行省,有10个总督负责政区事务。漕运总督和河道总督虽然不管行政,但其权力绝不在行政总督之下。淮安同时有两个总督,增强了淮安

---

① 赵尔巽:《清史稿·职官志三》,中华书局1977年版,第3341页。

府的政治地位。黄河全河夺泗至清口入淮以后,淮安成为治河保漕运的要区。因"河务不得其人,必误漕运"①,这一行为表明治河必须以保漕运为先。靳辅任河道总督后,将衙门设在清江浦,为其政治地位的提升铺平了道路。雍正七年(1729 年),又改河道总督为江南河道总督。

河道总督改称江南河道总督及驻节清江浦的意义是,以清江浦为圆心,向南北两个方向展开,北至徐州、南至扬州河是治理河道保漕运的重点区域。因河督驻节清江浦,清江浦从此成为大运河沿线上的重镇。此时,掌控漕运的最高机构漕运总督府设山阳(淮安府治所),治河保漕运的最高机构河道总督府设在清江浦,从而提高了淮安的政治地位。

清代建立总督制,由 8 位总督管理 18 个行省,由漕运总督管理漕运事务,河道总督管理治河保漕运等事务,共有 10 个总督负责行政及关乎国计民生的大事②。然而,淮安一地设有两个总督府,且官秩与其他 8 位总督相当,如有"河道、漕运总督视总督"③之说。漕督和河督同时驻节淮安,提升了淮安的政治地位。康熙晚年自我评价时,认为一生最自豪的事情有三件,一是平定三藩;二是治理黄河;三是整顿漕运。"朕听政后,以三藩及河务、漕运为三大事,书宫中柱上。河务不得其人,必误漕运。"④治河虽说与黄河泛滥祸及民生相关,但包含了保漕运的内容。黄河夺泗入淮后,因保漕运与治河联系在一起,这样一来,三件大事中,有两件与淮安相关。

从时间上看,三藩之乱始于康熙十二年(1673 年),历时 8 年,至康熙二十年平定。与之相比,治河和漕运却几乎贯穿于清王朝兴亡的始终。史称:"粮艘南自仪征、瓜洲二江口入运河,出河口由黄河入会通河,出临清北接卫河,至直沽溯潞河,达于京、通仓。而山阳特设大臣督漕事,凡湖广、江西、浙江、江南之粮艘衔尾而至山阳,经漕督盘查,以次

---

① 赵尔巽:《清史稿·靳辅传》,中华书局 1977 年版,第 10112 页。
② 清代除 8 位总督管理 18 个行省的事务外,又在东北、外蒙古、新疆设立 5 个将军辖区,光绪三十三年(1907 年)改盛京将军为东三省总督。
③ 赵尔巽:《清史稿·舆服志四》,中华书局 1977 年版,第 3096 页。
④ 赵尔巽:《清史稿·靳辅传》,中华书局 1977 年版,第 10122 页。

出运河,虽山东、河南粮艘不经此地,亦皆遥禀戒约,故漕政通乎七省,而山阳实咽喉要地也。"①淮安成为漕运要区及榷盐重镇以后,其政治、经济地位得到了全面的提升。史称:"漕督居城,仓司屯卫,星罗棋布,俨然省会。"②又称:"河督开府清江浦,文武厅营,星罗棋布,俨然一省会。"③漕运总督和河道总督同时驻节淮安,致使淮安虽无省会之名,但有省会之实。

第三节 淮安钞关及漕船土宜

明清两代,淮安社会经济的发展发生在漕运和淮盐集散的背景下。这一时期,以运河为大交通线,在重点发展漕运的基础上进行商贸,淮安在商货集散的过程中大大地增强了经济实力,乃至于城市规模得到迅速扩张。先在淮安旧城以外建造了新城,又在老城与新城结合处建造了夹城,进而形成三城相连之势。

漕运的主要目的是保障京师的需求和安全。运河除了担负漕运使命外,同时也是商品及货物流通的大通道。唐宋以后,为了增加国家财政收入,在漕运通道的关键处建立了征收商税的关卡。时至明清,在这些关卡的基础上又建立了专门征收商税的钞关,并规定了征收商税的额度。

钞关是中央政府在漕运通道上设立的税收机构,又称"榷关",建钞关的目的是倡导使用纸币及疏通钞法。宣德四年(1429 年),明宣宗推行钞法,出现了"由商居货不税,由是于京省商贾凑集地、市镇店肆门摊税课,增旧凡五倍"④的效果。为此,"委御史、户部、锦衣卫、兵马司官各

---

① 张云锦修,吴昆田、高延第纂:《光绪淮安府志·漕运》,《中国地方志集成·江苏府县志辑》第 54 册,江苏古籍出版社 1991 年版,第 99 页。

② 段朝端等纂:《民国续纂山阳县志·疆域》,《中国地方志集成》第 55 册,江苏古籍出版社 1991 年版,第 313 页。

③ 孙云锦修,吴昆田、高延第纂:《光绪淮安府志·疆域》,《中国地方志集成·江苏府县志辑》第 54 册,江苏古籍出版社 1991 年版,第 26 页。

④ 张廷玉:《明史·食货志五》,中华书局 1974 年版,第 1976 页。

一,于城门察收。舟船受雇装载者,计所载料多寡、路近远纳钞"①,设立了钞关。起初,钞关在漕路上建有漷县、济宁、徐州、淮安、扬州、上新河、浒墅、九江、金沙洲、临清、北新等13座,其中九江、金沙洲在长江航线上。几经改革,到了明神宗万历六年(1578年),存崇文门、河西务、临清、淮安、扬州、浒墅、北新、九江等关,除九江关继续建在长江漕路上之外,其他7座均建在大运河沿线。

在这8座钞关中,淮安钞关无疑是重要的,之所以重要,是因为淮安钞关征收的商税明显高于其他钞关。钱穆先生论述道:"万历六年,各地商税课钞数,南直各府、州(江苏安徽全境)全数达一千三四百万贯,殆占全国四分之一。而淮安一府独有二百余万贯。"②一般来说,一个地区或城市征收的过路商税基本上是恒定的,从征收过境船税超过其他城市的情况看,当知淮安是大运河沿岸重要的商贸城市。

淮安地处京杭大运河的中段,特殊的地理区位为在淮安建立钞关提供了先决条件。淮安钞关,又有"淮关""榷关"等称,治所在山阳板闸镇(今江苏淮安板闸)。史称:"宣德四年,令南京至北京沿河漷县、临清、济宁、徐州、淮安、扬州、上新河客商辏集处,设立钞关。收船料钞。……淮之钞关疑立于是年。"③以此为参照,似可知淮安钞关始建于明宣宗宣德四年(1429年)。

初建钞关的目的是征收船税,其中,临清关和杭州关兼收货税。起初,钞关收税范围较窄,"量舟大小修广而差其额,谓之船料,不税其货。惟临清、北新则兼收货税,各差御史及户部主事监收。自南京至通州,经淮安、济宁、徐州、临清,每船百料,纳钞百贯。"④船税以载运商货的船户为征课对象,按照船只运载量分等课税。"料"是古代的计量单位,初指造船时所用木料,一根木料通常在5—6米之间,直径约二三十公分,其浮力为300多斤,在此基础上折算为船只运载计量单位。建钞关以

---

① 张廷玉:《明史·食货志五》,中华书局1974年版,第1976页。
② 钱穆:《国史大纲》,商务印书馆1999年版,第722页。
③ 马璘修、杜琳等重修,李如枚续修,荀德麟等点校:《续纂淮关统志》,方志出版社2006年版,第45页。
④ 张廷玉:《明史·食货志五》,中华书局1974年版,第1976页。

后,规定商运分为五段,一段为南京至淮安段,一段为淮安至徐州段,一段为徐州至济宁段,一段为济宁至临清段,一段为临清至通州段等。规定凡一百料运载量的船只,经此五段中的任何一段必须纳纸钞一百贯,如果以南京为起点,以北京为终点,一百料载重量的船只则最多征收五百贯。

一般来说,商税多少是衡量一个地区商品经济发达程度的重要指标,其中,商货过境量的多少是衡量一个地区商品流通的标志之一。当淮安钞关成为大运河航线最重要的税收机构时,可以说,淮安社会经济繁荣是在建构大运河大交通的过程中实现的。淮安钞关征收税额超过其他各关,从一个侧面可以证明淮安是一个依托运河而兴起的城市。

淮安钞关的税收主要由四个部分构成,一是民船参与漕运时的过境税;二是商船经过淮安时的过境税;三是漕船超额夹带的货物税;四是自淮安出境的盐船税。如果说淮安钞关税收的前面三项与其他钞关完全相同的话,那么最后一项则是淮安及扬州两所钞关仅有的,这一区域恰好是淮扬区域及淮盐产区。如以商船进出淮安为例,假定商船在大运河上单向驶的船只也像漕船那样为1.1万多艘的话,则可知商船在大运河商品流通中扮演更为重要的角色。当商船途经淮安进行商品输入或输出等经济活动时,在一定程度上增强了淮安商品集散及向外辐射的能力。以运河为交通干线,商人辗转于全国各地,从而出现了"燕赵、秦晋、齐梁、江淮之货,日夜商贩而南;蛮海、闽广、豫章、南楚、瓯越、新安之货,日夜商贩而北"①的流通局面。在这一过程中,商船到淮安运盐及周边转运各类商货,淮安获得了优先发展的机遇。

清初,运河七关全部保留,沿袭了明代税收制度,后来又在沿海沿江设置税关,钞关遂增至20多个。从康熙到嘉庆的100多年中,运河钞关税收虽然多有增长,但与全国征收的关税相比,其额度比重已开始明显下降,即从清初的百分之五十下降到百分之三十左右。之所以出现这一情况,是因为沿海沿江税关地位上升,而运河钞关地位下降。

明清两代,为了减少漕运费用的支出,特允许漕船携带土宜(土特

---

① 李鼎:《李长卿集》卷一九《借箸编·永利》,万历四十年豫章李氏家刻本。

产)沿途贩卖等,这些对于促进商品流通起到了重要作用,同时也对沿运城市的繁荣起到了推动作用。如清世宗雍正九年(1731年),江西巡抚谢明上奏云:"再查定例,每只粮船准带土宜一百担,头舵水手人等亦准带二十六担,统计粮船七千只约带土宜一百万担。南北货物多于粮船带运,京师藉以利用,关税藉以充足,而沿途居民藉此以为生理者亦复不少。若一停运,则虽有行商贩卖贸迁,未必能多货物,必致阻滞,关税亦恐不无缺少。"①通过附载物货等,加强了南北商货的流通。包世臣亦记载道:"南货附重艘入都,北货附空艘南下,皆日用所需,河之通窒则货之贵贱随之。"②漕船附载的物货以手工业制品为主,主要有丝绸制品、棉纺织品、油类、酒类、干鲜果品、各种糕点、纸张、竹木藤器、铁铜器、药材及杂货等,由北而南主要是农产品及农副产品③。在南来北往的过程中,商船与漕船一道,为商品及货物流通作出了巨大的贡献,同时也为运河沿线的城市及乡镇的兴起奠定了坚实的基础。可以说,运河沿线城市及乡镇成为著名的商品及货物集散地,成长为消费城市,是在以运河为主要交通形式的过程中出现的。

这里先姑且不论商船在南北商品流通中的作用,仅从漕船附载物货一事中,便可以窥知运河在商品流通中的特殊地位。

一般认为,明代允许漕船附载货物始于明仁宗洪熙元年(1425年),如有"令官军运粮船内许附载物货,资给盘剥折耗之费"④之说。其实,附载物货的制度,早在洪武(1368—1398)时已经实行,此后又不断地得到重申。史称:"先,洪武中,令许运粮船附己物自给,官司毋得阻挡。成化二十二年,都御史马文升申明之。天顺八年,令运军一名免除丁一名帮贴,不许别差,如本户无闲丁,于屯种摘拨余丁运粮者,亦于本店内摘除屯操一丁。参将杨茂议也。"⑤起初,允许漕船附载免税物货是为了改善运军的生活,但伴随着数量越来越大,带来的结果则是在一定

① 世宗胤禛:《世宗宪皇帝朱批谕旨》,《四库全书》第422册,上海古籍出版社1987年版,第282页。
② 包世臣:《中衢一勺》卷二,《丛书集成初编》,中华书局1985年版,第55页。
③ 杨锡绂:《漕运则例纂·轻赍则例》,《四库未收书辑刊》第1辑第23册,北京出版社1997年版,第358—380页。
④ 杨宏、谢纯著,荀德麟、何振华点校:《漕运通志·漕例略》,方志出版社2006年版,第110页。
⑤ 杨宏、谢纯著,荀德麟、何振华点校:《漕运通志·漕例略》,方志出版社2006年版,第110页。

程度上促进了商品流通。

漕船附载的物货主要是土特产，这些土特产又称"土宜"。"运船之数，永乐至景泰，大小无定，为数至多。天顺以后，定船万一千七百七十，官军十二万人。许令附载土宜，免征税钞。孝宗时限十石，神宗时至六十石。"①如果以每艘漕船可带十石免税土特产计算的话，明孝宗弘治年间（1488—1505），每年从淮安过境或入境的土特产起码有 11 万多石；明神宗万历年间（1573—1620），从淮安过境或入境的土特产大约在 70 万石以上，这一庞大的数量从一个侧面说明了漕船附载是一个巨大的数额。

清袭明制，"例带土宜"以 60 石为准，清世宗雍正七年（1729 年）以后，呈大幅增长的态势。史称："凡漕船载米，毋得过五百石。正耗米外，例带土宜六十石，雍正七年，加增四十，共为百石，永著为例。旋准各船头工舵工人带土宜三石，水手每船带土宜二十石。嘉庆四年，定每船多带土宜二十四石。"②雍正七年放宽政策，规定每艘漕船可捎带免税土宜 100 石。此后又进一步放宽政策，规定漕船头工、舵工二人可多带土宜 3 石，水手可多带土宜 20 石，这样一来，一艘漕船可附带的土宜可达 126 石③。清仁宗嘉庆四年（1799 年），又允许多带 24 石，加上原来的 126 石，共计 150 石。如果以 1.17 万艘漕船为基数的话，可知每年经淮安入境的免税土特产就有 170 多万石。这里只是就漕船单向航行时捎带的免税商货而言，还有以下五个方面的货物完全没有计算在内：一是不包括沿途集散并补充的新货；二是不包括漕船返程时运载的货物；三是不包括官船（公船、座船、坐船）捎带的免税货物；四是不包括漕船放空返航时以官船的名义运载的货物；五是不包括民船或商船以官船的名义运往各地的商货。

与漕船额定的附载免税物货相比，官船或以官船的名义运载的免税商货或民船自然是大宗。明清两代的官船主要有两项职能，一是负

---

① 张廷玉：《明史·食货志三》，中华书局 1974 年版，第 1921 页。
② 赵尔巽：《清史稿·食货志三》，中华书局 1977 年版，第 3584 页。
③ 杨锡绂：《漕运则例纂·重运揽载》，《四库未收书辑刊》第 1 辑第 23 册，北京出版社 1997 年版，第 661 页。

责大运河治安及监督漕运;二是为入京述职或离京上任的官员及家眷提供免费服务。因官船享有免检权,商家或民船为了逃避税收往往采取随船搭载商货。与此同时,商船或民船运载南北商货时,往往采用搭载官员及家眷等手段来获取免税权。对此,前人多有认识。

为了充分地说明这一问题,现引明代拟话本阐述明之。冯梦龙记载道:"原来大凡吴、楚之地做官的,都在临清、张家湾雇船,从水路而行,或径赴任所,或从家乡而转,但从其便。那一路都是下水,又快又稳,况带着家小,若没有勘合脚力,陆路一发不便了。每常有下路粮船,运粮到京,交纳过后,那空船回去,就揽这行生意,假充座船,请得个官员做舱,那船头便去包揽他人货物,图个免税之利,这也是个旧规。"①临清在山东境内,是著名的水陆码头。张家湾在通州境内,也是著名的水陆码头。民船运粮到目的地,空船返回时往往会请官员坐舱,以便包揽货物,图个免税。冯梦龙又写道:"原来坐船有个规矩,但是顺便回家,不论客货私货,都装载得满满的,却去揽一位官人乘坐,借其名号,免他一路税课,不要那官人的船钱,反出几十两银子送他,为孝顺之礼,谓之坐舱钱。"②原来,民船或商船充当坐船即座船可以免税,故受到追捧。明代,淮安是官员以民船为座船的出发地。故冯梦龙记载道:"且说蔡武,次日即教家人蔡勇,在淮关写了一只民座船,将衣饰细软,都打叠带去。"③这里所说的淮关是指淮安钞关,官员上任为了节约费用往往会雇用民船,并从淮关出发。文学反映了社会生活,小说虽多有虚构成分,但所叙述事件却揭示了民船、商船及官船运载时的货物免税情况。进而言之,在漕运的过程中,商人通过利用相关的规则获取了免税权,促进了商品流通。可以说,运河沿岸城市成为商品经济繁荣的城市,与大运河促进商品流通有着密切的关系。

清代,经大运河流转的免税商货究竟有多少?前人有不同的说法。李文治、江太新两位先生的论述值得关注:"仅就通过漕船转运的商品而论,数额之大已十分可观。漕船只数因时期而不同。清初为一万多

---

① 冯梦龙:《醒世恒言·蔡瑞虹忍辱报仇》,江苏古籍出版社 1991 年版,第 811—812 页。
② 冯梦龙:《警世通言·苏知县罗衫再合》,江苏古籍出版社 1991 年版,第 135—136 页。
③ 冯梦龙:《醒世恒言·蔡瑞虹忍辱报仇》,江苏古籍出版社 1991 年版,第 795 页。

只。后经裁并，雍正四年(1726)为6406只，乾隆十八年(1753)为6969只，道光十九年(1839)为6326只。此外还有大量商船穿梭来往其间，船数无法统计。南方的木材、云南的铜铅，沿运各地区的工农业产品及土特产品，多依靠这条水上运输线转运。其中的一部分或者说相当大的一部分即靠漕船携带运输。"①随后又论述道："漕船以道光朝的6326只计，由南而北往返一次，所带各种商货，包括自己所带土宜和附载客商货物合计，可能到600—700万石乃至800—900万石。"②清初的漕船与明代大体相当，经过裁并，道光年间的漕船只有6300多艘，在漕船总额减少的背景下，每年由漕船运输的免税商货，其下限为600万石，其上限为900万石，与商船及商家雇用的民船相比，漕船运载的免税货物自然是有限的，尽管如此，已可见漕运在商品流通中的巨大作用了。

漕船夹带土宜之所以蔚然成风，主要原因是"贸易土宜，利倍十一"③。清世宗雍正感慨道："若就粮艘之便，顺带货物至京贸易，以获利益，亦情理可行之事。"④各地商货除了集中到京城集散外，漕运中转地或沿岸城市也是重要的集散场所。与其他区域相比，淮安既是漕运重镇，又是淮盐集散地，势必会成为各地商贾云集之地。具体地讲，一是淮安是漕运中枢，漕粮北输须经淮安仓中转；二是淮安是淮盐集散地；三是漕船北上须在淮安靠岸等候盘验；四是过境或入境的商船及民船须在淮安缴纳税收，还有大量的免税商品及货物须在淮安出境或入境。这些情况结合在一起，巩固了淮安在商品流通中的地位，为淮安成为商品集散中心创造了其他区域无法比拟的条件。

过境或入境商品的多少，是衡量一个区域或城市繁荣的重要指标。明代实行"禁海"之策，京杭大运河是商品流通的主要通道。在明宣宗宣德四年(1429年)设钞关以前，沿大运河征收商税的情况不太清楚，不过，宣德四年以后可以从钞关征收船税及商税等方面了解到大体的情况。

① 李文治、江太新：《清代漕运》，社会科学文献出版社2008年版，第378页。
② 李文治、江太新：《清代漕运》，社会科学文献出版社2008年版，第382页。
③ 嵇璜、刘墉：《清通典·食货·漕运》，浙江古籍出版社1988年版，第2083页。
④ 中国第一历史档案馆：《清实录·清世宗实录》第八册，中华书局1986年版，第71页。

综上所述，以大运河为交通主干线，淮安的社会经济发展呈现出前所未有的态势。这一时期，淮安社会经济走向繁荣主要有四个支撑点：一是在漕运的带动下，在入境和出境的过程中提升了淮安商品输入和输出的能力；二是淮盐集散及销售中心地位的确认，进一步扩大了淮安对外经济交往的能力；三是大量的外来人口常住或临时居住淮安，扩大了淮安的消费市场；四是官办造船业促进了淮安新兴手工业的发展，新兴手工业市场形成后进一步增强了淮安商品输出的能力。可以说，这四个方面相辅相成，全面地展示了专制社会时期淮安经济繁荣的景象。

第四节　外来人口及消费

明清两代，淮安社会经济发展特别是商贸走向繁荣，主要与外来人口的增长相关。在这中间，淮安作为漕运重镇，官府衙门林立，增加了淮安的外来人口。更重要的是，晋商、陕商、徽商等入住淮安或到淮安经商，官办造船厂招募技术工人入淮，不同区域的小生产者入淮从事手工业，等等，这些外来人口涌入淮安，改变了淮安的人口结构。

史家叙述明代淮安府户籍人口时写道："洪武二十六年编户八万六百八十九，口六十三万二千五百四十一。弘治四年，户二万七千九百七十八，口二十三万七千五百二十七。万历六年，户一十万九千二百五，口九十万六千三十三。"①明代淮安府下辖二州共九县，以山阳为治所，其中，山阳、清河、盐城、安东、桃源、沭阳等六县由淮安府直接管辖，赣榆归海州节制，宿迁、睢宁归邳州节制。明洪武二十六年（1393 年），淮安府的户籍人口为 63 万，弘治四年（1491 年）一度下降，万历六年（1578年）又增至 90 万。

清初沿袭明制，清世宗雍正二年（1724 年），升海州、邳州为直隶州，从表面上看，淮安政区多有缩小，不过海州等继续由淮安府代管。史称："顺治初，因明制，州二，县九。雍正二年，升海、邳为直隶州，赣

---

① 张廷玉：《明史·地理志一》，中华书局 1974 年版，第 915 页。

榆、沭阳属海，宿迁、睢宁属邳。九年，析山阳、盐城地置阜宁。"①雍正二年，调整政区后淮安府下辖五县；雍正九年，析山阳、盐城两县建阜宁县，淮安辖区由五县增至六县。乾隆年间，淮安府"六县实在充饷当差人丁二十五万一千四百三十四丁"②，如果以一户两丁计算的话，那么，淮安府六县人口应50万出头。如果以一户二点五丁计算的话，应为60万出头。然而，鄂喜写下了"淮郡三城内外，烟火数十万家"③之语，所谓"淮郡三城"是指淮安府治所山阳建新城后，形成了旧城、夹城和新城三城相连之势。按照这一说法，仅山阳一地的常住人口便高达"数十万家"。由此提出的问题是，是否此时的山阳集中了淮安府一半以上的人口呢？很显然，这种说法不妥。那么，山阳为什么会有"数十万家"人口呢？对此，前人有"两淮当南北之中，幅员数千里，水陆都会，舟车辐辏，四方豪商大贾鳞集麇至，侨户寄居者不下数十万"④之说，以此为线索，当知明清两代淮安人口快速增长，主要是因外来人口入淮造成的。

外来人口涌入淮安以后，改变了原有的人口结构。那么，淮安的常住人口或流动人口有哪些基本构成呢？现分述如下。

其一，中央派出机构如漕运总督府、工部分司、户部分司、淮安钞关等驻节淮安，增加了淮安的常住人口。庞大的漕运机构及为漕运服务的机构驻节淮安，改变了淮安的人口结构。"夏秋之交，粮艘衔尾入境，皆停泊于城西运河，以待盘验。"⑤明清两代，到淮安等候查验北上的漕船多则达1万多艘，少则也有6000多艘，如此之多的漕船到淮安等候通行，仅那些为漕运服务的杂役人员如盘掣（搬运牵引）、催攒（催运）、查验漕粮等就是一个庞大的群体。

其二，淮安既是漕运重镇，同时又是重点设防的城市，为了加强守卫，淮安境内驻扎了大量的军队。如明代为漕运服务的漕军通常在12

① 赵尔巽：《清史稿·地理志五》，中华书局1977年版，第1985—1986页。

② 卫哲治等修，叶长扬纂，荀德麟等点校：《乾隆淮安府志·赋役》，方志出版社2008年版，第408页。

③ 鄂喜：《宽减米价》，马麟修，杜琳重修，李如枚续修，荀德麟等点校：《续纂淮关统志》，方志出版社2006年版，第21页。

④ 卫哲治等修，叶长扬等纂，荀德麟等点校：《乾隆淮安府志·盐法》，方志出版社2008年版，第470页。

⑤ 段朝端等纂：《民国续纂山阳县志·疆域》，《中国地方志集成》第55册，江苏古籍出版社1991年版，第313页。

万人左右，其中，淮安是漕兵驻扎的重要区域，"运船之数，永乐至景泰，大小无定，为数至多。天顺以后，定船万一千七百七十，官军十二万人。"①淮安是漕运总督的治所，12万漕兵虽说是负责京杭大运河全线的押运等事务，但淮安是东南漕运的重镇，是重点设防城市，因此有大量的漕兵和负有其他职能的军队常驻此地，"漕运总督统辖各卫所外，复统辖旗、绿、漕标三营，兼辖淮安城守等营。"②旗营、绿营、漕标营等驻扎淮安城内外，增加了淮安常住人口。据《乾隆淮安府志》记载，清高宗乾隆年间(1736—1795)，设在淮安的军衙分别有漕标中镇副总兵兼管中营署、中军都司署、左营游击署、左营守备署、右营游击署、右营守备署、城守营参将署、城守营守备署、淮安卫守备署、大河卫守备署等③。这些军衙或直接为漕运及治河服务，或为守卫淮安服务，由此构成了庞大的消费群体。

其三，淮安地处黄、淮、运交会之处，是保漕运的关键地带。其中，自东南北上的漕船必经淮安，同时也必须在淮安盘验后才能渡淮继续北上，因此，需要大量的为漕运服务的衙役及相关人员。更重要的是，明清两代，淮安治河治淮保运工程长年不断，各地民工来到淮安或周边地区需要淮安提供后勤保障。特别是康熙十六年(1677年)河道总督府移治清江浦以后，清口及淮安成为保漕运的要区。史称："夫黄河南行，淮先受病，淮病而运亦病。由是治河、导淮、济运三策，群萃于淮安、清口一隅，施工之勤，糜帑之巨，人民田庐之频岁受灾，未有甚于此者。盖清口一隅，意在蓄清敌黄。然淮强固可刷黄，而过盛则运堤莫保，淮弱末由济运，黄流又有倒灌之虞，非若白漕、卫漕仅从事疏淤塞决，闸漕、湖漕但期蓄泄得宜而已。"④保漕运的关键是，通过重点治理清口，以达到治黄疏淮通运的目的。进而言之，清口是黄、淮、运交汇处，重点治理可以从根本上解决漕运中遇到的问题。时至清代，朝廷上下形成了

① 张廷玉：《明史·食货志三》，中华书局1974年版，第1921页。
② 赵尔巽：《清史稿·兵志二》，中华书局1977年版，第3910页。
③ 卫哲治等修，叶长扬等纂，荀德麟等点校，《乾隆淮安府志·公署》，方志出版社2008年版，第386—387页。
④ 赵尔巽：《清史稿·河渠志二》，中华书局1977年版，第3770页。

关于治河与恢复漕运相联系的共同看法,如有"方兴言:'黄河古今同患,而治河古今异宜。宋以前治河,但令入海有路,可南亦可北。元、明以迄我朝,东南漕运,由清口至董口二百余里,必藉黄为转输,是治河即所以治漕,可以南不可以北。若顺水北行,无论漕运不通,转恐决出之水东西奔荡,不可收拾。今乃欲寻禹旧迹,重加疏导,势必别筑长堤,较之增卑培薄,难易晓然。且河流挟沙,束之一,则水急沙流,播之九,则水缓沙积,数年之后,河仍他徙,何以济运?'上然其言,乃于丁家寨凿渠引流,以杀水势。"①民工常年到淮安治河保漕运,这样也增加了淮安的流动人口。

其四,清江督造船厂、常盈仓等建在淮安,增加了外来人口。明成祖永乐年间(1403—1424),陈瑄在清江浦河沿岸创办了全国规模最大的清江督造船厂。清江船厂建成后,一方面促进了淮安造船业的发展,另一方面带动了淮安手工业的发展。"至正统间,江南江北始限造船一万一千七百有奇,清江十九,卫河十一。后清江该造之数复析浙江、南直隶等卫,俾归自造,隶清江者,惟南京、镇江、江北直隶诸卫所而已。"②据统计,从明弘治三年(1490年)到嘉靖二十三年(1544年),清江船厂建造的漕船共有27332艘。其中,弘治八年造船最多,为678艘;弘治四年造船最少,为390艘③。清代每年须完成560艘漕船和50余艘远洋海船④。庞大的漕船制造业为外地工匠将先进的造船技术带入淮安提供了必要的条件。清江督造船厂沿运河展开,分布在山阳与清河两县之间,绵延20余里,构成了庞大的生产和管理规模。当时的体制是这样的,清江漕船厂由工部分司派员总领其事,另有提举司二员、典史若干协助管理,并下设4个分厂,由4个把总负责,每个分厂属官90名左右。其中,服务于船厂的外籍工匠有6000多人,为船厂采购船料即造船用料的旗兵有3000多人⑤。如果再算上为船厂服务的外籍杂役

---

① 赵尔巽:《清史稿·河渠志一》,中华书局1977年版,第3716—3717页。
② 杨宏、谢纯著,荀德麟、何振华点校:《漕运通志·漕船表》,方志出版社2006年版,第94页。
③ 席书编次,朱家相增修,荀德麟、张英聘点校:《漕船志》,方志出版社2006年版,第58—60页。
④ 淮安市地方志办公室:《运河之都淮安》,方志出版社2006年版,第27—28页。
⑤ 席书编次,朱家相增修,荀德麟、张英聘点校:《漕船志》,方志出版社2006年版,第74—77页。

人员,保守计算,常住清江漕船厂的外籍人员应有 1 万人以上。清江督造船厂的管理人员,主要由隶属工部的文职人员和隶属卫所的军职督造人员等构成,其中,掌船厂的军职人员主要从卫所指挥中选拔,即以卫所指挥层级的军官充任漕船厂的把总①,把总的属官主要从卫所中的千户、百户等下级军官中选拔,在 4 个分厂负责督造漕船的下级军官各有 90 人左右。以军职人员为参照,保守计算,清江船厂的文武职员应在 600 人以上,如有"永乐初,平江伯陈公瑄督漕,查闲旷之地,建厂房,令各卫所官旗鳞次而居,以为造船之所"②之说。此外,直接在船厂工作的工匠有 6000 余人,如果再把到淮安谋生的外地工匠及为造船服务的人员计算在内的话,到淮安谋生的外地工匠数字还要加大。除了清江督造船厂有一支庞大的管理队伍外,常盈仓也有一支庞大的管理队伍。史称:"明初,置户部一员监清江常盈仓,工部一员督理漕船,皆驻清江浦。"③以清江督造船厂的管理人员的数额为参照,当知规模宏大的常盈仓亦有一支人数众多的管理队伍和佣工。

其五,在造船等官办行业的带动下,淮安出现了与之配套的手工业。如《淮安河下志》引《信今录》语云:"明朝造船厂在淮安,设工部抽分司一员,督造南数省粮船,故河下街道有竹巷、绳巷、板厂巷、钉铁巷、粉章巷等名。"④造船需要大量的竹类、绳类等制品,由此刺激了不同门类的手工业发展。这一时期,淮安手工业的主体是外来工匠,淮安"第水陆之冲,四方辐辏,百工居肆,倍于土著"⑤。黄仁宇论述道:"淮安城拥有的熟练工匠由两部分组成,一部分是外来工人,占 2/3;另一部分是本地人,占 1/3。"⑥有一技之长的工匠落户淮安后,一是提高了淮安手工业的工艺制作水平;二是扩大了经营范围,改变了淮安手工业市场的结构,形成了新的专业市场和集散市场;三是提高了淮安手工业在商品

---

① 明代的军事制度规定,自京师至府县皆设置卫、所,以维护地方治安和安全。

② 席书编次,朱家相增修,荀德麟、张英聘点校:《漕船志》,方志出版社 2006 年版,第 33 页。

③ 胡裕燕修,吴昆田、鲁贲纂:《光绪丙子清河县志·明户部分司》,《中国地方志集成》第 55 册,江苏古籍出版社 1991 年版,第 965 页。

④ 王光伯原辑,程景韩增订,荀德麟等点校:《淮安河下志》,方志出版社 2006 年版,第 477 页。

⑤ 卫哲治等修,叶长扬纂,荀德麟等点校:《乾隆淮安府志·风俗》,方志出版社 2008 年版,第 515 页。

⑥ [美]黄仁宇:《明代的漕运》,新星出版社 2005 年版,第 183 页。

经济中的竞争力,促进了淮安的经济繁荣。

其六,天下盐利以淮盐为大,淮盐之利吸引了山西、陕西、安徽等地的盐商。"自府城至北关厢,由明季迄国朝为淮北纲盐顿集之地,任鹾商者皆徽扬高赀巨户,役使千夫,商贩辐辏。秋夏之交,西南数省粮艘衔尾入境,皆停泊于城西运河以待盘验,牵挽往来,百货山列。河督开府清江浦,文武厅营星罗棋布,俨然一省会。帮工修埽,无事之岁,费辄数百万金,有事则动至千万。与郡治相望于三十里间,榷关居其中,搜刮留滞,所在舟车阗咽,利之所在,百族聚焉。第宅服食,嬉游歌舞,视徐海特为侈靡。"①在漕运和经销淮盐的刺激下,淮安成为全国重要的商品集散地,各地商人纷纷到淮安经商,或客居,或入籍淮安,既增加了淮安的外来人口,又构成了庞大的消费群体。

其七,京杭大运河是商品流通的重要航线,运河码头是商贸活动的重要场所,码头带动了运河沿岸小城镇的发展,小城镇在自身发展的过程中,为外来人口到淮安谋生提供了必要的条件。史称:"河下镇为山阳辖境,淮郡城外第一大聚落也。……自明改运道,径指城西,贾舶连樯,云集湖嘴,繁滋景象,俶落权舆。继以鹾商纷然投足,而后人文蔚起,甲第相望。志乘标扬冠冕,阖邑称鼎盛者,垂三百年。今则风会虽迁,地形未改。综凡隶官籍者,十有三坊:曰遗惠临淮,曰仓基庄,曰安乐十一铺,曰淮南庄,曰永盛庄,曰花巷三五铺,曰满浦一铺,曰二十七铺,曰二十八九铺,曰通湖庄,曰小舟庄,曰信义十六铺,曰北关厢。东襟新城,西控板闸,南带运河,北倚河北,舟车杂还,夙称要冲。沟渠外环,波流中贯,纵横衢路,东西广约五六里,南北袤约二里。方隅虽隘,屹然巨镇也。……而明中叶,司农叶公奏改开中之法,盐策富商咸携资而来,家于河下,河下乃称极盛。"②河下镇是因运河而兴的小镇,类似小镇在山阳和清河之间比比皆是。如钞关所在地板闸镇也是一座因运河而兴的名镇。史家交代板闸镇形势时记载道:"淮城西北十二里。即明平江伯陈瑄开挑运河所建四闸之一也。面湖北海,左江右河,镇居其

---

① 孙云锦修,吴昆田、高延第纂:《光绪淮安府志·疆域》,《中国地方志集成·江苏府县志辑》第 54 册,江苏古籍出版社 1991 年版,第 26 页。
② 王光伯原辑,程景韩增订,荀德麟等点校:《淮安河下志》,方志出版社 2006 年版,第 21—23 页。

中,为南北舟车之要道,故于此设关焉。临河市廛密布,河南北居民数千家,关署镇坐于北。而东街、南街、前后西街,铺户纷纭,人语杂沓。赖关务以资生者,几居其半。"①此外,王营镇、西坝等也是因运河而兴的名镇。

其八,淮安是南来北往的交通要道,客流量大,南来北往的官员、文人墨客及参加科举的士子等,或在此补给行旅所需,或流连驻足,增加了淮安的流动人口。检索文献,明清两代的著名文人大都在淮安留下了足迹,甚至还有的因其富庶干脆移居淮安。如祖籍太原的阎若璩自祖上移居山阳后,在淮安写下了一生之中的重要著作《尚书古文疏证》等,故《乾隆淮安府志·人物》为其写下小传。

以上八个方面,只是举其大要。明清两代,在漕运和集散淮盐的过程中,淮安成为十分繁华的商贸大都市。城市经济的繁荣是在商品输入和输出的基础上实现的。与前代相比,明清时期的淮安商品输入和输出的周转速度明显加快。这一时期,商品输入和输出为淮安经济注入了生生不息的活力,一方面,巨大的消费市场及转口贸易提升了淮安对外经济交往的能力;另一方面,新兴手工业的蓬勃发展改变了单一的农业生产结构,扩大了淮安的劳动力市场,增强了淮安在商品领域中的竞争能力。

淮安有丝织品、棉纺织品、油类、酒类、干鲜果品、竹木藤器、铜铁器、中药材、纸张等批发和零售市场。在批发及零售商品中,既有从外地运入原材料在本地加工的,也有从外地运入本地销售的。如淮安本地不生产竹藤,但有生产竹器和藤器等的能力。美籍华人黄仁宇论述道:"在 15 世纪和 16 世纪,淮安人口的增长,从城墙内延伸到城墙外,发展到不得不在旧城之外建造新城的程度②。到明王朝统治末期,淮安城缴纳门摊税的零售商多达 22 种③。据记载,淮安城拥有的熟练工匠由两部分组成,一部分是外来工人,占 2/3;另一部分是本地人,占 1/3。

---

① 马璘修,杜琳等重修,李如枚等续修,荀德麟等点校:《续纂淮关统志》,方志出版社 2006 年版,第66 页。

② 原注:《天下郡国利病书》,第 11 册页 45。参见卷 11 页 1 中的地图。

③ 原注:《淮安府新志》,卷 12。

彼得·冯·霍姆于 1664 年(或者说在本文所探讨时期后的 20 年)率领荷兰使团经过淮安时,旅行日志认为该城是中华帝国的第八大城市①。……1600 年左右,明代一位作者列了一份全国最大城市的清单,清单上所列城市排序如下:北京、南京、杭州、镇江、广东、福州、苏州、松江、淮安、扬州、临清、济宁、仪真、芜湖和景德镇②。在 15 座省会城市中,有 5 座坐落在漕河地区,其他几座在不同程度上依赖于漕河,或者散发自己的生产品,或者输入消费品。"③尽管如此,黄仁宇的论述是有认识价值的。一是黄仁宇根据彼得·冯·霍姆旅行日志得出了淮安是全国第八大城市的结论,应该说是符合实际情况的;二是"1600 年左右"即明万历年间,淮安的经济总量排列全国第九,其繁荣程度超过扬州;三是在南北商贸的过程中,淮安是在依赖运河"或者散发自己的生产品,或者输入消费品"的过程中崛起的。也就是说,在商贸往来的过程中,淮安有了对外输出商品的能力,其产品有了竞争能力。结合各方面的资料,"淮安的常住人口在百万以上"④。如淮安"三城内外,烟火数十万家"⑤,这里包括隶属淮安府及与府治山阳毗邻的城镇,这些城镇距淮安府城一般在二三十里以内,故可以将其视为淮安府城的延伸。

第五节　淮阴与淮扬城市群

元代开通京杭大运河及实行"借黄行运"政策以后,因航线改变,靠漕运兴盛的泗州、盱眙等开始走向衰败。然而,漕运航线改变涉及的淮扬城市却有限,因而宝应、高邮等城市继续保持着良好的发展势头。进而言之,政治中心北迁与漕运路线改变,标志着京杭大运河沿岸城市的

① 原注:安东尼·弗朗科斯·普雷沃斯特:《耶稣会士的历史性旅行》,卷 5 页 257。
② 原注:滕井宏:《明代盐商之考察》,《史学杂志》,卷 54 期 6 页 72(1943)。
③ [美]黄仁宇:《明代的漕运》,新星出版社 2005 年版,第 183—185 页。黄仁宇所说的"广东"应为"广州"。联系上文看,黄仁宇所说的"15 座省会城市"是指自"北京"以下列举的 15 座城市,因此"在 15 座省会城市中,有 5 座坐落在漕河地区"的提法有误。
④ 张强:《漕运与淮安》,《东南大学学报》2008 年第 4 期。
⑤ 马璘修,杜琳等重修,李如枚等续修,荀德麟点校:《续纂淮关统志·文告》,方志出版社 2006 年版,第 343 页。

崛起。天下财富汇聚到京杭大运河的沿线，加强了运河城市的联系，对沿岸城市及纵深地区的政治、经济、文化等产生了深远的影响。

如果说元代开通京杭大运河，揭开了漕路、商路整体东移的序幕的话，那么，易代以后大运河在南北商贸中的地位和作用日益彰显，则带动了沿岸城市及纵深地区的经济发展。黄仁宇先生论述道："从经济角度来说，大运河对明朝发挥着命脉的作用。虽然我们早已知道这条水道在国家财政经济中起着主要作用，但是，明朝宫廷对它的依赖程度是前所未有的，远远超过了以前的历代王朝。元朝时期的运河不过是海运的辅助性交通，无关紧要。而在明代，大运河是京城和江南之间唯一的交通运输线，所有供应都要经过它。在供应名单中，除了谷物占据首要地位外，其他物品包括新鲜蔬菜和水果、家禽、纺织品、木料、文具、瓷器、漆——几乎所有中国所产的各种物品都通过大运河进行输送。诸如箭杆和制服之类的军需品，笤帚和竹耙之类的家用器具，也经过运河运送到北京去。整个明代，这种依赖性一直存在，从未中断。"[1]这一论述虽然是就明代而言，同样适用于清代。清人入关定都北京以后，在经济上依赖大运河的程度与明王朝完全一致。进而言之，当大运河成为南北经济交流的大动脉带动沿岸城市发展时，已经把它的触觉深入到了专制国家政治、军事、经济、文化等不同的层面。可以说，沿着大运河发生的一个又一个历史事件，均在不同程度上反映了专制国家政治、经济等兴盛与衰败的历史。

商人以大运河为商道在沿途从事商贸活动，大大地提升了沿线城市的政治地位和经济地位，与此同时，向周边辐射建构了运河城市经济带。在这中间，由于淮扬区域在漕运和商贸中的特殊地位，相关的城市及集镇取得了率先发展的优势。如淮扬区域除了唐宋以前的县级政区宝应、高邮、真州等成为繁华的都市外，一些集镇如河下、西坝、板闸、码头、窑湾、皂河、邵伯、湾头、瓜洲等亦成为著名的商品集散地。可以说，大运河在强化淮扬城市之间的政治、经济和文化等联系时，揭开了淮扬区域商品经济最辉煌的一页，为其城市及集镇建设奠定了坚实的基础。

① 黄仁宇著，张皓、张升译：《明代的漕运》，新星出版社 2005 年版，第 15—16 页。

追溯历史,淮扬城市群在形成的过程中经历了不同阶段,淮扬运河城市进入了历史发展的黄金期,特别是在漕运和盐运的刺激下,扬州成为淮扬之间甚至是全国最为繁盛的都市;与此同时,淮阴郡移治山阳(今江苏淮安市淮安区)后,也迎来了自身发展的黄金期。淮阴和扬州作为江淮之间的两大中心城市,其优先发展的根基是漕运和盐运,两城以邗沟为联系方式,在经济互补中带动了淮扬区域社会经济的发展。

从宏观经济学的角度看,运河作为南北交通的大动脉,在带动沿线城市社会经济发展的同时,从一个侧面反映了古代农业经济自北向南的迁徙过程。沿着运河行进,完全可以理清农业经济自北向南转移的变化线索,也可以理清在农业经济的背景下商品经济发展和变化的脉络。如从沿线城市的兴衰中,可以看到运河与商品流通的关系,看到运河城市的兴衰与古代社会经济变化的过程。在这中间,淮阴和扬州因位于江淮及东南漕运的要冲,一方面在长期的社会实践和生活中形成了大致相同的经济形式,另一方面为周边政区及城市获得优先发展提供了必要的条件。从这样的角度看,研究古代社会经济发展和变化的过程,淮扬区域的运河城市及城市群是最值得关注的对象。

从文化视角看,运河串联起不同区域民俗变化的历史。从空间跨度说,运河涉及的范围从北方的黄河流域到南方的江淮流域;从时间跨度说,运河涉及古今。民俗是在历史的时空中形成的,在空间上有自身的丰富性,在时间上经历了变迁与沉淀。沿着运河开辟的时空去作考察,可以看到传统文化在不同区域变迁的历史,可以追踪到民俗演变的足迹,触摸到不同区域的婚丧、节日、服饰、饮食、居住等变化的脉搏。如隋唐以后,运河沿线及区域成为政治、经济的核心区域。当文化精英行走在运河并在运河沿岸的中心城市栖息时,势必要以运河城市为节点,把他们的思想及富有个性色彩的文化向周边辐射及向其纵深传播。与此同时,区域文化则在更高的层面上实现融合和交流。从这样的角度看,运河以快捷的交通形式推动了不同政区及城市之间的文化交流。

淮扬城市及城市群的繁盛期建设发生在明代,起自明王朝实施漕运之策,止于清王朝罢漕运之时。这一时期,淮扬城市建设和集镇建设迎来了前所未有的机遇。其一,自明成祖迁都北上后,在淮安府设漕运总兵,负责协调东南漕运及淮安与扬州之间的漕运事务,为淮安城市建设铺平了道路。易代以后,清王朝继续在淮安设漕运总督,又于康熙十六年(1677年)将河道总督署自济宁迁往淮安等,进一步提升了淮扬在东南漕运中的地位,加快了淮扬城市和集镇建设的步伐。

其二,淮扬是淮盐集散地。明清两代,在扬州建两淮巡盐察院署和两淮都转盐运使司及分司,在淮安府设分司及批验所等,为盐商到淮扬区域经销淮盐及商贾到淮扬经商及中转等提供了便利,为淮扬相关区域的经济发展及城市建设注入了活力。

其三,淮扬地处江淮要冲,是海外贸易及南北商贸的必经之地。如清代在大运河沿线设7座钞关即権关,其中,淮扬区域设有淮安关和扬州关。在淮扬区域建设两座钞关表明,淮安和扬州是大运河沿线重要的商品集散地。在淮安和扬州的带动下,淮扬运河沿线的城市和集镇得到了迅速扩张。

其四,漕运及治河带动了淮扬手工业的发展。在加强漕运的过程中,以清江督造船厂为龙头,淮扬手工业出现了蓬勃发展的势头,进而在手工业制品外输的过程中促进了淮扬城市及集镇的经济发展。

其五,自黄河夺泗入淮后,东南漕运遂与治河联系在一起。清代治河有北河和南河等区段,如果说治理北河是为了保障黄河下游地区的民生,那么,治理南河虽与民生相关,但主要目的是治理黄河夺泗入淮后的清口。因北河基本上不涉及漕运,又因清口是漕运要区,这样一来,漕运与治河结合在一起,遂强调了淮扬区域的重要性。漕运和治河是一项庞大的系统工程,需要有不同的人员参与,如负责漕运的兵丁、船夫和纤夫等汇聚运河沿岸及淮扬,治河兼治清口的官吏及民工等汇聚淮扬,都增加了淮扬的城市人口或流动人口。这些人员在成为淮扬区域消费群体的过程中,为其城市和集镇发展注入了生生不息的活力。

以上五个方面,提升了淮扬经济的总体水平,将淮扬城市和集镇建设带入了新的历史阶段。

明清两代,淮扬城市和集镇建设超过以往任何一个时期,因商业发达、城市繁华,吸引了大批的外籍人士侨居或入籍以淮安和扬州为中心的淮扬城市。以淮安为例,如自称是山西太原人的经学大家阎若璩,实际上是地道的淮安人。追溯阎若璩家族的迁徙史,其六世祖阎居阃已落户淮安。又如声称自己是浙江上虞人的罗振玉,其祖上早已落户淮安。有这样一大批人落户淮安,主要是因为在大运河经济带形成的过程中,淮安已成为一个十分富庶和适合居住的城市。如果沿着大运河进行考察的话,则会发现中国古代城市在向近代转型时,商品经济发达的地区不仅有江浙,更准确地讲,由大运河串起的南北之间的沿岸城市均是商品经济发达的地区。

继淮安成为漕运和治河指挥中枢以后,又和扬州一道成为漕粮中转及仓储调拨中心、漕船制造中心、淮盐集散中心、商贸中心,两城政治和经济地位的急速上升,为周边城市和集镇的发展提供了依据。董文虎先生论述道:"大运河带动了人口的大流动、大聚居。每年数万艘漕船及商船、数百万石漕粮与商品给运河沿岸带来了大量人气与无限商机,在为传统封建政治中心注入了时尚韵味的同时,催生出一批新兴城市。"①在商品经济的刺激下,围绕着淮安和扬州两大中心城市,在大运河商路建设的过程中,淮扬城市和集镇迅速地崛起,呈现出欣欣向荣的势头,进入了新的历史阶段。如漕船南来北往时,可搭载一定数量的免税商货到淮扬集散;又如商船到淮扬运盐和集散商货,为淮扬城市和集镇建设注入了经济活力。为了澄清这一问题,有必要略举一二作进一步证明。

史有"其镇之别为集"②之说,当知淮扬县级政区以下的城镇可以"集"相称。淮安形成"四方富商大贾鳞集麇至,侨户寄居不下数十万"③的环境,主要是在漕运和行销淮盐的过程中实现的。史称:"山阳特设大臣督漕事,凡湖广、江西、浙江、江南之粮艘,衔尾而至山阳。……故漕政通乎七省,而山阳实咽喉要地也。"④淮安暨山阳因处于黄、淮、运三

① 董文虎:《京杭大运河的历史与未来》,社会科学文献出版社 2008 年版,第 155 页。
② 吴棠等修,鲁一同等纂,葛以政等点校:《咸丰清河县志·建置》,中国文史出版社 2017 年版,第89 页。
③ 卫哲治等修,叶长扬等纂,荀德麟等点校:《乾隆淮安府志·盐法》,方志出版社 2008 年版,第470 页。
④ 张云锦修,吴昆田、高延第纂:《光绪淮安府志·漕运》,《中国地方志集成·江苏府县志辑》第 54 册,江苏古籍出版社 1991 年版,第 99 页。

者交汇的运口,在漕运中转中肩负着重要的使命。如顾炎武引《淮关志》进一步记载道:"府城之西为浮桥,为柳淮,为南锁坝,为满浦,关之东为板闸,西为清江浦,又西为河口,舟之由运河出河口及由各坝而出达淮所经者也;淮河之南岸,关之东为仁坝,为信坝,为智坝,为礼坝,大河卫城之东为义坝,舟之由淮河往来及由各坝而入达运河所经者也;淮河之北,东为支家河,西为草湾,舟之由海州、赣榆、沭阳、安东各县之达淮所经者也,分布甚广,非若各关之扼要会而据通津也。"①此时的淮安虽无省会之名,却有省会之实②,由于政治地位的提升和经济实力的增长,以盐商为代表的行商和坐商以大运河为商路聚集淮安,带动了淮安及周边集镇的兴起及商业繁华。如果以淮安新城为起点,向西北延伸,在五六十里的运河沿岸,河下、板闸、钵池、清江浦、王家营、西坝、韩城、杨庄、码头等集镇一字排开,在商品集散和流通的过程中迅速地崛起,成为淮扬运河沿岸的重要集镇。

淮安周边集镇的兴起是淮扬城市群兴起的缩影,这些富有经济活力的卫星城镇在漕运和集散淮盐的过程中迅速扩张,规模不断扩大,超出许多县城的规模,从而增强了淮安的经济实力。如淮安城外的河下镇"纵横衢路,东西广约五六里,南北袤约二里",出现了"阛邑称鼎盛者,垂三百年"③的盛况。史称:"明初运道仍由北闸,继运道改由城西,河下遂居黄、运之间,沙河五坝为民商转搬之所,而船厂抽分复萃于是,钉铁绳篷,百货骈集。及草湾徙道,河下无黄河工程。而明中叶,司农叶公奏改开中之法,盐策富商挟资而来,家于河下,河下乃称极盛。"④在造船业的刺激和带动下,河下的手工业十分发达,出现了不同种类的手工业制品。如此时的河下有摇绳巷、小粉店巷、笔店巷、烟店巷、白酒巷、竹巷、钉铁巷、打铜巷、书店巷、花巷、干鱼巷、锡巷等街巷⑤。在漕运

① 顾炎武:《天下郡国利病书·淮徐》,张元济等辑:《四部丛刊》,上海书店 1985 年版,第 42 页。
② 段朝端等纂:《民国续纂山阳县志》:"漕督居城,仓司屯卫,星罗棋布,俨然省会。夏秋之交,粮艘衔尾入境,皆停泊于城西运河,以待盘验。"(《中国地方志集成·江苏府县志辑》第 55 册,江苏古籍出版社 1991 年版,第 313 页)
③ 王光伯原辑,程景韩增订,荀德麟等点校:《淮安河下志·疆域》,方志出版社 2006 年版,第 21 页。
④ 王光伯原辑,程景韩增订,荀德麟等点校:《淮安河下志·疆域》,方志出版社 2006 年版,第 23 页。
⑤ 王光伯原辑,程景韩增订,荀德麟等点校:《淮安河下志》,方志出版社 2006 年版,第 62—65 页。

和输出淮盐的过程中,河下镇手工业蓬勃兴起,成为大运河沿线重要的商品集散地。

在陈瑄开清江浦运河之前,清江是个人烟稀少、不起眼的地方。陈瑄开河以后,清江已成为漕运节点。如明宪宗成化八年(1472 年),南京刑科给事中俞俊疏请"将淮安清江浦常盈仓增筑城堡,以防不测"①,要求朝廷增筑漕仓及仓城表明,清江已经承担起漕运中转的重任。此时的清江可直入淮河,入清口,入黄河,"运河由此出清口,上黄河,水陆孔途,商货丛集,夹岸人居二十余里,河之南有管仓户部、督造漕船工部、东西河船政二同知、营缮所、税课司,河北主簿各衙门驻扎,实重地云。"②又称:"凡货船悉由清江过坝,里之运河,外之黄、淮河,舳舻毕集,居民数万户,为水陆之孔道。"③凡货船全部从清江过坝,里面的称为"运河",外面的是黄河和淮河,此为水陆交通要道。

史家述清江形成的原因时指出:"城西北三十里,汉淮阴县地,明平江伯开运河,自故沙河西北至鸭陈口出,与淮通,建闸设坝,此地遂成重镇。国朝河院又移驻于此,舟车鳞集,冠盖喧阗,两河市肆栉比,数十里不绝。北负大河,南临运道,淮南扼塞,以此为最。"④在漕运及淮盐的刺激下,清江已成为商贾云集的繁华之地。乾隆二十七年(1762 年),清河县治迁往清江,"乾隆二十七年而县治迁于清江浦。初,清江浦为山阳重镇,总河驻节之地。"⑤经过建设,清江"舟车鳞集,冠盖喧阗,两河市肆栉此,数十里不绝"⑥,人口一度"猛增至数十万"⑦。其实,清江只是淮安府众多新兴城镇中的一个,从清江变迁的历史中完全可以触摸到淮安经济繁荣的脉搏。

---

① 刘吉等纂修:《明宪宗实录·成化八年三月甲子条》,《钞本明实录》第 8 册,线装书局 2005 年版,第 532 页。

② 顾炎武:《天下郡国利病书·淮徐》,张元济等辑:《四部丛刊》,上海书店 1985 年版,第 10 页。

③ 顾炎武:《天下郡国利病书·淮徐》,张元济等辑:《四部丛刊》,上海书店 1985 年版,第 4—5 页。

④ 卫哲治等修,叶长扬等纂,荀德麟等点校:《乾隆淮安府志·城池》,方志出版社 2008 年版,第 142—143 页。

⑤ 吴棠:《重修清河县志序》,吴棠等修,鲁一同等纂,葛以政等点校:《咸丰清河县志》,中国文史出版社 2017 年版,第 7 页。

⑥ 卫哲治等修,叶长扬等纂,荀德麟等点校:《乾隆淮安府志·城池》,方志出版社 2008 年版,第 142 页。

⑦ 黄汝香等纂修:《光绪清河县志·民赋上·户口》,清光绪九年(1883 年)刊本。

淮安卫星城镇走向繁荣是在依托大运河中实现的。外来人口涌入淮安，一大批手工业者脱离农业走进城市从事工商活动，将各类商货销往全国，使城市面貌发生了巨大的变化；与此同时，特殊的交通地位为外来人口驻足淮安奠定了坚实的基础。如距清江浦不到十里的王营镇（今属江苏淮安淮阴区），初为大河卫（治淮安府治山阳）下辖的一个营。明嘉靖年间，因黄河改走小清河口入淮，王营镇因此成为商民北上时唯一的渡口，时有"舍王家营无他道"①之说。从明万历至清康熙年间，黄河在王营镇决口 10 余次，王营镇虽然多次遭受灭顶之灾，但屡废屡建，形成了外籍人口超过土著的局面，如清初王营镇常住居民 2000 余家，其中"土著者十不一二"②。又如在淮安新城东北 20 里、在清江浦东南 13 里的新草湾镇，因集散淮盐迅速崛起，"人烟凑集，柴艘聚屯，盐船从此过坝。后黄河冲决，沙淤成滩，与草湾远去半里余，淤滩高广，迁住者百余户，人烟闹集，遂名此地为新草湾，前者为旧草湾。"③又如淮安府治山阳县辖庙湾镇，后来庙湾因盐运而繁华，"在射阳湖滨，淮北盐运分司所属场，为淮郡极险门户，诸场适中之区，海舟鳞集，商货阜通。"④在这样的前提下，清雍正九年（1731 年）析分山阳县，以庙湾为治所建阜宁县（治今江苏盐城阜宁）。再如榷盐重地淮安分司治所安东镇（今江苏涟水），一向是"为河、淮入海之路，淮北锁钥，百万盐策辐辏于此"，万历年间（1573—1620），萃聚于安东的盐商资本"岁不下二十万"⑤。这些都从一个侧面反映了淮安的繁荣和发展与漕运和盐运及大运河商路等有着割不断的联系。进而言之，淮扬城市及集镇的兴起和繁荣，与大运河漕运、淮盐输出及商路的兴衰息息相关。

商贾活跃在大运河沿岸，给淮扬运河城市及集镇的经济发展注入了活力。如有淮安土著居民"惮于远涉，百物取给于外商。即有兴贩

① 席书编，朱家相修，荀德麟点校：《王家营志·职业·交通》，方志出版社 2006 年版，第 227 页。
② 席书编，朱家相修，荀德麟点校：《王家营志·职业·交通》，方志出版社 2006 年版，第 220 页。
③ 陈梦雷等辑：《古今图书集成·方舆汇编·职方典》卷七四二《淮安府山川考一》，中华书局 1934 年版，第 5 页。
④ 顾炎武：《天下郡国利病书·淮徐》，张元济等辑：《四部丛刊》，上海书店 1985 年版，第 10 页。
⑤ 文震孟：《创筑城垣纪略》，金元煨修，吴昆田等纂：《光绪安东县志·建置》，《中国地方志集成》第 56 册，江苏古籍出版社 1991 年版，第 14 页。

者,自稻、秫、麦、菽、园蔬、水鲜之外,无闻焉。若盐鹾之利则皆侨寓,有大力者负之而趋矣"①之说,淮安及周边集镇的经济发展及商贸繁荣主要依赖来自不同区域的商贾。邹逸麟先生论述道:"大多没有发达的农业和手工业为基础,全靠各地货物集散及城内官僚富商所需要的各种服务性行业的繁荣所支撑着的。一旦交通改道,客商四散,城镇就很快衰落。"②在漕运、盐运及商贸的带动下,大运河在为淮扬区域运河城市群注入活力的同时,也促进了运河沿线城市的繁荣,甚至可以说,如果失去大运河这条黄金水道,那么沿线的城市及集镇将会迅速地走向衰败。"殷商大贾晋省人为最多。昔年河运通时水陆云集,利益悉归外省,土著无与焉。迄今地面萧疏,西商俱各歇业,本地人之谋生为倍艰矣。"③以聊城的兴衰为例,完全可以证明,淮扬城市群的兴衰是与大运河漕运(包括盐运及行销)及商贸等联系在一起的。

第六节　清代民风之变

淮安和扬州有共同的商贸条件和相同的生活方式,淮安盛行奢华之风,一向以扬州相标榜。黄钧宰记载道:"吾郡西北五里,曰河下,为淮北商人所萃,高堂曲榭,第宅连云,墙壁垒石为基,煮米屑磁为汁,以为子孙百世业也。城北水木清华,故多寺观,诸商筑石路数百丈,遍凿莲花。出则仆从如烟,骏马飞舆,互相矜尚。……一时宾客之豪,管弦之盛,谈者目为'小扬州'。"④盐商有意炫富表明,淮安奢华之风是在学习扬州及盐商的带动下形成的。

继晋、陕盐商率先入淮后,徽州盐商亦随后入淮,在一定程度上改

---

① 卫哲治等修,叶长扬等纂,荀德麟等点校:《乾隆淮安府志·风俗》,方志出版社 2008 年版,第515页。
② 邹逸麟:《椿庐史地论稿·淮河下游南北运口的变迁和城镇兴衰》,天津古籍出版社 2005 年版,第208页。
③ 陈庆蕃修,叶锡麟、靳维熙纂:《宣统聊城县志》,《中国地方志集成·山东府县志辑》第82册,凤凰出版社 2004 年版,第29页。
④ 黄钧宰:《金壶七墨·金壶浪墨·纲盐改票》,《笔记小说大观》第27册,江苏广陵古籍印社 1984 年版,第136页。

变了淮安的世风及民风。历史上的淮安民风淳厚,素有"轻慓劲悍,挟节负气,重然诺,履信义,士崇学问,人尚廉耻,衣冠礼乐之美甲于东南"①之称,晋、陕盐商入淮后,淮安出现了"然豪右竞势逐利,以财力侈靡相雄长,细民争趋末利,虽文物盛于前,而浑厚之风少衰"②的风习。邑人阮葵生论述道:"吾淮缙绅之家,皆守礼法,无背理逆情之举,后因山右、新安贾人担策至淮,占籍牟利,未与士大夫之列,往往行其乡俗。"③所谓"山右、新安贾人",是指晋、陕盐商和徽州盐商先后入淮。所谓"往往行其乡俗",是指晋、陕盐商和徽州盐商将家乡风俗及生活习惯带到淮安。从这样的角度看,淮安发生"浑厚之风少衰"的情况主要有两个转折点,一是晋、陕盐商入淮后,淮安的生活方式及风俗习惯开始接受晋、陕盐商的影响;二是徽州盐商入淮后,给淮安打上了徽州生活方式的烙印。进而言之,在晋商、陕商、徽商等的带动下,改变了淮安"衣冠礼乐之美甲于东南"的世风及民风。

入清以后,淮安世风及民风的变化主要受到徽州商人及扬州商人的影响。如果以明万历四十二年(1614年)以后实行纲盐制度为起点,以清道光十二年(1832年)陶澍在淮北改纲盐为票盐为终点,在长达约220年的时间里,在徽商和扬州商人的共同努力下,晋、陕商人及北方商人基本上被排除出淮盐市场。与此同时,徽州盐商和扬州盐商入住淮安后,以整个商团的财力成为重商之风的主导力量。如王振忠先生论述道:"两淮地当南北之中,幅员千里,水陆都会,舟车辐辏,四方豪商大贾鳞集麇至,侨户寄居者不下数十万。其中,以徽商为数最多。乾嘉时人焦循在扬州《北湖小志》中,曾详细叙述了江都北郊一带风尚的转变。从衣食住行到婚丧饮宴,无不由俭趋奢。……无独有偶,运河自扬州北流后,经淮安西北折而西流,在其转弯之处,也形成了一个鹾商聚落——河下,亦有'小扬州'之称。"④这一论述虽有道理,但忽略了扬州

---

① 卫哲治等修,叶长扬等纂,荀德麟等点校:《乾隆淮安府志·风俗》,方志出版社2008年版,第510页。
② 卫哲治等修,叶长扬等纂,荀德麟等点校:《乾隆淮安府志·风俗》,方志出版社2008年版,第510页。
③ 阮葵生著,李保民校点:《茶余客话·生日祝嘏》,上海古籍出版社2012年版,第560页。
④ 王振忠:《明清徽商与淮扬社会变迁》,三联书店1996年版,第153页。

盐商及世风对淮安的影响。淮安"任鹾商者,皆徽、扬高赀巨户"①,当徽州的盐商将其家乡的风俗习惯带到淮安时,扬州的盐商势必也会将家乡的风俗习惯带到淮安。进而言之,以淮安为水陆码头及商品集散地,徽州和扬州的盐商入住,引起淮安世风及民风的变化,在此基础上,出现了"淮安河下盐商社区表现了与扬州河下相似的文化内涵"②的情况。

从另一个层面看,淮安在接受盐商生活方式、生活态度等影响的同时,亦接受了扬州重商之风的影响。隋唐时期,扬州以独特的地理区位成为全国最大的商贸城市,在重商之风的引导下,城市蔓延着追求奢华及享受的风气。

在接受扬州辐射的过程中,淮安形成了重商及追求奢华的风气。如丘浚在《夜泊淮安西湖嘴有感》中写道:"十里朱楼两岸舟,夜深歌舞几曾休。扬州千载繁华景,移在西湖嘴上头。"③诗以"夜泊淮安"为起兴的缘由,纵笔描绘了淮安"十里朱楼""夜深歌舞"的繁华景象,由此发出了"扬州千载繁华景,移在西湖嘴上头"的喟叹。在这首诗中,诗人在强调淮安可与扬州媲美的同时,又以"移"字强调了淮安追求浮华的气息是在扬州的带动下形成的。邱浚《夜泊淮安西湖嘴有感》虽然是写明代的淮安,但清代的淮安与之大体相同。如清人黄雨亭在诗中写道:"关楼百尺倚淮楼,小吏凭阑气象遒。过午贾船齐放渡,笙歌如沸占扬州。"④在扬州重商之风的引导下,淮安与扬州之间多有商贸往来,如有"扬州染色,以小东门街戴家为最,如经有淮安红,本苏州赤草所染,淮安湖嘴布肆专鬻此种,故得名"⑤之说。淮安商人把富有特色的布匹带到扬州,甚至是把染坊移到扬州,在两城互动的进程中通过商贸加强了往来。

---

① 孙云锦修,吴昆田等纂:《光绪淮安府志·疆域》,《中国地方志集成·江苏府县志辑》第54册,江苏古籍出版社1991年版,第26页。
② 王振忠:《明清徽商与淮扬社会变迁》,三联书店1996年版,第148页。
③ 丘浚:《重编琼台稿》卷四,《四库全书》第1248册,上海古籍出版社1987年版,第65页。
④ 黄雨亭著,荀德麟、刘怀玉点校:《山阳竹枝词》,冒广生:《淮关小志》,方志出版社2006年版,第469页。
⑤ 李斗著,汪北平、涂雨公点校:《扬州画舫录》,中华书局1960年版,第30页。

从大的方面讲，扬州商贸繁华的程度远超淮安，这样一来，扬州对淮安的影响势必要超过淮安对扬州的影响。李斗记载道："虹桥为北郊佳丽之地，梦香词云：'扬州好，第一是虹桥。杨柳绿齐三尺雨，樱桃红破一声箫，处处住兰桡。'游人泛湖，以秋衣蜡屐打包，茶鬴灯遮，点心酒盏，归之茶担，肩随以出。若治具待客湖上，先投柬贴，上书湖舫候玉，相沿成俗。……画舫有市有会，春为梅花、桃花二市，夏为牡丹、芍药、荷花三市，秋天桂花、芙蓉二市。"①扬州盛行游赏之风，为了吸引游客，商家往往会根据季节变化举办不同的花市。如史家记载道："十五上元元宵节，悬花灯，松竹为棚，盛则为丰登之兆。数日内市井子弟乔妆闹市，钲鼓喧阗，为龙灯、狮子、秧歌、渔家乐之类。士女沿街游玩，亦有打灯谜者。士女沿街游玩，亦有打灯谜者。"②进而又叙述道："每当元旦、元夕、社节、花朝、端午、中元、中秋、蜡腊，街衢巷陌之间，以及东湖之滨，锦绣幕天，笙歌聒耳，游赏几无虚日。"③在扬州奢华之风的带动下，淮安不仅仅是节日来临时处处笙歌，亦盛行游赏之风，而且平时也呈现出"士女方且竞修饰，被服丽都……子弟博塞嬉游，莫之或禁"④的浮华世风及民风。

特别是在"四方弊贾，操其奇赢，往往游荡场肆间，乘坚策肥，履丝曳缟，以涂眩愚氓之耳目"⑤的带动下，淮扬世风及民风为之一变。可以说，两地的世风及民风变化存在着关联。

结 语

明清两代，漕运总督和河道总督两大总督先后驻淮。本章论述了

① 李斗著，汪北平、涂雨公点校：《扬州画舫录》，中华书局 1960 年版，第 251 页。
② 卫哲治等修，叶长扬等纂，荀德麟等点校：《乾隆淮安府志·风俗》，方志出版社 2008 年版，第511 页。
③ 王光伯原辑，程景韩增订，荀德麟等点校：《淮安河下志》，方志出版社 2006 年版，第 23 页。
④ 孙云锦修，吴昆田等纂：《光绪淮安府志·疆域》，《中国地方志集成·江苏府县志辑》第 54 册，江苏古籍出版社 1991 年版，第 27 页。
⑤ 杨选等修，史起蛰等撰，荀德麟等点校整理：《嘉靖两淮盐法志·地里》，方志出版社 2010 年版，第 136 页。

淮阴的兴衰、变迁,淮阴商贸及城市崛起的基本情况;论述了明代建淮安钞关及漕船行走时,每船可夹带的土特产及不同时期的变化;论述了淮阴与淮扬城市群的关系,这些城市与扬州一起,共同打造了两地的重商之风。

第六章　盐政与运盐河

淮扬海盐生产初盛于汉代,再盛于唐,宋元明清走向辉煌。具体地讲,吴王刘濞煮海为盐,为淮盐显于后世铺平了道路。晋室南渡,淮盐成为各政治集团争夺的对象。入唐以后,刘晏在第五琦的基础上改革盐政,以盐税保漕运,在兴修运河以及运盐河的过程中为淮盐输出奠定了坚实的基础。此后,北宋加强盐政建设,为商贾经销淮盐创造了必要的条件。元代开通京杭大运河以后,扩大了淮盐经销的范围。入明以后,盐政改革与大运河商贸结合在一起,提高了盐商经销淮盐的积极性。承其余绪,清王朝继续经营淮盐,最大限度地增加了国家的财政收入。这一时期,以大运河为依托,漕运与淮盐输出及商贸等有机地结合,对淮扬区域的政治、经济、交通、城市建设、文化变迁、社会风尚等产生了深远的影响。

淮扬文化的核心区域,自然是处在江淮之间的淮安府和扬州府。江淮运河南端的入江处是扬州,北端是入淮处的淮安。江淮运河是保障东南漕运及盐运的要区,运河贯穿于淮安和扬州各地,两府有诸多与漕运和盐务相关的机构,且有互为统属的关系。从永乐元年(1403 年)起,漕运总兵官即漕运总督陈瑄主持漕务,"凡所规画,精密宏远,身理漕河者三十年,举无遗策"[①],明清两代全国最高的漕运管理机构设在淮

安,扬州设有漕运下属机构。两淮都转运盐使司设在扬州,淮安有下属分司和批验所等。淮盐是国家税收的重要来源,扬州和淮安境内的淮南盐场和淮北盐场均属两淮都转运盐使司管辖。从扬州府到淮安府的距离虽然不远,但因淮盐出境及大量商品入境等原因,因而分别有扬州和淮安等两座钞关。可以说,两府在文化上的互渗,使其成为更为紧密的文化体。

第一节　唐前淮扬盐业概述

一般认为,榷盐始于春秋。马端临论述道:"《周礼》所建山泽之官虽多,然大概不过掌其政令之厉禁,不在于征榷取财也。至管夷吾相齐,负山海之利,始有盐铁之征。"①春秋时,管仲相齐为富国强兵采取榷盐之策。刘邦建汉后,实行自由经营和买卖盐铁的政策。马端临又论述道:"汉高祖接秦之敝,量利禄,度官用,以赋于民。而山川、园池、市肆租税之入,自天子至于封君汤沐邑,皆各自为奉养,不领于天下之经费。秦赋盐铁之利,二十倍于古,汉兴,循而未改。按:史既言高祖省赋,而复言盐铁之赋仍秦者,盖当时封国至多,山泽之利在诸侯王国者,皆循秦法取之以自丰,非县官经费所榷也。"②汉初虽延续"秦赋盐铁之利"的政策,由于"山泽之利在诸侯王国",因此中央专营盐铁获利甚少,往往是徒有虚名。

汉初,吴王刘濞煮海为盐,揭开了淮盐走向全国的历史。史称:"吴有豫章郡铜山,濞则招致天下亡命者盗铸钱,煮海水为盐,以故无赋,国用富饶。"③吴国横跨大江南北,地域广袤,在重点经营豫章郡(治所在今江西南昌)的铜矿和海陵(今江苏泰州)淮盐的过程中,吴都广陵即扬州很快成为全国重要的冶铜业即铸钱中心和淮盐集散中心。为了最大限度地谋取盐利,刘濞兴修了通往产盐区海陵的运盐河。史称:"江、淮漕

---

① 马端临:《文献通考·征榷考三·盐铁》,浙江古籍出版社 1988 年版,第 149 页。
② 马端临:《文献通考·征榷考三·盐铁》,浙江古籍出版社 1988 年版,第 149 页。
③ 司马迁:《史记·吴王濞列传》,中华书局 1982 年版,第 2822 页。

运尚矣。春秋时,吴穿邗沟,东北通射阳湖,西北至末口。汉吴王濞开邗沟,通运海陵。"①由于这条运盐河与邗沟相通,甚至可以视为是邗沟的延长线,故有"邗沟"之称。海陵在淮河南岸,刘濞开荼荑沟至海陵等地运盐,似表明吴国盐业主要集中在淮南南部。不过,刘濞煮海为盐应涉及淮南北部,作这样的论断主要有三个理由。

其一,汉代的吴国"王三郡五十三城"②,刘濞"王三郡"是指哪三郡?如果以汉高祖六年(前 201 年)"韩王信等奏请以故东阳郡、鄣郡、吴郡五十三县立刘贾为荆王"③作为参照的话,那么,东阳郡应属吴国刘濞的封地。史称:"秦兼天下,以置泗水、薛、琅邪三郡。楚汉之际,分置东阳郡。汉又分置东海郡,改泗水为沛,改薛为鲁,分沛置楚国,以东阳属吴国。"④东海郡是析分东阳郡以后建立的,汉景帝一朝,东海郡海西县归广陵郡,东阳郡降格为县以后隶属广陵郡,如有"海西故属东海"⑤之说。海西是东阳郡属县,同时是海盐生产的重地,从这样的角度看,吴王刘濞煮海为盐及经营淮盐时应涉及淮南北部。

其二,汉承秦制,在各产盐区均设有盐官。然而,检索《汉书·地理志》等文献,不见在淮南和淮北即在广陵郡、东阳郡、东海郡等设盐官的记载。这一情况似表明,汉王朝没有在淮南南部和淮南北部设盐官,但这与当时的情况多有出入。如 2001 年连云港东海尹湾出土了一批汉墓,其中,六号汉墓出土的简牍中明确地记录了东海郡在伊卢、北蒲和郁州等地设盐官的情况,并交代了盐务管理官吏的姓名、乡籍、秩禄及任官原委等⑥。据尹湾六号汉墓简牍记载,墓主人去世于汉成帝元延三年(前 10 年),故可推知在此之前汉王朝已在淮北设立盐官。由此及彼,淮南盐业的规模超过淮北,故可推知中央政府在淮南应设有盐官。进而言之,尹湾六号汉墓的简牍出土后,对于进一步研究汉王朝淮盐及淮北盐业的运行管理等有深刻的认识作用,透过墓葬中出土的《集簿》

① 脱脱:《宋史·河渠志六》,中华书局 1985 年版,第 2388—2389 页。
② 班固:《汉书·吴王濞传》,中华书局 1962 年版,第 1903 页。
③ 班固:《汉书·高帝纪下》,中华书局 1962 年版,第 60—61 页。
④ 房玄龄:《晋书·地理志下》,中华书局 1974 年版,第 451 页。
⑤ 范晔:《后汉书·郡国志三》,中华书局 1965 年版,第 3461 页。
⑥ 参见连云港博物馆、中国文物研究所主编《尹湾汉墓简牍综论》,科学出版社 1999 年版。

《东海郡吏员簿》《东海郡下辖长吏名籍》《东海郡下辖长吏名籍》《东海郡下辖长吏不在署未到官者名籍》《东海郡属吏设置簿》等系列文献,可以作出推论,淮南和淮北均为汉王朝重要的盐业生产基地。需要补充的是,文中所说的"淮南"是指淮南南部,"淮北"是指淮南北部,两者均属淮南。之所以后来有"淮南""淮北"等两个概念,主要与元明清三代将其划分为"淮南盐场""淮北盐场"相关,与其供给方向变化相关。

其三,在两淮盐场隶属藩国吴王刘濞时,中央政府自然不能在此设置盐官,然而,汉武帝削藩及实行盐铁专营以后,则应在淮南和淮北等地设盐官。司马迁记载道:"大农上盐铁丞孔仅、咸阳言:'山海,天地之藏也,皆宜属少府,陛下不私,以属大农佐赋。愿募民自给费,因官器作煮盐,官与牢盆。浮食奇民欲擅管山海之货,以致富羡,役利细民。其沮事之议,不可胜听。敢私铸铁器煮盐者,釱左趾,没入其器物。郡不出铁者,置小铁官,便属在所县。'使孔仅、东郭咸阳乘传举行天下盐铁,作官府,除故盐铁家富者为吏。"①马端临进一步论述道:"武帝元狩四年,置盐铁官。……元封元年,因桑弘羊请,置大农部丞数十人,分部主郡国,名往往均输盐铁官,不出铁者置小铁官,使属所在县。"②从"置大农部丞数十人,分部主郡国,名往往均输盐铁官"等情况看,元狩四年(前119年),汉武帝实行盐铁专营的政策以后,应在淮南和淮北等地设盐官管理盐政。

综上所述,两淮海盐行销迅速地走向全国,应发生在刘濞致力于淮盐生产之时即汉高祖刘邦一朝。《盐铁论·禁耕》云:"异时,盐铁未笼,布衣有胸邴,胸邴人、吴王皆盐铁初议也。"③所谓"盐铁未笼",是指在汉武帝实行盐铁专卖政策以前,盐铁可以自由地买卖,如朐县(今江苏连云港)曹邴在经营淮北海盐中致富,刘濞在经营淮盐的过程中使吴国的经济走到了全国的前列。班固感慨道:"吴王擅山海之利,能薄敛以使其众,逆乱之萌,自其于兴。古者诸侯不过百里,山海不以封,盖防此

---

① 司马迁:《史记·平准书》,中华书局1982年版,第1429页。

② 马端临:《文献通考·征榷考三·盐铁》,浙江古籍出版社1988年版,第149—150页。

③ 桓宽:《盐铁论》,《诸子集成》第8册,上海书店1986年影印,第6页。

矣。”①在审视刘濞发动叛乱的原因时，班固充分注意到“山海之利”即盐铁之利在稳定社会秩序方面的作用，进而得出了盐铁是“国家大业，所以制四夷，安边足用之本”②的结论。刘濞发展吴国经济，主要是以境内的铜矿和海盐为两大支柱，平定“吴楚七国之乱”后，淮盐之利开始成为汉王朝关注的对象。

自汉武帝将盐铁的营销权收归中央以后，大大地增加了国家的财政收入，成功地解决了征伐匈奴时军用物资及粮草困难。客观地讲，实行盐铁专营多有与民争利的嫌疑，此举在朝廷内部形成了不同的看法。针对这一情况，汉武帝去世不久即汉昭帝始元二年（前 81 年）二月，专门召开了盐铁是否继续由国家专营的会议。会议上，以文学、贤良为一方，以桑弘羊为另一方，展开了激烈的辩论。文学、贤良明确地指出：“民人藏于家，诸侯藏于国，天子藏于海内。……是以王者不畜聚，下藏于民，远浮利。务民之义，义礼立则民化上。若是，虽汤、武生存于世，无所容其虑。工商之事，欧冶之任，何奸之能成？三桓专鲁，六卿分晋，不以盐铁。故权利深者，不在山海，在朝廷。一家害百家，在萧墙，而不在朐邴也。”③以藏富于民的思想为逻辑起点，文学、贤良坚决主张取消盐铁专营专卖。针对这一观点，桑弘羊反驳道：“今罢去之，则豪民擅其用而专其利，决市闾巷，高下在口吻，贵贱无常，端坐而民豪，是以养强抑弱，而藏于跖也。强养弱抑则齐民消。若众秽之盛而害五谷。一家害百家，不在朐邴，如何也？”④桑弘羊以抑制豪强获取山海之利及加重百姓负担为由，坚持盐铁收归国有的意见，经此，盐铁专营专卖之策得到继续执行。

时至东汉，政治形势发生变化，游牧民族不再是主要威胁，光武帝刘秀在去世前提出了开盐禁的政策，试图通过此举缓和因盐铁专营带来的诸多矛盾。章和二年（88 年）四月，汉和帝下诏曰：“昔孝武皇帝致诛胡、越，故权收盐铁之利，以奉师旅之费。自中兴以来，匈奴未宾，永

① 班固：《汉书・吴王濞传》，中华书局 1962 年版，第 1918 页。
② 班固：《汉书・食货志下》，中华书局 1962 年版，第 1176 页。
③ 桓宽：《盐铁论》，《诸子集成》第 8 册，上海书店 1986 年影印，第 6 页。
④ 桓宽：《盐铁论》，《诸子集成》第 8 册，上海书店 1986 年影印，第 6 页。

平末年,复修征伐。先帝即位,务休力役,然犹深思远虑,安不忘危,探观旧典,复收盐铁,欲以防备不虞,宁安边境。而吏多不良,动失其便,以违上意。先帝恨之,故遗戒郡国罢盐铁之禁,纵民煮铸,入税县官如故事。其申敕刺史、二千石,奉顺圣旨,勉弘德化,布告天下,使明知朕意。"①由于"纵民煮铸,入税县官如故事",遂为商家从事盐业活动提供了方便。如有麋竺"祖世货殖,僮客万人,赀产巨亿"②之说,货殖之利莫大于盐,麋竺是东海朐县人,朐县东临大海,麋竺成为一代巨商,与经营淮盐关系密切。麋竺致富后,以雄厚的资金资助刘备,"竺于是进妹于先主为夫人,奴客二千,金银货币以助军资。"③丰厚的利润使盐铁成为各方政治势力、富商大贾及豪强势族竞相追逐的对象,"采石鼓铸煮盐,一家聚众或至千余人"④,宏大的生产规模揭开了私家制盐的新篇章。

从三国分治到晋王朝建立以前,在兼并与反兼并中发生了激烈的斗争。一般来说,军事斗争主要是沿交通线进行的,大都以掠取富庶地区为目标。极有意味的是,此时远离交通线且贫瘠的淮浦(今江苏涟水)却成了曹魏与东吴攻防的要地。裴松之注《三国志·魏书》"拜咨安远将军,其余裨将咸假号位,吴众悦服。江东感之,皆不诛其家。其淮南将吏士民诸为诞所胁略者,惟诛其首逆,余皆赦之。听鸯、虎收敛钦丧,给其车牛,致葬旧墓"等语时记载道:"习凿齿曰:自是天下畏威怀德矣。君子谓司马大将军于是役也,可谓能以德攻矣。夫建业者异矣,各有所尚,而不能兼并也。故穷武之雄毙于不仁,存义之国丧于懦退,今一征而禽三叛,大虏吴众,席卷淮浦,俘馘十万,可谓壮矣。"⑤曹魏与东吴争夺淮浦主要与争夺海盐相关,晋代淮浦曾多次发生民乱及叛乱,如有"淮浦再扰"⑥"张昌等或鸱张淮浦"⑦等说,又有伏滔《正淮论》向晋王朝提出了"推锋以临淮浦"⑧的建议。把这些记载综合起来的话,不难发

---

① 范晔:《后汉书·孝和帝纪》,中华书局 1965 年版,第 167—168 页。
② 陈寿:《三国志·蜀书·麋竺传》,中华书局 1982 年版,第 969 页。
③ 陈寿:《三国志·蜀书·麋竺传》,中华书局 1982 年版,第 969 页。
④ 杜佑:《通典·食货十》,浙江古籍出版社 1988 年版,第 58 页。
⑤ 陈寿:《三国志·魏书·唐咨传》,中华书局 1982 年版,第 774 页。
⑥ 房玄龄:《晋书·孝愍帝纪》,中华书局 1974 年版,第 133 页。
⑦ 房玄龄:《晋书·王张陈王杜等传》,中华书局 1974 年版,第 2638 页。
⑧ 房玄龄:《晋书·伏滔传》,中华书局 1974 年版,第 2401 页。

现位于淮河下游即入海口的淮浦成为争夺的对象,是因为淮浦有丰富的海盐资源。

晋室南渡后,南北政权均实行征收盐税政策。史称:"魏武西迁,连年战争,河、洛之间,又并空竭。天平元年,迁都于邺,出粟一百三十万石,以振贫人。是时六坊之众,从武帝而西者,不能万人,余皆北徙,并给常廪,春秋二时赐帛,以供衣服之费。常调之外,逐丰稔之处,折绢籴粟,以充国储。于诸州缘河津济,皆官仓贮积,以拟漕运。于沧、瀛、幽、青四州之境,傍海置盐官,以煮盐,每岁收钱,军国之资,得以周赡。"①又称:"自迁邺后,于沧、瀛、幽、青四州之境,傍海煮盐。沧州置灶一千四百八十四,瀛州置灶四百五十二,幽州置灶一百八十,青州置灶五百四十六,又于邯郸置灶四,计终岁合收盐二十万九千七百二斛四升。军国所资,得以周赡矣。"②迁邺以后,北魏加强海盐管理,是因为盐税能否顺利征收已涉及政权安危的大事。马端临论述道:"魏自弛盐禁之后,官虽无榷,而豪贵之家复乘势占夺,近池之人又辄障吝。神龟初,太师高阳王雍,太傅清河王怿等奏,请依先朝,禁之为便,于是复置监官以监检焉。其后更罢更立,至于永熙。自迁邺后,于沧、瀛、幽、青四州之境,傍海煮盐。沧州置灶一千四百八十四,瀛州置灶一百五十二,幽州置灶一百八十,青州置灶五百四十六,又于邯郸置灶四,计终岁合收盐二十万九千七百八斛四斗。军国所资,得以周赡矣。"③针对这一情况,马端临对征收盐税前后的情况进行了对比,进而指出实行官营海盐措施后,北魏解决了国用匮乏等一系列难题。

南北政权在江淮一带对峙,淮浦一再地成为争夺要地,主要是围绕着海盐进行的。卢昶在上疏中写道:"所以倾国而举,非为朐山,将恐王师固六里,据湖冲,南截淮浦,势崩难测,海利盐物,交阙常贡。所虑在大,有必争之心。若皇家经略,方有所讨,必须简将增兵,加益粮仗,与之亢拟。相持至秋,天麾一动,开拓为易。"④淮浦有"海利盐物",因此成

① 魏徵:《隋书·食货志》,中华书局 1973 年版,第 675—676 页。
② 魏收:《魏书·食货志》,中华书局 1974 年版,第 2863 页。
③ 马端临:《文献通考·征榷考三·盐铁》,浙江古籍出版社 1988 年版,第 151 页。
④ 魏收:《魏书·卢玄传》,中华书局 1974 年版,第 1058 页。

为北魏南下时经营的战略目标。魏世宗诏书曰："知贼城已下,复克三关,展威辟境,声略宣振,公私称泰,良以欣然。将军渊规内断,忠谟外举,受律扬旌,克申庙算,虽方叔之制蛮荆,召虎之扫淮浦,匹兹蔑如也。新州初附,宜广经略,想善加检督,必令周固,有所委付,然后凯旋耳。"[1]魏世宗表达"召虎之扫淮浦"的决心,是因为淮浦的海盐完全可以充实国库,换取军用物资。与此同时,南朝也把淮浦视为经略的对象。梁武帝代齐后,雄心勃勃地提出了开拓疆土的战略构想,"频事经略,开拓闽、越,克复淮浦,平俚洞"[2],梁武帝将"克复淮浦"与"开拓闽、越"等相提并论,当知经营地偏一隅的淮浦的目的是经营淮盐。

综上所述,以淮浦为代表的淮北海盐进入人们的视野发生在汉代,南北分治时期,淮北盐业在十分艰难的情况下迎来了自身发展的空间。

第二节　唐代榷盐与淮扬盐业

刘晏榷盐是唐王朝榷盐制度建立中的大事,经此,揭开了中国榷盐制度的崭新一页。叶观论述道:"盐利之兴,肇于管晏,而成于汉,然与酒、铁并榷,未盛也。至唐之刘晏。而利始博。"[3]这一说法大体上反映了古代建立榷盐制度的轨迹。

入唐以后,两淮海盐生产进入了大发展的时期。说到淮扬海盐征榷,首先要从唐王朝的盐政说起,唐代从不征收盐税到征收盐税,前后经历了三个阶段。

第一阶段,安史之乱(756—763)爆发后的同年六月,唐玄宗逃往蜀地,为了扩充军备开始在蜀地征收盐税,"玄宗幸巴蜀,郑昉使剑南,请于江陵税盐麻以资国,官置吏以督之。"[4]此后,为抗击叛军,颜真卿、第

---

[1] 魏收:《魏书·南安王传》,中华书局 1974 年版,第 499 页。

[2] 魏徵:《隋书·地理志上》,中华书局 1973 年版,第 807 页。

[3] 叶观:《两淮盐法志序》,杨选等修,史起蛰等撰,荀德麟等点校整理:《嘉靖两淮盐法志》,方志出版社 2010 年版,第 5 页。

[4] 刘昫:《旧唐书·食货志上》,中华书局 1975 年版,第 2087 页。

五琦等亦在辖区征收盐税，"时军费困竭，李峘劝真卿收景城盐，使诸郡相输，用度遂不乏。第五琦方参进明军，后得其法以行，军用饶雄。"①早年，唐袭隋制，盐可自由买卖和经营。史称："开皇三年正月，帝入新宫。初令军人以二十一成丁。减十二番每岁为二十日役，减调绢一疋为二丈。先是尚依周末之弊，官置酒坊收利，盐池盐井，皆禁百姓采用。至是罢酒坊，通盐池盐井与百姓共之，远近大悦。"②开皇三年（583年），隋文帝开盐禁。唐王朝建立后，继续奉行这一政策，直到安史之乱爆发，因扩军方面的需要，唐王朝才被迫改变不再征榷盐税的做法。

第二阶段，至德元年（756年），唐王朝实行全面推行征收盐税的国策。是年，唐肃宗"令第五琦于诸道榷盐以助军用"③，在各道设榷盐机构即专卖专营机构。"诸道"指唐玄宗为加强监察在全国设立的十五个监察区，有"开元二十一年，分天下为十五道，每道置采访使，检察非法，如汉刺史之职"④之说。在十五道建榷盐机构，是说将全国分成十五个食盐专卖专营区。为了最大限度地征收盐税，第五琦制定了专门的官营制度，规定盐不得自由买卖，应由官府统一征收、运输和销售。这一做法虽增加了中央的财政收入，但有明显的缺陷。如官府垄断运销等各个环节后，管理成本实在是太高了，从而给盐税征收带来了不必要的损失。为此，因"盐铁之利，佐百姓之急，奉军旅之费，不可废也"⑤，如何整顿盐政及提高盐税征收效率便成了当务之急。

第三阶段，刘晏临危受命，担负起东南漕运及盐铁专营事务。刘晏出任盐铁使后，采取改革措施，从而取得了"通计一岁征赋所入总一千二百万贯，而盐利且过半"⑥的成绩。征收盐税时，刘晏主要采取了以下的方法：一是在肯定民产、官收的基础上，将官运、官销改为商运、商销，通过改革调动了商人参与运销的积极性；二是将官府从烦琐的盐运、盐销等事务中解放出来；三是根据掌握的情况制定盐法，防止盐吏即监管

① 欧阳修：《新唐书·颜真卿传》，中华书局1975年版，第4856页。
② 魏徵：《隋书·食货志》，中华书局1973年版，第681页。
③ 刘昫：《旧唐书·刘晏传》，中华书局1975年版，第3514页。
④ 刘昫：《旧唐书·地理志一》，中华书局1975年版，第1385页。
⑤ 杜佑：《通典·食货十》，浙江古籍出版社1988年版，第58页。
⑥ 刘昫：《旧唐书·刘晏传》，中华书局1975年版，第3514页。

盐业生产的官吏与亭户及商人勾结,逃避税收,行走私之事;四是针对岭南等产盐区偏远,商人不愿经销等情况,由官府直接用低于商销的价格售盐,以便取得"官收厚利而人不知贵"①的效果;五是针对"盐生霖潦则卤薄,暵旱则土溜坟"②等情况,通过提供技术来提高生产效率。故称:"盐铁使刘晏以为因民所急而税之,则国足用。于是上盐法轻重之宜,以盐吏多则州县扰,出盐乡因旧监置吏,亭户粜商人,纵其所之。江、岭去盐远者,有常平盐,每商人不至,则减价以粜民,官收厚利而人不知贵。晏又以盐生霖潦则卤薄,暵旱则土溜坟,乃随时为令,遣吏晓导,倍于劝农。"③在刘晏的努力下,唐王朝的盐政出现了崭新的局面,进而支撑起唐王朝财政的大半边天。

唐代的东南盐场大都分布在吴、越、扬、楚一带,扬、楚是淮扬区域的代名词。东南四大盐场以涟水盐场为首,其规模远远超过其他盐场,淮北盐场在唐王朝的盐政中占有重要的一席之地。刘晏改革东南盐政,后来出现了诸多变化,如建立了嘉兴、海陵、盐城、新亭、临平、兰亭、永嘉、大昌、候官、富都等10个盐监,实现了"岁得钱百余万缗,以当百余州之赋"的目标。进而言之,不断地完善生产体系,加强过程管理,可以为征榷淮盐和浙盐创造条件。与此同时,设立十监表明,以淮南和淮北为代表的淮盐及以吴、越为代表的浙盐是重要产盐区。

为了加强管理,唐王朝在产海盐的重地设置了十三座巡院,稽查走私。"自淮北置巡院十三,曰扬州、陈许、汴州、庐寿、白沙、淮西、甬桥、浙西、宋州、泗州、岭南、兖郓、郑滑,捕私盐者,奸盗为之衰息。然诸道加榷盐钱,商人舟所过有税。晏奏罢州县率税,禁堰埭邀以利者。"④为了加强缉私,刘晏在置巡院的基础上将淮盐销售到黄河流域,同时由巡院负责缉捕贩卖私盐事务,落实官收、商运和商销政策,废除诸道自行设置的关卡,在提高效率的同时,降低商运成本,提高商人参与盐运和经销的积极性,为榷盐提供了保障。特别是在扬州、陈许、汴州、白沙、

① 欧阳修:《新唐书·食货志四》,中华书局1975年版,第1378页。
② 欧阳修:《新唐书·食货志四》,中华书局1975年版,第1378页。
③ 欧阳修:《新唐书·食货志四》,中华书局1975年版,第1378页。
④ 欧阳修:《新唐书·食货志四》,中华书局1975年版,第1378页。

淮西、甬桥、宋州、泗州等地建巡院即缉查私盐的关卡，这表明了汴河是东南海盐及淮盐输出的重要运道，中原是东南海盐特别是淮盐行销不可或缺的区域。经过一番努力，榷盐取得了惊人的成就，乃至于"晏之始至也，盐利岁才四十万缗，至大历末，六百余万缗。天下之赋，盐利居半，宫闱服御、军饷、百官禄俸皆仰给焉"。① 到了唐代宗大历末年（779年），更是"通计一岁征赋所入总一千二百万贯，而盐利且过半"②。在租赋征收严重不足的背景下，盐税可谓支撑起唐王朝财政的大半壁江山。

那么，东南四州的海盐产量究竟有多少，在国家租赋中究竟占有什么样的地位呢？李吉甫论述道："盐监，煮盐六十万石，而楚州盐城、浙西嘉兴、盐平两监所出次焉，计每岁天下盐利，当租赋三分之一。"③刘晏设十监加强东南盐政管理，如果以一监产出 60 万石计算，东南四州十监年产海盐当在 600 万石左右。在此基础上征收的盐税，相当于唐王朝当年租赋的三分之一。当然，这是就安史之乱后唐王朝实际征收的租赋而言。尽管如此，东南盐利之大可从中略窥一斑。其中，楚州属县盐城产出的淮盐虽然可能不足 60 万石，但涟水盐场居东南四大盐场之首，取其平均数，以涟水盐场为代表的淮盐生产总量应高于其他的三大盐场。

如果以元代以后划分的淮盐生产单位言之，自然可将淮盐生产分为淮南盐场和淮北盐场两大生产单位。两淮盐场同在淮河南岸，主要是以南部的扬州为地理坐标，涟水盐场属于淮北，扬州盐场属于淮南，涟水盐场的产量虽居四大盐场之首，但不包括在扬州境内的淮南盐场。在输出的过程中，淮盐凭借便利的水上交通逐步形成了两大集散中心，一是以扬州为代表的淮南集散中心，一是以楚州为代表的淮北集散中心。"京师盐暴贵，诏取三万斛以赡关中，自扬州四旬至都，人以为神。"④刘晏能用 40 天的时间将淮盐从扬州运到京城长安并抵制物价上扬，主要有两个先决条件：一是刘晏贯彻以盐利保东南漕运时，重点疏

---

① 欧阳修：《新唐书·食货志四》，中华书局 1975 年版，第 1378 页。
② 刘昫：《旧唐书·刘晏传》，中华书局 1975 年版，第 3514 页。
③ 李吉甫著，贺次君点校：《元和郡县图志·淮南道》，中华书局 1983 年版，第 1074 页。
④ 欧阳修：《新唐书·刘晏传》，中华书局 1975 年版，第 4796 页。

浚了江淮一带的相关运道,面向东南的汴河等一直处于畅通的状态;二是淮盐有丰富的储量和产量,且价格低廉,可供随时调运。

因东南是榷盐和漕运重地,为了增加中央财政收入及以盐利保漕运,刘晏重点改革了东南盐政。洪迈记载道:"唐世盐铁转运使在扬州,尽斡利权,判官多至数十人,商贾如织。故谚称'扬一益二',谓天下之盛,扬为一而蜀次之也。"①在扬州设盐铁转运使的目的主要有三:一是以扬州为中转地加强东南漕运;二是将淮盐和浙盐等纳入国家财政及税收的范围;三是将淮盐视为盐税重点目标。

在唐王朝的财政中,淮盐占有特殊重要的地位。后来刘晏制定的盐法受到了破坏,再加上自然灾害等,很快出现了"国用尽竭"②的局面。此时,门人元琇受命出任盐铁转运使并举荐齐抗"条理江淮盐务"③,形势发生了根本性变化。时至贞元初年(785年),元琇在总揽江淮盐务的同时,又总理江淮漕运事务,因而有"为水陆运副使,督江淮漕运以给京师"④之说。反推可知,东南盐政是在重点征收淮盐税利的过程中实现的,与此同时,刘晏改革盐政的重点集中在淮扬。

第三节 宋代盐政与淮扬盐业

自唐王朝加强东南盐政管理以后,淮扬盐业迎来了自身发展的黄金时代。赵匡胤建宋定都汴梁(今河南开封)以后,政治中心东移,缩短了漕运里程,在继续执行榷盐政策的过程中,淮盐在国家财政收入中的地位得到全面提升。

宋代盐政远绍唐代,近袭五代,在发明盐引(购盐的凭证)的过程中建立了适合商贸发展的新盐法,开辟了商家经营盐业的新途径,为后代盐商的崛起积累了丰富的经验。在制定盐法的过程中,宋代建立了"盐

---

① 洪迈:《容斋随笔·唐扬州之盛》,上海古籍出版社1996年版,第122页。
② 刘昫:《旧唐书·齐抗传》,中华书局1975年版,第3756页。
③ 刘昫:《旧唐书·齐抗传》,中华书局1975年版,第3756页。
④ 刘昫:《旧唐书·齐抗传》,中华书局1975年版,第3756页。

引"制度。盐引又称"盐钞""盐券",是允许商人经销食盐的凭证。宋王朝建立"盐引"制度,与推行"入中"之策有着直接的关系。"河北又募商人输刍粟于边,以要券取盐及缗钱、香药、宝货于京师或东南州军,陕西则受盐于两池,谓之入中。"①所谓"募商人输刍粟于边",是指官府招募商人输粮草到边地,可获得官府以优惠价格配发有价证券即"要券",凭借这一证券,可以到指定地点兑换现金或兑换包括食盐在内的其他货物,即"入中"。

按照陈止斋的说法,宋代推行"入中"之策始于宋太宗端拱二年(989 年)。马端临引陈止斋语论述道:"端拱二年十月,置折中仓,令商人入中斛斗,给茶盐钞。盖在京入中斛斗算请,始见于此。天圣七年,令商人于在京榷货务入纳钱银,算请末盐。"②这一情况到了宋仁宗天圣七年(1029 年),"入中"之策开始发生变化。具体地讲,这一变化主要是将让商人凭证券到指定地点兑换现金或其他货物的制度改为以盐清算的制度。

起初,西北边防吃紧,采取了"募人入中刍粟,以盐偿之"的临时性措施,"而通商州军并边秦、延、环、庆、渭、原、保安、镇戎、德顺,又募人入中刍粟,以盐偿之"③,"听商人入钱若金银京师榷货务,受盐两池。行之一年,视天圣七年,增缗钱十五万"④。很有意思的是,"入中"之策实行后,在让利于商的过程中宋王朝的财政收入不减,反而得到了增加。

天圣七年,商人输粮入边及取得经销食盐的权力后,为宋王朝应对来自西夏的威胁提供了强有力的支撑。"自元昊反,聚兵西鄙,并边入中刍粟者寡。县官急于兵食,调发不足,因听入中刍粟,予券趋京师榷货务受钱若金银;入中它货,予券偿以池盐。由是羽毛、筋角、胶膝、铁炭、瓦木之类,一切以盐易之。"⑤宋仁宗明道元年(1032 年),李元昊称帝建立大夏政权,成为宋王朝的威胁,为了加强防御,宋王朝通过给商

① 脱脱:《宋史·食货志下三》,中华书局 1985 年版,第 4241 页。
② 马端临:《文献通考·征榷考三·盐铁》,浙江古籍出版社 1988 年版,第 155 页。
③ 脱脱:《宋史·食货志下三》,中华书局 1985 年版,第 4415 页。
④ 脱脱:《宋史·食货志下三》,中华书局 1985 年版,第 4416 页。
⑤ 脱脱:《宋史·食货志下三》,中华书局 1985 年版,第 4416—4417 页。

人经营食盐权,解决了输粮"调发不足"时的困难。

庆历八年(1048 年),宋仁宗在加强验券的同时,扩大了商人经销盐业的范围。"其法:旧禁盐地一切通商,听盐入蜀;罢九州军入中刍粟,令入实钱,偿以盐,视入钱州军远近及所指东、西、南盐,第优其直;东、南盐又听入钱永兴、凤翔、河中;岁课入钱总为盐三十七万五千大席,授以要券,即池验券,按数而出,尽驰兵民辇运之役。又以延、庆、环、渭、原、保安、镇戎、德顺地近乌、白池,奸人私以青白盐入塞,侵利乱法。乃募人入中池盐,予券优其估,还,以池盐偿之;以所入盐官自出鬻,禁人私售,峻青白盐之禁。并边旧令入中铁、炭、瓦、木之类,皆重为法以绝之。其先以虚估受券及已受盐未鬻者,悉计直使输亏官钱。又令三京及河中、河阳、陕、虢、解、晋、绛、濮、庆成、广济官仍鬻盐,须商贾流通乃止。以所入缗钱市并边九州军刍粟,悉贸榷货务钱币以实中都。行之数年,黠商贪贾,无所侥幸,关中之民,得安其业,公私便之。"①此举成为定制后,进一步确认了商人经营盐业的权力,保护了商人的利益。

有其利必有其弊,盐引制度推行后不久,很快便出现了利用制度中的漏洞,官商勾结舞弊的情况。"猾商贪吏,表里为奸,至入椽木二,估钱千,给盐一大席,为盐二百二十斤。虚费池盐,不可胜计,盐直益贱,贩者不行,公私无利。庆历二年,复京师榷法,凡商人虚估受券及已受盐未鬻者,皆计直输亏官钱。内地州军民间盐,悉收市入官,官为置场增价出之。复禁永兴、同、华、耀、河中、陕、虢、解、晋、绛、庆成十一州军商盐,官自辇运,以衙前主之。又禁商盐私入蜀,置折博务于永兴、凤翔,听人入钱若蜀货,易盐趋蜀中以售。久之,东、南盐地悉复禁榷,兵民辇运,不胜其苦,州郡骚然。所得盐利,不足以佐县官之急。并边务诱人入中刍粟,皆为虚估,腾踊至数倍,大耗京师钱币,帑藏益虚。"②问题是,怎样才能挽救盐引制度带来的危机,调动商人经销食盐的积极性呢? 时至宋神宗一朝,盐法采取了盐引与"交子"相结合的制度。

交子是中国古代最早的纸币,有替代铜钱的流通功能。起初,四川

---

① 脱脱:《宋史・食货志下三》,中华书局 1985 年版,第 4417—4418 页。
② 脱脱:《宋史・食货志下三》,中华书局 1985 年版,第 4417 页。

商人针对携带巨款多有不便等情况,开办了现金保管业务。商人将货款存入商铺后可到异地取款,这样一来就方便了交易。由于存款数额填写在楮纸上,商铺收款后将楮纸作为凭证交还给存款人,故称"交子"。"四年,诏陕西行蜀交子法,罢市钞;或论其不便,复旧。七年,中书议陕西盐钞,出多虚钞,而盐益轻,以钞折兑粮草,有虚抬逼籴之患。请用交子法,使其数与见钱相当,可济缓急。诏以皮公弼、熊本、宋迪分领其事,赵瞻制置。又以内藏钱二百万缗假三司,遣市易吏行四路请买盐引,仍令秦凤、永兴盐钞,岁以百八十万为额。八年,中书奏陕西盐钞利害及立法八事,大抵谓买钞本钱有限,而出钞过多,买不尽则钞贱而籴贵,故出钞不可无限。然商人欲变易见钱,而官不为买,即为兼并所抑,则钞价益贱;而边境有急,钞未免多出,故当置场以市价平之。今当定买两路实卖盐二百二十万缗,以当用钞数立额,永兴路八十一万五千,秦凤路一百三十八万五千,熙河路五十三万七千;永兴军遣官买钞,岁支转运司钱十万缗买西盐钞,又用市易务赊请法募人赊钞变易,即民间钞多而滞,则送解池毁之。诏从其请,然有司给钞溢额,犹视其故。九年,乃诏御史劾陕西官吏,止三司额外出钞。"①宋神宗熙宁七年(1074年),以交子兑换盐引即盐钞的做法,在一定程度上解决了"出多虚钞,而盐益轻,以钞折兑粮草,有虚抬逼籴之患"带来的危机。

马端临论述道:"神宗熙宁七年,中书议陕西盐钞大出,多虚钞而盐益轻,以钞折兑粮草,有虚抬边籴之患,请用西蜀交子法,使其数与钱相当,可济缓急。诏以内藏钱二百万缗假三司,遣市易吏行四路请买盐引,又令秦凤、永兴盐钞岁以百八十万为额。"②这一政策实行后,有效地堵塞了盐引发行中的漏洞,给商人经销食盐带来了便利。与此同时,宋代统治者承认交子的合法性以后,为盐法增添了新的内容。

盐税是宋王朝财政收入的重要来源,支撑起宋代财赋收入的半壁江山。"唐乾元初,第五琦为盐铁使,变盐法,刘晏代之,当时举天下盐利,岁才四十万缗。至大历,增至六百余万缗。天下之赋,盐利居半。

---

① 脱脱:《宋史·食货志下三》,中华书局 1985 年版,第 4420 页。
② 马端临:《文献通考·征榷考三·盐铁》,浙江古籍出版社 1988 年版,第 161 页。

元祐间,淮盐与解池等岁四百万缗。比唐举天下之赋已三分之二。绍兴末年以来,泰州海陵一监,支盐三十余万席,为钱六七百万缗,则是一州之数,过唐举天下之数矣。"①这一记载强调了两个时间节点,一是宋哲宗赵煦元祐年间(1086—1094),每年征收的淮盐和解州池盐税为四百万缗,这一征收数额为唐代宗大历年间(766—779)全国岁赋的三分之二;一是南宋高宗赵构绍兴末年(1162 年),从淮南泰州海陵盐场征收的盐税为六七百万缗,仅泰州一州征收的盐税已超过唐代宗大历年间(767—779)全部的盐税。这一数额表明,淮扬区域作为两宋榷盐的重地,在维护国家政治稳定和社会经济发展等方面占有特殊的地位。

起初,宋王朝主要有七个产盐区,一是解州池盐区,产盐区集中在解县、安邑一带;二是京东海盐区,产盐区集中在密州、登州、青州、沧州、滨州一带;三是淮南海盐区,产盐区集中在通州、泰州、楚州、海州一带;四是两浙海盐区,产盐区集中在杭州、秀州、温州、台州、明州一带;五是福建、广南海盐区,产盐区集中在福州、泉州、漳州、新化、广州、东莞、静康一带;六是四川井盐区,产盐区集中在成都、潼川、夔州、利州等地;七是西北崖盐区,产盐区集中在阶州、灵州、会州等地。

在七个盐区中,解州池盐一度是宋王朝重点征榷的对象。沈德符论述道:"解池相传为蚩尤血所化,其说不经。且其长五十余里,周百余里,又有淡泉二区,味甚甘洌,盐得此水方成。又有女盐池,东西二十五里,南北二十里,土人引水沃畦,水耗土自成盐,盖天生之利也。自大历奏祠,遂建盐风亭,有碑在池北之峨嵋坡。至贞元十三年,又有盐池灵应公碑,则更得封爵矣。至宋大中祥符之甲寅,盐池大坏,关壮缪以阴兵,与蚩尤大战而破之,始为之建祠。至崇宁元年,加封关为忠惠公。大观二年,又加武安王。盖关自以桑梓之乡,加意拥护,而盐池之功,遂超盐神而上之矣。"②北宋征榷解州池盐沿袭了唐代的传统,从唐代建盐神祠并立碑,到北宋不断地加封盐神的举动中不难发现,解州池盐一直是北宋重点征榷的对象。然而,在与辽、金和西夏等政权的对峙中,北

---

① 脱脱:《宋史·食货志下四》,中华书局 1985 年版,第 4456 页。
② 沈德符:《万历野获编·礼部·解池神祠加号》,中华书局 1959 年版,第 365—366 页。

宋的疆域不断地缩小，一些产盐区不再属于北宋，于是榷盐区开始转移到东南。"煮海为盐，曰京东、河北、两浙、淮南、福建、广南，凡六路。其煮盐之地曰亭场，民曰亭户，或谓之灶户。户有盐丁，岁课入官，受钱或折租赋，皆无常数，两浙又役军士定课煮焉。诸路盐场废置，皆视其利之厚薄，价之赢缩，亦未尝有一定之制。"①京东和河北等地纳入金国的版图后，宋王朝榷盐只能以两浙、淮南、福建、广南等四路的海盐为主。

"东南盐利，视天下为最厚"②，在榷盐东南的过程中，淮南路即淮扬区域榷盐的数额最大。"其在淮南曰楚州盐城监，岁鬻四十一万七千余石，通州利丰监四十八万九千余石，泰州海陵监如皋仓小海场六十五万六千余石，各给本州及淮南之庐和舒蕲黄州、无为军，江南之江宁府、宣洪袁吉筠江池太平饶信歙抚州、广德临江军，两浙之常、润、湖、睦州，荆湖之江陵府、安复潭鼎鄂岳衡永州、汉阳军。海州板浦、惠泽、洛要三场岁鬻四十七万七千余石，涟水军海口场十一万五千余石，各给本州军及京东之徐州，淮南之光、泗、濠、寿州，两浙之杭、苏、湖、常、润州、江阴军。天圣中，通、楚州场各七，泰州场八，海州场二，涟水军场一，岁鬻视旧减六十九万七千五百四十余石，以给本路及江南东西、荆湖南北四路，旧并给两浙路，天圣七年始罢。"③这一记载叙述了淮南路两淮盐场的情况，并就其地理分布、生产规模、盐场变迁、管理机构、生产能力、销售范围等作了详细的交代。具体地讲，淮南路岁鬻海盐累加在一起，超过了 255 万石，即便是依旧例减去 697540 余石，依旧有大约 200 万石的产出。可以说，这一数额本身就说明了淮盐已成为北宋榷盐的主要对象。

淮盐成为两宋榷盐的重点对象，主要有六个方面的原因。其一，在东南海盐中，淮盐的价格虽与福建、两浙的价格相当，但有运输方面的优势。马端临论述道："东南盐利，视天下为最厚。盐之入官，淮南、福建斤为钱四，两浙杭、秀为钱六，温、台、明亦为钱四，广南为钱五。其

---

① 脱脱：《宋史·食货志下三》，中华书局 1985 年版，第 4426—4427 页。
② 脱脱：《宋史·食货志下四》，中华书局 1985 年版，第 4438 页。
③ 脱脱：《宋史·食货志下四》，中华书局 1985 年版，第 4438 页。

出,视去盐道里远近而上下其估,利有至十倍者。"①淮南路水路交通十分发达,水路运输成本低廉,商人经销淮盐可牟取更大的利益。"淮东煮盐之利,本居天下半"②,所谓"淮东",是淮南东路的省称。熙宁五年(1072年),宋神宗将淮南路分为淮南东路和淮南西路两大政区。因淮盐产区集中在淮南东路,再加上淮东有漕运及商贸之便,可以谋取更大的商业利益,因此,福建、两浙、广南海盐不再是商人营销的重点。

其二,北宋岁赋主要取自东南,在保漕运的过程中,重点整修了汴河。在这中间,淮南路作为征收赋税的重点区域,既是东南漕运的中转站,同时也是重要的商贸集散地。如商人依托汴河这条漕运大通道,进行商贸活动可在淮南路实现中转或集散,这样一来,淮南路产出的淮盐势必会成为商人经销的对象,为其进入不同的市场提供了可能。

其三,北宋统治者颁发了鼓励商人经销淮盐的政策。"康定元年,诏商人入刍粟陕西并边,愿受东南盐者加数与之。会河北谷贱,三司因请内地诸州行三说法,亦以盐代京师所给缗钱,籴二十万石止。庆历二年,又诏:'入中陕西、河东者持券至京师,偿以钱及金帛各半之;不愿受金帛者予茶盐、香药,惟其所欲。'而东南盐利厚,商旅皆愿得盐。八年,河北行四说法,盐居其一,而并边刍粟,皆有虚估,腾踊至数倍。券至京师,反为蓄贾所抑,盐百八斤旧售钱十万,至是六万,商人以贱估售券取盐,不复入钱京师,帑藏益乏。皇祐二年,复入钱京师法,视旧钱数稍增予盐,而并边入中先得券受盐者,河东、陕西入刍粟直钱十万,止给盐直七万,河北又损为六万五千,且令入钱十万于京师,乃听兼给,谓之对贴,自是入钱京师稍复故。"③这一记载透露的信息有三,一是在康定元年(1040年)以前,商人输粮入边因路途遥远等原因,不愿到东南"中盐"。为了改变这一局面,宋仁宗采取了"诏商人入刍粟陕西并边,愿受东南盐者加数与之"的措施。二是通过让利于商及引导商人到东南"中盐"等做法,时至宋仁宗庆历二年(1042年)出现了"东南盐利厚,商旅

---

① 马端临:《文献通考・征榷考三・盐铁》,浙江古籍出版社1988年版,第160页。
② 脱脱:《宋史・汪纲传》,中华书局1985年版,第12307页。
③ 脱脱:《宋史・食货志下四》,中华书局1985年版,第4440页。

皆愿得盐"的局面。三是结合"国家鬻海之利,以三分为率,淮东居其二"①等情况看,"东南盐利厚"主要指淮盐税利丰厚。可见,淮盐成为重点征榷的对象,是从宋仁宗一朝开始的。

其四,宋代制度规定,江南路、荆湖路等地的漕船,沿长江运漕米至淮南储入不同的转般仓后,放空回程时可载淮盐以归。如有"江南、荆湖岁漕米至淮南,受盐以归"②之说,漕船载盐以归以及将江南路、荆湖路划为淮盐食盐区以后,拓展了淮盐行销的范围。宋仁宗明道二年(1033年),参知政事王随建进言道:"淮南盐初甚善。自通、泰、楚运至真州,自真州运至江、浙、荆湖……愿权听通商三五年,使商人入钱京师,又置折博务于扬州,使输钱及粟帛,计直予盐。盐一石约售钱二千,则一千五百万石可得缗钱三千万以资国用。"③从"愿权听通商三五年,使商人入钱京师,又置折博务于扬州,使输钱及粟帛,计直予盐"等论述中不难发现,为了鼓励商人经销淮盐,宋代统治者采取了一系列措施。"国家经费,盐利居十之八,而两淮盐独当天下之半"④,这虽然是说元代的情况,但宋元两代的情况大体相同,故可用来说明宋代的情况。鼓励商人经销淮盐的措施出台后,极大地调动了商人营销的积极性,同时也为淮盐在国家税收中占有一席之地奠定了坚实的基础。

其五,淮南路是宋代漕运的中转地,在加强漕运及转般仓建设的过程中建造了与之配套的盐仓,"凡盐之入,置仓以受之,通、楚州各一,泰州三,以受三州盐。又置转般仓二,一于真州,以受通、泰、楚五仓盐;一于涟水军,以受海州涟水盐。江南、荆湖岁漕米至淮南,受盐以归。"⑤宋代在通州、楚州各设一座盐仓,在泰州设三座盐仓,又在真州建造新的转般仓,在接纳漕粮的同时接收通州、泰州、楚州五仓之盐。与此同时,又在涟水建转般仓接受来自海州、涟水两地的海盐。在盐仓与转般仓相互为用的机制形成后,在加强淮盐储藏的同时,提高了效率和降低了

① 脱脱:《宋史·食货志下四》,中华书局1985年版,第4455页。
② 脱脱:《宋史·食货志下四》,中华书局1985年版,第4438页。
③ 脱脱:《宋史·食货志下四》,中华书局1985年版,第4439页。
④ 宋濂:《元史·郝彬传》,中华书局1976年版,第4001页。
⑤ 脱脱:《宋史·食货志下四》,中华书局1985年版,第4438页。

成本,如江南路、荆湖路漕船卸漕米入转般仓后可直接取盐。

其六,宋室南渡后,淮南东路继续在南宋的控制之下。国都变化后,漕运线路自然会发生变化,然而,宋、金以淮河为攻防线,淮南需要东南漕运的支持,这样一来,荆湖等路的漕船运送漕粮,至淮南后载淮盐以归的形势没有变化。与北宋相比,此时淮南东路榷盐的岁额不但没有减少,反而有所增加。如宋孝宗赵昚乾道六年(1170 年),户部侍郎叶衡在上疏中写道:"淮东盐灶四百一十二所,岁额盐二百六十八万三千余石,去年两务场卖淮盐六十七万二千三百余袋,收钱二千一百九十六万三千余贯;二浙课额一百九十七万余石,去年两务场卖浙盐二十万二千余袋,收钱五百一万二千余贯,而盐灶乃计二千四百余所。"①所谓"淮东盐灶",是指淮南东路生产海盐的区域,主要指后世所说的淮南盐场和淮北盐场。如果作一对比的话,当知淮盐的年产量远远地超过浙盐。不过,伴随着南宋的灭亡,形势又再度发生变化,但这已是南宋后期的事。

淮盐在宋王朝财政收入中占有很高的比例,可以说,淮盐征收的商税及带动的商业活动支撑起宋王朝大半壁江山。

第四节　元代盐法与淮扬盐业

元代盐法承宋,在加强盐政管理的过程中,一是实行盐引制度;二是划分都转运盐使司榷盐的范围;三是建立新的禁盐制度。元世祖迁都北上后,继续推行加强淮盐生产和管理之策,伴随着京杭大运河的开通,淮盐在保国用方面的作用日益彰显。

盐税是元王朝财政收入的重要来源,在征榷的过程中盐引制度发生多次变化。"国之所资,其利最广者莫如盐。自汉桑弘羊始榷之,而后世未有遗其利者也。元初,以酒醋、盐税、河泊、金、银、铁冶六色,取课于民,岁定白银万锭。太宗庚寅年,始行盐法,每盐一引重四百斤,其

---

① 脱脱:《宋史·食货志下四》,中华书局 1985 年版,第 4454 页。

价银一十两。世祖中统二年,减银为七两。至元十三年既取宋,而江南之盐所入尤广,每引改为中统钞九贯。二十六年,增为五十贯。元贞丙申,每引又增为六十五贯。至大己酉至延祐乙卯,七年之间,累增为一百五十贯。"①这一叙述强调了蒙元征榷盐税的六个时间节点,现结合相关的史料分述如下。

其一,元代盐法始建于元太宗窝阔台庚寅年(1230年)。蒙元盐法承袭了宋代的盐引制度即官营——商销制度,为了谋取盐利,窝阔台将盐引购价定为十两白银。庚寅年是蒙古各部推举窝阔台为大汗的第二年,从这年开始,窝阔台发动了长达四年的灭金战役,考虑到这一因素,窝阔台榷盐实际上是为灭金筹措军需。盐引购价制定后,除了在灭金战役中发挥了重要作用外,又在灭宋战役中发挥了重要作用,如有忽必烈"又奏割河东解州盐池以供军食,立从宜府于京兆,屯田凤翔,募民受盐入粟,转漕嘉陵"②之说。史称:"河间之盐:太宗庚寅年,始立河间税课所,置盐场,拨灶户二千三百七十六隶之,每盐一袋,重四百斤。甲午年,立盐运司。庚子年,改立提举盐榷所,岁办三万四千七百袋。"③庚寅年是元太宗制定盐法的开始,最早的税课所建在河间(今河北沧州河间),并规定每引四百斤。"甲午年,立盐运司"应指率先在河间建立盐运司,此举开启元世祖建都转运盐使司的先河。

其二,中统二年(1261年),元世祖忽必烈下调盐引购价,制定一引为七两白银的官卖政策。"大都之盐:太宗丙申年,初于白陵港、三叉沽、大直沽等处置司,设熬煎办,每引有工本钱。世祖至元二年,又增宝坻三盐场,灶户工本,每引为中统钞三两,与清、沧等。"④元世祖忽必烈继位后,在北方增设盐场,因盐场增加调低了盐引售价。

其三,至元十三年(1276年),元世祖忽必烈将盐引购价定为九贯。如果以一贯一千文为单位,或以一两白银等于一千文计算的话,当知至元十三年的盐引价格虽高于中统二年,但低于元太宗庚寅年。元王朝

① 宋濂:《元史·食货志二》,中华书局1976年版,第2386页。
② 宋濂:《元史·世祖纪一》,中华书局1976年版,第59页。
③ 宋濂:《元史·食货志二》,中华书局1976年版,第2387页。
④ 宋濂:《元史·食货志二》,中华书局1976年版,第2386页。

正式定国号,发生在忽必烈至元八年(1271 年),至元九年忽必烈定都大都(今北京),如果以此为起点,当知至元十三年元世祖调整盐引购价发生在南北统一及国家政治稳定的前提下。"八年,以大都民户多食私盐,因亏国课,验口给以食盐。"①将盐引售价上调为九贯,主要因征榷盐税乏力而起。为堵塞漏洞及禁私盐,元世祖采取了"验口给以食盐"的措施。

其四,至元二十六年,元世祖将盐引售价上调为五十贯。如果以至元十三年盐引售价为基点的话,那么,至元二十六年盐引售价已是原来的五倍之多。这一情况表明,元王朝禁私盐乏力,故只能在掠夺及侵害百姓利益的过程中上调盐引售价。"十九年,罢大都及河间、山东三盐运司,设户部尚书、员外郎各一员,别给印,令于大都置局卖引,盐商买引,赴各场关盐发卖。每岁灶户工本,省台遣官逐季分给之。十九年,改立大都芦台越支三叉沽盐使司一。二十五年,复立三叉沽、芦台、越支三盐使司。"②从至元十九年开始,为加强盐政建设,元世祖将置局卖引及盐商买引划归户部管理,与此同时,又采取了建立盐使司的措施。这一过程表明,当盐成为赋税收入的大宗时,建立什么样的盐法制度已成为元王朝必须面对的大问题。

其五,元贞丙申(1296 年),元成宗将盐引售价上调为六十五贯,元成宗大德年间(1297—1307)继续执行这一政策。"大都之盐:元统二年四月,御史台备监察御史言:'窃睹京畿居民繁盛,日用之中,盐不可阙。大德中,因商贩把握行市,民食贵盐,乃置局设官卖之。中统钞一贯,买盐四斤八两。后虽倍其价,犹敷民用。及泰定间,因所任局官不得其人,在上者失于钤束,致有短少之弊。于是巨商趋利者营属当道,以局官侵盗为由,辄奏罢之,复从民贩卖。自是钞一贯,仅买盐一斤。无籍之徒,私相犯界,煎卖独受其利,官课为所侵碍。而民食贵盐益甚,贫者多不得食,甚不副朝廷恤小民之意。如朝廷仍旧设局,官为发卖,庶课不亏,而民受赐矣。'"③元惠宗元统二年(1334 年)四月,监察御史详细

---

① 宋濂:《元史·食货志二》,中华书局 1976 年版,第 2386 页。
② 宋濂:《元史·食货志二》,中华书局 1976 年版,第 2386—2387 页。
③ 宋濂:《元史·食货志五》,中华书局 1976 年版,第 2485 页。

地叙述盐法遭受破坏的情况。这一叙述主要有三个要点，一是几经调整的盐法遭到破坏始于元成宗大德年间；二是元泰定帝泰定年间（1324—1328）官卖局用人不当，导致流弊百出；三是官商勾结，造成盐价飞涨。

其六，从元武宗至大己酉（1309年）起，再到元仁宗延祐乙卯（1315年），七年之间盐引售价上扬到一引一百五十贯。从这一触目惊心的数字中当知，元代建立的盐引制度已到了崩溃的边缘，甚至动摇了统治基础。如官商勾结严重地破坏了元代建立的盐法制度，盐价飞速上涨引起民怨，可以说，元末起义与禁盐有着直接的关系。

自元世祖以后，历元成宗、元武宗、元仁宗数朝，盐引售价不断地上扬是与财政收入与支出严重地不平衡联系在一起的。如果以元世祖至元十三年盐引售价为九贯起算的话，四十年后即元仁宗延祐乙卯年盐引售价已是原先的16倍之多。这一情况表明，征榷盐税在元代财政支出所占的比例越来越大。"自时厥后，国用浸广。除税粮、科差二者之外，凡课之入，日增月益。至于天历之际，视至元、大德之数，盖增二十倍矣，而朝廷未尝有一日之蓄，则以其不能量入为出故也。"[1]如果继续以"至元、大德之数"为起点，那么，元文宗天历年间（1328—1330）征收的盐税已是先前的20倍之多。[2]

由此提出的问题是，元代天历年间征收了多少盐税？"凡天下一岁总办之数，唯天历为可考，今并著于后：盐，总二百五十六万四千余引。盐课钞，总七百六十六万一千余锭。"[3]如果与唐、宋对比的话，元代获取的盐利无疑是惊人的。宋代一缗钱为七百七十枚铜钱，元代建立银本位制，钞与锭相当，一锭为五十两白银，以此计算，元代获取的盐利远远超过唐宋两代。

元代统治者征收的巨额盐税都有什么样的用途？与民生有什么样的关系呢？"元初，取民未有定制。及世祖立法，一本于宽。其用之也，于宗戚则有岁赐，于凶荒则有赈恤，大率以亲亲爱民为重，而尤倦倦于

---

① 宋濂：《元史·食货志一》，中华书局1976年版，第2352页。
② 这里所说的"至元"应以至元二十六年元世祖将盐引售价上调为五十贯为起点。
③ 宋濂：《元史·食货志二》，中华书局1976年版，第2391—2392页。

农桑一事,可谓知理财之本者矣。世祖尝语中书省臣曰:'凡赐与虽有朕命,中书其斟酌之。'成宗亦尝谓丞相完泽等曰:'每岁天下金银钞币所入几何?诸王驸马赐与及一切营建所出几何?其会计以闻。'完泽对曰:'岁入之数,金一万九千两,银六万两,钞三百六十万锭,然犹不足于用,又于至元钞本中借二十万锭矣。自今敢以节用为请。'帝嘉纳焉。世称元之治以至元、大德为首者,盖以此。"①这一记载主要叙述了元初赋税征收及用途的情况,一是蒙元大军南下灭金灭宋时,赋税没有定制,作为游牧民族,元世祖忽必烈虽然"尤惓惓于农桑",但深知理财的重要性,故天下平定后,制定了较为宽松的赋税制度。二是元世祖一朝的国用支出以赏赐蒙古贵族和赈灾救荒为主,因赏赐额度过大,超出国家财政支出的能力,乃至于元世祖有"凡赐与虽有朕命,中书其斟酌之"语,要求中书省控制赏赐的额度。从这一记载中当知,赏赐蒙古贵族在元代财政支出中占有重要的地位,结合前面所述至元年间元世祖榷盐的情况,当知赏赐蒙古贵族的支出主要来自盐税。三是元世祖去世后,元成宗一朝国用支出的额度进一步扩大。从"每岁天下金银钞币所入几何?诸王驸马赐与及一切营建所出几何"等语中当知,蒙古贵族依旧是元最高统治者关心的对象,其赏赐主要来自盐钞及盐税。如从"每岁天下金银钞币所入"及"又于至元钞本中借二十万锭"中当知,元成宗大德年间(1297—1307)加大了榷盐的力度。综合这些情况,可以说元代统治者关照蒙古贵族的利益远远地超过关心民生的程度。

那么,征收巨额盐税主要涉及哪些区域呢?这要从元代划分的榷盐区说起。据《元史·食货志二》,元代主要有大都盐、河间盐、山东盐、河东盐、四川盐、辽阳盐、两淮盐、两浙盐、福建盐、广东盐、广海盐等十一个产盐区②。为建立一套完整的榷盐系统,元王朝建立了都转运盐使司,在此基础上形成了先经营北方,再重点经营东南的特点。进而言之,蒙元在入主中原的过程中,先在北方及黄河流域设都转运盐使司,随后在东南各地设都转运盐使司。

---

① 宋濂:《元史·食货志一》,中华书局 1976 年版,第 2351—2352 页。
② 宋濂:《元史·食货志二》,中华书局 1976 年版,第 2386—2392 页。

先来看一看蒙元在黄河流域及北方设立都转运盐使司的情况。"大都河间等路都转运盐使司,秩正三品,掌场灶榷办盐货,以资国用。使二员,正三品;同知一员,正四品;副使一员,正五品;运判二员,正六品。首领官:经历一员,从七品;知事一员,从八品;照磨一员,从九品。国初,立河间税课达鲁花赤清沧盐使所,后创立运司,立提举盐榷所,又改为河间路课程所,提举沧清课盐使所。中统三年,改都提领拘榷沧清课盐所。至元二年,以刑部侍郎、右三部郎中兼沧清课盐使司,寻改立河间都转运盐使司,立清、沧课三盐司。十二年,改为都转运使司。十九年,以户部尚书行河间等路都转运使司事,寻罢,改立清、沧二盐使司。二十三年,改立河间等路都转运司。二十七年,改令户部尚书行河间等路都转运使司事。二十八年,改河间等路都转运司。延祐六年,颁分司印,巡行郡邑,以防私盐之弊。盐场二十二所,每场设司令一员,从七品;司丞一员,从八品。办盐各有差。……山东东路转运盐使司,品秩、职掌同上,运判止一员。国初,始置益都课税所,管领山东盐场,以总盐课,后改置运司。中统四年,诏以中书左右部兼诸路都转运司。至元二年,命有司兼办其课,改立山东转运司。至元十二年,改立都转运司。延祐五年,以盐法涩滞,降分司印,巡行各场,督收课程,罢胶莱盐司所属盐场。盐场一十九所,每场设司令一员,从七品;司丞一员,从八品;管勾一员,从八品。……河东陕西等处转运盐使司,品秩、职掌同前,运判增一员。国初,设平阳府以征课程之利。中统二年,改置转运司,置提举解盐司。至元二年,罢运司,命有司掌其务,寻复置转运司。二十二年,立陕西都转运司,诸色税课悉隶焉。二十九年,置盐运司,专掌盐课,其余课税归有司,解盐司亦罢。延祐六年,更为河东陕西等处都转运盐使司,隶省部。其属三:解盐场,管勾一员,正九品;同管勾一员,从九品。河东等处解盐管民提领所,正提领一员,从八品;副提领一员,从九品。安邑等处解盐管民提领所,正提领一员,从八品;副提领一员,从九品。"①大都河间等路都转运盐使的前身是清沧盐使所,盐使所当为元代最早的榷盐机构,其中,大都和河间分属两个榷盐区。"二

① 宋濂:《元史・百官志一》,中华书局 1976 年版,第 2134—2136 页。

十八年,增灶户工本,每引为中统钞八两。二十九年,以岁饥减盐课一万引,入京兆盐运司添办。大德元年,遂罢大都盐运司,并入河间。"①在元成宗大德元年(1297 年)以前,大都河间等路都转运盐使司由大都和河间都转运盐使司构成。进而言之,在南下夺取山东、河东、陕西等地的过程中,元王朝在调整和合并榷盐区的过程中分别建立了隶属户部的大都河间等路、山东东路、河东陕西等三大都转运盐使司。

　　大都河间等路、山东东路、河东陕西等都转运盐使司是蒙元南下入主中原时,率先在黄河流域设置的榷盐机构,伴随着领土不断向南扩张,元王朝又建立了两淮都转运盐使司、两浙都转运盐使司、福建等处都转运盐使司、广东盐课提举司、四川茶盐转运司、广海盐课提举司等榷盐机构。元代由北向南建立榷盐区及都转运盐使司表明,一是榷盐区向南推进是在蒙元统治区域自北向南扩张的过程中完成的;二是在灭宋及赋税全面依赖东南的进程中,东南海盐开始成为元王朝重点征榷的对象。

　　在重点征榷海盐的过程中,两淮、两浙都转运盐使司负有特殊的使命。为了方便进行相关的论述,现有必要将福建、广东、四川等都转运盐使司兼述一下。

　　　两淮都转运盐使司,秩正三品。国初,两淮内附,以提举马里范章专掌盐课之事。至元十四年,始置司于扬州。使二员,正三品;同知二员,正四品;副使一员,正五品;运判二员,正六品;经历一员,从七品;知事一员,从八品;照磨一员,从九品。……盐场二十九所,每场司令一员,从七品;司丞一员,从八品;管勾一员,从九品。……两浙都转运盐使司,秩正三品,使二员,同知二员,运判二员,经历、知事各一员,照磨一员。至元十四年,置司杭州。大德三年,定其产盐之地,立场有差,仍于杭州、嘉兴、绍兴、温、台等处,设检校四所,专验盐袋,毋过常度。盐场三十四所,每所司令一员,从七品;司丞一员,从八品;管勾一员,从九品。……福建等处都转运盐使司,秩正三品,使二员,同知二员,运判二员,经历、知事各一员,照磨一员。至元十四年,始置市舶

---

① 宋濂:《元史・食货志二》,中华书局 1976 年版,第 2387 页。

司,领煎盐征课之事。二十四年,改立盐运司。二十九年罢,立提举司。大德四年,复为运司。九年复罢,并入元帅府兼掌之。十年,复立都提举司。至大四年,复升运司,径隶行省。凡置盐场七所:盐场七所,每所司令一员,从七品;司丞一员,从八品;管勾一员,从九品。……广东盐课提举司。至元十三年,始从广州煎办盐课。十六年,隶江西盐铁茶都转运司。二十二年,并入宣慰司。二十三年,置市舶提举司。大德四年,改广东盐课提举司。提举一员,从五品;同提举一员,从六品;副提举一员,从七品。其属附见:盐场十三所,每所司令一员,从七品;司丞一员,从八品;管勾一员,从九品。……四川茶盐转运司。成都盐井九十五处,散在诸郡山中。至元二年,置兴元四川转运司,专掌煎熬办课之事。八年罢之。十六年,复立转运司。十八年,并入四道宣慰司。十九年,复立陕西四川转运司,通辖诸课程事。二十二年,置四川茶盐运司,秩从三品,使一员,同知、副使、运判各一员,经历、知事、照磨各一员。盐场一十二所,每所司令一员,从七品;司丞一员,从八品;管勾一员,从九品。……广海盐课提举司,至元三十一年置,专职盐课。秩正四品。都提举二员,从四品;同提举二员,从五品;副提举二员,从六品;知事一员,提控案牍一员。①

　　这一记载强调了六个要点,一是蒙元军队南下"国初,两淮内附"时,淮盐开始成为"盐课"对象。② 二是两淮都转运盐使司、两浙都转运盐使司始建于至元十四年,两淮、两浙都转运盐使司建立后,保持稳定,没有像其他盐司那样发生裁并等变化,这一情况表明淮盐和浙盐是元王朝重点征榷的对象。三是福建、广东榷盐的隶属关系多次发生变化,均有过市舶司负责榷盐的历史。这一情况表明,福建、广东盐司在建立的过程中与海外贸易有一定的联系。四是四川设茶盐转运,将茶、盐结合在一起,表明四川井盐不是重点征榷的对象。五是广海(广东海北,在今广西合浦、灵山一带)盐课提举司层级较低,不属于主要榷盐

① 宋濂:《元史·百官志七》,中华书局1976年版,第2312—2315页。
② 这里所说的"两淮",与南宋政区淮南东路和淮南西路无关,是指在淮南南部和北部设批验所负责分管相关盐场。

区。六是除了四川盐司外,其他盐司所在地均在沿海,这一情况表明元代榷盐以海盐为主。

元代榷盐以海盐为主,是在南下灭宋及建立大一统帝国的过程中完成的。在统一北方及南下伐宋的过程中,元代统治者建立了不同的榷盐区,涉及池盐、海盐和井盐等盐种。"然岁办之课,难易各不同。有因自凝结而取者,解池之颗盐也。有煮海而后成者,河间、山东、两淮、两浙、福建等处之末盐也。惟四川之盐出于井,深者数百尺,汲水煮之,视他处为最难。今各因其所产之地言之。"①征榷池盐、海盐和井盐均是元王朝解决国用的强有力手段,这些不同品质的食盐在统治者的眼里有着不同的地位和作用。具体地讲,在与金争夺北方及黄河流域时,池盐是元王朝重点争夺对象;在与南宋争夺四川时,井盐是其重点争夺对象;在进军东南时,海盐成为重点征榷对象。马端临论述道:"论禁榷之利,惟是海盐与解池之盐,最资国用。南方之盐皆出于海,北方之盐皆出于池。如蜀中井盐,自赡一方之用,于大农之国计不与焉。"②与池盐、海盐相比,井盐主要供一方之用,其行销范围相对有限。元王朝的赋税主要来自东南,这样一来,后来者居上,品质优良的东南海盐即末盐遂成为重点征榷的对象,乃至于东南海盐的税收远超池盐和井盐的税收。如天历二年"盐课钞,总七百六十六万一千余锭"③,除去河东池盐"天历二年,办课钞三十九万五千三百九十五锭"④、四川井盐"天历二年,办盐二万八千九百一十引,计钞八万六千七百三十锭"⑤,那么,元王朝从海盐中征榷的盐税近七百万锭。从这样的角度看,元王朝建立大一统政权后,海盐是盐税收入的主要方面。

在划分榷盐区的过程中,元王朝制定了新的盐法。其一,建立了隶属户部的印造盐引即盐钞的机构。"印造茶盐等引局,大使一员,副使一员,至元二十四年置,掌印造腹里、行省盐、茶、矾、铁等引。仍置攒

---

① 宋濂:《元史·食货志二》,中华书局 1976 年版,第 2386 页。

② 马端临:《文献通考·征榷考三·盐铁》,浙江古籍出版社 1988 年版,第 163 页。

③ 宋濂:《元史·食货志二》,中华书局 1976 年版,第 2392 页。

④ 宋濂:《元史·食货志二》,中华书局 1976 年版,第 2389 页。

⑤ 宋濂:《元史·食货志二》,中华书局 1976 年版,第 2390 页。

典、库子各一人。"①至元二十四年（1287 年），元世祖忽必烈设印造茶引、盐引等事务的管理局，将盐引印造权收归户部，在接受宋代"出多虚钞，而盐益轻，以钞折兑粮草，有虚抬逼籴之患"②教训的基础上，改变了政出多头的局面，进而从源头上监管盐钞，控制其印造数额。

其二，元代在盐司的基础上建批验所，通过加强批验这一环节进一步完善了盐引分区监管的制度。"批验所，每所提领一员，正七品；大使一员，正八品；副使一员，正九品。掌批验盐引。"③"批验所"列在"两淮都转运盐使司"条目之下，因两淮都转运盐使司始建于至元十四年（1277 年），因此批验所建立的时间应在至元十四年以后。在继承宋代盐引制度的基础上，元代分区设批验所，并有不断加强的趋势，如"大德四年，复置批验所于真州、采石等处"④。当然，不同区域的批验所有不同的名称，其中，两浙都转运盐使司下设检校所，如有"大德三年，定其产盐之地，立场有差，仍于杭州、嘉兴、绍兴、温、台等处，设检校四所，专验盐袋，毋过常度"⑤之说。

其三，建立严格的禁止私盐行销及处罚制度。"诸犯私盐者，杖七十，徒二年，财产一半没官，于没物内一半付告人充赏。盐货犯界者，减私盐罪一等。提点官禁治不严，初犯笞四十，再犯杖八十，本司官与总管府官一同归断，三犯闻奏定罪。如监临官及灶户私卖盐者，同私盐法。诸伪造盐引者斩，家产付告人充赏。失觉察者，邻佑不首告，杖一百。商贾贩盐，到处不呈引发卖，及盐引数外夹带，盐引不相随，并同私盐法。盐已卖，五日内不赴司县批纳引目，杖六十，徒一年，因而转用者同卖私盐法。犯私盐及犯罪断后，发盐场充盐夫，带镣居役，役满放还。诸给散煎盐灶户工本，官吏通同克减者，计赃论罪。诸大都南北两城关厢，设立盐局，官为发卖，其余州县乡村并听盐商兴贩。诸卖盐局官、煎盐灶户、贩盐客旅行铺之家，辄插和灰土硝碱者，笞五十七。诸蒙古人

---

① 宋濂：《元史·百官志一》，中华书局 1976 年版，第 2130 页。
② 脱脱：《宋史·食货志下三》，中华书局 1985 年版，第 4420 页。
③ 宋濂：《元史·百官志七》，中华书局 1976 年版，第 2313 页。
④ 宋濂：《元史·百官志七》，中华书局 1976 年版，第 2312 页。
⑤ 宋濂：《元史·百官志七》，中华书局 1976 年版，第 2313 页。

私煮盐者,依常法。诸犯私盐,会赦,家产未入官者,革拨。诸私盐再犯,加等断徒如初犯,三犯杖断同再犯,流远,妇人免徒,其博易诸物,不论巨细,科全罪。诸转买私盐食用者,笞五十七,不用断没之令。诸捕获私盐,止理见发之家,勿听攀指平民。有椿货,无犯人,以椿货解官;无椿货,有犯人,勿问。诸巡捕私盐,非承告报明白,不得辄入人家搜检。诸犯私盐,被获拒捕者,断罪流远,因而伤人者处死。诸巡盐军官,辄受财脱放盐徒者,以枉法计赃论罪,夺所佩符及所受命,罢职不叙。"①"凡伪造盐引者皆斩,籍其家产,付告人充赏。犯私盐者徒二年,杖七十,止籍其财产之半;有首告者,于所籍之内以其半赏之。行盐各有郡邑,犯界者减私盐罪一等,以其盐之半没官,半赏告者。"②从源头管理入手,元代建立了一套严厉的禁盐法。一是凡贩私盐者,在判处徒刑的同时并没收一半的财产。二是明确规定商家行盐区,不准越界销售,如果官员禁治不严的话,同样要接受处罚。三是凡盐户与监理官员勾结在一起倒卖走私的话,将与触犯盐法者同罪。四是商家须凭盐引销盐,如果不能及时地拿出相关凭证,或夹带私盐并销售,将以走私处罚。商家卖盐后须五日之内到官府呈报,如不及时呈报将予以处罚。如用过期的旧证卖盐,亦予以严厉的处罚。五是明确规定初犯、再犯和屡犯的不同处罚条例。六是严肃盐法,鼓励告发。七是严禁商家售盐时的掺假行为。八是进一步加强批验和缉私。"大德四年,谕两淮盐运司设关防之法,凡盐商经批验所发卖者,所官收批引牙钱,其不经批验所者,本仓就收之"③,"延祐六年,颁分司印,巡行郡邑,以防私盐之弊。……延祐五年,以盐法涩滞,降分司印,巡行各场,督收课程,罢胶莱盐司所属盐场"④,在两淮设关防,在大都河间、山东转运盐使司设分司,旨在加强缉私,维护业已建立的椿盐秩序。

早在灭宋时,元世祖已有了"江南之盐所入尤广"⑤的认识。平定天

---

① 宋濂:《元史·刑法志三》,中华书局 1976 年版,第 2647—2648 页。
② 宋濂:《元史·食货志二》,中华书局 1976 年版,第 2386 页。
③ 宋濂:《元史·食货志二》,中华书局 1976 年版,第 2390—2391 页。
④ 宋濂:《元史·百官志一》,中华书局 1976 年版,第 2135 页。
⑤ 宋濂:《元史·食货志二》,中华书局 1976 年版,第 2386 页。

下后，东南海盐已成为重点征榷对象，其中，淮盐占有的份额最大。"国家经费，盐利居十之八，而两淮盐独当天下之半，法日以坏，以彬行户部尚书经理之。彬请度舟楫所通、道里所均，建六仓，煮盐于场，运积之仓；岁首，听群商于转运司探仓筹定其所，乃买券，又定河商、江商市易之不如法者，著为法。"①

入元以后，盐税占国家财赋收入的五分之四，其中，淮盐税收占到整个盐税的一半。由于淮盐税收是元王朝财赋的重要来源，根据这一情况，郝经制定了新的盐法。据《元史·宰相年表》，郝彬"入为工部尚书，改户部尚书，拜中书参知政事"②，发生在元武宗至大元年（1308 年）十月。根据这一记载，郝彬"行户部尚书经理之"应发生在此事之前。郝彬接手经理淮盐事务后，通过重建漕运秩序、建盐仓、买券（购买盐引）、定河商、江商行运法等，革除了淮盐行销中的积弊。

淮盐受到元代统治者的关注，主要有三个原因。一是唐、宋以后经济重心移往东南，淮盐与漕运结合在一起，成为征榷的重点对象；二是经过历代的建设，淮扬区域有四通八达的水上交通，为淮盐输出提供了便利的条件；三是淮盐即末盐品质优良，且价格低廉，东南漕运与京杭大运河建设结合在一起，为淮扬区域即两淮成为商品集散地奠定了基础。如马端临论述道："南方之盐皆出于海，北方之盐皆出于池。如蜀中井盐，自赡一方之用，于大农之国计不与焉。前代盐法兴衰皆不出于所论，今且论本朝盐本末。本朝就海论之，惟是淮盐最资国用。"③在征榷淮盐的过程中，元代统治者获取了巨大的利益。

元王朝征榷淮盐，始于元世祖至元十三年（1276 年）。"两淮之盐：至元十三年命提举马里范张依宋旧例办课，每引重三百斤，其价为中统钞八两。十四年，立两淮都转运使司，每引始改为四百斤。十六年，额办五十八万七千六百二十三引。十八年，增为八十万引。二十六年，减一十五万引。三十年，以襄阳民改食扬州盐，又增八千二百引。大德四年，谕两淮盐运司设关防之法，凡盐商经批验所发卖者，所官收批引牙

---

① 宋濂：《元史·郝彬传》，中华书局 1976 年版，第 4001 页。
② 宋濂：《元史·郝彬传》，中华书局 1976 年版，第 4001 页。
③ 马端临：《文献通考·征榷考三·盐铁》，浙江古籍出版社 1988 年版，第 163 页。

钱,其不经批验所者,本仓就收之。八年,以灶户艰辛,遣官究议,停煎五万余引。天历二年,额办正余盐九十五万七十五引,计中统钞二百八十五万二百二十五锭,所隶之场凡二十有九,其工本钞亦自四两递增至十两云。"①这一记载主要强调了六个方面的内容:一是淮盐征榷之初,依宋代旧例行事。二是至元十三年征榷淮盐时以三百斤为一引,盐钞定价为中统钞八两。三是至元十四年立两淮都转运使司后,一引定为四百斤,并开始执行盐引单位购价为九贯的标准。四是改变了宋代以盐席为盐引单位的历史,"至道二年,两池得盐三十七万三千五百四十五席,席一百一十六斤半。三年,鬻钱七十二万八千余贯。"②"席"本指晒盐用席,后来衍化为盐引单位。五是重视两淮盐务管理,至元十三年,元王朝完全控制淮扬区域以后,元世祖立即任命提举马里范章办理盐课事务;至元十四年,在扬州设两淮都转运盐使司。六是元代征榷淮盐,每年可售出的正盐引额约为六十五万。如至元十六年,岁额为五十八万七千六百二十三引;至元十八年,增至八十万引;至元二十六年,为六十五万;至元三十年,增八千二百引,为六十五万八千二百引;元文宗天历二年,额办正盐、余盐共九十五万零七十五引。如以至元年间的正盐为参考,除去余盐额度,天历二年可售出的正盐引额当为六十五万引,"本司自至元十四年创立,当时盐课未有定额,但从实恢办,自后累增至六十五万七十五引。"③自至元十三年征榷淮盐以后,淮盐每年售出的引额约为六十五万,如以一引四百斤计算,淮盐每年理论上的销售可达二亿六千万斤。

淮扬是淮盐征榷重地,两淮都转运盐使司辖 29 座盐场。"每场司令一员,从七品;司丞一员,从八品;管勾一员,从九品。办盐各有差。吕四场,余东场,余中场,余西场,西亭场,金沙场,石堪场,掘港场,丰利场,马塘场,拼茶场,角斜场,富安场,安丰场,梁垛场,东台场,河垛场,丁溪场,小海场,草堰场,白驹场,刘庄场,五祐场,新兴场,庙湾场,莞渎

---

① 宋濂:《元史·食货志二》,中华书局 1976 年版,第 2390—2391 页。
② 脱脱:《宋史·食货志下三》,中华书局 1985 年版,第 4414 页。
③ 宋濂:《元史·食货志五》,中华书局 1976 年版,第 2494 页。

场,板浦场,临洪场,徐渎浦场。"①尽管两淮盐场只有29座,数量低于两浙的34座,但淮盐产量高于浙盐。如史家叙述两浙都转运盐使司的情况时记载道:"本司自至元十三年创立,当时未有定额。至十五年始立额,办盐十五万九千引。自后累增至四十五万引,元统元年又增余盐三万引,每岁总计四十有八万。"②如将"办盐"数额放在一起比较的话,当知浙盐缴纳的税收远低于淮盐。淮盐的地位超过浙盐,并成为重点征榷的对象,主要是由三个原因造成的:一是受自然条件的限制,浙盐的品质一直不如淮盐,这样一来,淮盐更容易受到商人的欢迎;二是淮扬区域有四通八达的交通网络,如有与运河相通的运盐河,商人至此可最大限度地降低经营海盐的成本;三是当政治中心建在北方需要漕运支持时,无论是实行"海漕"还是开通京杭大运河,淮扬区域始终是漕运必经之地。可以说,交通便利及经营成本低廉也为淮盐崛起奠定了坚实的基础。进而言之,以淮扬为节点加强漕运与经营淮盐,可以最大限度地稳定政治和经济形势,这样一来,淮盐成为元王朝重点征榷对象是必然的。

与其他区域生产的盐类相比,淮盐销售区域最大,"本司行盐之地,江浙、江西、河南、湖广所辖路分,上江下流,盐法通行。"③淮盐销售遍及长江、淮河和黄河三大流域,形成了扬州和淮安等两大集散地。如商人自扬州购盐,入江后可以向江浙、江西和湖广等地行销,"客商买引,关给勘合,赴仓支盐,雇船脚力,每引远仓该钞十二三贯,近仓不下七八贯,运至扬州东关,俟候以次通放"④,商人自淮安购盐经运河北上,可行销到淮北、河南等地。陈开俊等翻译《马可波罗游记》时写道:"淮安府是一座十分美丽而富饶的城市,位于东南和东方之间的方向。它是蛮子王国的门户。由于它的地理位置靠近黄河的河岸,所以过境的船舶舟楫,穿梭般地川流不息。淮安府是大批商品的集散地,通过大河将货物运销各地。这里盐产量极其丰富,不但能够供应本城市的消费,而且

① 宋濂:《元史·百官志七》,中华书局1976年版,第2312—2313页。
② 宋濂:《元史·食货志五》,中华书局1976年版,第2495页。
③ 宋濂:《元史·食货志五》,中华书局1976年版,第2494页。
④ 宋濂:《元史·食货志五》,中华书局1976年版,第2494页。

还行销远近的地方。大汗从这种盐税中,得到巨额和税收。"①今人翻译《马可波罗游记》时虽然大意相同,但在表述时有不同的侧重。如冯承钧这样翻译道:"淮安州(Coyganguy)是一甚大城市,在蛮子地界入境之处,居民是偶像教徒,焚死者之尸骸,臣属大汗。其城有船舶甚众,并在黄色大河之上,前已言之也。此城为府治所在,故有货物甚众,辐辏于此。缘此城位置此河之上,有不少城市运货来此,由此运往不少城市,惟意所欲。应知此城制盐甚多,供给其他四十城市之用,由是大汗收入之额甚巨。"②在这两种翻译中,陈开俊和冯承钧均注意到大运河与淮安盐运的关系。具体地讲,前者将大运河直接翻译为"黄河",后者则将大运河翻译为"黄色大河";前者称淮安府"是蛮子王国的门户。由于它的地理位置靠近黄河的河岸,所以过境的船舶舟楫,穿梭般地川流不息。淮安府是大批商品的集散地,通过大河将货物运销各地",后者称"缘此城位置此河之上,有不少城市运货来此,由此运往不少城市,惟意所欲。应知此城制盐甚多,供给其他四十城市之用,由是大汗收入之额甚巨",两相对比,当知无论是称"黄色大河"还是称"黄河",都是说淮安在大运河沿岸。由于宋代以后黄河至淮安府境内占用淮河下行入海水道,因此,马可·波罗将大运河与黄河混淆在一起。这一情况恰好说明了,淮安的淮盐输出主要是面向北方的。

淮盐营销至元成宗大德四年(1300年)为之一变。此前,元世祖忽必烈至元年间(1264—1294年),盐商凭盐引可到指定的盐场取盐。"客人买引,自行赴场支盐,场官逼勒灶户,加其斛面,以通盐商,坏乱盐法。"③本来,商人到盐场取盐可省去许多中间环节,但为了谋取更大的利益,官吏和商人勾结在一起,共同勒索灶户即盐户,致使盐法形同虚设。针对这一情况,大德四年改变盐法,实行商人到盐仓取盐的盐引批验制度。如有"改法立仓,设纲僦运,拨袋支发,以革前弊"④之说,因为

① [意]马可·波罗著,陈开俊等译:《马可波罗游记》,福建科学技术出版社1981年版,第166—167页。
② [意]马可·波罗著,冯承钧译:《马可波罗行纪》,上海书店1999年版,第329页。
③ 宋濂:《元史·食货志五》,中华书局1976年版,第2494页。
④ 宋濂:《元史·食货志五》,中华书局1976年版,第2494页。

盐商只能到盐仓"拨袋支发",遂杜绝了侵害灶户利益的事件。"大德四年,谕两淮盐运司设关防之法,凡盐商经批验所发卖者,所官收批引牙钱,其不经批验所者,本仓就收之。"①客商从盐仓支盐以后,需赴批验所批验方可运销。

大德以后,盐法再度遭受破坏,淮盐营销出现了重大危机。"客商运至扬州东关,俱于城河内停泊,听候通放,不下三四十万余引,积叠数多,不能以时发放"②,元武宗至大年间(1308—1311),发往江浙、江西、湖广等地的运盐船滞留扬州,亟待过江的淮盐一度高达一亿六千万斤。大量的运盐船滞留扬州,为不法分子偷盗淮盐打开了方便之门。如至顺四年(1333年),韩大中在上疏中写道:"客商买引,关给勘合,赴仓支盐,雇船脚力,每引远仓该钞十二三贯,近仓不下七八贯,运至扬州东关,俟候以次通放。其船梢人等,恃以盐主不能照管,视同己物,恣为侵盗,弊病多端。及事败到官,非不严加惩治,莫能禁止。其所盗盐,以钞计之,不过折其旧船以偿而已,安能如数征之。是以里河客商,亏陷资本,外江兴贩,多被欺侮,而百姓高价以买不洁之盐,公私俱受其害。"③由于偷盗成风,在影响商人行销淮盐的利益时,直接冲击了元王朝建立的榷盐制度。在这一过程中,偷盗商运淮盐成风与商人购盐手续复杂烦琐有着密切的关系。具体地讲,一是商人到批验所购买盐引后,须到盐仓取盐。二是商人取盐后必须办理"关给勘合"手续。三是"关给勘合"后要到批验所验证。当时的情况是,运盐船南下入江,只有到真州批验所验证后方可放行。四是所有的证件办齐后,南下的运盐船只有扬州东关为唯一的入江出口。当商人为购买盐引及办证验证不得不疲于奔波时,遂给船梢等不法之徒造成偷盗之机,进而在增加扬州淮盐外输压力的同时,损害到盐商的利益和元王朝征榷淮盐的利益。

从分析形势入手,韩大中提出了新的解决方案。如他在给朝廷的上疏中写道:"窃照扬州东关城外,沿河两岸,多有官民空闲之地。如蒙听从盐商自行赁买基地,起造仓房,支运盐袋到场,籍定资次,贮置仓

---

① 宋濂:《元史·食货志二》,中华书局1976年版,第2390—2391页。
② 宋濂:《元史·食货志五》,中华书局1976年版,第2494页。
③ 宋濂:《元史·食货志五》,中华书局1976年版,第2494—2495页。

内,以俟通放,临期用船,载往真州发卖,既防侵盗之患,可为悠久之利,其于盐法非小补也。"①这一方案虽然临时性地解决了淮盐南运即自扬州输出时面临的等候、侵盗、掺杂等问题,但并不等于解决了淮盐北运时面临的困难,也不等于解决了淮盐外销时面临的所有问题。"纲场仓官任非其人,惟务掊克"②,仅仅解决商运中的一些问题,不能从根本上解决盐政中的弊病,稍等时日势必要出现更大的危机。

两淮盐政中的弊病,实际上是元代盐政始终无法克服的痼疾。关于这点,可以从元惠宗至元五年(1339 年)两浙都转运盐使司叙述浙盐流弊的奏折中得到佐证。

本司所辖场司三十四处,各设令、丞、管勾、典史,管领灶户火丁。用工之时,正当炎暑之月,昼夜不休。才值阴雨,束手彷徨。贫穷小户,余无生理,衣食所资,全籍工本,稍存抵业之家,十无一二。有司不体其劳,又复差充他役。各场元签灶户一万七千有余,后因水旱疫疠,流移死亡,止存七千有余。即今未蒙签补,所据抛下额盐,唯勒见户包煎而已。若不早为签补,优加存恤,将来必致损见户而亏大课。此弊之一也。

又如所设三十五纲监运纲司,专掌召募船户,照依随场日煎月办课额,官给水脚钱,就场支装所煎盐袋,每引元额四百斤,又加折耗等盐十斤,装为二袋,纲官押运前赴所拨之仓而交纳焉。客人到仓支盐,如自二月至于十月河冻之时,以运足为度,其立法非不周密也。今各纲运盐船户,经行岁久,奸弊日滋。凡遇到场装盐之时,私属盐场官吏司秤人等,重其斤两,装为硬袋,出场之后,沿途盗卖,杂以灰土,补其所亏。及到所赴之仓,而仓官司秤人又各受贿,既不加辨,秤盘又不如法。在仓日久,又复消折。袋法不均,诚非细故。不若仍旧令客商就场支给,既免纲运俸给水脚之费,又盐法一新。此弊之二也。

本司岁办额盐四十八万引,行盐之地,两浙、江东凡一千九百

---

① 宋濂:《元史·食货志五》,中华书局 1976 年版,第 2495 页。
② 宋濂:《元史·食货志五》,中华书局 1976 年版,第 2496 页。

六万余口。每日食盐四钱一分八厘,总而计之,为四十四万九千余引。虽卖尽其数,犹剩盐三万一千余引。每年督勒有司,验户口请买。又值荒歉连年,流亡者众,兼以濒江并海,私盐公行,军民官失于防御,所以各仓停积累岁未卖之盐,凡九十余万引,无从支散。如蒙早降定制,以凭遵守,赏罚既明,私盐减少,户口食盐,不致废弛。此弊之三也。

又每季拘收退引,凡遇客人运盐到所卖之地,先须住报水程及所止店肆,缴纳退引。岂期各处提调之官,不能用心检举,纵令吏胥坊里正等,需求分例钱,不满所欲,则多端留难。客人或因发卖迟滞,转往他所,水程虽住,引不拘纳,遂有埋没,致容奸民藏匿在家,影射私盐,所司亦不检勘拘收。其懦善者,卖过官盐之后,即将引目投之乡胥。又有狡猾之徒,不行纳官,通同盐徒,执以为凭,兴贩私盐。如蒙将有司官吏,明定黜降罪名,使退引尽实还官,不致影射私盐。此弊之四也。

本司自延祐七年改立杭州等七仓,设置部辖,掌收各纲船户,运到盐袋,贮顿在仓,听候客人,依次支盐,俱有定制。比年以来,各仓官攒,肆其贪欲,出纳之间,两收其利。凡遇纲船到仓,必受船户之贿,纵其杂和灰土,收纳入仓。或船户运至好盐,无钱致贿,则故生事留难,以致停泊河岸,侵欺盗卖。其仓官与盐运人等为弊多端,是以各仓积盐九十余万引,新旧相并,充溢廊屋,不能支发,走卤消折,利害非轻。虽系客人买过之物,课钞入官,实恐年复一年,为患益甚。若仍旧令客商自备脚力,就场支装,庶免停积。此弊之五也。

五者之中,各仓停积,最为急务。①

这里所说的"五弊"实际上是元代盐政的通病,完全可以用来说明淮盐输出时面临的困境。进而言之,元代盐政遭受破坏主要是由吏治腐败造成的,同时又与元统治者无休止地掠夺有着直接的关系。

① 宋濂:《元史·食货志五》,中华书局 1976 年版,第 2496—2498 页。

第五节　明代盐政与两淮榷盐

　　明代榷盐与宋、元大体一致,继续推行召商输粮入边的"中盐"之策,并采取重点征收两淮盐税之策。这一盐税征收政策是在经济中心移往东南的过程中形成的,一方面漕运提升了淮扬区域的交通地位及商品集散能力,江淮运河与运盐河连通,为淮盐输出创造了良好的外部环境;另一方面淮盐品质优良,价格低廉,当统治者推行输粮入边可获取营销食盐之策后,商人表现出更愿意经销淮盐的意向。

　　盐税是专制王朝重要的财赋收入。元末,朱元璋势力壮大,在建立明王朝的过程中继承了这一传统,继续实行征收盐税之策。问题是,朱元璋是从什么时候开始征收盐税的,又是从什么时候征榷淮盐的?史称:"煮海之利,历代皆官领之。太祖初起,即立盐法,置局设官,令商人贩鬻,二十取一,以资军饷。既而倍征之,用胡深言,复初制。丙午岁,始置两淮盐官。吴元年置两浙。"①这一史述涉及四个问题,一是明王朝盐税征收以海盐为主;二是"太祖初起"时已建榷盐机构,并在商人行销时抽取盐税,以此充作军饷;三是"丙午岁"即元惠宗至正二十六年(1366 年),朱元璋建两淮榷盐机构并设盐官;四是元惠宗至正二十七年,朱元璋扩大榷盐范围,始建两浙榷盐机构。

　　从表面上看,这一史述甚明,其实朱元璋建榷盐机构及设盐官应有更早的时间。或者说"太祖初起"应发生在什么时间?如能充分地认识这一问题,自然可以厘清朱元璋建立盐法及设盐官的时间,以便进一步了解盐税在朱元璋筹措军饷及建立明王朝中的作用。毕沅记录元至正二十一年(1361 年)二月大事时明确写道:"吴改枢密分院为中书分省。始议立盐法,置局设官以掌之,令商人贩鬻,二十分而取其一,以资军饷。"②按照这一说法,朱元璋"议立盐法,置局设官"应该发生在元至正二十一年二月。其实,朱元璋"议立盐法,置局设官"应有更早的历史。

---

① 张廷玉:《明史·食货志四》,中华书局 1974 年版,第 1931 页。
② 毕沅:《续资治通鉴·元纪三十四·至正二十一年》,中华书局 1957 年版,第 5877 页。

"太祖初起"应与两个时间节点有直接的关系,一是元至正十五年三月红巾军领袖郭子兴病逝,朱元璋成为红巾军的继承者;二是元至正十六年三月,朱元璋率部攻破集庆路(治今江苏南京),七月在众将的拥戴下称"吴国公","秋七月己卯,诸将奉太祖为吴国公。置江南行中书省,自总省事,置僚佐。"①两个时间节点均包含了"太祖初起"之意,如果再考虑到"置江南行中书省,自总省事,置僚佐"等情况,那么,"始议立盐法,置局设官以掌之"则应发生在元至正十六年七月。也就是说,从这一时刻起,朱元璋开始榷盐"以资军饷",进而在元末义军中一支独大。

　　需要补充的是,元至正十六年七月,朱元璋虽然"立盐法,置局设官",但其控制的统治区域并不产盐,所能做的只能是征收行商入境后的盐税。具体地讲,这一时期的浙东产盐区主要在方国珍的控制下,浙西和淮东即淮扬产盐区主要在张士诚的控制下。为了尽快地掌控产盐区及实现挥师北上的诉求,朱元璋采取了先经营淮东,打通北上漕运通道的战略。史家叙述元至正二十五年十月朱元璋决定北上经营淮东即淮扬时记载道:"冬十月戊戌,下令讨张士诚。是时,士诚所据,南至绍兴,北有通、泰、高邮、淮安、濠、泗,又北至于济宁。乃命徐达、常遇春等先规取淮东。"②至正二十六年三月,徐达攻克高邮,四月攻克淮安府,随后又攻克濠州、徐州、宿州等,"徐达克高邮。夏四月乙卯,袭破士诚将徐义水军于淮安,义遁,梅思祖以城降。濠、徐、宿三州相继下,淮东平。"③徐达攻克淮东后,朱元璋在其地立即建立了榷盐机构,至正二十六年"吴置两淮都转运盐使司,所领凡二十九场"④,随后以淮盐资助军饷,把军事斗争的锋芒指向盘踞两浙的方国珍和张士诚,取得胜利后又在两浙建立了榷盐机构。"十二月,韩林儿卒。以明年为吴元年,建庙社宫室,祭告山川。"⑤"十二月"是指至正二十六年十二月,红巾军共主

① 张廷玉:《明史·太祖纪一》,中华书局 1974 年版,第 6 页。
② 张廷玉:《明史·太祖纪一》,中华书局 1974 年版,第 13 页。
③ 张廷玉:《明史·太祖纪一》,中华书局 1974 年版,第 14 页。
④ 毕沅:《续资治通鉴·元纪三十七·至正二十六年》,中华书局 1957 年版,第 5961 页。
⑤ 张廷玉:《明史·太祖纪一》,中华书局 1974 年版,第 14—15 页。

韩林儿去世后,朱元璋决定于次年正月建元,并以"吴"为年号。此时以"吴"建元,是因朱元璋曾称"吴国公",既而以"吴王"自称,如有"二十四年春正月丙寅朔,李善长等率群臣劝进,不允。固请,乃即吴王位"①之说。朱元璋称"吴王"发生在元至正二十四年(1364年)正月,以"吴"纪年,发生在元至正二十七年正月。在这一进程中,揭开了朱元璋征榷淮盐和浙盐的历史。

明王朝建立大一统的政权后,榷盐遵循了宋元两代既定的国策,主要由6个都转运盐使司和7个盐课提举司负责全国的盐业生产、管理和税务征收等事务。"洪武初,诸产盐地次第设官。都转运盐使司六:曰两淮,曰两浙,曰长芦,曰山东,曰福建,曰河东。盐课提举司七:曰广东,曰海北,曰四川,曰云南;云南提举司凡四,曰黑盐井,白盐井,安宁盐井,五井。又陕西灵州盐课司一。"②在13个产盐区及榷盐区中,海盐区有7个,当知明代榷盐以海盐为主,与此同时海盐征税又以淮盐为主。陈暹指出:"国朝盐课居天下财赋三分之一,而淮课尤弁诸司。"③陈暹认为盐税占国家财赋的三分之一,两淮盐税居各盐司之首。许谷指出:"我朝经国筹边,考古定法,立盐政以佐军储。既建诸司,载总其事,复岁敕宪臣以董之,经画甚详,防维尤密,欲使公私均盈,上下无患,岂非美善之规、弘远之利哉?乃两淮盐赋实居天下诸司之半,良法美意,具在可稽。"④许谷认为,两淮盐赋占到明代课盐的一半。陈暹和许谷的认识虽有不同,取其公约数,当知淮盐在明王朝财赋收入中占有突出的地位。

问题是,淮盐税收究竟有多大的岁额?在国家财赋及盐税收入中占有什么样的比例及地位呢?明人的学者多有论述,并且针对不同盐种及宋代和明代税收情况进行了多方位的比较。如沈德符指出:"国家盐利,惟两淮为最,然岁入不过六十万缗,已当天下之半,若较之宋仅二

① 张廷玉:《明史·太祖纪一》,中华书局1974年版,第12页。
② 张廷玉:《明史·食货志四》,中华书局1974年版,第1931页。
③ 陈暹:《叙两淮盐法志后》,杨选等修、史起蛰等撰,荀德麟等点校:《嘉靖两淮盐法志》,方志出版社2010年版,第413页。
④ 许谷:《两淮盐法志序》,杨选等修、史起蛰等撰,荀德麟等点校:《嘉靖两淮盐法志》,方志出版社2010年版,第1页。

十中之一耳。按宋盐有四种：一曰末盐，即今煮海所得，两淮、两浙、荆、湖、闽、广、河北俱用之；次曰颗盐，即今解州及晋中蒲绛所出，中州、秦、晋、赵、魏用之；三曰斥盐，则川蜀四路用之，以上与今日略相似，而行盐之地则已不同；四曰崖盐，出于土匡，秦、凤、阶、成所用。今未闻也。然宋一岁获盐之利，凡二千余万缗，我朝全盛，何以仅仅止此？且洪武三年，户部言陕西察罕脑儿之地，有小盐池，设盐课提举司，行盐之地，东至庆阳，南至凤翔、汉中，西至平凉，北至灵州，皆募商人入粟中盐。则所出之地，亦宋所未有。今但称灵州课司，惟陇西三府食此盐耳。熬盐之外，独解盐最奇，其出之岁，亦有丰歉。唐大历中，河中盐池，为秋霖所败，度支韩滉独称不为害，且有瑞盐。代宗喜，赐二池名，一曰宝应，一曰灵应。顷今上己丑年，河东盐池利大兴，御史秦大夔奏闻，请加崇穹爵，以答神贶。时，议本朝于海内神祇，久革侯王之号，乃诏赐祠额曰灵惠。盖司盐之神，惟解著灵异耳。"[1]这一论述有两个要点，一是明代榷盐由海盐、池盐、斥盐即井盐、崖盐等盐种构成，各榷盐区均可"募商人入粟中盐"（指商人输粮食到边地后，可以获得一定数量的行销盐的权力）。这一既定国策一直延续到明代后期，这里所说的"今上己丑年"，是指明神宗万历十七年（1589 年）。所谓"河东盐池利大兴"，是指商人输粮入边后至河东取盐。解州盐神得到加封，与明统治者重视池盐在"入粟中盐"中的作用有着密切的关系。二是两淮盐税占到明王朝盐税的一半，远超过宋代。宋代一缗即一贯为七百七十枚铜钱，明代一缗为一千枚铜钱，以此相除，明代两淮盐税约为宋代的七十八万缗，是宋代全部盐赋的五分之二。

其实，淮盐税收岁额远超沈德符所说的"岁入不过六十万缗"。如中华书局整理本《明史·食货志四》有"初，淮盐岁课七十万五千引，开边报中为正盐，后益余盐纳银解部。至是通前额凡一百五万引，额增三之一。行之数年，积滞无所售，盐法壅不行"[2]数语，标点整理者注"淮盐岁课七十万五千引"一语辨析道："引，原作'两'，据《明会典》卷三二改。

① 沈德符：《万历野获编·礼部·解池神祠加号》，中华书局 1959 年版，第 365 页。
② 张廷玉：《明史·食货志四》，中华书局 1974 年版，第 1942 页。

本志上文两淮岁办大引盐三十五万二千余引,改办小引盐,倍之,正合七十万五千引。"①一般认为,明初盐引与元代相同,一引为四百斤;弘治五年以后,以二百斤为一引,由于前者是后者的一倍,故有"凡大引四百斤,小引二百斤"②之说。这样一来,整理者将"两"改为"引",并声称"本志上文两淮岁办大引盐三十五万二千余引,改办小引盐,倍之,正合七十万五千引"的改动,似乎有道理,但不尽其然。

之所以这样讲,是因为明代小引盐虽出现过每包二百斤的情况,但很快变成了每包二百八十五斤的定制,如有"洪武初,两淮运司凡岁办盐课,以四百斤为一引,后折为小引,每包凡二百斤,外加包索盐五斤,后增至八十五斤,凡二百八十五斤为一引"③之说。如果以"引二百斤,纳银八分"④计算,并除去"包索盐五斤"不计,那么,二百八十斤食盐的价格应高出一两一分。从这样的角度看,《明史·食货志四》原文中的"淮盐岁课七十万五千两"应是正确的,是说每年从淮盐中课税的数额,故不应将"两"改为"引"。在这中间,明王朝每年起码可以从两淮获得七十万五千两或七十万五千缗以上的税收。可能是因小引盐不及大引盐的三分之二,故出现了"至是通前额凡一百五万引,额增三之一"的情况。"岁给边商额盐三十五万二千五百九十引,为小引七十五万五千一百八十……而实给于商者,凡六十九万六千三十引一百斤,存积四十三万六千五百三十引一百斤,常股二十五万九千五百引。"⑤如果以实给商家的数额及一小引盐的价格计算,每年从淮盐中获取七十万五千两以上的白银是有依据的。

需要补充的是,明王朝每年从淮盐税收中获取的七十万两白银,只是召商"中盐"即"开边报中"时的"正盐",不包括"纳银解部"的剩余部分,也不包括自两淮、两浙、长芦选择性的"所中盐粮银"六十余万两。

---

① 张廷玉:《明史·食货志四》,中华书局 1974 年版,第 1957 页。
② 张廷玉:《明史·食货志四》,中华书局 1974 年版,第 1935 页。
③ 杨选等修,史起蛰等撰,荀德麟等点校:《嘉靖两淮盐法志·贡课志》,方志出版社 2010 年版,第 279 页。
④ 张廷玉:《明史·食货志四》,中华书局 1974 年版,第 1943 页。
⑤ 杨选等修,史起蛰等撰,荀德麟等点校:《嘉靖两淮盐法志·贡课志》,方志出版社 2010 年版,第 279 页。

如果把这些统统计算在内的话,那么两淮盐税的岁额应超过九十万缗或九十万两白银,甚至越过一百万缗,"淮额岁课七十万五千余引,又增各边新引岁二十万"①。巡盐御史杨选倡等撰修及成书于明世宗嘉靖三十年二月的《两淮盐法志》有"而正地、余之输佐边费者,岁且百二十余万金"②之说,在嘉靖三十年二月以前,淮盐税收岁额已达一百二十万缗。退一步讲,即便是淮盐税收岁额为一百万缗,这一数字也超过了沈德符所说的数额。

从另一个层面看,淮盐税收岁额应以一百万缗为基准,一百二十万缗很可能是征榷淮盐的最大额度,一旦超过这一极限将会引起诸多的后遗症。"三十九年,帝欲整盐法,乃命副都御史鄢懋卿总理淮、浙、山东、长芦盐法。懋卿,严嵩党也,苟苴无虚日。两淮额盐银六十一万有奇,自设工本盐,增九十万,懋卿复增之,遂满百万。半年一解。又搜括四司残盐,共得银几二百万,一时诩为奇功。"③嘉靖三十九年(1560年),严嵩党羽鄢懋卿总理淮、浙、山东、长芦等四地盐政,在"自设工本盐"及搜刮"残盐"的过程中,淮盐税收第一次超过了一百二十万缗的岁额。然而,这一拼命搜刮的做法瘫痪了淮盐的生产能力,带来了极其严重的后果。"乃立克限法,每卒一人,季限获私盐有定数;不及数,辄削其雇役钱。逻卒经岁有不得支一钱者,乃共为私贩,以牟大利,甚至劫估舶,诬以盐盗而执之,流毒遍海滨矣。嵩失势,巡盐御史徐爌言:'两淮盐法,曰常股,曰存积,曰水乡,共七十万引有奇。引二百斤,纳银八分。永乐以后,引纳粟二斗五升,下场关支,四散发卖,商人之利亦什五焉。近年,正盐之外,加以余盐;余盐之外,又加工本;工本不足,乃有添单;添单不足,又加添引。懋卿趋利目前,不顾其后,是误国乱政之尤者。方今灾荒叠告,盐场淹没,若欲取盈百万,必至逃亡。弦急欲绝,不棘于此。'于是悉罢懋卿所增者。"④因鄢懋卿破坏了盐法,在纠偏的过程

① 张廷玉:《明史·食货志四》,中华书局 1974 年版,第 1944 页。
② 杨选等修,史起蛰等撰,荀德麟等点校整理:《嘉靖两淮盐法志·贡课志》,方志出版社 2010 年版,第289 页。
③ 张廷玉:《明史·食货志四》,中华书局 1974 年版,第 1943 页。
④ 张廷玉:《明史·食货志四》,中华书局 1974 年版,第 1943 页。

中明王朝降低了两淮盐税的征收额度。

沈德符称淮盐税收"岁入不过六十万缗"虽不准确,但称其税收"已当天下之半"又是有依据的。如明神宗万历年间(1573—1620),李汝华在上疏中写道:"国家财赋,所称盐法居半者,盖岁计所入止四百万,半属民赋,其半则取给于盐策。两淮岁解六十八万有奇,长芦十八万,山东八万,两浙十五万,福建二万,广东二万,云南三万八千,各有奇,除河东十二万。及川陕盐课虽不解太仓,并其银数,实共该盐课二百四十余万两。又各边商所中盐粮银,淮、浙、芦东,共该银六十余万两,总盐课盐粮二项,并旧额新添计之,实有二百余万之数。"①万历年间,李汝华任户部尚书掌天下财赋,应该说这一统计数字是有依据的,同时也是准确的。如果以每年征收四百万缗为基点,那么盐税收入占到明王朝财赋的一半,其中两淮盐税占盐税收入的三分之一到二分之一之间,超过海盐税收的总和。

海盐成为明王朝盐税的主要收入,是在政治中心和经济中心向东南转移的过程中逐步形成的。在政治中心东移和北上及经济中心移往东南的过程中,因漕运及商品流通等,海盐输出具有交通上的优势。与池盐、井盐、崖盐等相比,海盐生产工艺明显简单,并具备大规模生产的条件。"盐所产不同。解州之盐,风水所结。宁夏之盐,刮地得之。淮、浙之盐,熬波。川、滇之盐,汲井。闽、粤之盐,积卤。淮南之盐,煎。淮北之盐,晒。山东之盐,有煎有晒,此其大较也。"②与"风水所结""刮地得之""汲井"等制盐的方法相比,海盐生产规模比较容易扩大。又如盐有青、白、黄、赤、黑等五色,其中,青、白二色是盐中的上品,且海盐大都以青、白二色为主。"长芦、奉天、山东、两淮、浙江、福建、广东之盐出于海,四川、云南出于井,河东、陕甘出于池。其制法,海盐有煎、有晒,池盐皆晒,井盐皆煎。论质味,则海盐为佳,池盐、井盐次之。"③这虽然是说清代盐业生产的情况,但完全可以用来解释明代的盐业生产。

---

① 李汝华:《户部题行盐法十议疏》,陈子龙:《皇明经世文编》,《续修四库全书》第 1662 册,上海古籍出版社 2002 年版,第 354 页。
② 张廷玉:《明史·食货志四》,中华书局 1974 年版,第 1935 页。
③ 赵尔巽:《清史稿·食货志四》,中华书局 1977 年版,第 3604 页。

海盐生产主要采取"熬波"和"积卤"的方式制盐。"熬波"是指熬制海水制取食盐的方法,其制作步骤为,先将海水引入盐田,经荡草过滤或草灰搅拌增大浓度,随后倒入盐锅熬制并进一步地浓缩,然后用或"晒"或"煎"的方法制盐。"晒"是指将熬制浓缩后的卤水倒到草席上摊晒,待结晶后取盐;"煎"是指将浓缩后的卤水倒入四面略高、中间略低的铁盘上,用小火烤焙的方法制盐。"积卤"是指将海水引入盐田,用强烈的日照直接取盐。其具体步骤为,在砂石吸附卤水的基础上,将浓度增大后的卤水引入盐田,待浓缩晒干后直接取盐。因各地有不同的自然气候等,海盐制作有不同的方法,如在日照不太强烈的两淮、两浙及山东等地主要采取或"煎"或"晒"的方法制盐。又如闽、粤位于热带,日照充分,且光线强烈,主要用"积卤"的方法制盐。当然,这仅仅是就"大较"而言,各地的海盐生产均可采用"晒""煎""积卤"等方法。

前人较为一致的观点是,一是海盐的品质最好,超过池盐、井盐等其他盐种;二是淮盐有独特的地理环境及生产优势,经过不断改进制作方式及工艺流程,后来成为海盐中的上品。"盐品以散为上(沈括云:盐品至多,异域凡十余种,中国不减数十种。公私通行者,惟四种,曰散、颗、形、饴。《隋志》:鬻海以成之,其盐散。考索今谓之末盐。散之为上者,取其熬波而成,洽洽于海也),盬次之(颜师古云:盬,盐池也。于盬造盐,故曰盬盐。《隋志》:盬盐,引池以化之。考索今谓之颗盐,形如粟粒。盬为散盐之亚者,取其自然而成也)。淮南之盐熬于盘,其形散;淮北之盐晒于池,其形颗。"[1]"且盐自熬波而成,其形散,其色多青、白。"[2]

淮盐成为重点征榷的对象,是在经济中心移往东南的过程中逐步实现的。从增加中央财赋及保国用的角度看,池盐、崖盐、海盐、井盐等均在征榷范围。然而,在政治中心东移和北上的过程中,经济中心移往东南与漕运结合在一起,带来了榷盐中心的转移。安史之乱后,唐王朝重点征榷淮盐既与政治、经济形势变化相关,又与漕运带动淮盐输出相

① 杨选等修、史起蛰等撰,荀德麟等点校整理:《嘉靖两淮盐法志·土产志》,方志出版社 2010 年版,第 136—137 页。

② 杨选等修、史起蛰等撰,荀德麟等点校整理:《嘉靖两淮盐法志·贡课志》,方志出版社 2010 年版,第 277 页。

关。在这中间,淮盐输出与漕运及商品流通结合在一起,为加强淮盐税收提供了便利的条件。淮扬区域成为商品集散地以后,为商人经营淮盐提供了便利条件,在降低运营成本的前提下,品质优良的淮盐受到商人的青睐,有了更多的行销区。

唐宋以降,元明两代,以运河为交通线,生产成本及运输成本低廉的淮盐同样逐步取得了营销方面的优势。这一时期,海盐生产虽有浙江、山东、长芦等盐场,但浙江、山东、长芦等地远离运河交通线,运输成本高昂。嘉靖十三年(1537年),户科给事中管怀理叙述淮盐行销超过浙盐、鲁盐的原因时论述道:"天下之盐利,莫大于两淮,而浙江次之,山东、长芦则其下者也。故其价,两淮最高,浙江稍次,山东、长芦最下。所以然者,何也? 两淮当江河之中,四通八达,水运甚易,浙江则稍僻远,而山东、长芦又深入东偏,陆路数百余里,水路千里之远。故商人报中于两淮,而浙江差少,长芦全无。"①长芦盐场指建在河北、天津渤海湾一带的盐场,与浙江、山东、长芦等地相比,因淮扬有发达的水上交通,盐商更愿意到两淮"中盐"并从事运营活动。

淮南和淮北盐务由中央派出机构两淮都转运盐使司管辖,其治所设在扬州。"两淮都转运盐使司,运使一人,秩从三品;同知一人,秩从四品;副使一人,秩从五品;判官三人,秩从六品;……运使之职,掌摄两淮盐策之政令,率其僚属八十有一人,以办其职务:给引符,俵商盐,督程课,杜私贩,听讼狱,会计盈缩,平准贸易,明其出入,以修其储贡,亭民阽于水旱流亡则赈恤之,俾无失业。凡兴革之事,由于所属者,咸质正于运使。"②运使掌两淮盐政,僚属共81人,并负责办理所有的两淮盐务。运使在负责两淮所有盐务的同时,又下辖三分司,两所批验所及淮南、淮北29座盐场。"两淮所辖分司三,曰泰州,曰淮安,曰通州;批验所二,曰仪真,曰淮安;盐场三十,各盐课司一。"③"两淮运司盐场,东、北

① 陈仁锡:《皇明世法录·议处长芦等处盐法》,《四库禁毁书丛刊·史部》第14册,北京出版社2000年版,第516页。

② 杨选等修,史起蛰等撰,荀德麟等点校整理:《嘉靖两淮盐法志·秩官志》,方志出版社2010年版,第71页。

③ 张廷玉:《明史·食货志四》,中华书局1974年版,第1931—1932页。

临海,南界海门、通州,西抵如皋、泰州、兴化、盐城。起吕四,距庙湾(凡二十五场),绵亘八百六十有一里,是为淮南盐场。逾淮而西南,历安东、海州、赣榆界,起莞渎,距徐渎浦(凡五场),亘有四百有五里(徐渎浦,越在海洋间。自兴庄团渡海至徐渎浦,凡五十里。陆行由临洪朐山渡海,凡十五里至南城抵场,凡一百四十五里),是为淮北盐场。"①明代两淮盐司下辖盐引批验所两座,一座负责江南事务,一座负责江北事务。"批验盐引所,凡二。一在仪真县东南二里许,据江岸第一坝,淮南诸场盐必榷于此,始货之江湖间。……一在安东县南六十里支家河头,淮北诸盐场必榷于此,始货之庐、凤、河南。"②仪真和淮安批验所在负责两淮盐引批验业务的同时,又有"专诘走水私盐"③等职能。

为加强淮盐管理,明王朝设盐课司监督盐业生产及税收事务,并设巡检司盘查验证盐引及缉私等事务。"盐课司,大使一人,副使一人……大使、副使之职,掌催办盐课之政令,日督总灶,巡视各团锅户,浚卤池,修灶舍,筑亭场,稽盘铁,旺煎月雨旸时若(煮法:以春夏为旺月,恒雨则客水浸溢,恒旸则土气燥烈,盐俱不能生花),则促令伏火,广积以待商旅之支给……巡检司,巡检一人……巡检之职,掌盘诘盐引之政令,凡商盐赴掣,各候验于桥坝下(淮南盐舟泊于湾头镇桥下,淮北盐舟泊于安东坝下)。查无私夹,乃籍其舟次,以上于使司,而放之行。"④巡检司除了设桥坝专门查验两淮盐舟外运淮盐的情况外,产盐区又有巡司负责缉私等事务,"嘉靖二十四年,御史齐宗道奏准,张港、吴陵、狼山、石港、掘港巡司,隶通州分司提调;西溪、海安、宁乡、石庄、西场巡司,隶泰州分司提调;临洪、东海、惠泽、庙湾、长乐巡司,隶淮安分司提调。旧制,载有旧江口巡司之在仪真,清江口巡司之在淮安附近,二批验所专诘走水私盐。安丰巡司之在泰州,喻口、清沟、马逻、高桥、羊寨

① 杨选等修,史起蛰等撰,苟德麟等点校整理:《嘉靖两淮盐法志·地里志》,方志出版社 2010 年版,第113 页。
② 杨选等修,史起蛰等撰,苟德麟等点校整理:《嘉靖两淮盐法志·署宇志》,方志出版社 2010 年版,第108 页。
③ 杨选等修,史起蛰等撰,苟德麟等点校整理:《嘉靖两淮盐法志·秩官志》,方志出版社 2010 年版,第73 页。
④ 杨选等修,史起蛰等撰,苟德麟等点校整理:《嘉靖两淮盐法志·秩官志》,方志出版社 2010 年版,第72—73 页。

乡五巡司之在淮安者,俱属使司节制。"①从嘉靖二十四年御史齐宗道上奏并获准的情况看,巡检司在产盐区起码有 20 个以上的派出机构,其密度几乎达到每个盐场有一个巡检机构。

在加强批验、盐课、巡检的同时,明王朝专门设置了巡察两淮盐务的监察御史。"国家奄有四海,地利不废,惟两淮盐策,因地制赋,艺贡经费,而守之以官司焉。上命监察御史一人,秩正七品。御史之职,掌察两淮盐策之政令,监临司使,平惠商灶,凡盗煮、私鬻、阻坏盐法者,则督令官军捕扑之。盐粮发运,自充济距留都,河渠兼理之,无使壅滞。诸司之事有所兴革,咸请于御史审允之而后行。御史乃视其成,校其功,状殿最,参其德行,量其材艺,而荐纠之,以奉行其制命焉。"②巡盐监察御史的职能是,监察两淮盐政,防止司使舞弊、盗煮走私等事务。起初,没有专门的事职,主要由巡河御史兼管。史家注"上命监察御史一人,秩正七品"语云:"按:《会典》以监察御史巡盐,自宣德始。然间数岁一遣之,旋复取回。乃其后复以巡河御史兼理盐法,而巡盐之差遂省。至正统三年,始岁差御史巡视淮、浙、长芦诸司盐法,而河渠由济宁迆北抵张家湾,则长芦御史兼理之,由济宁迆南抵南京,则两淮御史兼理之,遂为定制云。"③监察御史巡盐始设于明宣宗宣德年间(1426—1435),不过,此时只是临时设置。明英宗正统三年(1438 年),正式建巡盐监察御史制度。这一过程强调了三个方面的内容,一是设巡盐御史是为了加强巡盐,监督盐政,防止舞弊;二是在两淮、两浙、长芦率先设巡盐御史表明,这三个产盐区是明王朝榷盐的重点区域,需要重点加强;三是初由巡河御史兼管盐法到设置专门的巡盐御史,特别是巡盐御史设置后工作重点虽然转移到巡盐方面,但依旧有兼管治河即治理漕运通道的职能,这一情况表明,淮盐输出是与漕运连结在一起的。

在监察的过程中,巡盐御史俨然成为盐司以外的另一机构,并拥有

---

① 杨选等修,史起蛰等撰,荀德麟等点校整理:《嘉靖两淮盐法志·秩官志》,方志出版社 2010 年版,第 73 页。

② 杨选等修,史起蛰等撰,荀德麟等点校整理:《嘉靖两淮盐法志·秩官志》,方志出版社 2010 年版,第 70 页。

③ 杨选等修,史起蛰等撰,荀德麟等点校整理:《嘉靖两淮盐法志·秩官志》,方志出版社 2010 年版,第 70 页。

极大的权力,在执行盐法时又有定百司食盐数额等职掌。"巡盐御史乃定百司食盐数,攬束以给吏,禁毋下场。纳钞、儌挽,费无所出,吏多亡"①,因御史掌有弹劾百官的权力,在核定百司食盐数额的过程中,严格禁止有司将触觉深入盐场的内部,从而有效地防止了吏员到盐场勒索舞弊的行为。

明代两淮都转运盐使司与元代两淮盐司的辖区相同,甚至与宋代相比,其地理位置也没有发生大的变化。宋代范仲淹修筑范公堤时,江苏北部的海岸线主要是沿连云港、北沙、阜宁、盐城、伍祐、东台等一带展开②,元明两代,两淮盐场基本上沿着这一海岸线展开,或分布在海岸线上,或分布在运盐河沿岸。进而言之,宋代黄河夺淮以后,淮扬区域即两淮的海岸线没有发生大的变化,明代两淮盐场的地理位置与宋元时期大体相同,其淮盐生产相对稳定。不过,这一情况到了清代开始发生了变化,黄河泥沙自淮河水道带入大海,海岸线不断向东延伸,两淮盐场及盐区随之向东拓展。可以说,清代两淮盐场的变化是以海岸线变化为基本依据的,在此基础上牵动了淮盐生产的神经。

与仪真批验所相比,淮安批验所在召商"中盐"(商人获得经销盐业的权利)中的地位更为显著。具体地讲,商人输粮入边的目的地主要是北方以及西北,淮安批验所位于淮河南岸,以京杭大运河为航线有北上的便利。顾炎武称淮安"自高堰而北,由板闸则通淮北诸盐场,自高堰而东,由泾河黄浦则通淮南诸盐场,自堰而西,则通盱眙,自堰而南,则通天长,东西二百余里,南北四百里,其地至为要害"③,凭借区位优势,淮安批验所成为商人"中盐"后北上的起始地。

起初,淮盐行销地点主要有三大区域,一是南直隶应天、宁国、太平、扬州、凤阳、庐州、安庆、池州、淮安等九府和滁州、和州等二州;二是江西、湖广两布政司辖区;三是河南布政司下属的河南、汝宁、南阳三府及陈州。进而言之,以大运河及运盐河为主干线,淮盐行销区可深入长江、淮河和黄河等三大流域。后来,淮盐行销区多有扩展,如明英宗正

① 张廷玉:《明史·食货志四》,中华书局 1974 年版,第 1946 页。
② 马正林主编:《中国历史地理简论》,陕西人民出版社 1987 年版,第 174 页。
③ 顾炎武:《天下郡国利病书·淮安》,张元济:《四部丛刊》,上海书店 1985 年版,第 412 页。

统年间(1436—1449),远在西南的贵州成为淮盐行销区。更重要的是,淮盐有三个方面的功能,一是淮盐调节商人输粮入边及"中盐"的经济杠杆,承担着甘肃、延绥、宁夏、宣府、大同、辽东、固原、山西神池诸堡的粮草及战略物资供应;二是有上供光禄寺、神宫监、内官监的功能;三是淮盐是朝廷储备的战略物资,"岁入太仓余盐银六十万两",价值60万两白银的淮盐有随时调拨的功能。

由于淮盐有通往盐场的运盐河可以降低营销成本,同时又有品质上乘等优势,因此受到商人的喜爱,"验马乃掣盐,既而纳银于官以市马,银入布政司,宗禄、屯粮、修边、振济展转支销,银尽而马不至,而边储亦自此告匮矣。于是召商中淮、浙、长芦盐以纳之,令甘肃中盐者,淮盐十七,浙盐十三。淮盐惟纳米麦,浙盐兼收豌豆、青稞。因淮盐直贵,商多趋之,故令淮、浙兼中也。"①撇开"银尽而马不至,而边储亦自此告匮"的具体原因不论,"召商中淮、浙、长芦盐以纳之"是因为海盐的品质超出其他的盐种,且有产量大、成本低等方面的优势。相比较而言,浙盐、长芦盐距离水上交通线明显地远于淮扬区域,且商货集散能力也不如淮扬方便,这样一来,商家更愿意到淮扬经销淮盐。根据这一情况,明代统治者为商人经销淮盐设置了更高的标准,从而出现了"令甘肃中盐者,淮盐十七,浙盐十三。淮盐惟纳米麦,浙盐兼收豌豆、青稞"的局面,又因淮盐有限,明统治者采取了经销淮盐时搭配浙盐的做法,故有"故令淮、浙兼中也"之说。

更重要的是,淮盐受到各阶人士的喜爱,还与统治者的推崇息息相关。"两淮密迩南畿,且盐自熬波而成,其形散,其色多青、白,可奉祭祀(《周礼》:祭祀共散盐。叶水田曰:取其自然而成,不忘本也。刘彝曰:熬波之盐散,取其冶洽四海能致远物,故以奉先焉),充宾食(《周礼》:宾客共散盐。刘彝曰:副之以散盐者,致远物以怀诸侯也),共百司(《周礼》:盐人掌盐之政,令以共百司之盐)。故岁贡南畿孝陵神宫监青、白盐五千斤;光禄寺腌造奉先殿瓜、茄、鱼、菜,青盐二万斤、白盐二万斤;内宫监青、白盐二万斤。凡六万五千斤,为引三百二十有五。岁上藩府

---

① 张廷玉:《明史·食货志四》,中华书局1974年版,第1937页。

食盐:承天,五百引;徽、益、襄、寿、楚、崇、吉、伊,各三百引;荣,三百四十引;唐,百引;淮,五十引;辽,二十引;光、泽,二十引;南渭、江川、岷各十引,凡三千四百六十引。"①在统治者的追捧下,淮盐的地位日益上升,除了是祭祀供品外,又是宴宾客、供内廷、上藩府的贡品,进而在供百司、百官等中扮演重要的角色,并有一定的配额。

除了淮盐之外,长芦等地生产的海盐也有祭祀、上贡等功能。"明初,置北平河间盐运司,后改称河间长芦。所辖分司二,曰沧州,曰青州;批验所二,曰长芦,曰小直沽;盐场二十四,各盐课司一。洪武时,岁办大引盐六万三千一百余引。弘治时,改办小引盐十八万八百余引。万历时同。盐行北直隶,河南之彰德、卫辉二府。所输边,宣府、大同、蓟州。上供郊庙百神祭祀、内府羞膳及给百官有司。"②在供祭祀、内廷、百官有司等方面,因交通等方面的因素,淮盐和长芦盐有不同的分工和供给对象。如长芦盐主要供给北京,淮盐则主要供给南京,如果以淮盐"岁贡"数额为参照,当知长芦盐上供时亦有定额。不过,这样的局面很快被打破,史有"上供光禄寺、神宫监、内官监"③之说,淮盐和长芦盐虽然都是贡品,但淮盐的品质更为优良,因此,长芦盐的地位很快被淮盐取代。

淮盐受到统治者的追捧,还可以从供给百官有司等方面得到进一步的证明。"岁办南畿诸司食盐:五府,八十九引四百六斤(中四十二引一百四十七斤,前十二引一十八斤,后十引二十八斤,左十二引一十八斤,右十三引一百九十五斤);六部,四百二十二引六百六十一斤(吏二十三引一百一十九斤,户一百二十三引一百九十一斤,礼二十七引一百六十四斤,兵九十四引一百一十三斤,刑八十引二十斤,工七十五引五十四斤);二院,二十七引五百三十五斤(都察院二十一引七十七斤,巡按书吏二引一百八十斤,司狱司三引一百九十二斤,翰林院一引八十六斤);二司,十二引二百一十三斤(通政司一十一引二十三斤,尚宝司一

---

① 杨选等修,史起蛰等撰,荀德麟等点校整理:《嘉靖两淮盐法志·贡课志》,方志出版社 2010 年版,第277 页。
② 张廷玉:《明史·食货志四》,中华书局 1974 年版,第 1932 页。
③ 张廷玉:《明史·食货志四》,中华书局 1974 年版,第 1931—1932 页。

引一百九十斤）；四寺，七十引四百九十七斤（大理十九引八十七斤，鸿胪十九引七十四斤，太常十引一百四十七斤，光禄二十二引一百八十九斤）；二监，二十五引三百四十五斤（国子十引一百四十七斤，钦天一十五引一百九十八斤）；六科，十一引一百七十斤（户科六引六十斤，吏、礼、兵、刑、工各一引二十二斤）；十三道，五十七引六百六十斤（贵州四引四十五斤，四川五引四十斤，浙江六引二十五斤，山东五引四十斤，河南三引五十斤，山西四引一百六十斤，陕西四引四十五斤，云南五引四十斤，广东四引四十五斤，江西五引四十斤，福建三引五十斤，广西五引四十斤，湖广四引四十斤）；京兆府，百二十九引百三十五斤；司门，十三引四百三斤（午门等衙门四引十九斤，东安等门二引百四十六斤，西安等门五引九十二斤，北安等门二引百四十六斤）；司城，二十三引四百五十三斤（东五引一百四十四斤，南四引五十八斤，西五引一斤，北五引七十五斤，中四引一百七十五斤）；馆学，四引百一十斤（会同馆二引五十五斤，京武馆二引五十五斤）；所关，五引二百三十五斤（典牧所四引一百三十六斤，六胜关一引九十九斤）；锦衣而下四十九卫所，六千九百六十六引九十三斤（锦衣卫三百二十八引八十九斤，羽林右一百七十九引一百九十七斤，羽林前二百二十七引二十二斤，羽林左一百六十二引七十四斤，府军右一百八引九十三斤，豹韬左一百六引一百六十一斤，府军前一百一十二引一百九斤，鹰扬五百七十引一百四十斤，留守中一百二十二引八十三斤，留守前一百三引七十斤，留守右一百一十一引，留守后四百三十九引一百七十二斤，留守左一百二十引一百五十四斤，府军后一百三十三引一百一十五斤，府军左一百四十一引一百五十三斤，金吾左三百二十二引九十三斤，金吾前一百三十二引七十九斤，金吾后一百三十一引六十八斤，金吾右二百二十一引九十九斤，飞熊五十六引八十四斤，豹韬一百三十一引九十九斤，应天一百八引一十九斤，神策七十九引一百五十一斤，江淮四十一引一百二十三斤，英武五十一引一百二十二斤，水军右一百五十引五十六斤，水军左一百三十二引一百八十五斤，武德四十五引一百九十一斤，旗手一百三十四引八斤，龙虎左七十七引一百二十七斤，龙虎右八十三引一百八十三斤，和阳七十一引一百五十二斤，虎贲左一百三十六引一百七十八斤，虎贲右八十九引七十九斤，沈阳右六十一引七斤,沈阳左四十五引一百六十五斤,龙江右一百五引三十四斤,龙江左一百三十一引一百九十斤,江阴一百二十五引八十七斤,牧马千户所二十四引一百二十七斤,天策六十一引一百一十三斤,兴武五百二十六引三十五斤,济川四十五引一百五十二斤,横海九十六引六十六斤,镇南一百三引一百六十一斤,孝陵九十五引一百四十九斤,广武六十二引二十四斤,骁骑右八十引二十九斤,龙骧一百二十一引一百一十八斤,广洋一百九引八斤)。凡七千八百七十七引百一十六斤。"①这一细则明确地规定了百官有司食用淮盐的标准,供给范围涉及贵州、四川、浙江、山东、河南、山西、陕西、云南、广东、江西、福建、广西、湖广等政区。极有意味的是,这些政区除了包括淮盐行销区以外,还包括池盐、井盐、海盐等产区。这里透露的信息是,是时食用淮盐已是一种荣耀,在统治者的提倡下,淮盐获得了更大的声誉。

第六节　清代盐法与田赋及淮盐

在沿袭明代盐法及纲盐制度的过程中,清代增添了新的内容,"清之盐法,大率因明制而损益之"②。据研究,唐代淮盐年产量约六十万担(三万吨),北宋最多时年产二百多万担(十多万吨),元代最高年产量达三百八十多万担(十九万多吨),清代乾隆年间达到了鼎盛,年产盐高达一千零五十万担(五十二万点五万吨)③。淮盐产量如此之大,势必成为国家盐税收入的支柱,在国家财政收入中占有重要的份额。

清初,盐税征收主要来自两个方面,一是场课即从盐场直接向灶户征收的盐税,其中有滩课、灶课、锅课、井课等名目;二是引课即商人购买盐引时征收的盐税,其中有正课、包课、杂课等名目。"若夫岁入,道光以前,惟有盐课。及咸丰军兴,复创盐厘。盐课分二类:曰场课,曰引

---

① 杨选等修,史起蛰等撰,荀德麟等点校整理:《嘉靖两淮盐法志·贡课志》,方志出版社 2010 年版,第277—279 页。

② 赵尔巽:《清史稿·食货志四》,中华书局 1977 年版,第 3603 页。

③ 《江苏盐业史略》编写组:《江苏盐业史略》,江苏人民出版社 1988 年版,第 2 页。

课。场课有滩课、灶课、锅课、井课之分。长芦有边布,福建有坵折。边布者,明时灶户按丁征盐,商人纳粟于边,给银报支,是谓边盐。其有场远盐无商支,令八百斤折交布三丈二尺。后改征银三钱,是谓布盐。"①像明代那样,"商人纳粟于边,给银报支"主要是购买方便运销和集散的淮盐。所谓"场远盐无商支",是因为与淮盐相比,其他的盐场远离运河交通线,运销成本太高。如清代的盐税收入主要来自海盐,其中,淮盐是重点征榷的对象。出现这样的情况是必然的,一是两淮有漫长的海岸线及滩涂,这一得天独厚的条件为大规模生产提供了可能。生产规模扩大后生产成本下降,售出的价格自然低于其他的海盐或盐类。二是淮扬区域有十分发达的水上交通,经过长时间的建设,大运河和运盐河交错其中,有着得天独厚的向外输出淮盐的条件。与此同时,大运河是商贸通道,淮扬区域通江达海,是商品集散的理想场所。三是淮盐品质优良,杂质少,加上价格低等因素,势必成为盐商重点经营的盐种。

清袭明制,为了解决盐商重淮盐轻其他的做法,采取了"其有场远盐无商支,令八百斤折交布三丈二尺。后改征银三钱"等举措,这一举措可从反面证明淮盐在"官督商销"中的特殊地位。淮盐是官方调节盐商行盐的经济杠杆,在引导盐商行盐时制定了不同的规则。史称:"十六年,以省方所至,谕两淮纲盐食盐于定额外每引加十斤。先是雍正初,因长芦积欠甚多,每引加五十斤。嗣经部覆按所加斤折中核算,年应增课银八万六千余两。高宗念商力艰难,命减半纳课。二十八年,裁运商支应。以云南巡抚刘藻言,加给黑、白两井薪本银。四十二年,以河东盐斤陆运亏折,命每斤加耗五斤。时价平销速,两淮请豫提下纲之引,岁入至五六百万。惟乘舆屡次游巡,天津为首驻跸地,芦商供亿浩繁,两淮无论矣。"②雍正年间(1723—1735),为了解决长芦盐积压等问题,鼓励盐商经销长芦盐,采取"每引加五十斤"的优惠政策。清高宗乾隆"念商力艰难,命减半纳课",乾隆十六年(1751 年)"谕两淮纲盐食盐于定额外每引加十斤"。此后,又在乾隆四十二年"以河东盐斤陆运亏

---

① 赵尔巽:《清史稿·食货志四》,中华书局 1977 年版,第 3606 页。
② 赵尔巽:《清史稿·食货志四》,中华书局 1977 年版,第 3612—3613 页。

折,命每斤加耗五斤",出现了"时价平销速,两淮请豫提下纲之引,岁入至五六百万"的局面。在此基础上,又出现了"惟乘舆屡次游巡,天津为首驻跸地,芦商供亿浩繁,两淮无论矣"的局面。

清代行盐有官督商销、官运商销、商运商销、商运民销、民运民销、官督民销、官督商销等七种形式;盐商有专门到盐场收盐的场商和负责售盐业务的行商等两类;又有总揽盐务的总商和主持个体销售业务的散商,史称:"其行盐法有七:曰官督商销,曰官运商销,曰商运商销,曰商运民销,曰民运民销,曰官督民销,惟官督商销行之为广且久。凡商有二:曰场商,主收盐;曰运商,主行盐。其总揽之者曰总商,主散商纳课。"①后来,"官督商销"成为主要的行盐方式,是由清王朝推行纲盐法决定的。纲盐法的核心是,凡有行盐资格的及世代经营盐业的商人购得盐引后,须在官府的监督下按规定的时间和地点,完成当年的运销及纳税事务。如果从崇祯十七年(1644年)明王朝灭亡算起的话,清王朝从建立到灭亡共有267年历史,改革纲盐法及改引盐为票盐只有大约60年的时间,这一时间长度决定了"官督商销"是主要的行盐方式。

这里需要提出的问题是,一是盐是国家专营物资,无论采用什么样的形式运销,均在官府的掌控和监督之下。这样一来,"官督"实际上贯穿于不同的运销形式之中。二是史家叙述"行盐法有七"时,只举了六法,略去了"官运官销"这一行盐法。三是在"惟官督商销行之为广且久"的过程中,盐商内部逐步形成了分工和协作的关系,如"总商"总揽购买盐引、缴纳盐税和运销配给等事务,并将收盐、运盐、销售等下达给不同的商人;"场商"只管到盐场收盐,"运商"只管运盐到相关区域。

在"官督"的过程中,商人须办理严格的验证手续,并接受检查和监督。"商人之购盐也,必请运司支单,亦曰照单,曰限单,曰皮票,持此购于场。得盐则贮之官地,奉天谓之仓,长芦谓之坨。未检查者曰生盐,已检者为熟盐,熟盐乃可发售。两淮总栈始由商主,后改官栈。四川以行销黔、滇者为边岸,本省及湖北为计岸,潼川州为潼岸。河东总岸立于咸丰初。其行陕西者,以三河口为之汇。行河南者,以会兴镇为之

---

① 赵尔巽:《清史稿·食货志四》,中华书局1977年版,第3604—3605页。

汇。山西则蒲、解,于安邑运城立岸,而泽、潞等处亦分立焉。"①总商购得盐引后须到盐运司支单,领取支单后分派给场商,再由场商到盐场购盐。场商购盐后须储入官府设立的盐仓,再由运商凭支取单取盐。在这中间,凡储入官仓的食盐即未经查验和核准的食盐,运商不得擅自发运到相关的行盐区。更重要的是,运商运盐时有不同的目的地,这些目的地有"边岸""计岸""潼岸""纲汇""立岸"等称谓。与此同时,总商、场商和运商均可以"纲商"相称,各行盐区可统称为"纲岸""纲地"。这一情况表明,清代沿袭了明代的纲盐制度,盐商具有世代经营的特征,垄断了盐业运销业务。

清代重视盐政及管理制度建设,有着悠久的历史。顺治二年(1645年)即明亡的第二年,清世祖设监察御史巡盐是重视盐政建设的开始。"先是顺治二年,世祖定巡视长芦、两淮、两浙、河东盐政,差监察御史各一,岁一更代。其山东盐务归长芦兼管,陕西归河东兼管。十年停,盐务专责成运司。寻因运司权轻,仍命御史巡察。康熙十一年,复停巡盐。明年,巡抚金世德以直隶事繁,请仍差御史。于是两淮、两浙、河东皆复旧制。既而两广、福建并设巡盐御史。五十九年,仍交督抚管理。"②在长芦、两淮、两浙、河东等四大盐场建立由监察御史巡视盐政的制度,与四大盐场是榷盐重地息息相关。这里有三个问题需要提出并引起重视:一是监察御史巡视盐务属临时事职,拥有比盐运司更大的权力,表明天下初定时盐政占有重要的地位;二是不断地变更监察御史的巡盐制度表明,盐税征收不再是财赋收入的主要方面;三是清圣祖康熙五十九年(1720年)以后,巡盐制度为之一变,相关区域的巡盐及盐务由属地的最高长官督抚管辖。

盐税是清代财赋的重要来源,清王朝在划分榷盐区以及裁并盐场的过程中划分了行盐区域。"蒙古、新疆多产盐地,而内地十一区,尤有裨国计。十一区者:曰长芦,曰奉天,曰山东,曰两淮,曰浙江,曰福建,曰广东,曰四川,曰云南,曰河东,曰陕甘。长芦旧有二十场,后裁为八,

---

① 赵尔巽:《清史稿·食货志四》,中华书局 1977 年版,第 3605 页。
② 赵尔巽:《清史稿·食货志四》,中华书局 1977 年版,第 3608—3609 页。

行销直隶、河南两省。奉天旧有二十场，后分为九，及日本据金川滩地，乃存八场，行销奉天、吉林、黑龙江三省。山东旧有十九场，后裁为八，行销山东、河南、江苏、安徽四省。两淮旧有三十场，后裁为二十三，行销江苏、安徽、江西、湖北、湖南、河南六省。浙江三十二场，其地分隶浙江、江苏，行销浙江、江苏、安徽、江西四省。福建十六场，行销福建、浙江两省。其在台湾者，尚有五场，行销本府，后入于日本。广东二十七场，行销广东、广西、福建、江西、湖南、云南、贵州七省。四川盐井产旺者，凡州县二十四，行销西藏及四川、湖南、湖北、贵州、云南、甘肃六省。云南盐井最著者二十六，行销本省。河东盐池分东、中、西三场，行销山西、河南、陕西三省。陕甘盐池最著者，曰花马大池，在甘肃灵州，行销陕西、甘肃两省。"[1]与其他的盐区相比，"内地十一区"是盐税征收的重点区域。为加强其管理，通过裁并盐场进一步明确了各产盐区的行销范围。

从大的方面讲，在晚清征收盐的附加税即实行"盐厘"制度以前，盐税远低于田赋，甚至低于田赋纳粮折银后的价值。梳理其变化，可以分为三个阶段。

第一阶段为实行纲盐制度时期。这一时期的盐税虽超过明代，但在国家财赋征收中的比例明显地下降。"田赋征银三千二十二万三千九百四十三两有奇。盐课银四百二十六万一千九百三十三两有奇"[2]，雍正元年（1723年）田赋征银已是盐赋的七倍之多，这里还不包括田赋纳粮的部分。

田赋征银额度的增加，与雍正元年实行"摊丁银入亩"的田赋改革有着直接的关系。"雍正初，令各省将丁口之赋，摊入地亩输纳征解，统谓之'地丁'。先是康熙季年，四川、广东诸省已有行之者。至是准直隶巡抚李维钧请，将丁银随地起征，每地赋一两，摊入丁银二钱二厘，嗣后直省一体仿行。于是地赋一两，福建摊丁银五分二厘七毫至三钱一分二厘不等；山东摊一钱一分五厘；河南摊一分一厘七毫至二钱七厘不

---

① 赵尔巽：《清史稿·食货志四》，中华书局1977年版，第3603—3604页。
② 赵尔巽：《清史稿·世宗本纪》，中华书局1977年版，第311页。

等;甘肃,河东摊一钱五分九厘三毫,河西摊一分六毫;江西摊一钱五厘六毫;广西摊一钱三分六厘;湖北摊一钱二分九厘六毫;江苏、安徽亩摊一厘一毫至二分二厘九毫不等;湖南地粮一石,征一毫至八钱六分一厘不等。自后丁徭与地赋合而为一,民纳地丁之外,别无徭役矣。"①自康熙末年在四川、广东等省试行"将丁口之赋,摊入地亩输纳征解"之策后,雍正元年开始在全国推广,这一做法简化了赋税征收的程序,提高了田赋征银的数额。不过,这里不包括田赋纳粮的部分。

雍正元年,推行"丁徭与地赋合而为一"即摊丁银入亩之策是以人口增长为前提的。清圣祖康熙在位六十一年,经过康熙之治,社会经济在全面复苏的基础上迎来了空前的繁荣,以此为节点,人口进入了快速增长期。史称:"盖清承明季丧乱,户口凋残。经累朝休养生息,故户口之数,岁有加增。约而举之:顺治十八年,会计天下民数,千有九百二十万三千二百三十三口。康熙五十年,二千四百六十二万一千三百二十四口。六十年,二千九百一十四万八千三百五十九口,又滋生丁四十六万七千八百五十口。雍正十二年,二千六百四十一万七千九百三十二口,又滋生丁九十三万七千五百三十口。乾隆二十九年,二万五百五十九万一千一十七口。六十年,二万九千六百九十六万五百四十五口。嘉庆二十四年,三万一百二十六万五百四十五口。道光二十九年,四万一千二百九十八万六千六百四十九口。咸、同之际,兵革四起,册报每缺数省,其可稽者,只二万数千万口不等。光绪元年,三万二千二百六十五万五千七百八十一口。"②人口快速增长的起点是康熙六十年(1721年),人口增长后迅速地接近3000万,因"又滋生丁四十六万七千八百五十口",从而为雍正元年推行摊丁银入亩的田赋改革奠定了基础。

人口增长进入爆发期发生在乾隆以后,乾隆二十九年(1764年),人口第一次突破2亿的大关;乾隆六十年(1795年),人口第一次接近3亿;道光二十九年(1849年),人口突破4亿。在这中间,人丁增长与丁银增长结合在一起,势必带来田赋的增长。如果拿康熙六十年(1721

---

① 赵尔巽:《清史稿·食货志二》,中华书局1977年版,第3546页。
② 赵尔巽:《清史稿·食货志一》,中华书局1977年版,第3487页。

年)与乾隆六十年(1795 年)相比,在人口增长十倍的基础上,田赋收入应远远地高于同期的盐税收入。从这样的角度看,雍正元年摊丁银入亩以后,田赋增长与人口增长结合在一起,其速度应高于盐税。也就是说,在同比的条件下,盐税处于进一步下降的势态。

雍正以后的大趋势是,盐税不但远低于田赋,而且还低于纳粮折银后的水平。清代的田赋岁征分银、粮等两种形式,检索文献,除了"高宗末年,岁征银二千九百九十余万两,粮八百三十余万石"①外,又有"清代田赋征粮之数,乾隆三十一年,为八百三十一万七千七百石有奇"②等说法,以此为参照,当知乾隆年间的纳粮岁额通常保持在 830 万石的规模。史称:"总计全国赋额,其可稽者:顺治季年,岁征银二千一百五十余万两,粮六百四十余万石;康熙中,岁征银二千四百四十余万两,粮四百三十余万石;雍正初,岁征银二千六百三十余万两,粮四百七十余万石;高宗末年,岁征银二千九百九十余万两,粮八百三十余万石,为极盛云。"③如果拿乾隆三十一年和乾隆末年的田赋纳粮作一比较的话,当知乾隆年间的纳粮数额基本上没有发生大的变化。以此为参照,这一时期的盐税也不应发生太大的变化,如乾隆十八年盐税"计七百一万四千九百四十一两有奇"④,这一数字应低于乾隆末年的田赋纳粮折银后的水平。

田赋纳粮以米为主,乾隆年间,一石米的市场价大约为五至六钱白银,如杨锡绂有"见康熙间石不过二三钱,雍正间需四五钱,今则五六钱"⑤之说。然而,市场米价不等于官府的卖出价,官府赈灾或平抑粮价时,一石米的价格往往超过一两白银。如雍正四年(1726 年)浙闽总督高其倬上疏道:"平粜之价太贱,每石减价至一两,且有不及一两者,各属虽欲买补,缘价短束手,而奸民乘此谋利,往往借价贵,煽惑穷民,竟欲平粜之期,一岁早于一岁,平粜之价,一年贱于一年。请嗣后视米之

① 赵尔巽:《清史稿·食货志二》,中华书局 1977 年版,第 3543 页。
② 赵尔巽:《清史稿·食货志六》,中华书局 1977 年版,第 3712 页。
③ 赵尔巽:《清史稿·食货志二》,中华书局 1977 年版,第 3543 页。
④ 赵尔巽:《清史稿·食货志四》,中华书局 1977 年版,第 3606 页。
⑤ 赵尔巽:《清史稿·杨锡绂传》,中华书局 1977 年版,第 10586 页。

程高下,每石以一两二钱或一两三钱,谷则定以六钱五分或六钱,总以秋成后既平之价为准。"①雍正年间,一石米的市场价约为四到五钱白银,然而,官府平易市场及卖出的价格为一石一两二钱到一两三钱。以此推论,在粮价持续上涨的前提下,乾隆年间平易市场的米价应高于雍正年间,这样一来,830万石粮价应超过1000万两白银。

当然,以上所述只是就乾隆年间的大致情况而言,后世又有一些变化。"自乾、嘉以来,州县征收钱粮,多私行折价,一石有折钱至二十千者。咸丰中,胡林翼始定核收漕粮,每石不得过六千钱。其后山东亦定每石收钱六千。江苏定每石年内完者收四千五百,年外收五千。江西收钱三千四百。河南每石折银三两。安徽二两二钱。漕粮浮收,其来已久。河运、海运,皆有津贴。嘉兴一郡,征漕一石,有津贴至七钱以上者。又征收漕粮,例有漕余,其数多寡不一,大抵视缺分肥瘠为准。历来本折并收,而折色浮收,较本色更重。自正额减折价定,遂渐少浮收之弊。"②以乾隆、嘉庆以后征收粮食的折价为基准,当知同样是830万石粮食,其市场出售价格应超过2000万两白银。进而言之,在粮贵银贱的前提下,即便是盐价持平步上涨的势态,但盐税收入远低于纳粮折银后的水平。

第二阶段的盐税征收变化,发生在陶澍推行"票盐"制度以后。道光十二年(1832年),两江总督兼盐政陶澍在淮北试行改引盐与票盐制度;道光三十年(1850年),两江总督兼盐政陆建瀛在淮南正式推行改引为票的制度。票盐制实行后,基本上革除了纲盐制留下的积弊,经此,盐税虽然有所增加,但依旧远远低于田赋纳粮折银后的价值。如史家叙述乾隆十八年(1753年)、嘉庆五年(1800年)、道光二十七年(1847年)盐税征收的基本情况:"乾隆十八年,计七百一万四千九百四十一两有奇。嘉庆五年,六百八万一千五百一十七两有奇。道光二十七年,七百五十万二千五百七十九两有奇。"③嘉庆五年盐法破坏,故盐税有所下降;道光二十七年陶澍虽在淮北推行票盐制,但票盐制度没有全面推

---

① 赵尔巽:《清史稿·食货志二》,中华书局1977年版,第3556页。

② 赵尔巽:《清史稿·食货志二》,中华书局1977年版,第3541—3542页。

③ 赵尔巽:《清史稿·食货志四》,中华书局1977年版,第3606页。

行，故盐税征收高于乾隆十八年。以此为依据，当知盐税依旧低于田赋纳粮折银后的水平。如与田赋相比，盐税处于进一步下降的势态。史称："赋役一曰赋则。清初入关，首除明季加派三饷。时赋税图籍多为流寇所毁。顺治三年，谕户部稽覈钱粮原额，汇为赋役全书，悉复明万历间之旧。计天下财赋，惟江南、浙江、江西为重，三省中尤以苏、松、嘉、湖诸府为最。"①雍正二年（1724年），江苏巡抚张楷上疏道："江苏每年额赋，除蠲免浮粮外，应实征银三百五十万有奇。"②这一时期仅从江苏征收的田赋便达到盐税征收的一半，这里还不包括纳粮的部分。此外，清文宗咸丰元年（1851年），王庆云在上疏中写道："今岁入四千四五百万，岁出在四千万以下，田赋实征近止二千八百万。夫旱潦事出偶然，而岁岁轮流请缓；盐课岁额七百四十余万，实征常不及五百万。"③这里可进一步证明田赋是清王朝财赋收入的大宗，盐税所占的比例处于继续下降之中，这一情况一直延续到为增加军资推行"盐厘"制度以前。

陶澍刻意推行"票盐法"，是在两淮盐政遭受严重破坏的背景下进行的，"时两淮私枭日众，盐务亦日坏。其在两淮，岁应行纲盐百六十余万引。及十年，淮南仅销五十万引，亏历年课银五千七百万。淮北销二万引，亏银六百万"④。两淮盐政改革可以分为两个时期：前一时期，清宣宗道光十二年（1832年），两江总督陶澍在淮北试行"票盐法"，通过改引盐为票盐打破了"纲商"垄断经营的现状，在挽救淮北盐政的基础上，朝廷增加了盐税收入。"后多剥削侵蚀之弊，康熙、乾隆间，革之而未能去。惟两淮以道光时陶澍变法，奏除引目，由户部宝泉局铸铜板印刷。……凡引有大引，沿于明，多者二千数百斤。小引者，就明所行引剖一为二，或至十。有正引、改引、余引、纲引、食引、陆引、水引。浙江于纲引外，又有肩引、住引。其引与票之分，引商有专卖域，谓之引地。当始认时费不赀，故承为世业，谓之引窝。后或售与承运者。买单谓之窝单，价谓之窝价。道光十年，陶澍在两淮，以其抬价，奏请每引限给一

① 赵尔巽：《清史稿·食货志二》，中华书局1977年版，第3527页。
② 赵尔巽：《清史稿·食货志二》，中华书局1977年版，第3533页。
③ 赵尔巽：《清史稿·王庆云传》，中华书局1977年版，第12235页。
④ 赵尔巽：《清史稿·食货志四》，中华书局1977年版，第3617页。

钱二分,旋禁止。票无定域而亦有价。当道光、咸丰间,两淮每张仅银五百两。后官商竞买,逮光绪间,至万金以上。又引因引地广狭大小而定售额,票则同一行盐地,售额亦同。嘉庆以前,引多票少,后乃引少票多,盖法以时变如此。"①如将"惟两淮以道光时陶澍变法,奏除引目"与"道光十年,陶澍在两淮,以其抬价,奏请每引限给一钱二分,旋禁止。票无定域而亦有价"等结合起来看,一是陶澍推行票盐制,是从改革两淮盐政入手的,同时是在盐法破坏严重的淮北率先推行的;二是陶澍任两江总督兼理盐政时,发现了两淮盐税征收不利时的弊端,针对其不断抬价的行为,遂于道光十年采取了"每引限给一钱二分"的措施,然而,这一措施无法从根本上革除纲盐制留下的弊端;三是在淮北推行票盐制度,采取"票无定域而亦有价"的措施,鼓励资本较小的民众或商人参与到经营淮盐的行列。

陶澍推行改引盐为票盐的政策是在淮北进行的,因淮北盐场的规模远不如淮南盐场,因此收到的成效相对有限。如在乾隆元年(1736年)以前,两淮盐场的隶属关系与明代相同,其中,泰州分司与通州分司分领淮南盐场事务,如"泰州分司,在使司东,古海陵监之境,今隶十场"②,"通州分司,在使司东南,古丰利监之境,今隶十场"③;淮安分司领淮北盐场,下设十场,"淮安分司,在使司东北,古盐城洛要之境,今隶十场"④。乾隆元年,清高宗裁并和调整两淮盐场隶属关系后,淮北仅剩三座盐场,其他的一概归并到淮南盐场。"淮安分司向所属庙湾等十场为下十场。其南五场庙湾、新兴、伍祐、刘庄、白驹,于乾隆元年通筹各场情形等事案内题请改并泰州分司管辖。其北五场又改存板浦、中正、临兴三场,属淮安分司管辖。"⑤调整和裁并后,5座淮北盐场归泰州分司,余下的5场又合并为3场,经此,淮北盐场的盐产量大大地下降。

---

① 赵尔巽:《清史稿·食货志四》,中华书局1977年版,第3605—3606页。
② 杨选等修,史起蛰等撰,荀德麟等点校整理:《嘉靖两淮盐法志·地里志》,方志出版社2010年版,第113页。
③ 杨选等修,史起蛰等撰,荀德麟等点校整理:《嘉靖两淮盐法志·地里志》,方志出版社2010年版,第123页。
④ 杨选等修,史起蛰等撰,荀德麟等点校整理:《嘉靖两淮盐法志·地里志》,方志出版社2010年版,第128页。
⑤ 卫哲治等修,叶长扬等纂,荀德麟等点校:《乾隆淮安府志·盐法》,方志出版社2008年版,第471页。

由于陶澍推行改引盐为票盐之策只是在规模较小的淮北盐场进行,故没能革除淮盐在"官督商销"的过程中留下的种种弊端。陶澍虽有心将改引盐为票盐的政策推广到淮南,因阻力太大,故只能以待时日,乃至于到其离任之际依旧没能实行淮南盐政改革。

陆建瀛继任两江总督兼盐政后,下决心将票盐制度推行到淮南各大盐场之中。"淮盐积敝,自陶澍创改淮北为票盐,稍稍苏息;而淮南擅盐利久,官吏衣食于盐商,无肯议改者,建瀛悉其弊。会淮南盐大火于武昌,官商折阅数百万,课大亏,引滞库绌。三十年,乃疏请立限清查运库,并统筹淮南大局,改订新章十条,务在以轻本敌私,力裁繁文浮费。鸿胪寺少卿刘良驹亦请变通淮南旧章,仿淮北行票法,与建瀛所议同。方施行矣,而给事中曹履泰奏请复根窝旧制,御史周炳鉴言淮南改票不便,并下建瀛议。覆疏辨驳详至,文宗韪之,诏综斡全局,除弊兴利,以裨国计。"[1]在官商勾结成为共同利益体即"淮南擅盐利久,官吏衣食于盐商,无肯议改者"的前提下,陆建瀛遇到了与陶澍一样的难题。正当一筹莫展的时候,运入武昌的淮南盐又遭遇火灾,抓住盐商损失惨重以及一时无法喘息的有利时机,道光三十年(1850 年),两江总督兼盐政陆建瀛将票盐制度推广到淮南。这一举措虽受到各种势力的阻挠,由于"官商折阅数百万,课大亏,引滞库绌"直接影响到清王朝的财政收入,因而在清文宗的支持下得以推行。

需要补充的是,陆建瀛下决定在淮南推行票盐制与护理运使童濂的建议息息相关。"及二十九年,湖北武昌塘角大火,烧盐船四百余号,损钱粮银本五百余万,群商请退。于是总督陆建瀛从护理运使童濂言,请淮南改票法,较淮北为详。"[2]在童濂的建议下,陆建瀛制定了一套更为详细的行盐法。

淮南引盐改票盐,是在淮北票盐条款的基础上制定的,主要有"改订新章十条"。"建瀛议于扬州设局收纳,以清运署需索之源;于九江等处验发,以清楚西岸费之源。正杂钱粮并纳,则课额不亏;新旧商贩一

① 赵尔巽:《清史稿·陆建瀛传》,中华书局 1977 年版,第 11796 页。
② 赵尔巽:《清史稿·食货志四》,中华书局 1977 年版,第 3619 页。

体,则引额无缺。灶私场私,专责江南;江私邻私,兼责各省;而以徕商贩,积帑赋,自总其成。由是夺官吏中饱岁百余万,蜚谤丛作,建瀛锐自发舒,不之恤。朝廷信任益专,命有掣肘挠法者罪之。湖北盐道邹之玉沿用整轮,江西盐道庆云强索月给,湖北同知劳光泰作移岸三论,刊板传播,并劾罢之。"①陆建瀛在扬州设局,又在九江等处验发,清理盐政。史家又阐述道:"如运司书吏积弊,则改为领引纳课。设扬州总局办理。汉口匦费虽裁,而应酬仍多,则改为票盐运至九江,验票发贩,盐船经过桥关,有掣验规费,则改为坝掣后不过所掣,在龙江一关验票截角,余皆停免。盐包出场至江口,其驳运船价及杠盐各人工勒索,则改为商自雇觅。凡省陋规岁数百万,又减去滞引三十万,年只行百零九万引,每引正课一两七钱五分,杂课一两九钱二分,经费六钱五分八厘,食岸正课同,杂费减半。其要尤在以带连之乙盐为新引之加斤。乙盐者,乙巳纲盐船遭火,而商已纳课,例得补运,故定为每运新盐一引,带乙盐二百斤,每引六百斤,出场至仪征,改为六十斤子包,一引十包。既裁浮费,又多运盐二百斤,成本轻减过半。故开办数月,即全运一纲之引,楚西各岸盐价骤贱,农民欢声雷动。是年两淮实收银五百万两,虽两纲后复引滞课亏,则以起票自十引至千引不等,大贩为小贩跌价抢运所误。始瀛行于淮北,亦自十引起。"②两则记载可以相互补充,详细地交代了新章十条的主要内容和执行的情况。淮南改引盐为票盐以后,出现了"楚西各岸盐价骤贱,农民欢声雷动"的局面,取得了"是年两淮实收银五百万两"的成果。

在推行改引盐为票盐的过程中,陆建瀛采取的做法是,一是充分参考陶澍的做法制定新的细则,将票盐制度推广到淮南。二是在扬州设立总局,实行"领引纳课"之策,以革除"运司书吏积弊"即官商勾结哄抬盐价的积弊。三是减少验票环节,提高效率。如盐船过桥关通过"掣验规费"后,只"在龙江一关验票截角,余皆停免"。又如将行盐验发后的纲岸从汉口改到九江,以减少行盐先到汉口再回到九江的费用。四是

---

① 赵尔巽:《清史稿·陆建瀛传》,中华书局 1977 年版,第 11796 页。
② 赵尔巽:《清史稿·食货志四》,中华书局 1977 年版,第 3619—3620 页。

实行"新旧商贩一体"的政策,不再优先照顾有行盐特权的"纲商",从而结束了纲盐法及纲商世代垄断食盐经销的历史。如在实行票盐制以前,淮盐"归商人十数家承办"①,打破垄断经营以后,明显地调动了民贩运销淮盐的积极性。五是明确各自的职责范围,从生产源头上杜绝私盐,为淮盐再度成为征榷重点奠定了坚实的基础,改革盐政后,"由是夺官吏中饱岁百余万"。六是采取措施降低运销成本。如严厉打击盐船靠岸即停靠纲岸后强行搬运及哄抬运费的行为,"改为商自雇觅";又如裁浮费,同时将盐引数额提高到 600 斤,在让利于商的基础上降低行盐成本。七是明确规定正课、杂课、经费等费用,不准随意提价。这些政策在淮南盐场实施后,彻底地扭转了淮盐生产及征榷不利的颓势。

第三阶段的盐税征收发生在"及咸丰军兴,复创盐厘"②的背景下。经此,盐税征收达到了顶峰,并且第一次出现了盐税与田赋大体持平的局面。所谓"咸丰军兴",是指咸丰三年(1853 年)太平军攻陷江宁(治今江苏南京),清王朝建江南和江北大营进行围剿一事。陈康祺《郎潜纪闻》有"陆建瀛为军兴第一罪魁"条:"咸丰三年金陵失守,中外舆论,咸归咎制府陆建瀛之偾事,盖万口一词矣。"③所谓"复创盐厘",是指清王朝为筹集镇压太平天国的军饷,在实行票盐制的基础上巧立名目增加附加税。"逮乎末造,加价之法兴,于是盐税所入与田赋国税相埒。是以顺治初行盐百七十万引,征课银五十六万两有奇。其后统一区夏,引日加而课亦日盛。乾隆十八年,计七百一万四千九百四十一两有奇。嘉庆五年,六百八万一千五百一十七两有奇。道光二十七年,七百五十万二千五百七十九两有奇。光绪末,合课厘计共二千四百万有奇。宣统三年,度支部豫算,盐课岁入约四千五百万有奇。盖税以时增又如此。"④所谓"末造",是指清王朝末年即晚清,在"加价之法兴"即增收盐

① 黄钧宰:《金壶七墨·金壶浪墨·盐商》,《笔记小说大观》第 27 册,江苏广陵古籍印社 1984 年版,第 134 页
② 赵尔巽:《清史稿·食货志四》,中华书局 1977 年版,第 3606 页。
③ 陈康祺:《郎潜纪闻四笔·二笔》,中华书局 1984 年版,第 405 页。
④ 赵尔巽:《清史稿·食货志四》,中华书局 1977 年版,第 3606—3607 页。

税的过程中,出现了"盐税所入与田赋国税相埒"的局面。

如果说光绪末即光绪三十四年(1908年)"合课厘计共二千四百万有奇"的话,仅仅过去两年的时间,票盐税收与"盐厘"加在一起已超过4000万两白银。这样说的依据是,宣统二年(1910年)度支部预算宣统三年的财政收入时,提出了"盐课岁入约四千五百万有奇"的方案。一般来说,下一年度的财政预算须以当年的财政收入为依据,并作适度的增长。如果以百分之十的增长率进行计算的话,那么,宣统二年的盐课当在四千万两白银左右。史称:"宣统二年,度支部奏试办宣统三年预算,岁入为类八:曰田赋,经常四千六百十六万四千七百有九两,临时一百九十三万六千六百三十六两,皆有奇。曰盐茶课税,经常四千六百三十一万二千三百五十五两。曰洋关税,经常三千五百十三万九千九百十七两。曰常关税,经常六百九十九万一千一百四十五两,临时八千五百二十四两。曰正杂各税,经常二千六百十六万三千八百四十二两。曰厘捐,经常四千三百十八万七千九百七两。曰官业收入,经常四千六百六十万八百九十九两。曰杂收入,经常一千九百十九万四千一百有一两,临时一千六百有五万六百四十八两。附列者为类二:曰捐输,五百六十五万二千三百三十三两。曰公债,三百五十六万两。皆临时岁入。岁出为类十八:曰行政,经常二千六百六万九千六百六十六两,临时一百二十五万八千一百八十四两。曰交涉,经常三百三十七万五千一百有三十两,临时六十二万六千一百七十七两。曰民政,经常四百四十一万六千三百三十八两,临时一百三十二万四千五百三十一两。曰财政,经常一千七百九十三万三千五百四十五两,临时二百八十七万七千九百有四两。曰洋关经费,经常五百七十四万八千二百三十七两,临时九千一百六十三两。曰常关经费,经常一百四十六万三千三百三十二两。曰典礼,经常七十四万五千七百五十九两,临时五万四千有三十七两。曰教育,经常二百五十五万三千四百十六两,临时一百四万一千八百九十二两。曰司法,经常六百六十一万六千五百七十九两,临时二十一万八千七百四十六两。曰军政,经常八千三百四十九万八千一百十一两,临时一千四百万有五百四十六两。曰实业,经常一百六十万三千八百三十五两。曰交通,经常四千七百二十二万一千八百四十一两,临时七百有八十万四千九百有八两。曰工程,经常二百四十九万三千二四百两,临时二百有二万二千有六十四两。曰官业支出,经常五百六十万四百三十五两。曰各省应解赔款、洋款,三千九百有十二万九百二十二两。曰洋关应解赔款、洋款,一千一百二十六万三千五百四十七两。曰常关应解赔款、洋款,一百二十五万六千四百九十两。曰边防经费,一百二十三万九千九百有八两。附列者为类一:曰归还公债,四百七十七万二千六百十三两。统为岁入二万九千六百九十六万二千七百两有奇。岁出三万三千八百六十五万两有奇。"①宣统二年,度支部预算下一年度的财政收入时共列八大类,其中,"田赋"一类列第一,"盐茶课税"一类列第二。据此当知,"田赋"和"盐茶课税"是财政收入的主要来源。这里所说的"盐茶课税"应以盐税为主,可以"盐课岁入约四千五百万有奇"为证。

财政预算分为八类突破了传统农业国财赋征收的范围,如列"洋关税"等名目,表明对外开放口岸后增加了新的税种。史称:"征榷清兴,首除烦苛,设关处所,多仍明制。自海禁开,常关外始建洋关,而厘局之设,洋药之征,亦相继而起。"②如果再从财政支出等情况看,"正杂各税"的征收应包括开矿及办工业等取得的税收。申学锋先生论述道:"在光绪十二年(1866年)之后的十年间,清廷财政收入始终保持在8000万两以上,比嘉道年间的4000余万两多了一倍。不仅如此,至光绪三十四年(1908年),清政府的岁入突破两亿两关口,用了五年时间便使收入规模又扩大了一倍。相较之下,晚清财政收入规模的扩张速度比清代前期要快得多。"③如果以光绪十二年到二十二年的财政收入进行计算的话,保守地说,此时的盐税和田赋占到清王朝整个财政收入的一多半。光绪三十四年以后,盐税在国家财赋中的地位虽有所下降,但占有的重要地位是毋庸置疑的,如有"道、咸以降,海禁大开,国家多故。耗财之途广,而生财之道滞。当轴者昧于中外大势,召祸兴戎,天府太仓之蓄,一旦荡然,赔偿兵费至四百余兆。以中国所有财产抵借外债,积

---

① 赵尔巽:《清史稿·食货志六》,中华书局1977年版,第3607—3609页。
② 赵尔巽:《清史稿·食货志六》,中华书局1977年版,第3673页。
③ 申学锋:《清代财政收入规模与结构变化论述》,《北京社会科学》2002年第1期。

数十年不能清偿。摊派加捐，上下交困。乃改海运以节漕费，变圜法以行国币，讲盐政以增岁入，开矿产以扩财源"①之说可证。也就是说，盐政依旧是清王朝的重要支柱。

淮盐在清王朝盐税收入中有着特殊的地位，"是时盐法以两淮为大"②。乾隆元年以后，淮盐的输出量基本不变。在这中间，输出量虽然大体相当，但税收却直线上升。具体地讲，晚清两淮盐场输出的引盐约为一千六百万引。吴趼人记载道："闻得两淮盐额有一千六百九万多引，叫做'纲盐'。每引大约三百七十斤，每斤场价不过七八文，课银不过三厘多。运到汉口，便每斤要卖五六十文不等。"③黄均宰亦记载道："两淮额引一千六百九万有奇，归商人十数家承办。中盐有期，销引有地，谓之'纲盐'。以每引三百七十斛计之，场价止十文，加课银三厘有奇，不过七文，而转运至汉口以上需价五六十文不等，愈远愈贵……诸商所领部帖谓之'窝根'。有窝根者，每引抽银一两。先国课而坐收，其利一也。运脚公用，额定七十万。近年十增其五，而用不及半，二也。汉口岸费，每引又派一两有奇，三也。即三项已倍正课而过之。加以盐院供亿各大宪缉捕犒赏，又豢养乏商子孙，月支万计。"④吴趼人与黄均宰的说法一致，晚清两淮盐场输出的引盐超过一千六百万引当不成问题。在这中间，一方面盐商获得了巨额利润，另一方面清王朝获取了惊人的财政收入。如黄均宰叙述时一笔并及两面，涉及"国课"。如果以一千六百万为基数，去除生产成本即"场价"的一半，那么，仅"场价"与"加课银"加在一起，清王朝从淮盐"正课"中获取的已超过两千万，这一数字与"光绪末，合课厘计共二千四百万有奇"大体相合。如果再算上"窝根者，每引抽银一两""汉口岸费，每引又派一两有奇"等三项，那么，宣统年间淮盐课税已是"正课"以外的一倍。

从另一个层面看，两淮引盐早在乾隆年间已接近一千六百万引的

① 赵尔巽：《清史稿·食货志一》，中华书局 1977 年版，第 3479 页。
② 赵尔巽：《清史稿·包世臣传》，中华书局 1977 年版，第 13417 页。
③ 吴趼人：《二十年目睹之怪现状》，《吴趼人全集》第一卷，北方文艺出版社 1998 年版，第 362 页。
④ 黄钧宰：《金壶七墨·金壶浪墨·盐商》，《笔记小说大观》第 27 册，江苏广陵古籍印社 1984 年版，第 134 页

水平,并在国家财赋收入中占有重要的地位。黄俶成论述道:"据《两淮盐法志》,乾隆间两淮每年食盐吞吐量为 1525900 余引,每引一般为 300—400 斤。在食盐产地每引值银 0.64 两,加上课税和费用,共值 1.88两,运至内地可卖 10 余两银。如是,两淮盐商每年可赚银 1500 万两以上,上交盐税 600 万两以上,占全国盐课百分之六十左右。当时全国地丁收入约 2600 万两,最盛 3300 万两,盐课数约占二分之一。"[1]将这一论述与前引的史料结合起来看,乾隆元年裁并和调整两淮盐场的隶属关系后,淮盐的年产量基本上到达了高峰。此后的淮盐年产量虽与乾隆元年的大体相当,但推行票盐制及实行"盐厘"以后,淮盐税收已超过乾隆年间。如孙鼎臣有"盐课居天下财赋四之一,两淮最巨"[2]之说,孙鼎臣于咸丰九年去世,此后又有了新的变化,淮盐在国家财赋中的地位进一步上升。

淮盐在国家财赋中的地位不断上升,还可以从盐商捐银"报效"朝廷的过程中得到证明。"或遇军需,各商报效之例,肇于雍正年,芦商捐银十万两。嗣乾隆中金川两次用兵,西域荡平,伊犁屯田,平定台匪,后藏用兵,及嘉庆初川、楚之乱,淮、浙、芦、东各商所捐,自数十万、百万以至八百万,通计不下三千万。其因他事捐输,迄于光绪、宣统间,不可胜举。盐商时邀眷顾,或召对,或赐宴,赏赉渥厚,拟于大僚;而奢侈之习,亦由此而深。或有缓急,内府亦尝贷出数百万以资周转。帑本外更取息银,谓之帑利,年或百数十万、数十万、十数万不等。商力因之疲乏,两淮、河东尤甚。"[3]"报效"即盐商捐银给朝廷,始于雍正年间。嘉庆初爆发川、楚之乱,盐商捐银数额进一步扩大。每逢战乱,盐商总要捐献银两,与在其他区域行盐的商人相比,经营淮盐的商人捐银最多,如黄俶成有"国家每有重大军事行动,或大灾大赈,或河防工需,或巡幸典庆,盐商就捐输报效。两淮盐商捐输额高达 3826.6 万两"[4]之说。

此外,重点征榷淮盐还与创立盐厘制度相关。盐厘带有就地征收

---

① 黄俶成:《论两淮盐业经济对清代学术文化的影响》,《江海学刊》2001 年第 3 期。
② 孙鼎臣:《论盐二》,盛康:《皇朝经世文续编·户政二十二·盐课一》,光绪二十三年思补楼刊行。
③ 赵尔巽:《清史稿·食货志四》,中华书局 1977 年版,第 3613 页。
④ 黄俶成:《论两淮盐业经济对清代学术文化的影响》,《江海学刊》2001 年第 3 期。

淮盐附加税的特点，"初，盐厘创于两淮南北，数皆重。自国藩整顿，乃稍减。继以规复淮纲。"[①]盐厘主要由出境税、入境税和落地税等构成，"盐厘分出境税、入境税、落地税"[②]。出境税主要是指在盐场征收的出境税，入境税是指进入行销区的过程中沿途关卡征收的盐税，落地税是指进入行销区征收的盐税。"两淮于咸丰三年，以江路不通，南盐无商收卖，私贩肆行，部议令就场征税。四年，复令拨盐引运赴琦善、向荣大营抵饷。怡良旋奏易引为斤，每百斤抽税钱三百，以二百四十文报拨，以六十文作外销经费。时湖广总督、江西巡抚皆以淮引不至，请借运川、粤盐分售于太湖南北，江西则食闽、浙、粤之盐。部议由官借运，不若化私为官，奏准川、粤盐入楚，商民均许贩鬻，惟择堵私隘口抽税，一税后给照放行。"[③]联系上下文看，这里所说的"南盐"主要指淮盐。因战争"江路不通，南盐无商收卖，私贩肆行"，清王朝采取了四项措施：一是"就场征税"即在盐场加强征收出境税，从源头上杜绝私贩淮盐；二是简化征收手续，采取"每百斤抽税钱三百，以二百四十文报拨，以六十文作外销经费"的措施；三是为解决"淮引不至"等难题，采取"请借运川、粤盐分售于太湖南北，江西则食闽、浙、粤之盐"等措施；四是"奏准川、粤盐入楚，商民均许贩鬻，惟择堵私隘口抽税，一税后给照放行"。四项措施均与淮盐行销相关，略有不同的是，前两条与加强淮盐管理和出台鼓励外销的政策相关；后两条是因战争阻碍了淮盐行销，采取了从川、粤调盐的措施。

因淮盐在"复创盐厘"中有着特殊的地位，时至清朝末年，在淮盐行销陷入困境的前提下，在整顿盐政的基础上，载泽制定了行销淮盐的新政策。"载泽既受督办盐政大臣之命，乃设盐政处，按各区分为八厅，先筹淮北。章程四：曰规复西遂废岸，曰撤退淮边芦店，曰体恤路捐商累，曰包缴豫省厘价。咨商河南巡抚吴重熹，惟末条坚持仍旧。载泽又奏定于西坝设盐厘总局，临淮关设掣验局，余局卡悉裁，三贩统改岸贩，准自赴总局完纳厘金加价，定每引为银币二元二角，折收库平银一两六钱零，均一次收清。至土销引地，酌减银币四角，折收一两二钱，较原额少

---

① 赵尔巽：《清史稿·食货志四》，中华书局 1977 年版，第 3636 页。
② 赵尔巽：《清史稿·食货志四》，中华书局 1977 年版，第 3606 页。
③ 赵尔巽：《清史稿·食货志四》，中华书局 1977 年版，第 3626—3627 页。

三成。此二年七月事也。"①载泽主持盐政后,设盐政处将不同的榷盐区分为八厅,并制定具体的章程。应该说,这一举措与加强淮盐管理有着直接的关系。如按行盐区将盐税征收分为八区,是从改革淮北盐务入手的。又如"于西坝设盐厘总局,临淮关设掣验局,余局卡悉裁",是从淮盐管理入手的。再如采取一次性收费的措施也是从整顿淮盐运销秩序入手的,其中,"三贩统改岸贩,准自赴总局完纳厘金加价,定每引为银币二元二角,折收库平银一两六钱零,均一次收清"等,均与改革淮盐行销制度有直接的关系。所谓"三贩",是指"三贩转运者,淮北票盐,旧由票贩自垣运至西坝,售于湖贩,再由湖贩运至正阳关,按轮售于岸贩也"②。从这样的角度看,载泽改革虽涉及盐政的方方面面,但关注的主要对象是淮盐。这里透露的信息是,"军兴"以后,淮盐附加税征收顺利与否已直接关系到清王朝存亡的大事。

晚清重点征榷淮盐,还可以从李鸿章举荐陈惟彦办两淮盐政中得到进一步的证明。如有陈惟彦"复委办两淮盐政,创设淮南公所,岁增至二百万"③之说,李鸿章举荐陈惟彦办两淮盐政,主要与以淮盐附加税保军费相关。陈惟彦到任后,将淮盐税收增至每年二百万,最大限度地解决了"军兴"以后清财政的巨额支出。进而言之,在财政十分困难的前提下,淮盐税收及附加税已成为筹措军饷保国运的重要支柱。

淮盐生产及行销走向没落发生在清代末年,为挽救其内在的危机,度支部尚书载泽采取了多种措施。如宣统元年(1909 年),载泽在给朝廷的上疏中写道:"淮南因海势东迁,卤气渐淡,石港、刘庄等场产盐既少,金沙场且不出盐。若淮北三场,离海近,卤气尚厚,惟晒盐出于砖池,例须按池定引。近则砖池以外,广开池基,甚至新基已增,旧滩未划,致产额益无限制。而南商同德昌在淮北铺池,北商尤以为不便。两浙产盐之旺,首推余姚、岱山,次则松江之袁浦、青村、横浦等场,皆板晒之盐也。而杭、嘉、宁、绍所属煎盐各场,卤料亦购自余姚。近年卤贵薪昂,成本加重,商家既舍煎而取晒,灶户亦废灶而停煎。煎数日微,故龙

① 赵尔巽:《清史稿·食货志四》,中华书局 1977 年版,第 3639—3640 页。
② 赵尔巽:《清史稿·食货志四》,中华书局 1977 年版,第 3639 页。
③ 赵尔巽:《清史稿·陈黉举传》,中华书局 1977 年版,第 12563 页。

头、长亭、长林等场久缺，而注重转在余、岱。余姚海滩距场远，岱山孤悬海外，向不设场，虽经立局建廒，而官收有限，私晒无穷。此产盐各处之情形也。淮、浙行盐，各有引地，而豫之西平、遂平，久成废岸，湘之衡、永、宝三府及靖州，本淮界而销粤盐，鄂之安、襄、郧、荆、宜五府及荆门州，本淮界而销川盐，浙之温、台、宁、处等处，只抽厘尚未行引。就目前情形论之，淮北以三贩转运，于岸情每多隔膜，故票贩不问关销，豫贩又多归怨湖贩，此其病在商情之不相联，而各省抽税，势亦足以病商。淮南有四岸督销，权等运司，故运司不能制督销，分销亦不尽受辖于督销，此其病在官权之不相统，而商情涣散，势亦足以自病。浙场距场近者，有肩引、住引之分。距场远者，有纲地、引地之别。加以官办商包，其法不一，纷纭破碎，节节补苴。至捆盐出场，沿途局卡之留难，船户之夹带，则皆不免。此销盐各处之情形也。淮盐行于苏、皖，与浙盐、东盐引界邻；行于豫岸，与东盐、芦盐引界邻；行于西岸，与浙、闽、粤盐引界邻；行于湘、鄂两岸，与川盐、鄂盐引界邻。而鄂之襄、樊，又为芦私、潞私所灌，湘之衡、永、宝，又为粤私所占，两浙引地，苏、皖、西三岸皆与淮邻，即本省之温、台等处，亦为闽私所侵，此皆犬牙相错，时起争端。近年京汉铁路通车，贯豫省而下，淮、芦之争更烈。将来津浦、粤汉等路告成，淮界且四面皆敌，然此犹言邻私也。尤甚者，皖、豫同为淮界，而皖之颍州与汝、光界壤，则以加价轻而及豫岸，台、处同为浙境，而处之缙云为台商承办，则又以包厘微而侵及处郡。江西建昌久为废岸，近设官运局以图规复，而贬价敌私。抚州已虞倒灌，上海租界向为私薮，近设事务所以筹官销，而越界行运，苏属时有责言，是以淮侵淮、以浙侵浙也。大抵利之所在，人争趋之，固未易遏，所恃惟缉私严耳。然弁勇窳败，不能制枭贩，而转扰平民。地方官亦以纲法久废，不负责成，意存膜视。此又引界毗连各处之情形也。近来筹款，以盐为大宗，而淮、浙居天下中心，关于全局尤重。为整顿计，非事权统一不可。拟请将盐务归臣部总理，其产盐省分，督抚作为会办盐政大臣，行盐省分，均兼会办盐政大臣衔。"①载泽以"淮、浙居天下中心，关于

---

① 赵尔巽：《清史稿·食货志四》，中华书局 1977 年版，第 3637—3639 页。

全局尤重"为认识的起点,提出了加强淮盐、浙盐管理及征榷的主张。当淮盐生产及管理走向崩溃的时候,原先不被看好的浙盐遂成为重点征榷的对象。从这一上疏中不难发现,载泽提出一系列的补救措施,目的是挽救淮盐日益加重的危机。

在这一过程中,受诸多条件的制约,淮盐生产及行销走向没落已不可避免。如海岸线东迁及继续向大海推进后,因"卤气渐淡",淮南盐业出现了生产规模不断缩小及品质不断下降的情况,乃至于品质明显低于淮北盐。在这中间,受利益驱动,淮北出现了"广开池基"及南商趁"旧滩未划"抢占滩涂的情况。因"铺池"无序及管理混乱,出现了"北商尤以为不便"的局面。淮盐生产秩序破坏后,朝廷不得不依靠浙盐弥补征榷中的亏空,然而,因"近年卤贵薪昂,成本加重",出现了"商家既舍煎而取晒,灶户亦废灶而停煎"的情况,浙盐亦面临着崩溃的危险。

在整顿淮盐、浙盐生产和管理秩序的过程中,载泽提出了重建淮盐和浙盐行销秩序的主张。如针对"淮、浙行盐,各有引地,而豫之西平、遂平,久成废岸,湘之衡、永、宝三府及靖州,本淮界而销粤盐,鄂之安、襄、郧、荆、宜五府及荆门州,本淮界而销川盐,浙之温、台、宁、处等处,只抽厘尚未行引"等情况:一是针对"淮北以三贩转运,于岸情每多隔膜,故票贩不问关销,豫贩又多归怨湖贩,此其病在商情之不相联,而各省抽税,势亦足以病商"等情况,解决了"淮南有四岸督销,权等运司,故运司不能制督销,分销亦不尽受辖于督销,此其病在官权之不相统,而商情涣散,势亦足以自病"等问题;二是针对"浙场距场近者,有肩引、住引之分。距场远者,有纲地、引地之别。加以官办商包,其法不一,纷纭破碎,节节补苴"等,解决了"加以官办商包,其法不一,纷纭破碎,节节补苴。至捆盐出场,沿途局卡之留难,船户之夹带,则皆不免"的难题;三是进一步明确行盐区,重点解决"此皆犬牙相错,时起争端"带来的后患;四是积极应对铁路交通兴起后,长芦盐与淮盐和浙盐争利等情况,主张采取"拟请将盐务归臣部总理,其产盐省分,督抚作为会办盐政大臣",进而照顾淮盐和浙盐的行销。可以说,通过补救,载泽初步解除了淮盐、浙盐生产及行销中的危机。

在整顿盐政时，载泽虽然关注到淮盐和浙盐等两个方面，但重点是淮盐。如朝廷认可载泽的上疏及主张后，采取了"其言南商铺池者，盖光绪三十三年，淮南因盐不敷销，于淮北埒子口苇荡左营增铺新池，谓之济南盐池。三十四年，北商称有碍旧池销路，经江督张人骏令按淮南缺额，以十万引为率。三贩转运者，淮北票盐，旧由票贩自垣运至西坝，售于湖贩，再由湖贩运至正阳关，按轮售于岸贩也"①等措施。在新形势下，淮盐的产销虽然遇到很大的危机，但因其是清王朝财政收入的重要来源，故振兴淮盐依旧是清王朝推行盐政时关注的重点。

结　语

本章研究了盐政与江淮运盐河的关系。淮扬盐政始兴于汉代。唐安史之乱后，刘晏担负起东南漕运及盐铁事务，开创了征榷淮盐的新局面。唐盐铁转运使在扬州，以扬州为中转地加强了东南漕运和盐运。宋代，淮盐在国家赋税中占有很高的比例，素有"东南盐利，视天下为最厚"之说。元代，盐政与淮盐有着十分深厚的关系。明清两代，淮盐亦是重点征榷的对象，且各种盐类以淮盐销售区域最大。

---

① 赵尔巽：《清史稿·食货志四》，中华书局 1977 年版，第 3639 页。

第七章　运盐河与盐商

　　追溯淮扬区域建设运盐河的历史,完全可以从汉代刘濞煮海为盐说起。通过开挖运盐河,刘濞最大限度地谋取了盐利。此后,历代统治者继续在淮扬区域兴修运盐河。这些运盐河与运河及自然水道,构成了淮扬区域丰富的交通网络。淮扬位于南北交通的要冲,凭借交通地理优势,很快成为商贾谋求商业利益的首选之地。淮扬的盛衰常常因改朝换代及军事斗争而起伏不定,从上古到近代,一方面遭受战火的摧残,社会经济会从繁荣跌入无法探知的谷底;另一方面又会从谷底再度走向繁华。进而言之,凭借占据的区位优势,淮扬区域往往会因漕运而改变面貌,进而在盐商的参与下,改变了社会发展的轨迹。如重商之风改变了这一区域的农业生产结构,同时为多种经营铺平了道路。明代以后,淮扬区域的家庭财富得到普遍增长,为城市服务业及娱乐业的蓬勃发展注入了活力。如以盐商为代表的商人长期居住或入籍淮扬区域,积极捐资助学及优待文士,推动了淮扬区域及中心城市教育、文化、学术等发展。从明后期到清代改引盐为票盐以前,在两百多年的时间里,主要实行"纲盐法"。在这中间,世代居住淮扬的盐商即晋商、陕商、徽商等先后取得了垄断经营淮盐的地位。他们取得垄断地位后,以手中的财富在一定程度上促进了社会经济的发展。

第一节　唐前运盐河建设述略

最早的运盐河始建于汉代,吴王刘濞为发展吴国经济煮海为盐,兴修了自广陵(今江苏扬州)通往产盐区海陵(今江苏泰州)及如皋磻溪(在今江苏南通如皋境内)的运盐河,故有"江、淮漕运尚矣。春秋时,吴穿邗沟,东北通射阳湖,西北至末口。汉吴王濞开邗沟,通运海陵"①之说。

这条运盐河有"邗沟"之称,是因为与邗沟相连,后来又成为连接从扬州至南通运河的基础。李斗辨析道:"《左传·哀公九年》:秋,吴城邗,沟通江、淮。此今之运河自江入淮之道也。自茱萸湾通海陵、如皋、蟠溪,此吴王濞所开之河,今运盐道也。运道在《左传》称'邗沟',《国语》称'深沟',《吴越春秋》称为'渠',《水经注》称'幹江',汉晋间称'漕渠',或曰'合渎渠',或曰'山阳浊'。隋称'山阳渎',郡志称'山阳沟',河名不一,徙复无常。郡县志乘,载而弗详。"②运盐河以广陵茱萸湾(在今江苏扬州邗江区万头乡)为起点,故又称"茱萸沟",茱萸沟开通后,为淮盐输出创造了条件。茱萸沟开挖的意义不仅仅是建立了与邗沟的互通关系,更重要的是,为淮盐的输出创造了良好的交通环境,由此揭开了兴修运盐河的历史。

从汉代到明代以前,淮盐集散地主要集中在广陵(扬州)和淮浦(治今江苏涟水)等两地。明清两代,又在此基础上形成了扬州和淮安等集散中心。这里有四个问题需要提出:一是盐场有淮南和淮北之分,似表明淮扬可分为"淮南""淮北"等两个区划,其实,扬州和淮阴均在淮河以南,均可以"淮南"相称。只是为了加强淮盐管理,有意将供给长江流域的盐场统称为"淮南盐场",又以此为地理坐标,将供给淮北、河南等地的盐场统称为"淮北盐场"。二是在明代将淮安分司迁往河下(今江苏淮安河下镇)以前,淮浦即安东一直是淮盐不可或缺的集散中心。三是

---

① 脱脱:《宋史·河渠志六》,中华书局 1985 年版,第 2388—2389 页。
② 李斗著,汪北平、涂雨公点校:《扬州画舫录》,中华书局 1960 年版,第 15 页。

客观地讲,"淮南"和"淮北"是两个相互交叉的概念,如唐宋时期,扬州广陵郡与楚州淮阴郡的辖县多有变化,一度出现了先归扬州、后归淮阴,或先归淮阴、后归扬州等情况。这一变化,同样反映在淮南和淮北盐场的隶属关系上。如同一座盐场因隶属关系变化,出现了或属淮北盐场,或属淮南盐场的情况。由此提出的问题是,关注淮南和淮北盐场时需要注意到隶属关系的变化。四是在淮扬兴修运盐河虽有具体的区域,但因运盐河是其水上交通建设的一部分,与漕运紧密地联系在一起,故运盐河建设实际上是淮扬区域运河建设的一部分。

淮浦是汉县,一向有得天独厚的海盐生产条件和水上交通条件。在海岸线不断向东推移以前,淮浦位于淮河入海口,从这里出发,以淮河为航线可入邗沟进入长江流域,同时可北上进入黄河流域。《山海经·海内东经》有"淮水出余山,余山在朝阳东、义乡西,入海淮浦北"[1]之说,《汉书》有"《禹贡》桐柏大复山在东南,淮水所出,东南至淮浦入海,过郡四,行三千二百四十里"[2]之说。

从汉代到魏晋南北朝时期,淮河的入海口基本上稳定在淮浦一带。淮浦以东有著名产盐区东海(治今江苏连云港东海)和郁州(今江苏连云港花果山一带)等。如果沿淮河出海可至郁州,经淮河支流游水等北上可至东海等地。郦道元《水经注·淮水》注《水经》"又东至广陵淮浦县入于海"语记载道:"应劭曰:浦岸也。盖临侧淮汶,故受此名。淮水径县故城东。王莽更名之曰淮敬。淮水于县枝分,北为游水。历朐县与沭合。又径朐山西。山侧有朐县故城。秦始皇三十五年,于朐县立石海上,以为秦之东门。崔琰《述初赋》曰:倚高舻以周眄兮,观秦门之将将者也。东北海中有大洲,谓之郁洲,《山海经》所谓郁山在海中者也。言是山自苍梧徙此,云山上犹有南方草木。今郁州治。故崔季珪之叙《述初赋》,言郁州者,故苍梧之山也,心悦而怪之,闻其上有仙士石室也,乃往观焉。见一道人独处,休休然不谈不对,顾非己所及也。即其《赋》所云:吾夕济于郁洲者也。游水又北径东海利成县故城东,故利

① 袁珂:《山海经校注》,上海古籍出版社1980年版,第332页。
② 班固:《汉书·地理志上》,中华书局1962年版,第1564页。

第七章 运盐河与盐商

261

乡也。汉武帝元朔四年,封城阳共王子婴为侯国,王莽更之曰流泉。游水又北,历羽山西。"①《水经注·淮水》又云:"游水东北入海,旧吴之燕岱,常泛巨海,惮其涛险,更沿溯是渎,由是出。《地理志》曰:游水自淮浦北入海。《尔雅》曰:淮别为浒,游水亦枝称者也。"②战国以降,淮河和游水一直是至淮浦向东及向北的航线。如果将《山海经》《汉书》《水经注》等结合起来看,郦道元所说的"游水",很可能是指后世所说的"涟水"。如顾祖禹叙述涟水与涟水县(淮浦县)的关系时明确地指出:"在沭阳者曰南涟,在县境者曰北涟,又有西涟、中涟、东涟之名。中涟阔八十丈,北通官河,南通市河。其上流曰西涟,下流曰东涟。皆阔三十余丈,自城东入淮,谓之涟口。《汉志》:'淮浦县有游水,北入海。'《水经注》'淮水自淮阴又东至淮浦县,枝分为游水,北至胊县与沭水合',盖即涟水矣。"③涟水与游水的地理方位相同,且同为沭水的支流,大体可证。

隋唐两代,淮河入海口的海岸线基本上没有发生大的变化。徐坚记载道:"《释名》云:淮,围也。围绕扬州北界,东至海也。《周官》:青州,其川淮泗。按《水经注》及《山海经》云:淮水出南阳平氏县桐柏山,其源初则涌出,复潜流三十里,然后长骛,东北经大复山,从义阳郡北,东过江夏,平春县北,又东过新息县南,期思县北,至厚鹿县南,与汝水合。又东过庐江安丰县,与决水合。东北至九江寿春县东,与颍水合。寿春县北,与淝水合。又东至当涂县北,与涡水合。东北至下邳淮阴县,与泗水合。东至广陵淮浦县而入海也。"④淮河贯穿其中,淮浦成为自北南下的交通要道。"开皇初,议伐陈,以寿有思理,奉使于淮浦监修船舰,以强济见称"⑤,隋文帝伐陈前,元寿到淮浦"监修船舰"及建立前进基地,与淮浦有良好的交通环境及成为江淮之间的富庶地区息息相关。唐代诗人高适写道:"涟上非所趣,偶为世务牵。经时驻归棹,日夕

① 杨守敬、熊会贞疏,段熙仲点校,陈桥驿复校:《水经注疏》下册,江苏古籍出版社 1989 年版,第 2562—2566 页。

② 杨守敬、熊会贞疏,段熙仲点校,陈桥驿复校:《水经注疏》下册,江苏古籍出版社 1989 年版,第 2569 页。

③ 顾祖禹著,贺次君、施和金点校:《读史方舆纪要·南直四》,中华书局 2005 年版,第 1085—1086 页。

④ 徐坚:《初学记·地部中》,中华书局 2004 年版,第 127 页。

⑤ 魏徵:《隋书·元寿传》,中华书局 1973 年版,第 1497 页。

对平川。莫论行子愁,且得主人贤。亭上酒初熟,厨中鱼每鲜。自说宦游来,因之居住偏。煮盐沧海曲,种稻长淮边。四时常晏如,百口无饥年。菱芋藩篱下,渔樵耳目前。"①在诗人的笔下,涟水即淮浦不但有美食,而且十分富庶。如诗人以"煮盐沧海曲,种稻长淮边。四时常晏如,百口无饥年"等语,细腻地描绘了淮浦富甲一方及百姓熙熙而乐的景象。此诗虽然是写盛唐时的光景,但完全可以用来说明隋文帝伐陈前的情况。进而言之,千里运粮损耗太大,且成本太高,不如就地取粮,这样一来,隋文帝势必要把淮浦视为进军江淮的补给基地。

入唐以后,淮浦的地位一度有所提升。"武德四年,置涟州,仍分置金城县。贞观元年,废涟州,并省金城县,以县属泗州。"②唐高祖武德四年(621年),在隋代改淮浦为"涟水"的基础上扩大建制,建立了涟州,唐太宗贞观元年(627年),涟州虽降格为县,并隶属泗州,但其生产的海盐却受到重视。此时涟水(淮浦)作为淮盐生产的重镇,除了要输出自身生产的海盐外,还承担着郁州和海州(治今江苏连云港海州)海盐的外运任务,"负海州岁免租为盐二万斛以输司农"③。

淮浦成为淮盐输出的交通枢纽,既与有淮河及支流为天然运道紧密地联系在一起,又与自身产盐及与产盐地海州、郁州等相连相关。南北分治时,矗立在海中的郁州是北方流民的避难所。"青州,宋泰始初淮北没虏,六年,始治郁州上。郁州在海中,周回数百里,岛出白鹿,土有田畴鱼盐之利。刘善明为刺史,以海中易固,不峻城雉,乃累石为之,高可八九尺。"④泰始六年(470年),宋明帝侨立青州,郁州始有行政建制,流民避难于海上,从而为其生产海盐创造了必要的条件。

从地理形势上看,淮浦地偏一隅,其交通地位当然不如淮阴,之所以繁忙,应与集散海盐有着密切的关系。郁州成为海州的辖县后,其海盐可借淮河及支流形成的水道,经淮浦中转北上或南下。"尝南还至涟口,置酒,有客张孺才者,醉于船中失火,延烧七十余艘,所爆金帛不可

① 高适:《涟上题樊氏水亭》,中华书局:《全唐诗》第6册,中华书局1960年版,第2207页。
② 刘昫:《旧唐书·地理志一》,中华书局1975年,第1445页。
③ 欧阳修:《新唐书·食货志四》,中华书局1975年版,第1377页。
④ 萧子显:《南齐书·州郡志上》,中华书局1972年版,第259页。

胜数。侃闻之,都不挂意,命酒不辍"①,一次烧毁 70 多艘船只表明,淮浦涟口(涟水入淮的河口)是一座繁忙的码头。具体地讲,自淮浦顺淮河而下,经海州出海可抵郁州,沿游水北上可入沭水;自海州溯淮而上,经淮浦可经淮阴分别进入泗水和汴河,并远接黄河流域;自淮浦经淮阴入邗沟南下可达长江流域。这一自然水道的存在,为淮浦成为淮盐外运的枢纽奠定了基础。

然而,仅仅有自然形成的水路是不够的,要想扩大淮盐的外运能力,还需要开挖与漕运通道相连的运盐河。检索文献,在淮浦一带开挖运盐河似始于武则天一朝。垂拱四年(688 年),武则天在淮浦即涟水开挖了新漕渠。史家叙述涟水政区及水上交通时写道:"有新漕渠,南通淮,垂拱四年开,以通海、沂、密等州。"②新漕渠扩大了涟水和海州海盐输出的范围,沿新漕渠可入邗沟或淮河,或入沂水通沂州(今山东临沂)、密州(今山东诸城)等地。新漕渠是在改造涟水的基础上兴修的运盐河。傅泽洪记载道:"《唐书·地理志》涟水县,今为江南淮安府安东县。今安东县有中涟河、东涟河、西涟河。中涟在治北三里,河阔八十余丈,北通官河,南通市河;下流三里为东涟,阔三十余丈;上流三十里为西涟,阔如东涟,源自西北大湖,来东南入淮,殆即当时之遗迹欤!"③所谓"官河",自然是指新漕渠。中涟河宽 80 余丈,东涟河、西涟河各宽 30 余丈,新漕渠开通及提高通航能力后,极大地方便了淮盐运销。

除了新漕渠,唐代还兴修了从淮浦至海州及东海(治今江苏连云港东海)的运盐河。王谠记载道:"海州南有沟水,上通淮楚,公私漕运之路也。宝应中,堰破水涸,鱼商绝行。州差东海令李知远主役修复,堰将成辄坏,如此者数四,劳费颇多,知远甚以为忧。或说:梁代筑浮山堰,频有坏决,乃以铁数千万片填积其下,堰乃成。知远闻之,即依其言,而堰果立。"④唐代宗宝应年间(762—763),东海令李知远在前人的基础上兴修了运道。之所以兴修"上通淮楚,公私漕运之路",主要有两

---

① 姚思廉:《梁书·羊侃传》,中华书局 1973 年版,第 562 页。

② 欧阳修:《新唐书·地理志二》,中华书局 1975 年版,第 991 页。

③ 傅泽洪:《行水金鉴·运河水》,《四库全书》第 581 册,上海古籍出版社 1987 年版,第 443 页。

④ 王谠:《唐语林·补遗》,周勋初校证:《唐语林校证》,中华书局 1987 年版,第 494 页。

个方面的原因,一是唐代以前,主要是利用自然水道输出淮盐,其输出能力有限。安史之乱后,刘晏为加强东南漕运及以盐利补漕运之用,需要建立与东南重镇楚州淮阴郡相连的运盐河。二是海州生产的海盐主要经涟水运出,涟水承担着中转海州及郁州海盐的重任,重点兴修涟水至海州的运盐河,可以将运盐河与东南漕运通道连接在一起,将淮盐运往北方。

第二节　宋元及明运盐河建设

汉代和唐代是淮扬区域运盐河重点建设时期,遂为宋代继续建设运盐河奠定了基础。宋代在淮扬区域兴修运盐河,主要是将运盐河与运河相接,扩大淮盐输出的能力,其特别之处在于,将运盐河建设与海塘(捍海堰)建设结合在一起。

追溯宋代淮扬盐场兴修海塘的历史,可以上溯到唐代。宋孝宗淳熙八年(1181 年),提举淮南东路常平茶盐赵伯昌指出:"通州、楚州沿海,旧有捍海堰,东距大海,北接盐城,袤一百四十二里。始自唐黜陟使李承实所建,遮护民田,屏蔽盐灶,其功甚大。历时既久,颓圮不存。至本朝天圣改元,范仲淹为泰州西溪盐官日,风潮泛溢,淹没田产,毁坏亭灶,有请于朝,调四万余夫修筑,三旬毕工。遂使海濒沮洳泻卤之地,化为良田,民得奠居,至今赖之。"[1]原来,从通州到楚州一带沿海的捍海堰,起初为唐代黜陟使李承实所建;入宋以后,范仲淹任泰州西溪盐监时,对此进行了改造和扩建。

宋仁宗天圣四年(1026 年)八月,范仲淹"监泰州西溪盐税"[2],有"筑泰州捍海堰"[3]之举。发运副使张纶奏请朝廷任命范仲淹任兴化知县,在范仲淹的指挥下,以兴化为中心,一是向泰州及通州方向延展,一是向楚州方向延展,故称:"八月,丁亥,筑泰州捍海堰。先是堰久废不

① 脱脱:《宋史·河渠志七》,中华书局 1985 年版,第 2394 页。
② 脱脱:《宋史·范仲淹传》,中华书局 1985 年版,第 10267 页。
③ 脱脱:《宋史·仁宗纪一》,中华书局 1985 年版,第 182 页。

治,岁患海涛冒民田,监西溪盐税范仲淹言于发运副使张纶,请修复之。纶奏以仲淹知兴化县,总其役。"①这一工程在使"使海潮沮洳舄卤之地,化为良田"的同时,保护了贯穿于通、泰、楚三地运盐河的安全,乃至于后世有"运盐河受射阳湖水,径城南流,循范公堤入盐城"②之说。

　　贯穿江淮东部及北部的海塘修筑后,起到了保护盐场、运盐河和农田等的作用。后来,宋人又在旧海塘的基础上进行了新的建设。如淳熙三年(1176年)四月,宋孝宗下诏筑泰州月堰,"诏筑泰州月堰,以遏潮水"③。继李承实、范仲淹等之后,宋王朝又多次重修这条海塘。淳熙八年(1181年),"自后浸失修治,才遇风潮怒盛,即有冲决之患。自宣和、绍兴以来,屡被其害。阡陌洗荡,庐舍漂流,人畜丧亡,不可胜数。每一修筑,必请朝廷大兴工役,然后可办。望令淮东常平茶盐司:今后捍海堰如有塌损,随时修葺,务要坚固,可以经久。"④为保护淮扬产盐区的安全,宋代统治者多次兴修捍海堰。这样做自然是为了遏制潮水和保护民田及盐灶,同样也有保护运盐河的作用。

　　运盐河存在的意义在于,解决了淮盐自盐场外运的问题。然而,要想全面打通淮盐外运的通道则需要将运盐河纳入漕运范围,建立与运河互通的关系,具体地讲,建立两者间的互通关系需要采取不同的措施,如以盐利疏通运河及运盐河、加强缉私等。史称:"时范仲淹安抚江、淮,亦以疏通盐利为言,即诏知制诰丁度等与三司使、江淮制置使同议。皆谓听通商恐私贩肆行,侵蠹县官,请敕制置司益漕船运至诸路,使皆有二三年之蓄;复天禧元年制,听商人入钱粟京师及淮、浙、江南、荆湖州军易盐;在通、楚、泰、海、真、扬、涟水、高邮贸易者毋得出城,余州听诣县镇,毋至乡村;其入钱京师者增盐予之,并敕转运司经画本钱以偿亭户。诏皆施行。"⑤宋仁宗明道二年(1033年),范仲淹"以疏通盐利为言"的做法表明,只有疏通自运盐河入运河的航线,才能恢复宋真

---

① 毕沅:《续资治通鉴·宋纪三十七·天圣四年》,中华书局1957年版,第837页。
② 赵尔巽:《清史稿·地理志五》,中华书局1977年版,第1968页。
③ 脱脱:《宋史·河渠志七》,中华书局1985年版,第2394页。
④ 脱脱:《宋史·河渠志七》,中华书局1985年版,第2394页。
⑤ 脱脱:《宋史·食货志下四》,中华书局1985年版,第4439—4440页。

宗天禧元年（1017 年）的旧制，即"听商人入钱粟京师及淮、浙、江南、荆湖州军易盐"的制度。从"其入钱京师者增盐予之，并敕转运司经画本钱以偿亭户"等过程中不难发现，实现淮盐税收是由转运司"经画"的，这一作为明确地表达了将盐运纳入漕运序列的意图，同时也表明只有实现运盐河与运河之间的互通，才有可能解决淮盐输出受阻等问题。

起初，淮盐自通州、泰州、楚州运往真州，再从真州入江运往江、浙、荆、湖等地状态良好，后来，纲吏舟卒等侵盗贩卖，又用沙土掺入等，遂给盐运带来了一系列的问题。在这中间，虽然采取了诸多措施，但始终无法得到彻底的纠正。当漕运和盐运畅通时，淮盐销路自然十分畅通。到了宋仁宗明道二年（1033 年），纲吏舟卒等侵盗贩鬻等事件不断地发生，出现了"运河浅涸，漕挽不行，远州村民，顿乏盐食"①等多重危机。在这样的前提下，淮盐运销出现了空前困难。

关于江淮运河疏浚与运盐河建设相结合的著名案例，还可从宋神宗元丰七年（1084 年）疏浚从真州（治今江苏仪征）到楚州的真楚运河及楚州新河一例中得到进一步证明。宋哲宗元符元年（1098 年），为加强涟州、海州（今江苏连云港）等地的海盐外运，建成了自楚州至涟州进而通向海州的运盐河支家河，"元丰七年，浚真楚运河。朱服为右史，帝遣使治楚州新河，戒之曰：'东南不惯兴大役，卿且为朕优恤兵民。'元符元年，工部言：'淮南开河，所开修楚州支家河，导涟水与淮通。'赐名'通涟河'。初，楚州沿淮至涟州风涛险，舟多溺，议者谓开支氏渠引水入运河，岁久不决，发运使王宗望始成之，为公私利。"②疏浚真楚运河及开挖楚州新河虽与加强漕运相关，但也与淮盐外输相关。起初，从楚州到涟州主要走淮河航线，为了避开"楚州沿淮至涟州风涛险"，宋哲宗即位不久即元符元年，在发运使王宗望的主持下又兴修了运盐河支家河。

支家河又称"支氏河"，是淮扬区域运盐河建设的大工程。兴修支家河的主持人是发运使王宗望，"楚州沿淮至涟州，风涛险，舟多溺。议者谓开支氏渠引水入运河，岁久不决，宗望始成之，为公私利。"③工程打

---

① 脱脱：《宋史·食货志下四》，中华书局 1985 年版，第 4439 页。
② 卫哲治等修，叶长扬等纂，荀德麟等点校：《乾隆淮安府志·河防》，方志出版社 2008 年版，第220 页。
③ 脱脱：《宋史·王宗望传》，中华书局 1985 年版，第 10636 页。

通了淮河、涟河和江淮运河之间的联系,在避开淮河风险的同时,加强了楚州、涟州和海州之间的联系,故有"疏支家河通漕,楚、海之间赖其利"①之说。元符元年三月,宋哲宗赐名"通涟河","三月甲寅,工部言:'淮南开河所开修楚州支家河,导涟水与淮通。'赐名通涟河。"②支家河提高了涟州、海州等地海盐的输出能力,成为淮海之间的黄金航线。

淮扬区域的运河建设是与运盐河建设相互为用的。宋孝宗淳熙九年(1182年),淮南漕臣钱冲之在上疏中写道:"真州之东二十里,有陈公塘,乃汉陈登浚源为塘,用救旱饥。大中祥符间,江、淮制置发运置司真州,岁藉此塘灌注长河,流通漕运。其塘周回百里,东、西、北三面,倚山为岸,其南带东,则系前人筑垒成堤,以受启闭。废坏岁久,见有古来基趾,可以修筑,为旱干溉田之备。凡诸场盐纲、粮食漕运、使命往还,舟舰皆仰之以通济,其利甚博。"③从"凡诸场盐纲、粮食漕运、使命往还,舟舰皆仰之以通济"等语中,可以进一步证明淮扬区域的运盐河建设是与漕运通道即运河建设联系在一起的。

运盐河虽然为运盐而建,但同时有漕运功能,反过来说,运河虽然为漕运而建,但同样有运盐的功能。两者相互为用,构成了丰富的水上交通运输体系,为淮盐输出提供了便利的条件。关于这点,元代有更为直接的表述,如元人所说的"扬州运河"又称"盐河",这条运河以扬州为起点,北至三汊口(三汊口闸,在江苏徐州境内)与会通河相接,"扬州运河,亦名盐河,北至三汊口,达于会通河。至元二十七年,江淮行省奏加疏浚。"④元代所说的扬州运河与唐宋时期的扬州运河有明显的不同,唐宋时期的扬州运河是指从扬州广陵郡到楚州淮阴郡的运河,其起点和终点与邗沟大体相同,主要是在邗沟旧道的基础上兴修的运河,但元代的扬州运河已自扬州延长到徐州。

从北宋后期起,黄河不断地改道南下,出现了从多股不同方向入淮到南宋时期的夺泗入淮。时至元代,重修江淮运河并将其命名为"扬州

① 脱脱:《宋史·吴居厚传》,中华书局1985年版,第10921页。
② 脱脱:《宋史·河渠志六》,中华书局1985年版,第2383页。
③ 脱脱:《宋史·河渠志七》,中华书局1985年版,第2394页。
④ 柯劭忞:《新元史·河渠志二》,上海古籍出版社1989年版,第274页。

运河"。扬州运河以扬州为起点,中经淮安,跨淮河入原泗水即黄河水道,以徐州为终点。古人称扬州运河长 2350 里,其中包括 482 里的运盐河,"仁宗延祐四年十一月,两淮运司言:'盐课甚重,运河浅涩无源,止仰天雨,请加修治。'明年二月,中书移文河南省,选官洎运司有司官相视,会计工程费用。于是河南行省委都事张奉政及淮东道宣慰司官、运司官,会州县仓场官,遍历巡视集议:河长二千三百五十里,有司差濒河有田之家,顾倩丁夫,开修一千八百六十九里;仓场盐司不妨办课,协济有司,开修四百八十二里。运司言:'近岁课额增多,而船灶户日益贫苦,宜令有司通行修治,省减官钱。'省臣奏准:诸色户内顾募丁夫万人,日支盐粮钱二两,计用钞二万锭,于运司盐课及减驳船钱内支用。差官与都水监、河南行省、淮东宣慰司官专董其事,廉访司体察,枢密院遣官镇遏,乘农隙并工疏治。"① 如果以延祐元年(1314 年)为整治扬州运河起点的话,那么,延祐四年十一月和五年二月解决"运河浅涩无源"时,则标志着扬州运河开始进入全程治理的新阶段。在这中间,动员运盐的船户及生产食盐的灶户"开修四百八十二里"运盐河一事表明,运盐河已纳入扬州运河兴修的范围。进而言之,两淮盐运与漕运相辅相成,同样涉及政治稳定和社会稳定的大问题。

盐税是元王朝财赋收入的重要组成部分,一旦动摇将会涉及方方面面,进而影响到社会稳定。如大德十一年(1307 年)八月,刚刚即位的元武宗因"比怯来木丁献宝货",不假思索地将盐引(领取食盐配额的凭证及经销的许可证)总数的十分之一赐给比怯来木丁,这一举动立即遭到中书省的反对。史称:"又言:'比怯来木丁献宝货,敕以盐万引与之,仍许市引九万。臣等窃谓,所市宝货,既估其直,止宜给钞,若以引给之,徒坏盐法。'帝曰:'此朕自言,非臣下所请,其给之,余勿视为例。'江浙饥,中书省臣言:'请令本省官租,于九月先输三分之一,以备赈给。又两淮漕河淤涩,官议疏浚,盐一引带收钞二贯为佣费,计钞二万八千锭,今河流已通,宜移以赈饥民。杭州一郡,岁以酒糜米麦二十八万石,

① 宋濂:《元史·河渠志二》,中华书局 1976 年版,第 1632 页。

禁之便。河南、益都诸郡,亦宜禁之。'制可。"①中书省认为,随意地赏赐只会"徒坏盐法",并引起社会动荡。在元武宗决定将盐引赏赐给比怯来木丁以前,元王朝为疏浚两淮漕河采取了"盐一引带收钞二贯为佣费"的措施。漕河疏浚后,江浙受灾,如果将两淮盐引作为赏赐之物的话,将无法用"佣费"赈灾。更重要的是,黄河夺淮以后,黄淮交汇河口一带的漕运通道时常淤沙,航道需要及时疏浚,如果以巨额盐引为赏赐物的话,将会直接破坏"盐一引带收钞二贯为佣费"的制度,致使疏浚漕河的经费无从落实。由此导致的后果是,相关航道干浅危及漕运和淮盐输出,进而言之,如果漕路不通的话,将会破坏漕运和盐法,造成更大的危机和社会经济秩序。

明代,兴修淮扬之间的运盐河与宋元两代的情况大体相同,继续疏浚运盐河,建立与运河的互通关系。具体地讲,一是在前人的基础上改造通往海州的运盐河支家河。明太祖洪武二十七年(1394年),有"浚山阳支家河"②之举;明成祖永乐三年(1405年),又"浚淮安府运盐河一十八里,浚淮安府支家河长一万一千九百七十丈"③;明武宗正德十年(1515年),有"开支家河接涟水,建批验引盐所于此"④之举,将支家河从涟水延长到淮安府城的河北镇(今江苏淮安河下镇)。在长达120多年的时间里,明代统治者不断地兴修支家河,这一事件的本身说明了,在淮盐输出的历史进程中,涟水及海州生产的海盐在淮盐中占有重要的地位;重点疏浚淮扬区域与运盐河相连的运河表明,只有运盐河与运河连通并承担漕运使命,才能有效地节约淮盐输出的成本,进而为召商输粮入边及"中盐"提供便利的条件。

① 宋濂:《元史·武宗纪一》,中华书局1976年版,第487页。
② 张廷玉:《明史·河渠志六》,中华书局1974年版,第2146页。
③ 卫哲治等修,叶长扬等纂,荀德麟等点校:《乾隆淮安府志·河防》,方志出版社2008年版,第223页。
④ 卫哲治等修,叶长扬等纂,荀德麟等点校:《乾隆淮安府志·城池》,方志出版社2008年版,第145页。

第三节　清代运盐河与治理

清袭明制,两淮都转盐运使司继续设在扬州,扬州下设泰州、淮安、通州等三分司,负责管理淮南、淮北盐场事务。经过历朝历代的建设,一是运司与分司之间有运盐河相通;二是分司与各盐场之间有运盐河相通。在此基础上,淮扬区域的运盐河与运河一道,构成了严密的水上交通网络。清代王定安等纂修的《重修两淮盐法志》梳理两淮运盐河的总体情况,认为两淮南北运盐河大致有六条,即漕盐运河、上河、下河、通州串场盐河、泰州串场盐河与盐越河。漕盐运河起自淮安,经过宝应、高邮到扬州仪征。上河起自扬州湾头,经泰州、如皋到通州。下河在高邮、宝应以东、泰州以北,由兴化、盐城境内陂湖汇聚而成。通州串场盐河是上河自如皋向南折而东流,到达通州、九场的河道。泰州串场盐河是下河从泰州、海安、许家坝起,经过富安等十一盐场,到达阜宁、射阳湖口的河道。越盐河是清江渡黄河入运河分支而东的河道。[①]

清代扬州领二州六县。二州是高邮、泰州;六县是江都、甘泉、扬子、兴化、宝应、东台。从交通形势上看,扬州的二州六县,或位于从扬州到淮安的运河主干线上,或在盐场或运盐河沿线。运盐河与运河互通,其中,自江都东北行可至泰州,"盐河导运河水东北入泰州,白塔龙儿河水注之"[②],"里下河自泰州环城北流,又东溢为支河入海"[③]。东台(今江苏盐城东台)一地亦有运盐河与泰州相通,"盐河出县西海道彷,西南流,错出复入,至淤溪入泰州"[④]。泰州除了有运盐河进入江都及扬州等地外,还可经著名的运盐河串场河进入淮安的属县盐城,或可自运盐河经东台至通州的属县如皋,"盐河西自江都入,夹城东流,一曰里下河,有溱潼水注之。至白米镇,左通串场河,右出支津,入泰兴。又东径

---

① 王定安等纂修:《重修两淮盐法志》,《续修四库全书》第 843 册,上海古籍出版社 2002 年版,第 92 页。
② 赵尔巽:《清史稿·地理志五》,中华书局 1977 年版,第 1987 页。
③ 赵尔巽:《清史稿·地理志五》,中华书局 1977 年版,第 1988 页。
④ 赵尔巽:《清史稿·地理志五》,中华书局 1977 年版,第 1988 页。

海安镇,左歧为界河,东南入如皋。盐河东北自东台入,西南流,径淤溪达鳅鱼港,又西南与之合。有泰坝,泰州分司运判驻。"①

更重要的是,扬州下辖的淮盐产地兴化亦有运盐河与淮安下辖的淮盐重镇盐城相通,并且可经运盐河至宝应直入江淮运河,"东:大海,有堤。盐河并堤流,西受界河、海沟、横泾诸水,东出为大团河、八灶、七灶河,东北会斗龙港,入于海。有刘庄、草堰、丁溪三场,盐课大使驻。北有吴公湖、苔大踪湖,与盐城、宝应错。"②同样经苔大踪湖等,亦可至宝应入江淮运河,进而抵达山阳(淮安府首县),"运河北自山阳入,径八口铺,东溢为瓦沟溪。又南流,径氾水镇,至界首,有界首湖,入高邮。其西宝应湖,汇淮流下潴之水。苔大踪湖东北,周二百里,分支入运河。"③盐城、如皋、东台、兴化等是淮盐的重要产地,由江淮运河与运盐河构成的交通体系,将淮扬区域境内的淮南、淮北的盐场串联起来,形成了四通八达的航线。

清初沿袭明制,淮安领二州九县。雍正二年(1724年),"升海、邳为直隶州,赣榆、沭阳属海,宿迁、睢宁属邳"④,海州、邳州升格后,淮安虽仅领山阳、阜宁、盐城、清河、安东等县,但海州等依旧由淮安代管。在这中间,淮安盐运分司初设安东(治江苏涟水),后迁至淮安河北镇(今江苏淮安河下镇),再迁至板浦(今江苏连云港海州板浦镇)。《乾隆淮安府志》"河北镇"条云:"明正德十年,开支家河接涟水,建批验引盐所于此。后又筑城护盐,今城已废,四门尚存,盐运分司旧驻安东,此地但有行署,今亦移驻于此。"⑤"盐运分司公署"条云:"旧驻安东县,今改驻淮所。"⑥河北镇在淮安新城的西北约三里处,在黄河夺淮以前,河北镇在淮河北岸,故名。《乾隆淮安府志》初刻于乾隆十三年,从"今亦移驻于此"中当知,淮安盐运分司移治河北镇当发生在乾隆一朝。

---

① 赵尔巽:《清史稿·地理志五》,中华书局1977年版,第1988页。
② 赵尔巽:《清史稿·地理志五》,中华书局1977年版,第1988页。
③ 赵尔巽:《清史稿·地理志五》,中华书局1977年版,第1988页。
④ 赵尔巽:《清史稿·地理志五》,中华书局1977年版,第1985—1986页。
⑤ 卫哲治等修,叶长扬等纂,荀德麟等点校:《乾隆淮安府志·城池》,方志出版社2008年版,第145页。
⑥ 卫哲治等修,叶长扬等纂,荀德麟等点校:《乾隆淮安府志·公署》,方志出版社2008年版,第391页。

不过,史家多有不同的看法,如主要有清初迁淮安分司至河下镇之说。"国初淮北分司暨监掣并驻河下,群商亦萃居于此。"①按照这一说法,淮安分司移治河下发生在清初即乾隆以前。河下镇是"河北镇"的新称,至于为什么要将河北镇称之为"河下镇"? 前人多不清楚,故有"河下之名,不知所由"②之说,又称"吴氏玉搢《山阳志遗》始载此名,乾隆《县志》尚无之,据曹氏镳《信今录·张廷杰传》:家在郡北郭外,俗呼曰河下云。缘起固无考也"③。河下镇地处京杭大运河要冲,淮安分司移治后进一步方便了盐商转运。

从另一个层面看,淮安分司自安东移治到淮安河北镇即河下镇,与永乐十三年(1415 年)陈瑄改造运河航线开清江浦有着直接的关系。史称:"清江浦。明陈瑄开,宋沙河也。运河西北自桃源入,歧为盐河。又东为中河口,《水经》谓之中渎水,出山阳白马湖。又东迤南至清口屈而东,径三彷,与清江浦合,东南入山阳,是为淮南运河。南:六塘河自桃源入,东北径刘家庄入沭阳。盐河东北流,径西坝,淮安分司运判驻,乾隆二十八年移海州。"④陈瑄改造运河航线及开通从淮安河北镇到清河县的清江浦航线后,一是自西北及经桃源(今江苏泗阳)方向而来的运河,可经清口进入清江浦;二是自清口进入清江浦后,经河北镇折向东南可入山阳及通往扬州的淮南运河。这一交通形势与明正德十年"开支家河接涟水"的航线连接在一起后,为河北镇成为淮盐外运的交通枢纽奠定了坚实的基础。

乾隆元年(1736 年),清高宗调整淮南、淮北盐场隶属关系及裁并盐场后,淮北盐场只剩海州境内的中正、临兴、板浦等三座盐场,"盐场三:中正、临兴、板浦。盐课大使驻。又白驹、莞渎二场,乾隆元年裁。海州分司运判驻板浦,有太平局、中富局、大义垱、富民垱、中兴垱盐垱。盐河自安东入,径新安镇,合南北六塘河入海,其东支津与海

① 张兆栋等修,何绍基、丁晏等纂:《同治重修山阳县志·盐课》,《中国地方志集成》第 55 册,江苏古籍出版社 1991 年版,第 65 页。
② 王光伯原辑,程景韩增订,荀德麟等点校:《淮安河下志》,方志出版社 2006 年版,第 21 页。
③ 王光伯原辑,程景韩增订,荀德麟等点校:《淮安河下志》,方志出版社 2006 年版,第 21 页。
④ 赵尔巽:《清史稿·地理志五》,中华书局 1977 年版,第 1986 页。

通。西南:青伊湖、硕顷湖,北播为蔷薇河。南有一帆河,受盐河水入安东。"①《重修两淮盐法志》亦有"淮北板浦、中正、临兴三场纲盐自厂出场,经板浦关验放,由六里河过大伊山,历义泽河、武障河、新安镇,抵永丰坝,过坝车运至黄河渡河,复车运至草湾老坝"②的记载。淮安分司移治海州后,更名为"海州分司"。淮盐自海州外运加强了安东的中转地位。如自安东走运盐河可抵达海州,又可沿通往桃源的运盐河至宿迁(治江苏宿豫),或可沿北盐河直接到沭阳(治江苏沭阳),"西南盐河自清河入,贯县境,入海州,与六塘河合。东北:一帆河自海州入,南至旗杆村。《水经》,淮水东左右各合一水,至淮浦入海。……运河自宿迁南来,径古城驿,入清河,歧为六塘河,一曰北盐河,东北流入沭阳。"③

起初,盐城的盐场隶属淮安分司,盐场隶属关系调整后归泰州分司管辖。从交通形势上看,盐城有面向淮安和扬州的两条航线。归淮安分司管辖时,面向淮安的运盐河是一条繁忙的航线;归泰州分司管辖后,面向扬州及泰州的运盐河成为繁忙的航线。两条航线的繁忙程度往往因隶属关系变化而变化。如盐城盐场属淮安分司时,行盐区主要面向安徽、河南等地;属泰州分司后,行盐区面向湖广等地。尽管如此,四通八达的运盐河却加强了盐城与淮安、泰州和扬州等地的联系。盐城有经阜宁至淮安府治山阳的运盐河,入山阳后与运河相通,"射阳湖上承苔大纵湖水,汇淮水为湖,又东流,会诸水入海。运盐河受射阳湖水,径城南流,循范公堤入盐城。"④庙湾镇初属山阳县,在中转盐城各盐场的海盐时成为繁忙的水运码头。根据这一情况,雍正九年(1731年),清世宗析山阳、盐城两县,以庙湾为治所建立阜宁县。

此外,自盐城沿运盐河南行经便仓(今江苏盐城便仓镇)可进入兴化,"运盐河自草堰口环城流,至便仓镇入兴化。苔大纵湖西南与兴化

---

① 赵尔巽:《清史稿·地理志五》,中华书局 1977 年版,第 1991 页。

② 王定安等纂修:《重修两淮盐法志》,《续修四库全书》第 843 册,上海古籍出版社 2002 年版,第 385 页。

③ 赵尔巽:《清史稿·地理志五》,中华书局 1977 年版,第 1987 页。

④ 赵尔巽:《清史稿·地理志五》,北京:中华书局 1977 年版,第 1986 页。

错。县西诸水所汇。"①至兴化后,可入运河到宝应、高邮等地,并进入扬州或泰州等地。

通州是盐运分司的所在地,"通州分司运判驻石港,税课大使亦驻。南:大江西自如皋入,东行达老洪港,会于海。盐河自如皋西入江,东分流,循城而南,又东入于海。"②石港在通州西城,"在通州西城隅者,曰通州分司。"③通州除了有入江入海的航线外,又有至如皋的运盐河,这条运盐河与运河相连,加强了通州与扬州、淮安等地的交通联系,如史家交待如皋的水上交通形势时,有"大江西自靖江入,又东入通州,北通运盐河。河西北自泰州入,循城南,分为二。一南流入江。一东径丁堰,又分流,至岔河,为盐场诸水。又南流,径白蒲镇入通州"④之说。

考察淮扬区域的运盐河建设,主要有三个特点,一是在充分利用淮河下游及支流形成的湖泊和自然水道的基础上,兴修了贯穿产盐区及盐场的运盐河。如山阳、宝应、高邮、阜宁之间有淮河下泄时形成的白马湖、宝应湖、高邮湖、射阳湖等,涟水、海州境内有淮河下泄时的水道和支流,由于这些湖泊本身就有与淮河下游各条支流相连的水道,只要稍加修整便可供运盐等使用。进而言之,历代兴修山阳、宝应、高邮、阜宁、盐城、兴化、涟水、海州等之间的运盐河,主要利用了淮河下泄时形成的湖泊或河流。二是利用了江潮在长江以北形成的湖泊和自然水道,如长江自靖江入通州及泰州时一分为二,在此基础上形成了"一东径丁堰,又分流,至岔河,为盐场诸水。又南流,径白蒲镇入通州"⑤的水道。这一水道在串联通州、泰州盐场的同时,又串联起属淮安分司下辖的盐场。三是各盐场之间的运盐河与运河建设联系在一起,构成了淮扬区域四通八达的水上交通运输体系,为淮盐输出即南下和北上创造了良好的环境。

检索文献,淮扬区域的运盐河基本上是在明代以前建成的,由此提

---

① 赵尔巽:《清史稿·地理志五》,北京:中华书局 1977 年版,第 1986 页。

② 赵尔巽:《清史稿·地理志五》,北京:中华书局 1977 年版,第 1990 页。

③ 杨选等修,史起蛰等撰,荀德麟等点校:《嘉靖两淮盐法志·署宇志》,方志出版社 2010 年版,第 97 页。

④ 赵尔巽:《清史稿·地理志五》,北京:中华书局 1977 年版,第 1991 页。

⑤ 赵尔巽:《清史稿·地理志五》,中华书局 1977 年版,第 1991 页。

出的问题是,清代为淮扬区域的运盐河建设做了哪些贡献呢?

清王朝定都北京后,继续维持着国家财赋依靠东南漕运的局面。在这中间,一是黄河夺淮,泥沙冲入淮河下行水道不断垫高河床,引起黄淮泛滥,直接破坏了东南漕运的咽喉淮扬运河,进而破坏了已有的漕运秩序。二是淮盐是清王朝重要的财赋收入,淮扬之间的运盐河与运河是淮盐输出的主航道。当运河遭受破坏需要疏浚时,势必要牵涉运盐河的畅通与否。如黄淮泛滥泥沙不断地冲入运盐河,使其盐运能力持续地下降。史称:"顺治四年夏久雨,决江都运堤,随塞。六年夏,高邮运堤决数百丈。七年,运堤溃,挟汶水由盐河入海。八年,募民夫大挑运河。"①继顺治四年(1647年)江都运堤毁坏后,顺治六年又毁坏了高邮运堤,尽管这里只提到顺治七年"运堤溃,挟汶水由盐河入海"等运河受损的情况,不过,运河在江都、高邮一带决堤,势必要影响到运盐河。如从顺治八年"募民夫大挑运河"的行为中当知,恢复运盐河是与疏浚运河联系在一起的。又如康熙六十年(1721),黄河决堤后恢复运河漕运亦与恢复盐运联系在一起。"六十年八月,决武陟詹家店、马营口、魏家口,大溜北趋,注滑县、长垣、东明,夺运河,至张秋,由五空桥入盐河归海。自河工告成,黄流顺轨,安澜十余年矣,至是遣鹏翮等往勘。"②从表面上看,黄河决堤"夺运河"只是毁坏了张秋(今山东聊城阳谷张秋)一带的运盐河,其实,运盐河受毁的范围远不止张秋,还涉及淮扬区域的运盐河。在这中间,"河工告成,黄流顺轨"虽然恢复了山东、河南一带的运河,但黄河至清口夺淮及泥沙淤积淮扬运盐河的问题依旧没能得到解决。从这样的角度看,要想彻底地清除疏浚淤积在清口的泥沙及恢复漕运,则需要花大气力疏浚黄淮合流后的下行水道。由于黄河夺淮后将大量的泥沙带入淮河下行水道,又由于淮河下行水道是淮扬运盐河的基本构成,这样一来,疏浚黄淮合流后的下行水道,将运盐河纳入治理的范围是必然的。

明清两代,全面治理黄淮合流后的清口,始于明万历年间潘季驯任

---

① 赵尔巽:《清史稿·河渠志二》,中华书局1977年版,第3770页。

② 赵尔巽:《清史稿·河渠志一》,中华书局1977年版,第3724页。

河督之时。为恢复漕运,潘季驯采取了筑高家堰蓄积洪泽湖的措施,试图通过抬高淮河的水位,利用水能冲击淤积在清口一带的泥沙。

通过束水攻沙,潘季驯试图疏通黄淮合流后下泄入海的水道,在此基础上恢复淮河下游运盐河的漕运功能。遗憾的是,这一束水攻沙之策实施后虽取得了一定的成效,但没能彻底地清除淤积在清口一带的泥沙。这样一来,束水攻沙及恢复漕运及运盐河便不可能一劳永逸,需要长年坚持不懈,更重要的是,在没有其他的良策时,清代只能继续采取潘季驯治理黄淮交汇口的方略。乾隆二十七年(1762年),清高宗南巡时在诏书中写道:"江南滨河阻洳之区,霖潦堪虞,而下游蓄泄机宜,尤以洪泽湖为关键。自邵伯以下,金湾及东西湾滚坝,节节措置,特为三湖旁疏曲引起见。若溯源絜要,莫如广疏清口,乃及今第一义。至六塘河尾闾横经盐河以达于海,所有修防事宜,该督、抚、河臣会同盐政,悉心覈议以闻。"①这一诏书涉及三个问题,一是为解决"江南滨河阻洳之区,霖潦堪虞"等问题,需要将治理洪泽湖列为重点工程,与此同时,"自邵伯以下,金湾及东西湾滚坝,节节措置",以便消除淮河下游地区的水患;二是郑重地提出"广疏清口"的主张,力求采取多种方案清除清口的淤沙;三是在强调疏浚清口的同时,提出了疏浚黄淮合流后的运盐河的构想。从关注"至六塘河尾闾横经盐河以达于海"的运道,到提出"该督、抚、河臣会同盐政,悉心覈议以闻"的主张,疏浚相关区域的运盐河已成为治理清口的一部分。乾隆二十七年,漕运总督高晋在上疏中谈论治理运河时写道:"运河归江,邵伯以下旧设六闸。自盐河分流下注,请将六闸金门量为展宽。又盐河旧设中、南、北各二闸,应留北二闸以济盐、运。南、中二闸过水迟滞,应添建石坝,接长土堤,酌挑引河,俾高、宝湖水归江益畅。"②从"应留北二闸以济盐运"等语中不难发现,治理运盐河已成为整治淮扬运河的一部分。如果再将高晋的上疏与清高宗的诏书对读,则可以进一步发现,淮扬之间的运河及运盐河畅通与否是与治理黄淮息息相关的。

---

① 赵尔巽:《清史稿·河渠志四》,中华书局1977年版,第3831—3832页。
② 赵尔巽:《清史稿·高晋传》,中华书局1977年版,第10635页。

淮盐输出有运盐河和运河等两个相互连接的航段,如果运盐河不通的话,那么,淮盐输出将是一句空话。运盐河主要分布在淮河下游,这样一来,导淮安流遂成为恢复运盐河运力的重要工程。如同治六年(1868年),曾国藩回任两江总督时兴修导淮工程,可谓是这一构想的延续。史称:"导淮之举,经始于同治六年。时曾国藩督两江,尝谓'复渎之大利,不敢谓其遽兴,淮扬之大害,不可不思稍减'。迨黄流北徙,言者益多,大要不出两策。一谓宜堵三河,辟清口,浚旧河,排云梯关,使由故道入海。一谓导淮当自上流始,洪泽湖乃淮之委,非淮之源,宜于上游辟新道,循睢、汴北行,使淮未注湖,中途已泄其半,再由桃源之成子河穿旧黄河,经中河双金闸入盐河,至安东入海,使全淮分南北二道,纳少泻多,淮患从此可减。二说所持各异。然同、光以来,浚成子、碎石、沂、泗等河,疏杨庄以下至云梯关故道,固已小试其端。卒之淮为黄淤,积数百年,已无经行之渠,由运入江,势难尽挽,迄于国变,终鲜成功。"①咸丰五年(1855年),黄河改道北行,给曾国藩治理淮河带来了新的机遇。在前人治淮的基础上,曾国藩兴修了两大治淮工程。其中的一大工程是"堵三河,辟清口,浚旧河,排云梯关,使由故道入海";另一大工程是在洪泽湖的上游开辟淮河下泄时的新道,其具体线路是,"循睢、汴北行,使淮未注湖,中途已泄其半,再由桃源之成子河穿旧黄河,经中河双金闸入盐河,至安东入海。"耐人寻味的是,在这两个治理方案中,无论是"浚旧河,排云梯关,使由故道入海",还是在洪泽湖上游开新水道引淮河"至安东入海",治理运盐河都是不可或缺的方面。严格地讲,两种方案虽然均取得阶段性的成果,但终因受诸多条件的制约,"终鲜成功"。尽管如此,从中可理出的线索是,治淮是与治理运盐河联系在一起的。

---

① 赵尔巽:《清史稿·河渠志三》,中华书局1977年版,第3807—3808页。

第四节　晋陕及徽州盐商

明代，输粮入边主要有北部和西北等两个方向，为防止蒙元的残余势力东山再起，永乐年间（1403—1424），明成祖将卫所内迁，到了明孝宗弘治年间（1488—1505）共建立了九镇。九镇分别是辽东镇、蓟州镇、宣府镇、大同镇、太原镇、延绥镇、宁夏镇、固原镇、甘肃镇，经此建成了一道东起鸭绿江、西抵嘉峪关的防线。在九镇之中，山西和陕西的战略地位尤其重要，在输粮入边的过程中，晋商和陕商凭借占据的地缘等方面的优势取得了经营和销售淮盐的权利。

晋商和陕商取得经营和销售淮盐的权利，乃形势使之然。其一，晋商和陕商一直有就地购粮供给边关的有利条件，如果从其他区域输粮入边的话，路途十分遥远，且无安全保障。具体地讲，非晋、陕籍的商人虽有意通过输粮入边来获取经销淮盐的权利，但往往不愿冒倾家荡产的风险，这样一来，晋、陕商人因长期从事边地贸易，一直有就地购粮供给边关的优势，因此抢占了"中盐"的先机。

其二，山西和陕西是九边中重要的两个省份，一向具有"商屯"方面的优势。所谓"商屯"，是指商人为减少长途运输上的耗费，会在距离输粮地点较近的地方招募边民或流民进行垦荒，将收获的粮食输入边关换取"盐引"（经营盐业的配额单位及相关权力）。晋、陕商人长期从事边地贸易，有一套自己的营销网络、安全防范措施和运输能力等，相比之下，具有非晋、陕籍商人不具备这一方面的优势。更重要的是，晋、陕商人在长期的经营中与边民建立了密切的联系，在人际关系等方面具有排他性。

其三，晋、陕商人取得行销淮盐的权力后，可在相关的行盐区行盐并获取利益，获取利益后可用掌握的巨额资金在边地购粮，或者实行"商屯"。涂宗浚论述道："山西商人，乐认淮、浙二盐，输粮于各堡仓，给引前去江南投司，领盐发卖，盐法疏通，边商获利。"[1]这里虽然是说晋商

---

① 涂宗浚：《边盐壅滞疏》，陈子龙：《皇明经世文编》卷四四七，《续修四库全书》第1662册，上海古籍出版社2002年版，第77页。

经营淮盐和浙盐的情况,其实这里所说的"边商"还可以包括陕商等在内的西北商人。

其四,非晋、陕籍的商人虽然可以加入输粮入边的行列,但往往被排斥在"商屯"之外,主要是因为他们不具备"商屯"能力,因不具备这一能力,势必会缺少商业方面的竞争力。更重要的是,非晋、陕籍的商人在人数、资金等方面均无法与晋、陕商人抗衡,相比之下,晋、陕商人则占据了天时、地利、人和等有利条件,这样一来,势必要占据营销淮盐的主导权。

钟惺有"国家塞下粟,强半仰于两淮盐课"①之说,在明代废除"开中法"(所谓"开中法",是指明王朝招募商人输粮及物资入边,配给一定额度的"盐引"给予商人经营食盐的权力)之前,淮盐的行销权主要掌握在晋商和陕商的手中。根据这一情况,弘治五年(1492 年),户部尚书叶淇提出了"召商纳银运司,类解太仓"②的新盐法制度。制度规定商人只要到盐运司纳银,就可以"中盐"即获得营销盐业的许可证。政策层面上的改革,从根本上动摇了晋、陕商人垄断淮盐的经营地位,从而为徽商进入淮盐市场铺平了道路。

弘治十四年(1501 年),明孝宗在给王璟的敕文中明确指出:"两淮盐利最厚,从来接济边饷,全藉于此。"③叶淇的新盐法制度改变了官府运作效率低下、财政负担过重的局面。这一新的"中盐"之策出台后,在巩固边防的同时,从根本上动摇了晋、陕商人经营淮盐的垄断地位,同时也表明了明王朝以淮盐为杠杆调动商人输粮入边的积极态度。

客观地讲,徽商进入主导淮盐市场,自身也有着得天独厚的条件。经过长期的积累,徽商在资金等方面已具备与晋、陕商人抗衡的能力。在他们挤进淮盐市场之前,通过经营木材、茶叶、典当行业等已积累了大量的资金,"开中法"废除后,因为只要到盐运司纳银就可以获得盐引,就进入回报丰厚的淮盐市场,有了资金积累的徽商自然不愿意放弃

---

① 钟惺:《隐秀轩集·两淮盐法纲册序》,《四库禁毁书丛刊·集部》第 48 册,北京出版社 2000 年版,第 278 页。

② 张廷玉:《明史·食货志四》,中华书局 1974 年版,第 1939 页。

③ 刘健等纂修:《明孝宗实录》,《钞本明实录》第 11 册,线装书局 2005 年,第 314 页。

这一大好的时机,由此出现了吴幼符、陈经、吴继佐等一批"出贾江淮、吴越,以盐策、刀布倾东南"①的大徽商。在长期的经商中,当徽商具有了挑战晋、陕商人的能力时,自然不会放弃马上就要到手的淮盐经销主导权。

起初,主导淮盐业务的晋、陕商人轻视下游的销售网络只是转卖"盐引",形成了零售业务依赖徽商的商业布局。更重要的是,盐商分"边商"和"内商"等两大类。边商是指输粮入边兑换"盐引",通过转卖"盐引"谋利的商人。内商是指用购买的"盐引"到指定的盐场支取食盐,随后行销的商人。早年,从事输粮入边商业活动的主要是晋、陕商人,因此经营淮盐的边商以晋、陕商人为主。那时,晋、陕商人因转卖"盐引"便可以获得丰厚的商业利益,因此不屑经营利薄的淮盐零售业务。与此同时,徽商虽认识到零售淮盐的利润空间很小,但因无法与晋、陕商人抗衡,故只得在晋、陕盐商的支配下从事低端的零售业务。久而久之,经营淮盐的内商遂形成了徽商为主的势态。在这中间,晋、陕商人和徽商虽然没有明确的分工,但各有经营范围。当内商以徽商为主的格局形成后,遂为徽商后来动摇晋、陕商人在淮盐行销中的地位提供了前因。

徽商从事淮盐零售业务时因没有定价权,故只能屈从于晋、陕商人。当资金雄厚的徽商进入盐引市场后,并采取让利的手段拉拢零售商时,早已建立起零售网络的徽商自然要率先起来与自己的同乡合作。在这中间,非徽籍的商人包括晋、陕商人虽然有雄厚的资金,但因缺少营销点,故不具备与徽商抗衡的能力。

特别需要指出的是,开放"余盐"市场,是徽商将晋、陕商人彻底挤出淮盐市场的先决条件。私盐泛滥在冲击盐业市场的同时,还挫伤了商人输粮入边的积极性。为了改变"人得私取,官盐阻坏,客商少中"②的局面,出现了"先是成化初,都御史韩雍于肇庆、梧州、清远、南雄立抽盐厂,官盐一引,抽银五分,许带余盐四引,引抽银一钱。都御史秦纮许

---

① 汪道昆著,胡益民、余国庆点校:《太函集·明故太学生吴用良墓志铭》,黄山书社 2004 年版,第 1103 页。
② 王圻:《续文献通考·征榷考三·盐铁》,浙江古籍出版社 1988 年版,第 2963 页。

增带余盐六引,抽银六钱。及是增至九钱,而不复抽官引"①等情况。明宪宗成化(1465—1487)初,肇庆、梧州、清远、南雄等地曾一度开放余盐市场,后来又有所限制。成化十五年(1479年)一度放开余盐市场,此后又限制其发展。

弘治二年(1489年),实行"成化十五年以前,无盐支给者许收买灶丁余盐以补官引"②的政策。所谓"补官引",是指在没有"官引"支付盐商时,允许盐商购买灶丁缴纳官府后的余盐,以补所缺之数。余盐市场开禁后,灶丁可将余盐直接卖给盐商,即生产淮盐的灶丁上缴规定数额的官盐后,剩余之盐可以自行出售。

由于徽商早在从事盐业活动之初已与灶丁建立了直接的供销关系,长时间的交往及感情投入,使徽州盐商比晋、陕商人更具有余盐经销等方面的优势。具体地讲,徽商是内商,须到盐场收盐,这样一来,余盐遂逐步地掌控到徽商的手中。通过掌控余盐,徽商进一步增强了自身的经济实力。如徽商汪玄仪"聚三月粮,客燕代,遂起盐策,客东海诸郡中"③,又如徽商王全"蒙故业,客燕赵齐楚间"④,进而在输粮入边等多种商业的过程中,积累了巨额财富。

明末实行纲盐制度后,徽商经营淮盐时建立了一套严密的管理制度。其中,总商全面负责行销淮盐的事务,同时负责自盐司购盐引,与官府交涉,将盐引分配给不同的场商,将运盐分配给不同的运商等事务。场商主要是指住守盐场与灶户(盐工)建立包购等关系的商人,具体负责盐场的包购等事务;运商主要接运场商手中的淮盐,按照规定的时间将一定数额的淮盐运送到具体的纲岸即行销点。"凡商有二:曰场商,主收盐;曰运商,主行盐。其总揽之者曰总商,主散商纳课。"⑤三者间的分工与合作,使徽商经营淮盐时建立起庞大的上游经营和下游经营网络。与之相比,晋、陕盐商明显缺少包购和运销等下游网络,这样

---

① 张廷玉:《明史·食货志四》,中华书局1974年版,第1939—1940页。

② 王圻:《续文献通考·征榷考三·盐铁》,浙江古籍出版社1988年版,第2963页。

③ 汪道昆著,胡益民、余国庆点校:《太函集·先大父状》,黄山书社2004年版,第919页。

④ 汪道昆著,胡益民、余国庆点校:《太函集·明承事郎王君墓志铭》,黄山书社2004年版,第950页。

⑤ 赵尔巽:《清史稿·食货志四》,中华书局1977年版,第3604—3605页。

一来,当徽商联合起来一致对外时,晋、陕盐商只能眼睁睁地看着徽商做大做强。当从事零售业务的徽商与进入盐引市场的徽商联合起来时,则可以从根本上动摇晋陕商人主导的淮盐市场。

更重要的是,进入盐引市场的徽商与从事淮盐零售业务的徽商相互为用,在动摇晋、陕商人主导营销淮盐地位的同时,还通过各种手段采取措施,成功地遏制了那些拥有雄厚资本的商人进入淮盐市场,进而垄断了淮盐运销事务。李斗有"淮南北三十总商分工派段"[①]之说,就是说以徽籍为主的三十总商垄断了淮盐的运销事务。

明清两代,徽籍与非徽籍的盐商在淮扬的活动是在漕运及盐务活动中形成的。漕运与盐运结合在一起,以扬州和淮阴即后来的淮安为中转地或发运地,进而确立了扬州和淮阴在商品集散地中的核心地位。自唐代安史之乱出现国家财政依靠江淮及东南的情况以后,江淮即淮扬区域遂成为漕运中转地和淮盐输出地。"顺治三年,以淮、浙领引距京远,设都理引务官驻扬州,至七年裁。十五年,发引于运司,寻命运司仍委员赴部关领,票亦领于部。"[②]"东南三大政,曰漕,曰盐,曰河。广陵本盐策要区,北距河、淮,乃转输之咽吭,实兼三者之难。"[③]这里自然是说东南三大政是清王朝赖以生存的根本,不过,潜台词是说自唐代刘晏改革漕政及盐政以来,这一局面已经形成。进而言之,经济中心向东南转移与运河及运盐河建设相结合,为输出淮盐提供了十分便利的条件,受此驱动,各地盐商汇集到淮扬即扬州和淮安是必然的。

结　语

运盐河建设始于汉代,兴于隋唐两代。本章关注运盐河与盐商的

---

① 李斗著,汪北平、涂雨公点校:《扬州画舫录》,中华书局 1960 年版,第 20 页。
② 赵尔巽:《清史稿·食货志四》,中华书局 1977 年版,第 3605 页。
③ 阿克当阿修,姚文田等纂:《嘉庆重修扬州府志·德〈序〉》,《中国地方志集成》第 41 册,江苏古籍出版社 1991 年版,第 2 页。

关系,重点论述淮浦(今江苏涟水)到海州(今江苏连云港)之间的运盐河,宋元及明运盐河建设与京杭大运河互通的情况,清代运盐河治理与淮南及淮北盐场串联情况,以及晋、陕盐商对淮盐的垄断和徽州盐商的崛起。

第八章 盐商与餐饮园林及文化

起初,以扬州、淮阴即后来的淮安为代表的淮扬区域以"其俗多挟节负气,失则决烈而劲悍"①为本色,在盐商的带动下,两地的餐饮、园林建设及文化追求等出现了新迹象。扬州和淮阴都是因漕运和盐运而兴盛的商贸城市,有诸多的同中有异的特点。

所谓同,一是指淮阴和扬州属于同一自然经济地理区域,有相同的生活方式、生产方式、风俗习惯等。二是淮阴和扬州有相同的资源,如淮盐产自两城的腹地,有运盐河与运河相通,又有经运盐河进入两淮盐场的航线,决定了两城的商贸多有连带关系。三是淮盐成为重要商品后,淮阴即后来的淮安和扬州有着大体相同的外来人口。特别是入清以后,两城形成了以徽州盐商为主体的商人群体,进而成为两城世风及民风变化的主导力量。四是在漕运依靠东南的前提下,两城均是重要的漕运节点,在漕运中的地位大体相当。五是从淮阴可经淮河入海,从扬州可自长江入海,有邗沟即江淮运河贯穿两城之间,从而形成了环形的水上交通网络,加快了两城一体化的进程。

所谓异,一是指扬州有自江入海的航线,以长江流域为商贸往来的腹地,淮阴有自淮入海的航线,并以黄河流域为商贸往来的腹地。二是

---

① 杨选等修,史起蛰等撰,荀德麟等点校整理:《嘉靖两淮盐法志·地里》,方志出版社 2010 年版,第 136 页。

两地有不同的行盐区,扬州有面向长江流域的行盐区,淮安有面向淮北、河南等地的行盐区,地理区位决定了两城在接受外来影响的过程中多有区别。三是指淮阴即后来的淮安比扬州更接近北方,为保东南漕运,清王朝在淮安设漕运总督署和河道总督署管理相关事务,因此,淮安与政治中心的联系更为密切。四是在徽商入淮以前,率先进入淮盐市场的是晋商、陕商等北方商人,故在接受徽州盐商的影响之前,淮安世风及民风的变化主要受到晋、陕商人的影响。五是黄河夺泗夺淮后,淮安的商贸地位处于下降的趋势,相比之下,位于长江入口的扬州受到的影响较小,乃至于商贸繁华的程度远远地超过淮安,这样一来,淮安遂表现出接受扬州辐射的特点。六是清代淮安世风及民风的变化虽与盐商入淮相关,但主要受到自身文化传统的影响,这一时期,淮安倡导经世致用的风气明显盛于扬州,乃至于重商之风有消解于推崇儒学及走科举之路的倾向。

第一节　盐商与餐饮业

经联合国教科文组织认定,淮扬菜的发祥地扬州和淮安都是"世界美食之都"。当下世界上共有 9 个"世界美食之都",中国占到 5 个,其中淮扬区域有两个,更重要的是,淮阴即后来的淮安与扬州相距只有150 公里左右,两地的菜品属于同一菜系。尽管如此,两地的菜品依旧能各自占一席之地,可谓是同中有异。如两地做狮子头就多有不同,一般来说,扬州的用四分之三肥肉,淮安的用四分之一肥肉;又如淮安有软兜长鱼,扬州有油焖鳝糊,等等。

客观地讲,淮扬餐饮业能独树一帜,虽说与它特殊的地理区位相关,同时也与盐商的推动相关,甚至可以说,没有盐商就没有淮扬菜后来的不断壮大和发展。有人甚至认为,淮扬菜是盐商吃出来的,应该说这种提法有一定的道理,如果没有他们的努力,很可能没有淮扬菜的今天。

晋、陕盐商成为淮扬盐商主体后,追求财富与享受,在一定程度上改变了淮扬人的生活方式和生活态度。他们来往于扬州和淮安之间，或住扬州，或居淮安，将其家乡的生活习惯、生活方式、个人嗜好等带到扬州和淮安，以其思想和行为改变和影响了两城的餐饮和习惯。继晋、陕盐商之后，徽州盐商又再次涌入淮扬，也将他们家乡的生活方式带到了淮扬，甚至出现了同一家族分居两地的情形。如程锺在《讷庵杂著》中写道："吾宗自岑山渡叔信公分支传自第九世，曰慎吾公，是为余六世祖，由歙迁家于扬，子五人，长上慎公，次蝶庵公，次青来公，次阿平公，次莲渡公。莲渡公即余五世祖也。莲渡公诸兄皆居扬，公一支来淮，为淮北商，居河下，其所居之宅曰'五字店'，五字乃旗名也。"①史家又信笔写道："河下方盐策盛时，诸商以华侈相尚，几于金、张、崇、恺，下至舆台厮养，莫不璧衣锦绮，食厌珍错。阛阓之间，肩摩毂击，袂帷汗雨，第宅之盛，又无论已。"②程氏是来自徽州的盐商，分成数支住扬州和淮安。这一事例可以从一个侧面说明，分居在扬州和淮安两地的盐商之间有千丝万缕的关系。

明清两代，在盐商的影响下，扬州的餐饮业独树一帜，且特点鲜明。如晋、陕、徽等地的盐商客居扬州后，将具有不同风味的菜肴融入当地，从而为淮扬菜系的变化和发展注入了新的活力。

其一，在盐商的带动下，扬州开始重视饮食结构。此前，扬州餐饮相对粗放，以富有地方风味的"土菜"为主。如苏轼写道："鲜鲫经年秘醽醁，团脐紫蟹脂填腹。后春莼苗滑如酥，先社姜芽肥胜肉。鸟子累累何足道，饤饾盘飧亦时欲。淮南风俗事瓶罂，方法相传竟旨蓄。且同千里寄鹅毛，何用孜孜饮麋鹿。"③元祐七年（1092 年）二月到八月，苏轼任扬州知府，写下了《扬州以土物寄少游》一诗。在诗中，苏轼以"寄"为情感的宣泄口，寄托情思的同时传达了与友人分享美味的快乐。诗中提到的美味如鲜鲫、紫蟹、春莼、姜芽、鸟子（鸭蛋）等均是鲜美的食材，所用的烹饪方法是代代相传的土法。宋代扬州烹饪似乎以富有地方特色

① 王光伯原辑，程景韩增订，荀德麟等点校：《淮安河下志》，方志出版社 2006 年版，第 137 页。
② 王光伯原辑，程景韩增订，荀德麟等点校：《淮安河下志》，方志出版社 2006 年版，第 116 页。
③ 苏轼：《扬州以土物寄少游》，曾枣庄、舒大刚主编：《三苏全书》第十册，语文出版社 2001 年版，第 25 页。

的"土菜"为主,方法较为原始粗放,甚至不太讲究饮食环境。此后,扬州餐饮业虽然有所进步,但真正走向辉煌则发生在后世。入清以后,在盐商讲究饮食及食不厌精、脍不厌细的带动下,扬州餐饮制作的整体水平得到了大幅度的提升,开始从粗放走向精致,在此基础上将淮扬菜制作推向了巅峰。

其二,餐饮业是扬州消费市场的重要组成部分,以盐商为主体的商人驻足扬州,改变了当地的饮食结构。客观地讲,南北餐饮虽有不同特点,但制作原理大体相同。《吕氏春秋·本味》云:"凡味之本,水最为始。五味三材,九沸九变,火为之纪。时疾时徐,灭腥去臊除膻,必以其胜,无失其理。调和之事,必以甘酸苦辛咸,先后多少,其齐甚微,皆有自起。鼎中之变,精妙微纤,口弗能言,志不能喻,若射御之微,阴阳之化,四时之数。故久而不弊,熟而不烂,甘而不哝,酸而不酷,咸而不减,辛而不烈,淡而不薄。"①按照《吕氏春秋》的说法,饮食制作可分为水烹、汽蒸、油烹等方式,包括爆、烧、焖、煨、炖、烩、蒸、扒、籴、卤、酱、炒、煎、熘、炸、褐、淋等。扬州在充分吸收传统饮食的基础上,形成了兼顾南北的餐饮特点。

其三,凭借巨额财富,盐商们任意挥洒,开启了扬州的奢侈之风。董伟业《扬州竹枝词》记载道:"谁家年少好儿郎,岸上青骢水上航。犹恐千金挥不尽,又抬飞轿学盐商。"在盐商的带动下,扬州餐饮不但讲究排场,还出现了"家庖最胜"的不同烹饪特点。诚如李斗所说的那样:"烹饪之技,家庖最胜。如吴一山炒豆腐,田雁门走炸鸡,江郑堂十样猪头,汪南溪拌鲟鳇,施胖子梨丝炒肉,张四回子全羊,汪银山没骨鱼,江文密鲟鳌饼,管大骨董汤、紫鱼糊涂,孔讱庵螃蟹面,文思和尚豆腐,小山和尚马鞍乔,风味皆臻绝胜。"②从叙述内容看,像"吴一山炒豆腐""田雁门走炸鸡"等富有特色的菜肴,均出自不同的盐商家厨之手。如果深究这些精美的菜肴大部分出自江姓和汪姓。江姓和汪姓是扬州的大户,主要来自徽州的盐商。当这些家宴中的菜品成为扬州餐饮中的招

---

① 吕不韦:《吕氏春秋·本味》,《诸子集成》第 6 册,上海书店 1986 年影印版,第 141 页。

② 李斗著,汪北平、涂雨公点校:《扬州画舫录》,中华书局 1960 年版,第 253 页。

牌菜时,应该说,扬州餐饮业的异军突起与盐商追求美食及奢华的生活有着某种内在的联系。李斗记载道:"徽州歙县棠樾鲍氏,为宋处士鲍宗岩之后,世居于歙。志道字诚一,业鹾淮南,遂家扬州。初,扬州盐务,竞尚奢丽。一昏嫁丧葬,堂室饮食,衣服舆马,动辄费数十万。有某姓者,每食,庖人备席十数类。临食时夫妇并坐堂上,侍者抬席置于前,自茶面荤素等色,凡不食者摇其颐,侍者审色则更易其他类。或好马,蓄马数百,每马日费数十金。"[1]在追求奢华的过程中,盐商竞相斗富,以不同的爱好极尽铺张,带动了扬州餐饮业的发展,在提高其知名度的同时,为淮扬菜系这一兼有南北风味特点的菜系的诞生奠定了坚实的基础。

其四,扬州餐饮消费有不同档次,有酒肆和茶肆之分。然而,无论是酒肆还是茶肆,均重视餐饮环境。李斗记载道:"北郊酒肆,自醉白园始。康熙间如野园、冶春社、七贤居、且停车之类,皆在虹桥。……双虹楼,北门桥茶肆也。楼五楹,东壁开牖临河,可以远眺。吾乡茶肆,甲于天下,多有以此为业者。出金建造花园,或鬻故家大宅废园为之。楼台亭舍,花木竹石,杯盘匙箸,无不精美。辕门桥有二梅轩、蕙芳轩、集芳轩,教场有腕腋生香、文兰天香,埂子上有丰乐园,小东门有品陆轩,广储门有雨莲,琼花观巷有文杏园,万家园有四宜轩,花园巷有小方壶,皆城中荤茶肆之最盛者。天宁门之天福居,西门之绿天居,又素茶肆之最盛者。城外占湖山之胜,双虹楼为最。"[2]酒肆和茶肆,或由经营者"出金建造花园",或由经营者卖下"故家大宅废园为之",置身其中,既有"楼台亭舍,花木竹石"相伴的内部环境,"无不精美"的餐具,同时又有"开牖临河,可以远眺"的外部环境。置身其中,既可享用精美的食物,又可在优美的环境中打发时光,可以说,扬州餐饮业讲究饮食环境,给改变旧有的经营理念吹进了一股新风。

酒肆和茶肆等是扬州不同社会群体消磨时光,参加各种娱乐活动的重要场所。李斗记载道:"小洪园后门为旧时且停车茶肆,其旁为七

① 李斗著,汪北平、涂雨公点校:《扬州画舫录》,中华书局 1960 年版,第 149—150 页。
② 李斗著,汪北平、涂雨公点校:《扬州画舫录》,中华书局 1960 年版,第 26—27 页。

贤居,亦茶肆也。二肆最盛于清明节放纸鸢、端午龙船市、九月重阳九皇会。斗蟋蟀,看菊花,岁时记中胜地也。西园曲水,即古之西园茶肆。张氏黄氏先后为园,继归汪氏。中有濯清堂、觞咏楼、水明楼、新月楼、拂柳亭诸胜。水明楼后,即园之旱门,与江园旱门相对,今归鲍氏。"①到酒肆或茶肆参加聚会,既可在优美的环境中徜徉和享受美味,又可以透过临街的窗口观赏外面的世界,或到外面参加一些民俗活动。

此外,酒肆和茶肆还是不同人士的聚会场所,"扬州为南北之冲,四方贤士大夫无不至此",同时又"以虹桥为文酒聚会之地"②。李斗进一步记载道:"水明楼后,即西园后门。后门即野园酒肆旧址。康熙间,林古渡、刘公戭、陈其年曾饮于此。其年诗云:'迟日和风泛绿苹,飞花落絮罩红巾。此间帘影空于水,何处琴声细若尘。波上管弦三月饮,坐中裙屐六朝人。独怜长板桥头客,白发推南又暮春。'"③林古渡、刘公戭、陈其年等均是康熙间的名士,他们聚会于酒肆和茶肆,在一定程度上提高了扬州酒肆和茶肆的知名度。

茶肆是扬州餐饮业的一大特色,各茶肆有不同的经营特色,且重视水的品质。李斗记载道:"南柳巷中水巷甃小阶级,为江园水船便宜门西门粪船之马头,亦间有游人于此登舟者,为画舫捷径。河中有泉,在水巷口河边,色清味冽,不减下院井,水长则没,水落则出,非烹茶酿酒店不常取。郡城烹茶,不取汲于井水,如天宁、广储、西、北、大东、小东诸门自保障湖来者,谓之'船水'。南门、钞关、徐宁、缺口、东关、便益诸门自官河来者,谓水'河水'。至城中井水之可用者,天宁门青龙泉、东关广陵涛二泉。"④优质水源保证了茶肆用水的品质。与此同时,又有荤茶和素茶之分,并且不同的茶肆有不同的经营特色,如"合欣园本亢家花园旧址,改为茶肆,以酥儿烧饼见称于市"⑤,不同的经营特色为不同口味的人提供了不同的需求和选择。

① 李斗著,汪北平、涂雨公点校:《扬州画舫录》,中华书局 1960 年版,第 146 页。
② 李斗著,汪北平、涂雨公点校:《扬州画舫录》,中华书局 1960 年版,第 241 页。
③ 李斗著,汪北平、涂雨公点校:《扬州画舫录》,中华书局 1960 年版,第 148 页。
④ 李斗著,汪北平、涂雨公点校:《扬州画舫录》,中华书局 1960 年版,第 205—206 页。
⑤ 李斗著,汪北平、涂雨公点校:《扬州画舫录》,中华书局 1960 年版,第 198 页。

扬州餐饮除了有十分讲究的筵席外,又有各具风味的小吃及面食等,可以满足不同社会群体的日常需求。李斗记载道:"小东门街多食肆,有熟羊肉店。前屋临桥,后为河房,其下为小东门马头。就食者鸡鸣而起,茸裘毡帽,雪往霜来,窥食膜,探皮阁,以金啗庖丁。迟之又久,先以羊杂碎饲客,谓之小吃。然后进羊肉羹饭,人一碗,食余重汇,谓之走锅。漉去浮油,谓之剪尾。狃以成习,亦觉此嚼不恶。惟不能与贪眠者会食,一失其时,残杯冷炙,绝无风味。"①又记载道:"城内食肆多附于面馆,面有大连中碗重二之分。冬用满汤,谓之'大连';夏用半汤,谓之'过桥'。面有浇头,以长鱼、鸡、猪为三鲜。大东门有如意馆、席珍,小东门有玉麟、桥园,西门有方鲜、林店,缺口门有杏春楼,三祝庵有黄毛,教场有常楼,皆此类也。"②这些小吃店及专项经营遍布扬州的各个角落,大大地方便了市民的日常生活。除此之外,还有讲究经营特色的高档小吃店。李斗记载道:"徐宁街问鹤楼以螃蟹面胜,而接踵而至者,不惜千金买仕商大宅为之。如涌翠、碧艻泉、槐月楼、双松圃、胜春楼诸肆,楼台亭榭,水石花树,争新斗丽,实他地之所无。"③问鹤楼主要经营螃蟹面,发家致富后改造环境及扩大经营场地,引起其他营业主的效仿。

清代是淮扬菜系显于后世的重要阶段,盐商在扬州与淮阴即淮安两地重点经营餐饮,讲究制作,提高了淮扬菜系的知名度。扬州和淮安虽同属淮扬菜系,然两地餐饮又有相同和不同的一面,如淮安在接受徽商影响之前,更多的是接受晋、陕商的影响,其菜品的口味自然比扬州更适合北方人。之所以出现这样的情况,是因为淮安地理位置上更靠近北方,特别是以晋、陕为主的北方商人更愿意到淮安经营淮盐,所以淮安与扬州虽同属一个菜系,但出现同中有异的变化乃是形势使然。

淮安与扬州菜肴虽多有一致,但又有变化。徐珂称,清代有烧烤席、燕窝席、全羊席、全鳝席、豚蹄席等五大筵。烧烤席"俗称满汉大席,筵席中之无上上品也。烤,以火乾之也。于燕窝、鱼翅诸珍错外,必用

---

① 李斗著,汪北平、涂雨公点校:《扬州画舫录》,中华书局 1960 年版,第 196—197 页。
② 李斗著,汪北平、涂雨公点校:《扬州画舫录》,中华书局 1960 年版,第 266 页。
③ 李斗著,汪北平、涂雨公点校:《扬州画舫录》,中华书局 1960 年版,第 267 页。

烧猪、烧方,皆以全体烧之";燕窝席"酒筵中以燕窝为盛馔,次于烧烤,惟享贵宾时用之",豚蹄席又称"鱼翅席","东南各省风尚侈靡,普通宴会,必鱼翅席。虽皆知其无味,若无此品,客辄以为主人慢客而为之齿冷矣"①。虽然烧烤席、燕窝席、豚蹄席由什么人在什么地方创制,徐珂没有交代,但他明确地指出全羊席、全鳝席创于淮安,且是清江当地著名的筵席,其水平远胜于扬州。徐珂记载道:"清江庖人善治羊,如设盛筵,可以羊之全体为之,蒸之,烹之,炮之,爆之,烤之,熏之,炸之。汤也,羹也,膏也,甜也,咸也,辣也,椒盐也。所盛之器,或以碗,或以盘,或以碟,无往而不见羊也。多至七八十品,品各异味。吃称一百有八品者,张大之辞也。中有纯以鸡鸭为之者。即非回教中人,亦优为之,谓之曰全羊席。……同光间,淮安多名庖,治鳝尤有名,胜于扬州之厨人,且能以全席之肴,皆以鳝为之,多者可致数几十品。盘也,碗也,碟也,所盛皆鳝也。而味各不同,谓之曰全鳝席。号称一百有八品者,则有纯以牛羊豕鸡鸭所为者合计之也。"②这段文字忠实地记录了全羊席、全鳝席的烹制来自淮安,同时又指出两席的品种繁多,且口味各异。其中,全羊席可以制作出蒸、烹、炮、爆、烤、熏、炸、汤、羹、膏、甜、咸、辣、椒盐等口味,全鳝席可制作多达 108 种。从这一记载中当知,淮安菜肴为淮扬菜系的重要分支,在烹饪等方面多有自己的特点和心得。

总之,淮安和扬州都是淮扬菜的发祥地,不可否认的是,明清两代,晋、陕、徽州的盐商为淮扬菜的发展作出了巨大的贡献。

第二节　盐商与园林

淮扬园林既有别于北方,又有别于江南,且主要由扬州和淮安两大部分构成。说到淮扬园林,必须提到盐商的贡献,又因为淮安盐商的园林基本上毁于清末战火,故只能以扬州为主。

---

① 徐珂:《清稗类钞·饮食类》第 13 册,中华书局 2010 年版,第 6266—6268 页。
② 徐珂:《清稗类钞·饮食类》第 13 册,中华书局 2010 年版,第 6267—6268 页。

如果从隋炀帝建迷楼算起的话,扬州的园林建设起码有 1300 多年的历史。起初,扬州的园林主要由官府或官宦人家建造的。后来,商人及富甲一方的盐商居扬州后,遂成了建造园林的主力军。如刘大观"归过扬州,主朱敬亭家,尝游鲍氏园,赠之以画。尝谓人曰:杭州以湖山胜,苏州以市肆胜,扬州以园亭胜"[1],他的结论是,扬州的园林可与杭州山水及苏州市肆(商业街区)相媲美。刘大观游赏的园林主要是盐商建造的园林,这一感慨从一个侧面说明了盐商在扬州园林建造史上占有突出的地位。

由此提出的问题是,盐商在扬州建造的园林都有哪些特点? 现以李斗《扬州画舫录》为基本依据,作以下七个方面的归纳。

其一,明清时期盐商建造的园林,主要是在旧时官园、私园及庙宇祠堂的基础上进行改造而成的。如筱园起初是三贤祠,后来成为官家园林,"筱园本小园,在廿四桥旁,康熙间士人种芍药处也"[2],有"三贤祠即筱园,乾隆乙亥,园就圮,值庐雅雨转运两淮,与午桥同年友,葺而治之"[3]。筱园即小园,先是转入盐商汪氏之手,"筱园花瑞即三贤祠,乾隆甲辰,归汪廷璋,人称'汪园'"[4],后又转入盐商程氏之手,"扬州诗文之会,以马氏小玲珑山馆、程氏筱园及郑氏休园为最盛"[5]。这里所说的"程氏筱园"又指汪园。"汪廷璋,字令闻,歙县稠墅人。自其先世大千迁扬州以盐策起家,甲第为淮南之冠"[6],园子几经易手后,汪氏和程氏对其进行了改造和扩建。又如盐商洪氏的小洪园,是在私人园林郿园的基础建造的,对此,前人多有交代,称"卷石洞天在城闉清梵之后,即古郿园地。郿园以怪石老木为胜,今归洪氏。以旧制临水太湖石山,搜岩剔穴为九狮形,置之水中,上点桥亭,题之曰'卷石洞天',人呼之为'小洪园'"[7]。小洪园命名为"卷石洞天",与园中多怪石相关。

<hr />

① 李斗著,汪北平、涂雨公点校:《扬州画舫录》,中华书局 1960 年版,第 151 页。
② 李斗著,汪北平、涂雨公点校:《扬州画舫录》,中华书局 1960 年版,第 343 页。
③ 李斗著,汪北平、涂雨公点校:《扬州画舫录》,中华书局 1960 年版,第 348 页。
④ 李斗著,汪北平、涂雨公点校:《扬州画舫录》,中华书局 1960 年版,第 348 页。
⑤ 李斗著,汪北平、涂雨公点校:《扬州画舫录》,中华书局 1960 年版,第 180 页。
⑥ 李斗著,汪北平、涂雨公点校:《扬州画舫录》,中华书局 1960 年版,第 350 页。
⑦ 李斗著,汪北平、涂雨公点校:《扬州画舫录》,中华书局 1960 年版,第 143 页。

其二,园林景点的命名突出了盐商的所思所想,盐商在关注社会心理的同时,还将其文化诉求寓于其中。如"歙县汪氏得九莲庵地,建别墅曰南园,有深柳读书堂、谷雨轩、风漪阁诸胜"①,又如"佩兮于所居对门筑别墅曰'街南书屋',又曰'小玲珑山馆',有看山楼、红药阶、透风透月两明轩、七峰草堂、清响阁、藤花书屋、丛书楼、觅句廊、浇药井、梅寮诸胜"②。汪氏、马氏命名园林景点,一方面出于他们个人的爱好,另一方面其景点的命名均充满了诗情画意。可以说,无论是汪氏的南园还是马曰璐(字佩兮)的街南书屋即小玲珑山馆,读书堂或书屋或藏书楼是园林建设的重要组成部分。此时盐商已不再满足于追逐自身的财富,还渴望在读书中提高自身的修养,更希望给子孙后人提供一个良好的读书环境。

其三,一些盐商的园林有依祖宅而建的特点,同时又表现出炫富和互斗的色彩。李斗记载道:"郑侠如,字士介,号俟庵。郑氏数世同居,至是方析箸。兄元嗣,字长吉,构有五亩之宅。二亩之间,及王氏园。超宗有影园,赞可有嘉树园,士介有休园,于是兄弟以园林相竞矣。"③郑氏祖籍徽州歙县,明代至扬州为官,入扬后数世同居,并建影园祀郑超宗和郑赞可二祖。影园为郑超宗所建,"园在湖中长屿上,古渡禅林之右,宝芝楼之左,前后夹水,隔水蜀岗,蜿蜒起伏,尽作山势,柳荷千顷,萑苇生之,园户东向,隔水南城脚岸"④。后来,郑赞可又依影园建嘉树园,再后,郑氏兄弟分家,郑士介购朱氏旧园建造了别具一格的休园。李斗叙述道:"园在流水桥畔,本朱氏园。其地产诸葛菜,亦名诸葛花,园宽五十亩,南向,在所居住宅后,间一街,乃为阁道而下行如坂,坂尽而径,径尽而门,门内为休园。先是住宅后有含英阁、植槐书屋、碧厂耽佳、止心楼诸胜。园中有空翠山亭、蕊栖、挹翠山房、琴啸、金鹅书屋、三峰草堂、语石樵、水墨池、湛华卫书轩、含清别墅、定舫、来鹤台、九英书坞、古香斋、逸圃、得月居、花屿、云径绕花源、玉照亭、不波航、枕流、城

① 李斗著,汪北平、涂雨公点校:《扬州画舫录》,中华书局1960年版,第166页。
② 李斗著,汪北平、涂雨公点校:《扬州画舫录》,中华书局1960年版,第88页。
③ 李斗著,汪北平、涂雨公点校:《扬州画舫录》,中华书局1960年版,第179页。
④ 李斗著,汪北平、涂雨公点校:《扬州画舫录》,中华书局1960年版,第175页。

市山林、园隐、浮青诸胜,中多文震孟、徐元文、董香光真迹。止心楼下有美人石,楼后有五百年棕榈,墨池中有蟒,来鹤台下多产药草。"①休园归郑士介以后,郑士遂在旧园的基础上修整和扩建,使其面貌为之一新,由此带动了郑氏兄弟竞相建造园林的风气。郑氏家族至郑士介一代即由明入清后已从官宦人家成为盐商,如有郑家子弟郑景濂"盐策起家,食指千数"②之说,以此为参照,当知郑士介兄弟建园的资金,主要是在经营淮盐及经商的过程中取得的。进而言之,郑氏兄弟"以园林相竞"的举动,实际上是盐商在扬州竞相建造园林及斗富的生动体现。

其四,盐商择地建造园林既与改善居住条件相关,又与经商相关。李斗记载道:"亢园在小秦淮,初亢氏业盐,与安氏齐名,谓之'北安西亢'。亢氏构园城阴,长里许,自头敌台起,至四敌台止,临河造屋一百间,土人呼为'百间房'。"③规模宏大的亢园临河,延绵一里有余。李斗叙述亢园周边的环境时指出:"小东门马头在外城脚,城脚有五敌台。画舫马头有三,一在钓桥下,一在头巷,一在二巷。头巷二巷在头敌台,画舫二十有七,今增至三十有三。……每逢良辰佳节,群棹齐起,争先逐进。"④亢园建在头敌台到四敌台之间,头敌台有供游客登船的画舫马头即游船码头,在此地建造亢园应与亢氏经商有着某种内在的联系。

其五,为了彰显园林的个性,盐商建园时往往不惜花费重金购买设计图纸,徽州盐商黄履暹营造的别墅黄园就是杰出的代表。黄园图纸是黄氏兄弟花费千金购买的,园子的环境极为清雅。李斗记载道:"黄氏兄弟好构名园,尝以千金购得秘书一卷,为造制宫室之法,故每一造作,虽淹博之才,亦不能考其所从出。是园接江园环翠楼,入锦镜阁,飞檐重屋,架夹河中。阁西为竹间水际下,阁东为回环林翠,其中有小山逶迤,筑丛桂亭。下为四照轩,上为金粟庵。入涟漪阁,循小廊出,为澄碧堂,左筑高楼,下开曲室,暗通光霁堂。堂右为面水层轩,轩后为歌台,轩旁筑曲室,为云锦淙,出为河边方塘,上赐名'半亩塘'。由竹中通

① 李斗著,汪北平、涂雨公点校:《扬州画舫录》,中华书局1960年版,第180页。
② 李斗著,汪北平、涂雨公点校:《扬州画舫录》,中华书局1960年版,第179页。
③ 李斗著,汪北平、涂雨公点校:《扬州画舫录》,中华书局1960年版,第203页。
④ 李斗著,汪北平、涂雨公点校:《扬州画舫录》,中华书局1960年版,第197页。

楼下大门。"①黄园位于扬州的北郊,又名"四桥烟雨",有"上赐名'趣园'"②,其中的"莲花桥"即五亭桥是黄园的精华,黄园风景殊异,小桥众多,"四桥烟雨,园之总名也。四桥,虹桥、长春桥、春波桥、莲花桥也。虹桥、长春、春波三桥,皆如常制,莲花桥上建五亭,下支四翼,每翼三门,合正门为十五门。"③"四桥烟雨、水云南胜概二段,其北郊别墅也。"④从景观命名的情况看,盐商在追求奢华的同时,已将个人的审美情趣寓于其中。

其六,盐商营造的园林兼有休闲、读书和接待客人等多重功能。如马曰琯、马曰璐兄弟有很高的文化修养,经商之余潜心问学,与文士多有交往。李斗记载道:"马主政曰琯字秋玉,号嶰谷,祁门诸生,居扬州新城东关街。好学博古,考校文艺,评骘史传,旁逮金石文字。……所与游皆当世名家。四方之士过之,适馆授餐,终身无倦色,著有《沙河逸老诗集》。……弟曰璐,字佩兮,号半查,工诗,与兄齐名,称'扬州二马'。举博学鸿词科不就,有《南斋集》。……佩兮于所居对门筑别墅曰'街南书屋',又曰'小玲珑山馆'。"⑤小玲珑山馆初称"街南书屋",读书和写诗为文是马氏兄弟的共同爱好。凭借雄厚的财力,他们资助学者或入住小玲珑山馆,或为他们出学术著作,铸造其学术上的辉煌。徽商易谐,"居扬州,工诗,筑抱山堂以延四方名士"⑥。总之,在自觉或不自觉的过程中,盐商表现出关心扬州文化及学术进步的倾向。

其七,盐商的园林遍布扬州城内外,其中,扬州城东到城南的运河沿线是盐商园林相对集中的区域。李斗记载道:"乾隆辛未丁丑南巡,皆自崇家湾一站至香阜寺。由香阜寺一站至塔湾,其蜀冈三峰及黄、江、程、洪、张、汪、周、王、闵、吴、徐、鲍、田、郑、巴、余、罗、尉诸园亭,或便道,或于塔湾纤道临幸,此圣祖南巡例也。"⑦从崇家湾中经香阜寺到

---

① 李斗著,汪北平、涂雨公点校:《扬州画舫录》,中华书局1960年版,第282页。
② 李斗著,汪北平、涂雨公点校:《扬州画舫录》,中华书局1960年版,第282页。
③ 李斗著,汪北平、涂雨公点校:《扬州画舫录》,中华书局1960年版,第282—284页。
④ 李斗著,汪北平、涂雨公点校:《扬州画舫录》,中华书局1960年版,第290页。
⑤ 李斗著,汪北平、涂雨公点校:《扬州画舫录》,中华书局1960年版,第87—88页。
⑥ 李斗著,汪北平、涂雨公点校:《扬州画舫录》,中华书局1960年版,第231页。
⑦ 李斗著,汪北平、涂雨公点校:《扬州画舫录》,中华书局1960年版,第3页。

塔湾再到蜀冈一带,各大盐商如黄氏、江氏、程氏、张氏、汪氏、周氏等均在风景优美的运河沿线建造了自己的优美园林,这些园林相互连接,构成扬州的一道亮丽的风景线。李斗记载道:"乾隆二十二年,高御史开莲花埂新河抵平山堂,两岸皆建名园。北岸构白塔晴云、石壁流淙、锦泉花屿三段,南岸构春台祝寿、筱园花瑞、蜀冈朝旭、春流画舫、尺五楼五段。"①南来北往的过客沿运河行进,往往是未入扬州先见园林,进而激起人们对扬州的向往之情。

客观地讲,盐商园林是盐商追求个人享受及炫富的产物,然而,当这些园林成为盐商资助学者治学之所时,则在一定程度上改变着盐商单纯追求商业利益的风气。如李斗记载道:"让园,张士科、陆钟辉别墅也,在行庵西,今属杏园,本为天宁寺废址。先是张氏典赁,未经年复鬻与陆氏。张氏侦知陆氏所鬻,而不知为钟辉也,以及未及期为辞。会陆氏知其故,让于张氏,张氏故辞不受,马主政为之介,各鬻其半,构亭舍为别墅,名曰'让园'。门在枝上村竹径中,前种桃花,筑含雨亭,门中构松月轩。"②杏园是在天宁寺旧址上建造的私家园林,起初,园主典赁给张士科,张士科因此有了优先购园的权力。然而,在典赁期没到的情况下,园主决定将杏园售予陆钟辉,为此,引起了一场纷争。后来,张士科了解到购园者为好友陆钟辉时,陆钟辉亦了解到事情的原委时,从而引出了谦让的佳话。此后,在盐商马主政(马曰琯)的主持下,又将杏园分别出售给张、陆二人,故杏园有了"让园"之称。透过张、陆二人相互谦让的故事,可以说,在盐商的带动下,以追求利益及财富为重的商人,开始以更高的文化修养约束着自身的行为。

淮安的园林建设与扬州的园林建设有大体相同的特点,入清以后,徽州盐商成为两城园林建设的最大群体。在炫富的过程中,徽州盐商给淮安园林留下了深深的印记。"方盐策盛时,诸商声华煊赫,几如金张崇恺,下至舆台厮养,莫不璧衣锦绮,食厌珍错,阛阓之间,肩摩毂击,袂帷汗雨,园亭花石之胜,斗巧炫奇,比于洛下。……迹其繁富,不啻如

① 李斗著,汪北平、涂雨公点校:《扬州画舫录》,中华书局 1960 年版,第 326 页。
② 李斗著,汪北平、涂雨公点校:《扬州画舫录》,中华书局 1960 年版,第 89 页。

《东京梦华录》《武林旧事》之所叙述,猗欤盛哉!"①盐商在淮安争相建造园林及斗富改变了城市的面貌,与此同时,纸醉金迷的生活带动了城市奢华之风的兴起。

淮安建造园林历史悠久,然屡建屡废,盐商在淮安留有菰蒲曲、荻庄等胜迹。李元庚记载道:"园中有来鹤轩、晚翠山房、林芳山馆、籍慎堂诸胜,俱在菰蒲曲。"②菰蒲曲风景殊佳,是徽州盐商程嗣立入淮后建造的园林。时任漕督常履坦在《游菰蒲曲记》中进一步描述道:"淮城西北五里,为程子风之菰蒲曲。予于辛酉暮春往游焉。入门,小桥绿柳,有山林气。坐其室,几案图书,无不入古。堂之右,穿修廊,入方亭后,绿牡丹一本,色如绣球之新萼。一时文士为诗词以识其异。迤逦而北有楼,楼上悬观音大士像,即风衣手绘。色相服章,对之肃然。"③这一记载对于认识淮安名园菰蒲曲的面貌有重要的作用。

除了菰蒲曲之外,荻庄亦是盐商在淮安建造的另一座名园。李元庚记载道:"园在萧湖中。门在莲花街,有亭曰'补烟'。厅事五楹,而南依水,颜曰'廓其有容之堂',高凤翰书。迤东接小屋一,背临修篁百竿,曰'平安馆舍'。东三间曰'带湖草堂',堂外有池,回环种荷。"④荻庄是盐商程鉴的别业,与菰蒲曲一道吸引着各地文人墨客。丁晏记载道:"忆嘉庆戊寅夏,余暨高紫峰同年,邀朋侪十余人,泛棹萧湖。时龙舟竞渡,纵游园池,旗亭酺饮,月出方归,甚乐事也。"⑤嘉庆戊寅(1818 年)的夏天,丁晏邀友人一道游赏萧湖,并至月出时方归,主要是在盐商的园林中进行的。萧湖的园林及荻庄给丁晏留下了深刻的印象,他在《萧湖曲》一诗中描述道:"拍肩歌啸若神仙,觞咏流连自千古。旧游歇绝如云烟,磋贾营构纷连骈。绮疏绣桷穷雕缛,馔玉炊金极毳鲜。荻庄元赏开游宴,春秋无日无华筵。龙舟竞衍深泅戏,鹊架争输下聘钱。晓钟已动犹未歇,宵深草露遗花钿。画船箫鼓笼纱蜡,金谷笙歌炫锦缠。"⑥透过

---

① 王光伯原辑,程景韩增订,荀德麟等点校:《淮安河下志》,方志出版社 2006 年版,第 23 页。

② 李元庚著,刘怀玉点校:《山阳河下园亭记》,方志出版社 2006 年版,第 536 页。

③ 李元庚著,刘怀玉点校:《山阳河下园亭记》,方志出版社 2006 年版,第 536 页。

④ 李元庚著,刘怀玉点校:《山阳河下园亭记》,方志出版社 2006 年版,第 544 页。

⑤ 丁晏:《序》,李元庚著,刘怀玉点校:《山阳河下园亭记》,方志出版社 2006 年版,第 507 页。

⑥ 王光伯原辑,程景韩增订,荀德麟等点校:《淮安河下志》,方志出版社 2006 年版,第 233 页。

"鹾贾营构纷连骈"等语不难发现,盐商是淮安园林建造的主体。

据李元庚记载,淮安新城以外的园林有 65 座①,这里不包括李鸿年《山阳河下园亭记续编》补充的 31 座②,同时也不包括汪继先《山阳河下园亭记补编》所述的 18 座园林③。这些园林连成一片,规模之大,远远超出人们的想象。

需要补充的是,晋、陕及北方商人被排挤出淮盐市场以后,盐商到淮安主要从扬州入境,有的盐商来自扬州,有的来自徽州,然而,不管来自何方,大都是从扬州入境的。这样一来,淮安盐商园林势必要打上扬州烙印。王振忠先生论述道:"清代盐务全盛时期,园亭池沼相望林立,先哲名流提倡风雅,他乡贤士翕然景从,诗社文坛,盖极一时之盛。……除了淮安河下以外,扬州近郊的西山、通州、清江浦、东台和泰州等地,也都有'小扬州'之目,不同程度地受到盐商社区文化的影响。一些盐商的生活习惯,也成为其他地区悉心仿效的主题。"④在盐商努力下,清代淮安成为扬州以外的又一个园林城市。

遗憾的是,从道光十二年(1832 年)起,淮安的盐商园林开始走向没落,时至咸丰庚申(1860 年),这些园林基本上无存。丁晏记载道:"道光甲申,纲盐改票,鹾商失业,售拆此园,划为平地。……迨咸丰庚申春,逆捻东窜,清、桃相继失陷,伤亡者不可胜计,园亭又无论已。"⑤如果说纲盐改票致使盐商失业导致出售园林的话,那么,捻军犯淮则是使淮安园林遭受灭顶之灾的真正原因。从此以后,淮安的盐商园林以及士大夫不复存在,开始淡出人们的视野。

或许是有感于伤乱,难以释怀,引起了丁晏的阵阵悸痛。如他在《萧湖曲序》一文中写道:"萧湖之滨有曲江楼,始建于张鞠存吏部。中有依绿园、云起阁。楼东为黄兰岩观察止园舫阁、梅花岭,今皆废圮。惟岭形犹存一坯,俗所称'黄家山'也。楼后归岑山程氏,改名'柳衣

---

① 李元庚著,刘怀玉点校:《山阳河下园亭记》,方志出版社 2006 年版,第 522—555 页。

② 李鸿年著,刘怀玉点校:《山阳河下园亭记续编》,方志出版社 2006 年版,第 559—576 页。

③ 汪继先著,刘怀玉点校:《山阳河下园亭记补编》,方志出版社 2006 年版,第 578—594 页。

④ 王振忠:《明清徽商与淮扬社会变迁》,三联书店 1996 年版,第 153 页。

⑤ 丁晏:《序》,李元庚著,刘怀玉点校:《山阳河下园亭记》,方志出版社 2006 年版,第 507 页。按:"道光甲申"为道光四年(1824 年),陶澍试行败纲盐为票盐发生在道光十二年,故丁晏记载有误。

园',而曲江楼旧额儿存。程氏又于对湖起荻庄,敞厅飞阁,曲榭回廊,园亭之胜,甲于吾淮。呜呼!使此园而易主,犹得为游观之所,燕集之区,在彼在此,自达观视之,则一也。乃一旦毁而为墟,以百有余年之名园,不三旬而划尽。过客经此,能无咨嗟?"①丁晏亲身经历了淮安园林兴废的历史,应该说,这一记载是有充分的依据的。

第三节　盐商的文化活动

盐商在淮扬的文化活动主要是在扬州和淮安两地进行的,且取得了惊人的成就,这里重点论述一下他们在清代的活动情况。

首先,盐商在扬州筹办诗文之会,引领了扬州的文学艺术风潮。"扬州为南北之冲,四方贤士大夫无不至此"②,当时的诗文之会主要是在盐商家的园林举行的,南北文士汇聚园中,诗词唱和,风流一时。李斗记载道:"扬州诗文之会,以马氏小玲珑山馆、程氏筱园及郑氏休园为最盛。至会期,于园中各设一案,上置笔二,墨一,端研一,水注一,笺纸四,诗韵一,茶壶一,碗一,果盒茶食盒各一。诗成即发刻,三日内尚可改易重刻,出日遍送城中矣。每会酒殽俱极珍美。"③盐商为迎接文士前来,往往会事先准备好笔、墨、纸、砚,水果、茶食等,每次诗会都有精美的酒殽,待诗会结束后,容与会者一日修改,三日后立即付印。当时,除了小玲珑山馆、筱园、休园经常举办诗会外,盐商在其他地点也会举办诗会,如盐商汪坤"工诗,广交游,尝于扬州集诗人为会"④,又如位于虹桥西岸的冶春诗社是盐商资助下的著名诗社,同时是诗人经常聚会的地方。"冶春诗社在虹桥西岸,康熙间,虹桥茶肆名冶春,孔东塘为之题榜,旁为王山蔼别墅。厉樊榭有诗云:'王家楼子不多宽,五月添衣怯晚寒。树底鸣蝉树头雨,酒人泥杀曲栏杆。'即此地也。后归田氏,并以冶

---

① 王光伯原辑,程景韩增订,荀德麟等点校:《淮安河下志》,方志出版社 2006 年版,第 233 页。
② 李斗著,汪北平、涂雨公点校:《扬州画舫录》,中华书局 1960 年版,第 241 页。
③ 李斗著,汪北平、涂雨公点校:《扬州画舫录》,中华书局 1960 年版,第 180 页。
④ 李斗著,汪北平、涂雨公点校:《扬州画舫录》,中华书局 1960 年版,第 249 页。

春社围入园中,题其景曰'冶春诗社'"①,诗社办到茶肆中,更显文士风流。盐商在自家园林中以文会友,倡导了扬州的尚文之风,甚至可以说,扬州文风之盛与盐商筹办和参与有着直接的关系。

其次,盐商凭一己之力购置精美的典籍,吸引了众多的饱学之士住到他们的家中,深入地研读其藏品。李斗记载道:"厉鹗,字太鸿,号樊榭,杭州人,来扬州主马氏,工诗词及元人散曲。举博学鸿词,与同里布衣丁敬身同学,时有'丁厉'之目。著有《辽史拾遗》《宋诗纪事》《南宋杂事诗》《东城杂记》《南宋院画录》《湖船录》《樊榭山房诗词集》。"②厉鹗是清代著名的学者,到扬州后依附盐商马氏兄弟,住进其家中,精心研读其收藏的典籍,完成了一生之中的重要著作。

其三,盐商收藏了为数众多的金石藏品,许多饱学之士利用它们取得了很高的成就。阮元《积古斋钟鼎彝器款识》著录商、周、秦、汉、晋铜器 551 件,在摹写铭文及考释的过程中,主要利用了盐商收藏的铜器③。薛寿论述道:"吾乡素称沃壤,国朝以来,翠华六幸,江淮富庶为天下冠,士有负宏才硕学者,不远千里百里,往来于其间,巨商大族,每以宾客争至为荣,兼有师儒之爱才,提倡风雅,以故人文荟萃,甲于他郡。"④盐商凭借雄厚的财力收藏典籍及金石书画等,为各地的学者到扬州著书立说提供了必要的物质条件。

其四,扬州的盐商关注学术,凡是好的著作他们都会不惜工本进行刻印,如马氏兄弟先后为朱彝尊刻印了《经义考》,又为戴震刻印了《屈原赋注》《水经注》,为蒋衡手书《十三经》装帧等等,为乾嘉学派中的吴派、皖派的发展作出了不可磨灭的贡献。

其五,盐商支持学术研究,为扬州学派的诞生贡献了力量。起初,作为汉学的扬州学派远不如吴派和皖派,甚至没有名气。张舜徽先生论述道:"近人研究清代学术史的,莫不认为'汉学'兴起时,有吴、皖二派。吴派以惠栋为首,皖派以戴震为首,卓然称两大师。很少有人注意

① 李斗著,汪北平、涂雨公点校:《扬州画舫录》,中华书局 1960 年版,第 238 页。
② 李斗著,汪北平、涂雨公点校:《扬州画舫录》,中华书局 1960 年版,第 90 页。
③ 阮元:《积古斋钟鼎彝器款识》,《续修四库全书》第 901 册,上海古籍出版社 2002 年版,第 545 页。
④ 薛寿:《学诂斋文集·读画舫录书后》,光绪广雅丛书本。

到扬州学者们在清代学术界中所起的重大作用。……吴、皖两派学者所走的路,是比较窄的。特别是惠栋,盲目崇拜汉人,无原则地把汉人旧说看成至宝。由好古、信古,乃至佞古、媚古。这种弊病,也只有扬州学者能够大胆提出加以批判,如焦循和王引之都对惠氏治学方法指责过①。戴震治学范围比较惠栋宽阔些,方法也比较缜密,有实事求是的精神。他的优点,全被扬州学者们继承了,并且发展了。扬州学者治学的特点,首先在于能'创',像焦循的研究《易经》,黄承吉的研究文字,都是前无古人,自创新例。其次在于能'通',像王念孙的研究训诂,阮元的研究名物制度,汪中的辨明学术源流,都是融会贯通,确能说明问题,这都是吴、皖两派学者们所没有,而是扬州诸儒所独具的精神和风格。"②在批判中创新,扬州学派敢于不囿于旧说,在经学、文字训诂学、名物学等方面都取得了创造性的成果。

盐商不惜工本为学者刊刻著作,促进了扬州学派的生成和发展,提高了扬州学派的声誉和声望。王瑜、朱正海先生论述道:"由于盐商们的厚实财力、热情邀请、真诚相待、众多的藏书、舒适的条件等多方面原因,使得盐商周围集结了一批又一批文人,其中不少是名盛一时的学者、诗人、画家。正是由于盐商们的召集与资助,使得他们在一种无忧的环境下舒畅生活和全心创作,也使得扬州形成了自己的画派和学派,文化显示出了空前的繁荣,扬州成了与其经济位置相称的文化中心,涌现了一批名垂千古的作品与著作,为后人积累了极丰富的精神文化遗产。"③小玲珑山馆藏有十余万卷的孤本和善本,学者们充分利用这一丰富的资源,考校文艺,评骘史传,旁及金石文字等,取得了很高的成就。除此之外,"鹾商安氏,业盐扬州,刻孙过庭《书谱》数石,今陷康山草堂壁上"④,则在一定程度上起到了保护文物的作用。此外,盐商以文士为宾客,为宾客提供良好的衣食条件,甚至照顾学者的衣食起居,如全祖望寓居小玲珑山馆得恶疾时,马曰琯(马主政)出千金延聘医师,故有全

---

① 原注:详见《王文简公文集》卷四《与焦里堂先生书》。
② 张舜徽:《清代扬州学记》,广陵书社 2004 年版,第 2—3 页。
③ 王瑜、朱正海:《盐商与扬州》,江苏古籍出版社 2001 年版,第 243 页。
④ 李斗著,汪北平、涂雨公点校:《扬州画舫录》,中华书局 1960 年版,第 11 页。

祖望"在扬州与主政友善,寓小玲珑山馆,得恶疾,主政出千金为之励医师"①之说。

其六,盐商在为扬州学派的诞生作出巨大贡献的同时,又为扬州刻书业的兴起、文学艺术的再度崛起贡献了力量。一些文人学士在盐商的资助下,或抒写所感所想,或整理著述,迎来了扬州文学艺术的辉煌。"扬州八怪"崛起于扬州,独树一帜,与盐商的资助密不可分,进而引领了淮扬文化艺术的新潮。王振忠先生论述道:"扬州八怪的形成,便是盐商社区文化的典型产物,它与鹾商追求怪诞、新奇的性格,至少是不谋而合的。"②扬州八怪大都生于康熙二十五年(1686)至三十四年之间,在康熙朝后期、雍正朝、乾隆朝中期达到了艺术的巅峰。他们追求怪诞、新奇的画风,在艺术领域自成一体。他们也与盐商建立了深厚的友谊。如八怪中的代表人物郑燮,与盐商马曰琯、江春等多有交往,并得到他们的接济和资助。又如八怪之一的金农客居扬州时,盐商竞相延邀。从这样的角度看,扬州八怪潜心于书画创作并形成独特的艺术个性和风格,与盐商追捧及扬州形成书画市场紧密相连。

其七,盐商热心于扬州的公益事业。徽州盐商汪应庚"居扬州,家素丰,好施与。如煮赈施药、修文庙、资助贫生、赞襄婴育、激扬节烈、建造桥船、济行旅、拯覆溺之类,动以十数万计"③。黄履暹延请名医及开药铺,为市民提供医疗服务。李斗记载道:"黄氏本徽州歙县潭渡人,寓居扬州,兄弟四人,以盐策起家,俗有'四元宝'之称。晟字东曙,号晓峰,行一,谓之'大元宝',家康山南,筑有易园,刻《太平广记》《三才图会》二书。……履暹字仲升,号星宇,行二,谓之'二元宝',家倚山南,有十间房花园,延苏医叶天士于其家,一时座中如王晋三、杨天池、黄瑞云南诸人,考订药性,于倚山旁开青芝堂药铺,城中疾病赖之。刻《圣济总录》,以为天士刻《叶氏指南》一书。"④在关心市民医疗的同时,黄履暹刻《圣济总录》,又为名医叶天士刻《叶氏指南》,从而为医学著作的保存和

① 李斗著,汪北平、涂雨公点校:《扬州画舫录》,中华书局 1960 年版,第 290 页。
② 王振忠:《明清徽商与淮扬社会变迁》,三联书店 1996 年版,第 129 页。
③ 李斗著,汪北平、涂雨公点校:《扬州画舫录》,中华书局 1960 年版,第 372 页。
④ 李斗著,汪北平、涂雨公点校:《扬州画舫录》,中华书局 1960 年版,第 290 页。

传播起到了积极的作用。

盐商关心扬州的公益事业，最突出的表现集中在出资兴修书院以及捐资助学等方面。李斗记载道："扬州郡城，自明以来，府东有资政书院，府西门内有维扬书院，及是地之甘泉山书院。国朝三元坊有安定书院，北桥有敬亭书院，北门外有虹桥书院，广储门外有梅花书院。其童生肄业者，则有课土堂、邗江学舍、角里书院、广陵书院。训蒙则有西门义学、董子义学。……安定书院在三元坊，建于康熙元年，巡盐御史胡文学创始。祀宋儒胡瑗。雍正间，尹鹾使增置学舍，为郡士肄业之所。延师课艺，以六十人为率，并合梅花书院一百二十人。圣祖南巡，赐经术造士额悬其上。敬亭书院在北桥，建于康熙二十二年，两淮商人创始。……虹桥书院在北门，康熙间，总督于成龙创始，集郡士肄业。今之郡城校课士子书院，惟安定、梅花两院。其虹桥书院久圮，敬亭书院仅志裘公去思，而未尝校课也。若校课童生书院，今存者惟广陵书院而已。"①这一叙述有五个要点，一是康熙、雍正和乾隆三朝是扬州兴办书院的鼎盛期；二是书院遍布扬州，满足了士子不同层次的读书需求，既有为贫困人家服务的义学，也有为童生及郡士肄业服务的书院；三是扬州各书院由官府创办，办学经费主要出自盐政；四是在书院兴废的过程中，以安定、梅花和广陵等三大书院最有生气，且延续时间最长；五是扬州各书院以官办为主，只有敬亭书院为盐商创办。根据这一记载，似表明书院建设基本上与盐商没有太大的关系，但实际情况是，各书院的维修费及重建经费主要来自盐商的捐助。李斗记载道："江氏因修梅花书院，遂于重宁坊旁复梅花岭，高十余丈，名曰'东园'。建坊楔，曰'麟游凤舞园'。门南面，高柳夹道，中建石桥，桥下有池，池中异鱼千尾。过桥建厅事五楹，赐名'熙春堂'，及春色芳菲入图画。"②盐商江氏捐资修梅花书院后，又依梅花书院建东园，为士子读书提供了良好的外部环境。

盐商捐资助学推动了扬州教育事业的蓬勃发展，具体地讲，主要集

---

① 李斗著，汪北平、涂雨公点校：《扬州画舫录》，中华书局 1960 年版，第 62—63 页。

② 李斗著，汪北平、涂雨公点校：《扬州画舫录》，中华书局 1960 年版，第 100 页。

中在三个方面。一是出资修葺官办书院。李斗记载道:"梅花书院在广储门外,明湛尚书若水书院故址也。若水字甘泉,广东增城县人,嘉靖间以大司成考绩,道出扬州,一时秉贽而谒者几十人,扬州贡士葛涧与其弟洞早年从之游。是时因选地城东一里,承甘泉山之脉,创讲道之所,名曰'行窝'。门人吕柟以湛公之号与山名不约而同,书'甘泉'二字于门。"①梅花书院是官学,明万历二十年(1592 年)初建,后来年久失修,多有破败。雍正十二年(1734 年),盐商马曰琯出资重修,"国朝雍正十二年,郡丞刘重选倡教造士,邑士马曰琯重建堂宇,名曰梅花书院。前列三楹为门舍,其左为双忠祠,右为萧孝子祠。又三楹为仪门,升阶而上,为堂凡五重,复道四周。又进为讲堂,亦五重,东号舍六十四间。"②盐商汪应庚亦有重修书院之举。李斗记载道:"额其门曰'欧阳文忠公书院',乾隆元年汪应庚重修,增置洛春堂,又于堂西建西园。自是改门额为'平山堂',书院之名始革,此山堂兴废之大略也。"③经过重修,平山堂同时具有了书院和游赏等功能。

二是盐商出资延请名师入主书院或执教,为贫困的学子提供资助。李斗记载道:"刘重选建梅花书院,亲为校士,而无掌院。迨刘公后,归之有司,皆属官课,朱公修复,乃与安定同例,均归盐务延师掌院矣。安定书院自王步青始,梅花书院自姚鼐始。安定掌院二十有三人,王步青,字罕皆,号巳山,雍正癸卯进士。……梅花掌院五人,姚鼐,乾隆癸未进士。……广陵书院在东关大街,知府恒豫创始,掌院三人,谢浤生,字海沤,乾隆壬午举人。杜谔,乾隆戊戌进士。郭均,官直民,号筱村,乾隆丁未进士。"④因办学经费充裕,各书院延请了进士出身的名师掌院即主讲教习,提高了教学质量,与此同时,盐商为书院购置了田产及资助学子,为扬州官办书院创造了良好的读书环境。柳诒徵先生论述道:"两淮盐利甲天下,书院膏火资焉。故扬州之书院,与江宁省会相颉颃,

① 李斗著,汪北平、涂雨公点校:《扬州画舫录》,中华书局 1960 年版,第 60 页。
② 李斗著,汪北平、涂雨公点校:《扬州画舫录》,中华书局 1960 年版,第 61 页。
③ 李斗著,汪北平、涂雨公点校:《扬州画舫录》,中华书局 1960 年版,379 页。
④ 李斗著,汪北平、涂雨公点校:《扬州画舫录》,中华书局 1960 年版,第 64—65 页。

其著名者有安定、梅花、广陵三书院,省内外人士咸得肄业焉。"①继王步青掌安定书院以及姚鼐掌梅花书院以后,又有厉鹗、杭世骏、赵翼、全祖望、蒋士铨等入主扬州各大书院讲学,先后培养了段玉裁、王念孙、汪中、刘台拱、洪亮吉、孙星衍、任大椿等一大批饱学之士。可以说,这些人的培养大都与盐商的资助息息相关。柳诒徵先生论述道:"段、王、汪、刘、洪、孙、任、顾诸贤皆出于邗之书院,可谓盛矣! 咸同以降,稍不逮前,然江南北知名之士,不试于扬州书院者,盖鲜。"②扬州书院显于当时,出现"学师皆知名有道之士"③的盛况,与盐商捐资延请名师及资助贫困的士子有着直接的关系。

三是为推动扬州的教育事业发展,盐商出资刊刻一批供士子使用的基本典籍。盐商吴勉学师古斋刻《春秋左传》《资治通鉴》《毛诗》《新乐府》等经史子集数百种,盐商马曰璐兄弟刻《说文解字》《玉篇》《广韵》《字鉴》等工具书,盐商汪竹铭刻《二十一家集》《汉魏六朝名家集》等历代文集,盐商黄晟刻《太平广记》《三才图会》,等等,这些都为士子安心读书提供了便利的条件。在盐商的资助和帮助下,各种学术思想在各书院中不断地交流和碰撞,为扬州得风气之先奠定了坚实的基础。

扬州学派成为清代学术中的一支重要力量,并在清代学术史上占有独特的地位,与盐商好客、关心文化及资助教育等有着直接的关系。进而言之,盐商的文化活动,为扬州以及淮扬文化的熔冶凝聚和繁荣昌盛作出了不可磨灭的贡献。此外,盐商在与官府打交道的过程中,往往在与学者文士的交往中抬高了身价。"邗上时花二月中,商翁大半学诗翁"④,通过学习诗文,一些盐商取得了成就,甚至有诗文集传世,如方士庶"工于诗,有《环山集》数百首。既殁,其叔息翁为删存一卷,今全稿存其家"⑤。方士庶的胞弟是方右将,方右将"业盐淮南,居扬州"⑥,同样

---

① 柳诒徵:《江苏书院志初稿》,《江苏国学图书馆年刊》1931 年第 4 期。
② 柳诒徵:《江苏书院志初稿》,《江苏国学图书馆年刊》1931 年第 4 期。
③ 李斗著,汪北平、涂雨公点校:《扬州画舫录》,中华书局 1960 年版,第 65 页。
④ 林苏门:《续扬州竹枝词》,雷梦水、潘超、孙忠铨、钟山编:《中华竹枝词》第 2 册,北京古籍出版社 1997 年版,第 1341 页。
⑤ 李斗著,汪北平、涂雨公点校:《扬州画舫录》,中华书局 1960 年版,第 91 页。
⑥ 李斗著,汪北平、涂雨公点校:《扬州画舫录》,中华书局 1960 年版,第 91 页。

也热衷于文化事业。出于文化上的自觉,盐商以热情投入扬州的文化、教育及学术事业之中,通过筹办诗文之会、刊刻典籍、优待文士、捐资修建书院及助学等,为扬州在明清成为文化之邦作出了不可磨灭的贡献。

像扬州那样,淮安盐商也多有弃文经商者。袁枚记载道:"淮南程氏虽业禺策甚富,而前后有四诗人:一风衣,名嗣立;一夔州,名釜;一午桥,名梦星;一鱼门,名晋芳。"①程嗣立号水南先生,筑柳衣园,"水南先生风流俊望,倾倒一时,交游满天下。凡文人逸士,道出淮阴,必下榻斋中,流连觞咏,历旬月不少倦。"②程晋芳独好儒术,曾经受乾隆的赏识和超拔。史称:"鱼门,姓程,晋芳其名,蕺园其自号也。歙人,业鹾于淮。乾隆初,两淮殷富,程氏尤豪侈,君独好儒术,罄其资购书五万卷,穷日夜讨论之。天子南巡,君献赋行在,召试第一,赐举人,授中书。寻举进士,授吏部主事。《四库》馆开,以荐为纂修官。书成,擢编修。"③李斗亦记载道:"程晋芳,先名志钥,字鱼门,又名廷璜,字蕺园。梦天开榜有晋芳名,故易今名。家淮安,召试以中书用,官至编修,善属文,勤于学,著有《尚书集注》《左传通解》诸书。"④程晋芳因有很高的学术造诣,走上仕途后,成为《四库全书》的纂修官,可谓是淮安盐商的一大荣耀。

程氏子弟如程嗣立、程釜、程晋芳等与当地及过淮的文士多有交往和酬唱,在招集四方知名之士及举办诗文之会的过程中,产生了像鲁一同等一大批在全国有影响力的诗文家,从而提高了淮安在全国文坛上的知名度。

淮安盐商大都居住在旧城,他们营造的园林主要集中在新城西面。淮安有新旧二城及夹城等三城,新城西面有许多像萧湖那样的名园。黄钧宰记载道:"吾郡有新旧二城,后又筑夹城于其间,如篆文字形。今新夹二城皆圮,官民商贾全集于旧城,故邑人《竹枝》句云:'旧城新了新城旧,旧日新城蒲叶多。'新城之西,旧有萧湖一区,水木明瑟,为张鞠存吏部曲江楼故址,中有依绿园、云起阁诸胜。与方望溪、王墙东诸名流

① 袁枚著,顾学颉校点:《随园诗话》,人民文学出版社 1982 年版,第 413 页。
② 王光伯原辑,程景韩增订,荀德麟等点校:《淮安河下志》,方志出版社 2006 年版,第 380 页。
③ 王光伯原辑,程景韩增订,荀德麟等点校:《淮安河下志》,方志出版社 2006 年版,第 388 页。
④ 李斗著,汪北平、涂雨公点校:《扬州画舫录》,中华书局 1960 年版,第 346 页。

会文赋诗,海宁查伊璜曾主其家,毛大可因事亡命,藏之复壁中。《西河集》有《明河篇》,即指其事。楼东为家兰岩观察止园,俗所称'黄家山',止园之梅花岭也。后归岑山程氏,为淮北总商。始于对湖起荻庄,招南北知名之士,宴集其中,文酒笙歌,殆无虚日。"①到盐商园林中拜访的名满天下的文士比比皆是,除了有方苞(方望溪)这样的桐城派之祖入淮与盐商及当地文士切磋道德文章外,还有许多外来的文人雅士都在淮安的园林中留下了足迹。如赵翼曾多次应程氏盐商之邀入住荻庄,并且留下了《程晴岚太史招饮荻庄即事》《再过淮上,晴岚留饮荻庄即事》等诗。一批全国知名的文人雅士与淮安盐商以诗文酒会的形式交往,酬唱赋和,搜讨典籍,刊刻著述。史称:"而其间风雅之士倡文社,执牛耳,招集四方知名之士,联吟谈艺,坛坫之盛,甲于大江南北。"②盐商与南来北往的文人雅士相互酬唱,给淮安盐商及商家平添了几分文化气息。淮安盐商园林,是文人墨客光顾及诗文酬唱的重要场所,在一定程度上促成了淮安文化的繁荣。

然而,并不是所有的盐商都尊重文士,尊敬学问,其中不乏附会风雅之辈。黄钧宰讽刺道:"其黠者颇与名人文士相结纳,藉以假借声誉,居然为风雅中人。"③一些盐商与文士交结,只是为了自我标榜和抬高身价。

盐商在两地与文人学士酬唱应和,推动了两城间的文化交流,对崇文之风的再度兴盛有着不可低估的意义。客居或入籍淮安的盐商也像扬州的盐商那样热心于社会公益事业,其中不乏"好行其德者,又复振贫济弱,日以任恤赒济为怀"④之辈。如史家叙述程钟事迹时写道:"歙人,业盐淮北。乾隆中,创立淮安普济堂,捐资巨万,高宗纯皇帝御书'谊敦任恤'四字赐之。十二年,水灾,诏截南漕八十万石备赈。时齐鲁赤饥,流民渡河而南者,日以千计,盐、漕、河道诸臣,各捐廉俸广设栖流

---

① 黄钧宰:《金壶七墨·金壶浪墨·萧湖》,《笔记小说大观》第27册,江苏广陵古籍印社1984年版,第139页。

② 王光伯原辑,程景韩增订,荀德麟等点校:《淮安河下志》,方志出版社2006年版,第23页。

③ 黄钧宰:《金壶七墨·金壶浪墨·纲盐改票》,《笔记小说大观》第27册,江苏广陵古籍印社1984年版,第136页。

④ 王光伯原辑,程景韩增订,荀德麟等点校:《淮安河下志》,方志出版社2006年版,第23页。

所于山阳、清河、桃源诸处。锺率同志,醵金襄其事,收养流民,全活十余万人。"①因为有经世致用的情怀,一些盐商遂有了为天下苍生服务的意识。

从另一个层面看,盐商热衷于两地的文化建设,主要是受到求知心理的驱动,其中有三个方面的因素特别值得关注。

其一,两地盐商中的许多人是弃文经商之辈,有着强烈的文化追求和用世之心。李斗记载道:"江方伯名春,字颖长,号鹤亭,歙县人。初为仪征诸生,工制艺,精于诗,与齐次风、马秋玉齐名。先是论诗有'南马北查'之誉,迨秋玉下世,方伯遂为秋玉后一人。体貌丰泽,美须髯,为人含养圭角,风格高迈,遇事识大体,居南河下街,建随月读书楼,选时文付梓行世,名'随月读书楼时文'。"②江春是自徽州入扬的盐商,弃文经商后不忘本色,继续师事儒业。

其二,在文化补偿心理的驱使下,盐商以与饱学之士交往为荣。如"著《史汉疏证》《两汉书蒙拾》《文选课虚》《三国志补注》《诸史然疑》《桂堂诗话》《续方言》《石经考异》《道古堂诗文集》《榕城诗话》"的杭世骏"来扬州主马氏"③,在研读小玲珑山馆藏书的过程中著书立说,经此,创造了人生的学术辉煌。同样的道理,盐商在与学者的交往中自身也得到了极大的提高。

其三,在将人群划分士、农、工、商四个等级的年代,商人虽然可以获取巨额财富,但社会地位很低,为了督促子弟走上科举之路,需要躬身问学。如从顺治二年(1645 年)到嘉庆十年(1805 年),在 160 年的时间里,两淮盐商子弟中登进士者有 85 人,中举者有 116 人④。在这中间,盐商从炫富到有意识地教导子弟走仕途经济,在倡导文学的过程中改变了追求享受的家风。可以说,这一改变在一定程度上纠正了耽于享受的家风。

---

① 王光伯原辑,程景韩增订,荀德麟等点校:《淮安河下志》,方志出版社 2006 年版,第 384 页。
② 李斗著,汪北平、涂雨公点校:《扬州画舫录》,中华书局 1960 年版,第 274 页。
③ 李斗著,汪北平、涂雨公点校:《扬州画舫录》,中华书局 1960 年版,第 93 页。
④ 王定安等纂修:《重修两淮盐法志》,《续修四库全书》第 845 册,上海古籍出版社 2002 年版,第 342—377 页。

最后需要指出的是,淮安盐商与扬州盐商在特点大体相同的前提下,又有不同的特点,如扬州盐商子弟更热衷于走仕途之路,淮安盐商子弟除了热衷于走仕途之路外,还热衷于做学问。检索文献,明清两代的著名文人大都在淮安留下了足迹,甚至还有的因其富庶干脆移居淮安。如祖籍太原的阎若璩自祖上移居山阳后,在淮安写下了一生之中最重要的著作《尚书古文疏证》等,故《乾隆淮安府志·人物》为其留下小传。

结　语

本章论述了盐商与淮扬两地餐饮业及园林和文化的关系。淮扬盐商主要由晋、陕和徽州三地盐商构成。盐商在淮扬两地积极从事盐业活动,并将他们家乡的味道带到江淮,在与当地餐饮融合的过程中,带动了淮扬餐饮业的发展。淮扬两地的园林大都由盐商建造,如扬州现存的许多名园均出自盐商之手,淮安新城外曾有 65 座园林,建造主体亦是盐商。盐商在淮扬两地曾有丰富的文化活动,推动了两地文化教育事业的发展。

主要参考书目

古代典籍

经部

阮元校刻：《十三经注疏》，北京：中华书局1980年版。

许慎：《说文解字》，北京：中华书局1963年版。

刘熙：《释名》，文渊阁《四库全书》本，上海：上海古籍出版社1987年版。

程大昌：《禹贡论》，文渊阁《四库全书》本，上海：上海古籍出版社1987年版。

郑樵：《尔雅注》，文渊阁《四库全书》本，上海：上海古籍出版社1987年版。

胡渭著，邹逸麟整理：《禹贡锥指》，上海：上海古籍出版社2006年版。

史部

司马迁：《史记》，北京：中华书局1982年版。

班固：《汉书》，北京：中华书局1962年版。

不著撰者，黄怀信、张懋镕、田旭东：《逸周书汇校集注》，上海：上海古籍出版社1995年版。

袁康：《越绝书》，文渊阁《四库全书》本，上海：上海古籍出版社1987年版。

赵晔著，元·徐天祜音注：《吴越春秋》，南京：江苏古籍出版社1990年版。

刘向集录：《战国策》，何建章注释：《战国策注释》，北京：中华书局1990年版。

陈寿：《三国志》，北京：中华书局1982年版。

范晔:《后汉书》,北京:中华书局 1965 年版。

萧子显:《南齐书》,北京:中华书局 1972 年版。

沈约:《宋书》,北京:中华书局 1974 年版。

郦道元:《水经注》,杨守敬、熊会贞疏,段熙仲点校,陈桥驿复校:《水经注疏》,南京:江苏古籍出版社 1989 年版。

杨衒之著,范祥雍校注:《洛阳伽蓝记校注》,上海:上海古籍出版社 1978 年版。

魏收:《魏书》,北京:中华书局 1974 年版。

樊绰著,向达校注:《蛮书校注》,北京:中华书局 1962 年版。

令狐德:《周书》,北京:中华书局 1971 年版。

李百药:《北齐书》,北京:中华书局 1972 年版。

姚思廉:《陈书》,北京:中华书局 1972 年版。

魏徵:《隋书》,北京:中华书局 1973 年版。

姚思廉:《梁书》,北京:中华书局 1973 年版。

房玄龄:《晋书》,北京:中华书局 1974 年版。

李延寿:《北史》,北京:中华书局 1974 年版。

李延寿:《南史》,北京:中华书局 1975 年版。

长孙无忌著,刘俊文点校:《唐律疏议》,北京:中华书局 1983 年版。

李吉甫著,贺次君点校:《元和郡县图志》,北京:中华书局 1983 年版。

杜佑:《通典》,杭州:浙江古籍出版社 1988 年版。

李林甫著,陈仲夫点校:《唐六典》,北京:中华书局 1992 年版。

刘昫:《旧唐书》,北京:中华书局 1975 年版。

欧阳修:《新唐书》,北京:中华书局 1975 年版。

薛居正:《旧五代史》,北京:中华书局 1976 年版。

王溥:《唐会要》,北京:中华书局 1955 年版。

宋敏求:《唐大诏令集》,北京:商务印书馆 1959 年版。

袁枢:《通鉴纪事本末》,北京:中华书局 1964 年版。

王应麟:《通鉴地理通释》,文渊阁《四库全书》本,上海:上海古籍出版社 1987 年版。

熊克:《中兴小纪》,文渊阁《四库全书》本,上海:上海古籍出版社 1987 年版。

郑樵:《通志》,杭州:浙江古籍出版社 1988 年版。

司马光著，邬国义校点：《资治通鉴》，上海：上海古籍出版社 1997 年版。

赵汝愚：《宋朝诸臣奏议》，上海：上海古籍出版社 1999 年版。

欧阳忞著，李勇先、王小红校注：《舆地广记》，成都：四川大学出版社 2003 年版。

李焘：《续资治通鉴长编》，北京：中华书局 2004 年版。

王溥：《五代会要》，上海：上海古籍出版社 2006 年版。

乐史著，王文楚校：《太平寰宇记》，北京：中华书局 2007 年版。

李焘著，胡阿祥、童岭点校：《六朝通鉴博议》，南京：南京出版社 2007 年版。

脱脱：《辽史》，北京：中华书局 1974 年版。

脱脱：《金史》，北京：中华书局 1975 年版。

脱脱：《宋史》，北京：中华书局 1985 年版。

马端临：《文献通考》，杭州：浙江古籍出版社 1988 年版。

宋濂：《元史》，北京：中华书局 1976 年版。

潘季驯：《河防一览》，文渊阁《四库全书》本，上海：上海古籍出版社 1987 年版。

王圻：《续文献通考》，杭州：浙江古籍出版社 1988 年版。

郭大纶修，陈文烛纂：《万历淮安府志》，《天一阁明代方志选刊续编》第 8 册，上海：上海书店 1990 年版。

马麟修，杜琳重修，李如枚续修，荀德麟等点校：《续纂淮关统志》，北京：方志出版社 2006 年版。

席书编次，朱家相增修，荀德麟等点校：《漕船志》，北京：方志出版社 2006 年版。

杨宏、谢纯撰，荀德麟、何振华点校：《漕运通志》，北京：方志出版社 2006 年版。

杨选等修、史起蛰等撰，荀德麟等点校整理：《嘉靖两淮盐法志》，北京：方志出版社 2010 年版。

陈子龙：《皇明经世文编》，《续修四库全书》本，上海：上海古籍出版社 2002 年版。

朱怀干修，盛仪纂：《嘉靖惟扬志》，《四库全书存目丛书》本，济南：齐鲁书社 1996 年版。

曾惟诚纂修：《帝乡纪略》，北京：国家图书馆出版社 2013 年据明万历二十七年(1599 年)刊本影印。

金镇等纂修:《康熙扬州府志》,康熙十四年(1675 年)刻本。

黄汝香等纂修:《光绪清河县志》,清光绪九年(1883 年)刊本。

盛康:《皇朝经世文续编》,光绪二十三年(1897 年)思补楼刊行。

毕沅:《续资治通鉴》,北京:中华书局 1957 年版。

徐松:《宋会要辑稿》,北京:中华书局 1957 年版。

张廷玉:《明史》,北京:中华书局 1974 年版。

包世臣:《中衢一勺》,《丛书集成初编》本,北京:中华书局 1985 年版。

顾炎武:《天下郡国利病书》,张元济等辑:《四部丛刊》本,上海:上海书店 1985 年影印版。

陈潢:《河防述言》,文渊阁《四库全书》本,上海:上海古籍出版社 1987 年版。

傅泽洪:《行水金鉴》,文渊阁《四库全书》本,上海:上海古籍出版社 1987 年版。

嵇璜、刘墉等:《清通典》,杭州:浙江古籍出版社 1988 年版。

靳辅:《文襄奏疏》,文渊阁《四库全书》本,上海:上海古籍出版社 1987 年版。

靳辅:《治河奏绩书》,文渊阁《四库全书》本,上海:上海古籍出版社 1987 年版。

世宗胤禛:《世宗宪皇帝朱批谕旨》,文渊阁《四库全书》本,上海:上海古籍出版社 1987 年版。

尹继善等重修:《江南通志》,文渊阁《四库全书》本,上海:上海古籍出版社 1987 年版。

阿克当阿修,姚文田、江藩等纂:《嘉庆重修扬州府志》,《中国地方志集成》本,南京:江苏古籍出版社 1991 年版。

胡裕燕修,吴昆田、鲁贲纂:《光绪丙子清河县志》,《中国地方志集成》本,南京:江苏古籍出版社 1991 年版。

金元烺修,吴昆田等纂:《光绪安东县志》,《中国地方志集成》本,南京:江苏古籍出版社 1991 年版。

张云锦修,吴昆田、高延第纂:《光绪淮安府志》,《中国地方志集成》本,南京:江苏古籍出版社 1991 年版。

张兆栋等修,何绍基、丁晏等纂:《同治重修山阳县志》,《中国地方志集成》本,南京:江苏古籍出版社1991年版。

崔华、张万寿纂修:《康熙扬州府志》,《四库全书存目丛书》本,济南:齐鲁书社1997年版。

谷应泰:《明史纪事本末》,北京:中华书局1997年版。

纪昀等著,四库全书研究所整理:《四库全书总目》,北京:中华书局1997年版。

杨锡绂:《漕运则例纂》,《四库未收书辑刊》第1辑,北京:北京出版社1997年版。

董恂:《江北运程》,《四库未收书辑刊》第5辑,北京:北京出版社1998年版。

方瑞兰修,江殿飏、许湘甲纂:《光绪泗虹合志》,《中国地方志集成》本,南京:江苏古籍出版社1998年版。

王定安等纂修:《重修两淮盐法志》,《续修四库全书》本,上海:上海古籍出版社2002年版。

陈庆蕃修,叶锡麟、靳维熙纂:《宣统聊城县志》,《中国地方志集成》本,南京:凤凰出版社2004年版。

载龄等修纂:《清代漕运全书》,北京:国家图书馆出版社2004年版。

顾祖禹著,贺次君、施和金点校:《读史方舆纪要》,北京:中华书局2005年版。

王鸣盛著,黄曙辉点校:《十七史商榷》,上海:上海书店出版社2005年版。

卫哲治等修,叶长扬纂,荀德麟等点校:《乾隆淮安府志》,北京:方志出版社2008年版。

佶山修,单渠纂,方浚颐续纂:《嘉庆两淮盐法志》,扬州:广陵书社2015年版。

吴棠等监修,鲁一同纂修,葛以政等点校:《咸丰清河县志》,北京:中国文史出版社2017年版。

子部

晏婴著,张纯一校注:《晏子春秋校注》,《诸子集成》第4册,上海:上海书店1986年影印版。

管仲著,戴望校正:《管子校正》,《诸子集成》第5册,上海:上海书店1986年影印版。

吕不韦著,高诱注:《吕氏春秋》,《诸子集成》第6册,上海:上海书店1986

年影印版。

桓宽：《盐铁论》，《诸子集成》第 8 册，上海：上海书店 1986 年影印版。

应劭著，吴树平校释：《风俗通义校释》，天津：天津人民出版社 1980 年版。

班固著，陈立疏证，吴则虞点校：《白虎通疏证》，北京：中华书局 1994 年版。

颜之推：《颜氏家训》，王利器：《颜氏家训集解》，北京：中华书局 1993 年版。

徐坚：《初学记》，北京：中华书局 2004 年版。

李肇：《唐国史补》，上海：上海古籍出版社 1979 年版。

李昉：《太平御览》，北京：中华书局 1960 年版。

李昉：《太平广记》，北京：中华书局 1961 年版。

王钦若：《册府元龟》，北京：中华书局 1960 年版。

张邦基：《墨庄漫录》，《笔记小说大观》第 7 册，扬州：江苏广陵古籍印社 1984 年版。

沈括著，胡道静校证：《梦溪笔谈校证》，上海：上海古籍出版社 1987 年版。

王谠著，周勋初校证：《唐语林校证》，北京：中华书局 1987 年版。

王观：《扬州芍药谱》，文渊阁《四库全书》本，上海：上海古籍出版社 1987 年版。

洪迈：《容斋随笔》，上海：上海古籍出版社 1996 年版。

曾慥：《类说》，福州：福建人民出版社 1996 年版。

王应麟：《玉海》，扬州：广陵书社 2007 年版。

王应麟著，栾保群、田松青、吕宗力校点：《困学纪闻》，上海：上海古籍出版社 2008 年版。

沈德符：《万历野获编》，北京：中华书局 1959 年版。

张瀚：《松窗梦语》，上海：上海古籍出版社 1986 年版。

宋应星：《天工开物》，扬州：广陵古籍刻印社 1997 年版。

丘浚著，林冠群、周济夫校点：《大学衍义补》，北京：京华出版社 1999 年版。

陈梦雷：《古今图书集成》，上海：中华书局 1934 年版。

李斗著，汪北平、涂雨公点校：《扬州画舫录》，北京：中华书局 1960 年版。

黄钧宰：《金壶七墨》，《笔记小说大观》本，扬州：江苏广陵古籍印社 1984 年版。

郝懿行：《山海经笺疏叙》，北京：中国书店 1991 年版。

陈康祺：《郎潜纪闻四笔》，北京：中华书局 1984 年版。

顾炎武著，黄汝成集释，栾保群、吕宗力校点：《日知录集释》，上海：上海古籍出版社 2006 年版。

李鸿年著，刘怀玉点校：《山阳河下园亭记续编》，北京：方志出版社 2006 年版。

李元庚著，刘怀玉点校：《山阳河下园亭记》，北京：方志出版社 2006 年版。

汪继先著，刘怀玉点校：《山阳河下园亭记补编》，北京：方志出版社 2006 年版。

阮葵生著，李保民校点：《茶余客话》，上海：上海古籍出版社 2012 年版。

集部

鲍照著，钱仲联增补集说校：《鲍参军集注》，上海：上海古籍出版社 1980 年版。

萧统：《文选》，上海：商务印书馆 1936 年版。

白居易著，顾学颉校点：《白居易集》，北京：中华书局 1979 年版。

陈子昂：《陈拾遗集》，文渊阁《四库全书》本，上海：上海古籍出版社 1987 年版。

刘禹锡著，卞孝萱校订：《刘禹锡集》，中华书局 2004 年版。

韩愈著，刘真伦、岳珍校注：《韩愈文集汇校笺注》，北京：中华书局 2010 年版。

王安石著，李璧笺注：《王荆文公诗笺注》，北京：中华书局 1958 年版。

洪兴祖著，白化文、许德楠、方进点校：《楚辞补注》，北京：中华书局 1983 年版。

戴复古：《石屏诗集》，文渊阁《四库全书》本，上海：上海古籍出版社 1987 年版。

邓肃：《栟榈集》，文渊阁《四库全书》本，上海：上海古籍出版社 1987 年版。

范仲淹：《范文正集》，文渊阁《四库全书》本，上海：上海古籍出版社 1987 年版。

李昉：《文苑英华》，文渊阁《四库全书》本，上海：上海古籍出版社 1987 年版。

陆游：《渭南文集》，文渊阁《四库全书》本，上海：上海古籍出版社 1987 年版。

梅尧臣:《宛陵集》,文渊阁《四库全书》本,上海:上海古籍出版社1987年版。

沈括:《长兴集》,文渊阁《四库全书》本,上海:上海古籍出版社1987年版。

苏轼:《东坡全集》,文渊阁《四库全书》本,上海:上海古籍出版社1987年版。

文天祥:《文山集》,文渊阁《四库全书》本,上海:上海古籍出版社1987年版。

姚铉:《唐文粹》,文渊阁《四库全书》本,上海:上海古籍出版社1987年版。

杨万里:《诚斋集》,文渊阁《四库全书》本,上海:上海古籍出版社1987年版。

佚名:《锦绣万花谷续集》,文渊阁《四库全书》本,上海:上海古籍出版社1987年版。

张耒著,李逸安点校:《张耒集》,北京:中华书局1990年版。

秦观著,徐培均笺注:《淮海集笺注》,上海:上海古籍出版社1994年版。

欧阳修著,李逸安点校:《欧阳修全集》,北京:中华书局2001年版。

李鼎:《李长卿集》,万历四十年(1612年)豫章李氏家刻本。

丘浚:《重编琼台稿》,文渊阁《四库全书》本,上海:上海古籍出版社1987年版。

冯梦龙:《醒世恒言》,南京:江苏古籍出版社1991年版。

钟惺:《隐秀轩集》,《四库禁毁书丛刊》本,北京:北京出版社2000年版。

汪道昆著,胡益民、余国庆点校:《太函集》,合肥:黄山书社2004年版。

李元庚:《望社姓氏考》,王锡祺:《小方壶斋丛书》本。

薛寿:《学诂斋文集》,光绪广雅丛书本。

袁枚著,顾学颉校点:《随园诗话》,北京:人民文学出版社1982年版。

董诰编:《全唐文》,北京:中华书局1983年版。

纪昀总纂:《御制诗集》,文渊阁《四库全书》本,上海:上海古籍出版社1987年版。

张廷玉:《皇清文颖》,文渊阁《四库全书》本,上海:上海古籍出版社1987年版。

洪亮吉:《更生斋文甲集》,《四部备要》第89册,北京:中华书局聚珍仿宋版印1989年版。

林苏门:《续扬州竹枝词》,雷梦水、潘超、孙忠铨、钟山编:《中华竹枝词》,

北京:北京古籍出版社 1997 年版。

吴趼人:《二十年目睹之怪现状》,《吴趼人全集》,哈尔滨:北方文艺出版社 1998 年版。

魏禧著,胡守仁、姚品文、王能宪校点:《魏叔子文集》,北京:中华书局 2003 年版。

林苏门:《邗江三百吟》,扬州:广陵书社 2005 年版。

赵翼:《瓯北集》,纪宝成主编:《清代诗文集汇编》本,上海:上海古籍出版社 2010 年版。

现代学术著作

中华书局:《全唐诗》,北京:中华书局 1960 年版。

唐圭璋编:《全宋词》,北京:中华书局 1965 年版。

袁珂校注:《山海经校注》,上海:上海古籍出版社 1980 年版。

曾枣庄、舒大刚主编:《三苏全书》,北京:语文出版社 2001 年版。

王孝通:《中国商业史》,上海:商务印书馆 1936 年版。

白寿彝:《中国交通史》,上海:商务印书馆 1937 年版。

郑肇经:《中国水利史》,上海:商务印书馆 1939 年版。

赵尔巽:《清史稿》,北京:中华书局 1977 年版。

柯劭忞:《新元史》,上海:上海古籍出版社 1989 年版。

段朝端等纂:《民国续纂山阳县志》,《中国地方志集成》本,南京:江苏古籍出版社 1991 年版。

冒广生著,荀德麟、刘怀玉点校:《淮关小志》,北京:方志出版社 2006 年版。

王光伯原辑,程景韩增订,荀德麟等点校:《淮安河下志》,北京:方志出版社 2006 年版。

张煦侯编著,荀德麟点校:《王家营志》,北京:方志出版社 2006 年版。

徐珂:《清稗类钞》,北京:中华书局 2010 年版。

王锡祺编,张强点校:《山阳诗征续编》,西安:陕西人民出版社 2011 年版。

柳诒徵:《江苏书院志初稿》,《江苏国学图书馆年刊》1931 年第 4 期。

史念海:《河山集》,北京:三联书店 1963 年版。

[日]渡边洋三:《农业水利权研究》,东京:东京大学出版会 1954 年出版。

[日]青山定雄:《唐宋时代的交通和地理地图研究》,东京:吉川弘文馆昭

和四十四年(1969年)版。

〔日〕星斌夫:《明代漕运研究》,东京:日本学术振兴会昭和三十八年(1963年)版。

〔日〕星斌夫:《大运河》,东京:近藤出版社1971年出版。

〔日〕星斌夫:《明代漕运研究》,东京:日本学术振兴会1974年版。

〔日〕星斌夫:《大运河发展史》,东京:平凡社1982年版。

〔日〕森田明:《清代水利史研究》,东京:亚纪书房1974年版。

〔日〕吉冈义信:《宋代黄河史研究》,东京:御茶水书房1978年出版。

〔日〕长濑守:《宋元水利史研究》,东京:国书刊行会1983年版。

〔日〕真人元开著,汪向荣校注:《唐大和上东征传》,北京:中华书局1979年版。

〔日〕长濑守:《宋元水利史研究》,东京:国书刊行会昭和五十八年(1983年)版。

谢海平:《唐代留华外国人生活考述》,台北:台湾商务印书馆1978年版。

陈直校证:《三辅黄图校证》,西安:陕西人民出版社1980年版。

冀朝鼎:《中国历史上的基本经济区与水利事业的发展》,北京:中国社会科学出版社1981年版。

〔意〕马可·波罗著,陈开俊等译:《马可波罗游记》,福州:福建科学技术出版社1981年版。

〔意〕马可·波罗著,冯承钧译:《马可波罗行纪》,上海:上海书店1999年版。

黄盛璋:《历史地理论集》,北京:人民出版社1982年版。

谭其骧:《中国历史地图集》,北京:中国地图出版社1982年版。

袁珂:《神话论文集》,上海:上海古籍出版社1982年版。

中国科学院:《中国自然地理》编辑委员会:《中国自然地理·历史自然地理》,北京:科学出版社1982年版。

中国第一历史档案馆:《清实录》,北京:中华书局1986年版。

周振鹤、游汝杰:《方言与中国文化》,上海:上海人民出版社1986年版。

马正林主编:《中国历史地理简论》,西安:陕西人民出版社1987年版。

蒙文通:《古学甄微》,成都:巴蜀书社1987年版。

谭其骧:《长水集》,北京:人民出版社1987年版。

丁山:《商周史料考证》,北京:中华书局1988年版。

《江苏盐业史略》编写组:《江苏盐业史略》,南京:江苏人民出版社1988年版。

史念海:《河山集·三集》,北京:人民出版社1988年版。

史念海:《中国的运河》,西安:陕西人民出版社1988年版。

水利水电科学研究院编:《清代淮河流域洪涝档案史料》,北京:中华书局1988年版。

《淮河水利简史》编写组:《淮河水利简史》,北京:水利电力出版社1990年版。

汪家伦、张芳:《中国农田水利史》,北京:农业出版社1990年版。

傅璇琮等编:《全宋诗》,北京:北京大学出版社1991年版。

史念海:《河山集·四集》,西安:陕西师范大学出版社1991年版。

史念海:《中国历史人口地理和历史经济地理》,台北:台湾学生书局1991年版。

李廷先:《唐代扬州史考》,南京:江苏古籍出版社1992年版。

蔡泰彬:《明代漕河之整治与管理》,台北:台湾商务印书馆1992年版。

朱松泉:《洪泽湖》,合肥:中国科学技术大学出版社1993年版。

谭其骧:《长水集续编》,北京:人民出版社1994年版。

许凤仪主编:《扬州概览》,北京:中国城市出版社1994年版。

侯甬坚:《区域历史地理的空间发展过程》,西安:陕西人民教育出版社1995年版。

刘和惠:《楚文化的东渐》,武汉:湖北教育出版社1995年版。

赵国璋主编:《江苏艺文志》,南京:江苏人民出版社1995年版。

高至喜:《楚文化的南渐》,武汉:湖北教育出版社1996年版。

王振忠:《明清徽商与淮扬社会变迁》,北京:三联书店1996年版。

吴必虎:《历史时期苏北平原地理系统研究》,上海:华东师范大学出版社1996年版。

陈寅恪:《唐代政治史述论稿》,上海:上海古籍出版社1997年版。

葛剑雄:《中国移民史》,福州:福建人民出版社1997年版。

刘师培:《南北文化不同论》,《刘师培全集》第一册,北京:中共中央党校出版社1997年版。

史念海:《河山集·六集》,太原:山西人民出版社1997年版。

应岳林、巴兆祥:《江淮地区开发探源》,南昌:江西教育出版社1997年版。

主要参考书目

陈书禄：《江苏文化概观》，南京：南京师范大学出版社1998年版。

史念海：《唐代历史地理研究》，北京：中国社会科学出版社1998年版。

河南省文物考古研究所编著：《舞阳贾湖》，北京：科学出版社1999年版。

连云港博物馆、中国文物研究所主编：《尹湾汉墓简牍综论》，北京：科学出版社1999年版。

钱穆：《国史大纲》，北京：商务印书馆1999年版。

史念海：《河山集·七集》，西安：陕西师范大学出版社1999年版。

水利部淮河水利委员会《淮河志》编纂委员会《淮河志》，北京：科学出版社2000年版。

安作璋主编：《中国运河文化史》，济南：山东教育出版社2001年版。

王瑜、朱正海：《盐商与扬州》，南京：江苏古籍出版社2001年版。

曾枣庄、舒大刚主编：《三苏全书》，北京：语文出版社2001年版。

朱福烓：《扬州史述》，苏州：苏州大学出版社2001年版。

葛剑雄：《中国人口史》，上海：复旦大学出版社2002年版。

贺昌群：《贺昌群文集》，北京：商务印书馆2003年版。

张泽咸：《汉晋唐时期农业》，北京：中国社会科学出版社2003年版。

岑仲勉：《黄河变迁史》，北京：中华书局2004年版。

钱穆：《古史地理论丛》，北京：生活·读书·新知三联书店2004年版。

张舜徽：《清代扬州学记》，扬州：广陵书社2004年版。

［美］黄仁宇著，张皓、张升译：《明代的漕运》，北京：新星出版社2005年版。

《钞本明实录》，北京：线装书局2005年版。

邹逸麟：《椿庐史地论稿》，天津：天津古籍出版社2005年版。

陈勇：《唐代长江下游经济发展研究》，上海：上海人民出版社2006年版。

淮安市地方志办公室编：《运河之都——淮安》，北京：方志出版社2006年版。

彭安玉：《明清苏北水灾研究》，呼和浩特：内蒙古人民出版社2006年版。

吴琦：《漕运·群体·社会——明清史论集》，武汉：湖北人民出版社2007年版。

张乃格、周先林、单明然：《徐文化研究》，南京：江苏人民出版社2007年版。

董文虎：《京杭大运河的历史与未来》，北京：社会科学文献出版社2008

年版。

范金民:《居天下之中的淮安榷关》,北京:中国书籍出版社2008年版。

李文治、江太新:《清代漕运》,北京:社会科学文献出版社2008年版。

[日]成寻:《参天台五台山记》,上海:上海古籍出版社2009年版。

龚良主编:《重构与解读——江苏六十年考古成就》,南京:南京大学出版社2009年版。

纪宝成主编:《清代诗文集汇编》,上海:上海古籍出版社2010年版。

蔡泰彬:《晚明黄河水患与潘季驯之治河》,新北:台湾花木兰文化出版社2011年版。

潘群、周志斌主编:《江苏通史·明清卷》,南京:凤凰出版社2011年版。

后　记

　　这本研究区域文化的小书早该问世了，起码说，10多年前就已经完成了初稿。后来生了一场大病，无暇顾及，直到有所康复，才动了修改的心思。

　　8年前，重看了一遍旧稿，随后交江苏人民出版社出版。现在，小书又纳入"江苏文脉整理与研究工程"，即将再版时再啰唆上几句。

　　我是学中国古代文学的，主要从事先秦两汉文学及经学研究，有意思的是，这些年不知不觉中将主要精力放到了运河与漕运研究方面。开拓领域后，我深刻地体会到了文学发展与运河漕运及政治、经济等之间的关系，为此，我在《江苏社会科学》（2010年第6期）发表了《运河学研究的范围与对象》一文，又在卞孝萱先生主编的《新国学三十讲》（凤凰出版社2011年版）一书中撰写了《运河学》，随后又在《光明日报》国学版和文学遗产版分别发表了《鸿沟·汴水·运河》《汴河上的唐诗》《淮盐与江淮盐商的文学及学术活动》，在《南京师范大学学报》发表了《京杭大运河淮安段文化遗产保护与利用研究》，在《江苏社会科学》发表了《运河城市与明清通俗小说》，等等。

　　顺便说一句，今天的文学观是西方文学观，在文体方面采取了诗歌、小说、散文、戏剧文学的四分法，或抒情类、叙事类、综合类的三分法。客观地讲，这一分类有悖于中国文学传统。我们以为，中国文学分类应以刘勰的《文心雕龙》为标准，涉及经、史、子、集等四个层面。这四个层面牵涉区域文化研究中的自然经济地理、交通区位、风土人情及相关的诗词曲、小说传奇、杂剧等,由此提出的问题是,进行淮扬区域文化研究的立足点首先应该是中国传统的文学观,只有这样才能把研究推向深入。

淮扬区域不断地析分出新的政区,为相关的研究设置了障碍,然而长期形成的生活共同体却始终维系着彼此之间的情感。如当他们走到脱离淮扬文化的区域,异乡的孤独往往在互称"老乡"的声音中找到亲切。政区虽然可以不断地细化,甚至可以胡乱地命名,但改变不了由生活共同体创造的文化,代代留存下来的民风民俗始终维护着政区细化前后的联系。

撰写此书的目的,是为了让更多的人了解淮扬文化,了解淮阴和扬州在淮扬文化中占有的份额,推动其文化的深入研究。此次付梓对初版进行了全面的删改。在撰写过程中得到了诸多朋友的关心和帮助,在此致以深深的感谢。

张　强

2017 年 8 月 9 日初稿

2018 年 8 月 29 日改稿

2024 年 4 月 13 日定稿